高等学校交通运输与工程类专业教材建设委员会规划教材

城市道路设计

（第三版）

吴瑞麟　沈建武　编著

人民交通出版社股份有限公司
China Communications Press Co.,Ltd.

内 容 提 要

本教材为"高等学校交通运输与工程类专业教材建设委员会规划教材"修订第三版。全书共分十一章，主要内容包括城市道路网规划、城市主次干路及支路、城市快速路、道路平面交叉、道路立体交叉、道路通行能力、城市道路雨水排水系统设计、城市道路景观与绿化、道路交设施等。结合《城市道路工程设计规范》(CJJ 37—2012)(2016 版)、《城市道路路线设计规范》(CJJ 193—2012)、《室外排水设计规范》(GB 50014—2006)(2014 年版)、《无障碍设计规范》(GB 50763—2012)、《城市道路照明设计标准》(CJJ 45—2015)等新的相关规范，在第二版教材框架体系下，详细地介绍了城市道路设计理论、技术与方法。

本书可作为高等学校土木工程、道路桥梁与渡河工程、交通工程、市政工程等专业的专业教材，也可供从事城市道路设计、城市规划(设计)、城市建设与管理等相关人员学习与参考。

本书配有课件，教师可通过加入道路工程课群教学研讨 QQ 群(328662128)索取。

图书在版编目(CIP)数据

城市道路设计 / 吴瑞麟，沈建武编著. — 3 版. — 北京：人民交通出版社股份有限公司，2018. 1

ISBN 978-7-114-14400-4

Ⅰ. ①城… Ⅱ. ①吴… ②沈… Ⅲ. ①城市道路—设计 Ⅳ. ①U412.37

中国版本图书馆 CIP 数据核字(2017)第 304821 号

高等学校交通运输与工程类专业教材建设委员会规划教材

书　　名：城市道路设计(第三版)
著 作 者：吴瑞麟　沈建武
责任编辑：李　瑞
出版发行：人民交通出版社股份有限公司
地　　址：(100011)北京市朝阳区安定门外外馆斜街 3 号
网　　址：http://www.ccpress.com.cn
销售电话：(010)59757973
总 经 销：人民交通出版社股份有限公司发行部
经　　销：各地新华书店
印　　刷：中国电影出版社印刷厂
开　　本：787×1092　1/16
印　　张：17.5
插　　页：2
字　　数：407 千
版　　次：2003 年 1 月　第 1 版　2011 年 7 月第 2 版　2018 年 1 月第 3 版
印　　次：2023 年 12 月　第 3 版　第 7 次印刷　总第 27 次印刷
书　　号：ISBN 978-7-114-14400-4
定　　价：38.00 元
(有印刷、装订质量问题的图书由本公司负责调换)

第三版前言

《城市道路设计》(第三版)涉及道路网规划、道路几何设计以及各种与道路交通密切相关的市政设施的规划设计及协调内容,是在《道路勘测设计》内容基础之上针对城市道路特点而进行的扩展和延伸。

鉴于城市道路与公路在功能、所属地域条件、建设要求等方面存在着许多的不同,有些差别还很大,因此,在20世纪80年代,北京市市政设计院花了很大的人力、物力,组织一大批专家和学者,研究编写了我国首部关于城市道路设计方面的系统文献——《城市道路设计手册》(上册)、《城市道路设计手册》(下册),并分别于1985年、1986年由中国建筑工业出版社出版发行;同时期,建设部也启动了我国首个关于城市道路设计技术的规范,即《城市道路设计规范》(CJJ 37—90)的编制工作;针对当时的"公路工程""公路与城市道路工程"以及"公路与桥梁工程"等专业的教学需要,1988年人民交通出版社出版了由同济大学周荣沾老师主编的《城市道路设计》教材。至此,我国基本形成《城市道路设计》课程的基本框架。后来,随着教学专业对象、层次的不同,其他出版社又陆续出版了多种城市道路设计、城市道路与交通以及城市道路工程等相关教材和教学参考书。

因为工作的原因,作者有机会参与了一些城市道路设计技术规范、规程的制订工作,且长期从事城市道路设计教学及研究,积累了一些经验和资料。2001年,作者受"21世纪交通版高等学校教材(公路与交通工程)编审委员会"邀请,主持编写了新一轮《城市道路设计》教材。该教材由同济大学徐家钰、朱照宏两位教授主审、人民交通出版社于2003年出版发行。教材出版后,得到高等学校学生和教师以及工程技术人员的广泛认可。随着我国城市道路工程建设迅猛发展,城市道路设计也出现一些新的问题,尤其是城市快速路设计和道路交叉口设计问题。因此,2009年至2011年国家住房和城乡建设部先后发布了《城市快速路设计规程》(CJJ 129—2009)、《城市道路交叉口设计规程》(CJJ 152—2010)和《城市道路交叉口规划规范》(GB 50647—2011),为城市快速路和道路交叉口设计提供了新的技术依据,同时丰富了相关的教学内容。在这样一个新的形势下,原教材编写组组织开展了《城市道路设计》(第二版)的编撰工作,并由人民交通出版社于2011年出版发行。

2011年《城市道路设计》(第二版)出版以后,国家住房和城乡建设部标准所重新建立了城市道路建设技术标准体系,设计方面以《城市道路工程设计规范》(CJJ 37—2012)为龙头,先后颁布实施了《城市道路路线设计规范》(CJJ 193—2012)、《城镇道路路面设计规范》(CJJ 169—2012)、《城市道路照明设计标准》(CJJ 45—2015)等一批新的规范;其次,一些大城市和特大城市正在逐步推广应用快速公交系统(BRT)和城市有轨电车系统,而这些新型交通系统都需要布置在常规的城市主干路和次干路上,必然会对道路规划、设计提出新的要求;再次,我国目前大力倡导的"海绵城市"建设也给城市道路规划与设计者提出了新的思考;此外,为了改善现有道路的交通拥挤状况,一些城市实施的原有主干路、次干路"快速化"改造工程,都给传统的城市道路设计增添了新的内容。为了适应我国城市道路建设发展的节奏,开阔学生的专业视野,开展《城市道路设计》(第三版)的编撰及修订工作显得很有必要。

为了保持教材体系的连贯性,第三版保留了第二版教材章节布局,主要对涉及新规范(规程)的新规定和新的表达方式进行了增补、修订和完善。修改内容主要涉及第一章:城市道路分级、几何设计基本依据、通行能力;第三章:道路横断面布置、机动车道宽度、视觉分析及道路线形组合设计、纵断面方案比选;第四章:高架路断面、高架路通行能力;第五章:交叉口竖向设计、环形灯控平面交叉、高架路下平面交叉口的行人过街问题;第六章:路网交通力量预测表达、立交匝道技术指标及布设、交织段表达;第八章:排水设计理念(海绵城市、暴雨重现期)、参数取值、排水模型概念;第九章:照明标准、灯具布置方式;第十一章:案例订正等方面内容。本次修订工作得到武汉市政设计研究院两位高级工程师王焕新(正高)和何艳(副高)的大力支持,同时得到占逸、吴春蕾、陈旭三位硕士生在插图修改、文字校对等多方面的帮助,在此一并表示感谢。同时,对所列参考文献的著作者致以诚挚的感谢,对他们辛勤和富有创造性的劳动表示深深的敬意。

编著者

2017 年 5 月

第二版前言

21世纪交通版高等学校教材《城市道路设计》(第一版)编撰于2002年,至今已近10个春秋。教材出版以来,得到了广大读者的厚爱,尤其是得到了许多高等学校学生和教师以及工程技术人员的广泛认可。作为编著者,没有比这更能感到欣慰的了。源于这种感恩,同时也是一种责任,鉴于城市道路设计技术不断进步和日臻完善,教材编写组开始了历时近一年的21世纪交通版高等学校教材《城市道路设计》(第二版)的编撰工作。

近十年来,我国城市化进程及城市道路建设的迅猛发展,又一次积累了大量的新的经验和设计研究成果,特别是2009年发布的《城市快速路设计规程》(CJJ 129—2009)、2010年发布的《城市道路交叉口设计规程》(CJJ 152—2010)和2011年送审的《城市道路工程设计通用规范》,随着这几个主要关于城市道路设计技术标准的先后制订与发布,一些新的技术要求、规范指标和概念术语已经用于或者即将用于设计实践。在这种新的形势下,原教材编写组觉得有必要开展第二版的编撰工作,尤其是在这样一个非常明显的承上启下的时间点上。

为了保持教材体系的连贯性,第二版保留第一版所有章节及其主要内容;同时,为便于读者掌握基本设计计算,增加了第十一章设计计算案例。第十一章由华中科技大学文华学院李娜讲师编撰,李娜还部分参加第二版第一、三、四、五、六章的编撰工作,其他各章节仍由第一版编撰人编撰。第二版的编撰主要吸纳了上述三个技术标准新的内容,为了便于读者对照比较,了解演变过程,第二版保留了大多数第一版涉及的技术要求、规范指标,并且明确注明新技术标准的相关内容。

教材编撰离不开浩瀚资料的支持，在此，对所列参考文献的所有作者致以诚挚的感谢，对他们辛勤和富于创造性的劳动表示深深的敬意。

编著者

2011 年 2 月

第一版前言

本书力图荟萃国内外有关城市道路规划、设计方面较先进的理论与方法，结合我国城市道路的特点，对城市道路的设计方法进行全面系统的阐述。书中采用的有关规范、标准均为国家或建设部颁布的最新文本，部分插图资料系取自最新科研及设计成果，具有较强的实用性。

本书在内容、形式及编排上有独到之处，书中某些内容结合了编著者在参与编写和制定国家规范、规程工作中的最新成果，以及在教学和科研中的创新点，对编著城市道路设计教材进行了新的、有益的尝试。

本教材第一、三、四、五、六章由华中科技大学吴瑞麟教授撰写，第二、七、九、十章由武汉大学沈建武教授撰写，第八章由华中科技大学孙玲讲师撰写。本书主要插图由何艳清绘，部分插图由武汉市市政工程设计研究院提供。全书由吴瑞麟、沈建武编著，由同济大学徐家钰教授、朱照宏教授主审。

本书在编著过程中得到了华中科技大学土木工程与力学学院、武汉大学城市建设学院、武汉市市政工程设计研究院等单位的有关专业教师、工程设计人员和有关领导的关心与帮助，在此深表谢意；此外，对于本书参考资料的编著者，在此一并诚致谢意。

限于编著者水平，书中的缺憾与不足在所难免，恳请读者批评指正。

编著者

2002 年 10 月

目录

第一章

绪 论

根据行政管辖范围、道路功能特点、道路交通控制条件以及沿线土地开发特性及开发程度等，我国道路工程(road engineering)一般划分为三大类型，即公路(highway)、城市道路(urban road、street)、特殊道路(special type road)。其中，特殊道路包括厂矿道路(factories-mines road)、林业道路(forest road)、机场道路(airport pavement)、机场跑道(airport runway)、港区道路(dockland road)等。但从建设规模、运营里程长度来看，排在前位的主要还是公路和城市道路两大类型。道路工程分类如图1-1所示。

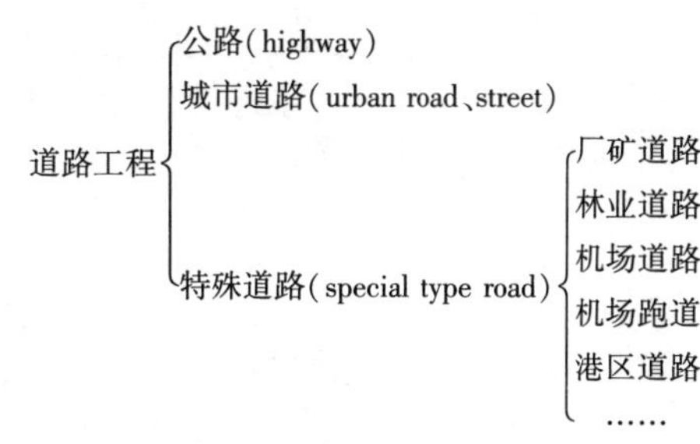

图1-1 道路工程分类

在我国，公路的建设与管理隶属交通运输部门，即国家交通运输部、各省(区、直辖市)交通运输厅(委员会)、各市(县)交通运输局(委员会)等；城市道路则隶属于城市建设和城市管理部门，即国家住房和城乡建设部、各省(区、直辖市)住房和城乡建设厅(委员会)、各市(县)城市建设局(委员会)等。由于公路和城市道路在道路功能、道路交通控制条件以及沿线土地开发特性及开发程度方面存在明显的差别，尤其是道路与其沿线用地的关联程度差别极大，因此，在工程设计方面不可能完全相同。我国由交通部门组织制订和颁布的公路建设有关技术标准、规范与建设部门颁布和实施的城市道路建设技术标准、规范也存在许多差异，这种差异性也客观地反映了这两类道路的功能差别和服务要求的不同。

鉴于公路几何设计原理、方法和设计要点等有关问题已经在《公路勘测设计》课程中详细讲述过，因此，本书主要结合城市道路规划、设计相关的标准、规范(程)，着重讲述城市道路路网规划、城市快速路、道路交叉口、道路雨水排水系统、道路景观与绿化等特殊性的问题及设计方法，与公路设计相同的道路设计理论、方法不再赘述。

第一节　城市道路的组成、功能及特点

一、城市道路的组成

与公路相比，城市道路的组成更为复杂，其功能也相对多一些。城市道路系统由各种等级的道路、交通广场、路边停车场及加油站出入口路、街坊建筑物出入口路等设施组成。在交通高度发达的现代化城市，城市道路还包括高架道路、地下隧道、人行过街天桥、人行过街地下通道和大型互通式立体交叉枢纽工程等设施。

一般情况下，在城市道路建筑红线之间，城市道路由以下各个不同功能部分组成，如图 1-2 所示。

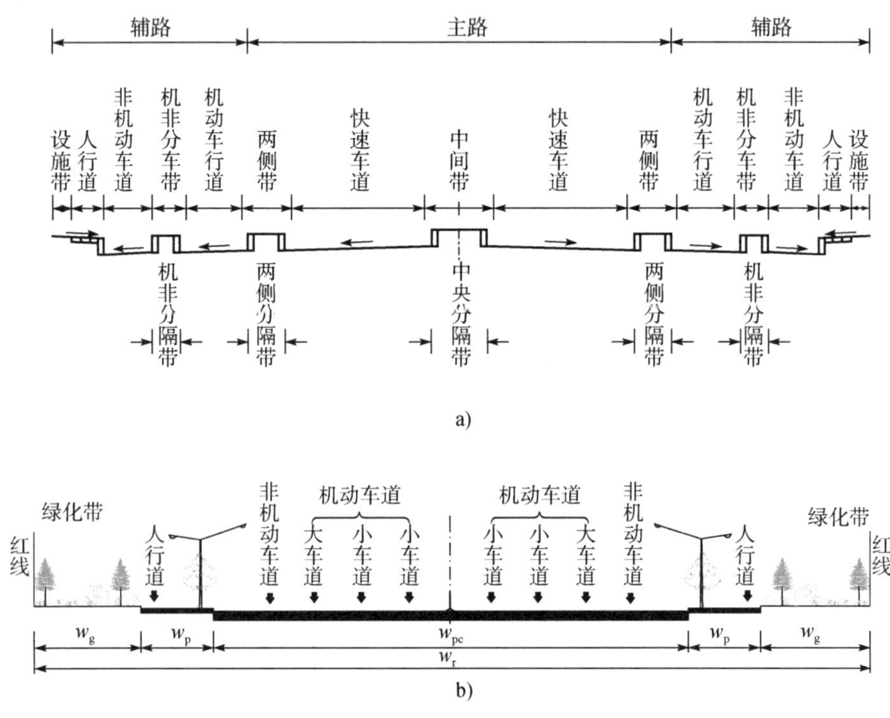

图 1-2　城市道路横断面组成示例

a) 城市快速路；b) 城市干路(单幅路)

(1) 车行道。即供各种车辆行驶的道路部分。其中，供汽车、无轨电车等机动车辆行驶的称为机动车道；供自行车、三轮车等非机动车行驶的称为非机动车道；供轻型轨道车辆或有轨电车行驶的称为轻轨线路或有轨电车道。通常有轨电车道与城市道路位于同一高程层面，轻轨线路则与城市道路在高程上分离，以保证轻轨交通的畅通与快捷。

(2)路侧带。即车行道外侧缘石至道路红线之间的部分,包括人行道、设施带、绿化带等三部分。其中,设施带为行人护栏、照明杆柱、标志牌、信号灯杆等设施的设置空间。

(3)分隔带。即在多幅道路的横断面上(图 1-2a),沿道路纵向设置的带状分隔部分。其作用是分隔对向或者同向的交通流、安设交通标志和设立公用设施立柱。分隔带又分为设在道路中央的中央分隔带、设在车行道两侧的两侧分隔带以及设在路侧带上的人行道分隔带三大类。分隔带同时也是道路绿化的用地之一。

中央分隔带的主要功能是用来分隔对向行驶的机动车交通流,以避免或者减缓对向行驶的机动车发生相撞的恶性交通事故。

两侧分隔带的主要功能是用来分隔同向行驶的快、慢机动交通流(快速路路段上),或者用来分隔同向行驶的机动车和非机动车交通流,后一类分隔带也称机非分隔带。

人行道分隔带的作用是用来分隔行人与非机动车流或者分隔不同流向的行人交通流,起组织和渠化交通的作用。

(4)道路交叉口和交通广场。

(5)路边停车场(带)和港湾式公交停靠站。

(6)道路雨水排水系统,如街沟、雨水口(集水井)、检查井(窨井)、排水干管等。

(7)其他设施,如渠化交通岛,安全护栏(墩、拄)、照明设备、交通信号(标志、标线)等。

二、城市道路的功能

城市道路是指大、中、小城市、建制镇及特大城市的卫星城规划区内的道路、交通广场、路侧停车场、桥梁(涵洞)、隧道(通道)及其附属工程等。

理论上,通往城市方向的公路与城市道路的分界线为城市(镇)规划区的边界线。但是实际上,城市的建设发展是动态的,存在介于公路和城市道路之间的城市出入口道路。通常定义城市出入口道路为:近期主要承担公路功能,远期主要承担城市道路功能的衔接主城区与外围组团、平面形态呈放射状的道路。这类道路既有公路属性又有城市道路属性,是比较特殊的道路类型。在城市建设发展过程中,城市出入口道路在功能上存在明显的由公路功能向城市道路功能转变的特征,突出表现是道路近期主要承担公路功能,沿线为农业用地、绿化隔离用地或者城市建设备用地,但是远期道路沿线就转变为城市建设用地,道路两侧建设将完全城市化。在我国,城市出入口道路通常由交通部门负责建设。因此,道路长度、形式可根据实际情况确定,其设计速度、横断面形式、交通设施、照明设施等需要参照公路和城市道路的相关设计标准、规范、规程等论证地选用,或者参照地方颁布的城市出入口道路“设计指南”“设计导则”等技术规定进行。

城市道路是城市中人们活动和物资流动必不可少的重要交通基础设施。除了交通功能之外,城市道路还具有许多其他功能,例如:增进土地的开发及利用;提供公用空间;提供抗灾救灾通道等。

在城市道路规划设计时,必须充分理解它的功能和作用。城市道路的功能,随着时代变化、城市规模、城市性质的不同,表面上看来或许有所差异,但就其本质来说,城市道路的功能并没有太多的改变。图 1-3 为城市道路功能示意图。

城市道路功能
- 交通功能
  - 长距离交通
  - 集散交通
- 公用空间
- 防灾救灾通道
- 形成城市结构
- 城市道路功能

图　1-3

城市道路功能主要体现在如下四个方面:

1.交通设施功能

交通设施功能也称交通功能,是指城市各种活动产生的交通需求中,对应于道路交通需求的交通供给功能。交通功能又可分为以长距离输送为主的交通输送功能和以道路沿线出入功能为主的交通集散功能。一般说来,干线道路主要是实现长距离输送的交通输送功能(包括过境交通);支路则是为沿路两侧各种用地或建筑物发生的行政、商业、文化、生活等活动客(货)流出入的交通集散提供直接服务;在不妨碍道路交通情况下的路边临时停车、装卸货物、公交停靠等也属于交通集散功能。交通功能是城市道路的最基本功能。

2.公用空间功能

作为城市环境必不可少的人造公用空间主要有道路(包括广场、停车场)和公园、绿地。随着城市建设的高度发展,城市土地利用率越来越高,再加上建筑物的高层化,城市道路这一公用空间的价值显得越来越突出。它表现在除了采光、日照、通风及景观作用以外,城市道路还为城市其他基础设施,如自来水、雨(污)排水、电力、电信、热力、燃气等管线提供地上、地下两方面的布设空间。

在大城市或特大城市中,有轨电车、轻轨、地铁等也往往敷设在城市道路用地范围以内。在城市主干道或大的交叉口的地下,由于管线复杂多样,可采用埋设综合涵道(又称共同管廊)的形式充分利用道路地下公用空间。此外,电话亭、火灾报警器、消防栓、配电箱(柜)等也大多数是沿道路设置的,需要道路的地上空间。总之,城市道路公用空间功能在现代城市当中越来越重要,这一点在城市道路规划设计当中应该给予足够的重视。

3.防灾救灾功能

道路的防灾救灾功能包括避难场地功能、防火带功能、消防和救援通道功能等。

在发生地震、火灾等大的灾害情况时,人们需要避难场所,而具有一定开阔度的道路(如停车场、广场等)很自然地就会成为灾害时期人们的临时避难场地。此外,道路与具有一定耐火性的路旁建筑物一起,又可形成有效的防火隔离带,可以有效避免火势由发生火灾街区向相邻街区蔓延。为了救灾需要,所有新建城市道路的宽度都要求考虑救灾车辆通行的基本要求,以保证在灾难发生时,城市道路系统能够构成有效的救援通道。

4.城市结构功能

从城市规划的过程来看,在基本确定用地性质和划定用地范围以后,首要工作便是进行道路网(包括道路红线)的规划与设计,这就足以说明城市道路在形成城市平面结构中的重要作用。通常干线道路形成城市骨架,支路则形成街区和邻里街坊,城市的发展是以干线道路为骨架,然后以骨架为中心向四周延伸。从某种意义上说,城市道路网的形式将直接决定城市平面结构和城市发展趋势。反之,城市道路网的规划形式也取决于城市性质、城市规模、城市结构及城市功能的确定和界定。城市道路的城市结构功能由此可见一斑。

三、城市道路的特点

与公路及其他道路相比,城市道路具有如下显著特点:

1.功能多样,组成复杂

城市道路除了最基本的交通功能以外,还具有许多其他功能,如前文所述的城市结构功能、公用空间功能、防灾救灾功能等。因此，在道路网规划布局和城市道路设计时，都要体现其功能的多样性。另外，城市道路的组成通常比一般公路要复杂许多，它除了有机动车道以外，还有非机动车道、人行道、设施带、公交停靠站、路边停车场、交通广场等设施，这些必然会给城市道路的规划设计增加一些难度和灵活性。

2.需要考虑行人、非机动车的交通

公路和其他道路在设计中通常只考虑汽车等机动车辆的交通问题。城市道路的行人、非机动车交通需求大，因此必须对人行道、非机动车道以及行人、非机动车过街问题做出专门的规划设计。尽管我国城市公共交通日臻完善、小汽车家庭普及率也越来越高，但是可以预见的是，现在及将来不短的一段时间内，我国不可能像一些发达国家那样，“机非矛盾”不显著，行人、非机动车交通与机动车交通的矛盾仍然会是城市道路交通的主要矛盾之一，我们的城市道路规划与设计必须重视这一矛盾，需要采取行之有效的设计思路与设计方法。

3.道路交叉口多

从城市道路的功能可以知道，它除了交通功能之外，还承担大量的沿路集散功能和城市结构功能。一个城市的道路是以路网的形式出现的，要实现城市主干路网的“城市交通动脉”功能，频繁的道路交叉口是不可缺少的。经验表明，就一条干线道路而言，大交叉口间距为800~1 200m，中、小交叉口则为300~500m，有些丁字形的出入口间距可能更短一些，所以，道路交叉口多是城市道路的又一个明显特点。为了充分发挥道路网的整体功能，交叉口设计成为城市道路设计过程中的一个重点问题，也是一个难点问题。

4.沿路两侧建筑物密集

城市道路的两侧是建筑用地的黄金地带。按照城市用地规划，道路一旦建成，沿街两侧鳞次栉比的各种建筑物也会很快地建造起来，将来通过拆迁房屋拓宽道路就变得非常困难了。因此，在规划设计道路的宽度时，必须充分预测到远期交通发展的需要，并严格控制好道路红线宽度。此外，还要注意建筑物与道路之间相互协调的问题，就道路交通管理来说，关键是要解决好建筑物出入口与道路的关系问题。

5.景观艺术要求高

城市干道网是城市的骨架，城市总平面布局是否美观、合理，在很大程度上首先体现在道路网特别是干道网的规划布局上。城市环境的景观和建筑艺术，需要通过道路映衬才能充分反映出来。一般来说，优美靓丽的道路景观会与沿街的人文建筑景观、自然景观达到浑然一体、相映成趣的境界，乍一看去，很难完全区分它们，这就要求道路工程师应该具备一定的城市设计素质，否则很难实现道路在城市中的景观艺术作用。完善、合理的城市道路网络，也可以从一个侧面体现和反映城市的文明程度。

6.城市道路规划、设计的影响因素多

城市里一切人和物的交通，均需利用城市道路；同时，各种市政设施、绿化、照明、防灾救灾功能、街边小憩区等，无一不是在道路建设用地范围内实现的。这些因素，在道路规划设计时必须综合考虑，特别是地下设施与地上道路设施之间的协调问题。

7.政策性强

在城市道路规划设计中，经常需要考虑城市定位、发展规模、城市规划修编、技术设计标准、房屋拆迁、土地征用、工程造价、近期与远期、需要与可能、局部与整体等诸多问题,这些都可能牵涉到很多有关城市建设的方针、政策。所以,城市道路规划与设计工作又是一项政策性很强的工作,必须贯彻有关的方针、政策,必须服从城市总体规划。目前我国大、中城市面临的旧城道路改扩建工程,就是一个政策性非常强的问题,直接关系到城市整体协调建设发展,也关系到被拆迁市民的切身利益,会涉及许多政策和法规。这时,道路的规划设计就不单是一个工程技术问题了,它要求道路工程师们能够学习政策、法规,及时掌握政策、法规的精神。

第二节　城市道路分级

一、城市道路分级的目的

按照《城市道路设计规范》(CJJ 037—90)的要求,我国城市道路需要进行分类与分级。要实现上述城市道路4个方面的基本功能,必须建立适当的城市道路网络。在路网中,就每一条道路而言,其功能是有侧重的,这在城市规划阶段就已经赋予了。也就是说,尽管总体上说城市道路的功能具有多样性和综合性,但具体到某一条道路而言还是应该突出其主要的功能,这对于保证城市正常活动、道路交通运输的经济合理以及道路交通秩序的有效管理等方面,都是非常必要的。

进行城市道路分类分级的目的就在于充分实现道路的功能价值,并使道路交通运输更加有序,更加有效,更加合理。

所有道路分类方法,都是建立在一定视角之上的。例如:根据道路在规划路网中所处的交通地位、交通功能以及对沿线建筑物的服务功能等,城市道路划分为快速路、主干路、次干路和支路4种类型;根据道路对城市交通运输所起的主要作用划分,则有全市性道路、区域性道路、环路、放射路、过境道路等;根据道路所处的城市地理环境划分,可分为中心区道路、工业区道路、仓库区道路、文教区道路、生活区道路及游览区道路等。

可以肯定,功能不分、交通混杂的道路系统,对一个城市的交通运输乃至整个城市的正常运转和发展都是极为不利的。根据现代城市的建设发展与运营管理要求,城市道路必须进行明确的分类分级,使各类各级道路在城市道路网中能充分地发挥其作用。

按照《城市道路工程设计规范》(CJJ 37—2012),城市道路不再分类,而是直接分为4级,每一级道路设计车速分为3个档次,虽然表述方式上发生了变化,但是实质内容没有变化。分级的目的仍然是厘清城市道路的路网地位、主要功能。需要说明的是,《城市道路设计规范》(CJJ 037—90)包括了除桥梁(隧道)结构设计以外的道路几何设计、路基路面、道路排水、道路绿化、道路照明、交通设施、地下管线及地上杆线等城市道路设计可能涉及的绝大多数内容,不符合原建设部2003年颁布的《工程建设标准体系》(城乡规划、城镇建设、房屋建筑部分)的规定。在新的标准体系的指导下,《城市道路设计规范》(CJJ 37—90)将由通用标准《城市道路工程设计规范》(CJJ 37—2012)和若干专用标准《城市快速路设计规程》(CJJ 129—2009)、《城市道路交叉口设计规程》(CJJ 152—2010)、《城市道路路面设计规范》(CJJ 193—2012)、《城市道路路基设计规范》(CJJ 194—2013)等所代替,形成一套层次清晰、便于应用和管理的城市道路设计规范体系。

二、我国城市道路分级

按道路在道路网中的地位、交通功能以及对沿线的服务功能等不同,《城市道路工程设计规范》(CJJ 37—2012)将城市道路分为快速路、主干路、次干路、支路 4 个等级,并应符合下列规定:

1.快速路

快速路是中央分隔、全部控制出入、控制出入口间距及形式,实现交通连续通行,单向设置不少于两条车道,并设有配套的交通安全与管理设施的城市道路。

快速路两侧不应设置吸引大量车流、人流的公共建筑物的出入口。

2.主干路

主干路应连接城市各主要分区,应以交通功能为主。

主干路两侧不宜设置吸引大量车流、人流的公共建筑物的出入口。

3.次干路

次干路应与主干路结合组成干路网,应以集散交通的功能为主,兼有服务功能。

4.支路

支路宜与次干路和居住区、工业区、交通设施等内部道路相连接,满足局部地区交通需求,以服务功能为主。

快速路是为大运量、长距离、快速交通服务的,与主干路、次干路一起构成城市道路干线道路网络,在大城市或特大城市中的交通作用越来越明显,需要认真考虑它的规划布局和总体设计。

各级道路的设计速度按表 1-1 的规定选用。

各级道路的设计速度 表 1-1

道路等级	快速路			主干路			次干路			支路		
设计速度(km/h)	100	80	60	60	50	40	50	40	30	40	30	20

快速路和主干路的辅路设计速度宜为主路的 0.4~0.6 倍。立体交叉范围内,主路设计速度应与路段一致,匝道及集散车道设计速度宜为主路的 0.4~0.7 倍。平面交叉口内的设计速度宜为路段的 0.5~0.7 倍。

道路等级在规划阶段确定后,有特殊情况需变更级别时,应做技术经济论证,报规划审批部门批准。道路为货运、防洪、消防、旅游等专用道路使用时,除应满足相应道路等级的技术要求外,还应满足专用道路及通行车辆的特殊要求。

道路设计应做好总体设计,并应处理好与公路以及不同等级道路之间的衔接过渡。

作为学习参考,以下内容为《城市道路设计规范》(CJJ 037—90)对城市道路分类、分级的规定:

1.道路分类

我国行业标准《城市道路设计规范》(CJJ 037—90)依据道路在道路网中的地位、交通功能以及对沿线建筑物的服务功能等,将城镇道路划分为快速路、主干路、次干路和支路 4

种类型。

(1)城市快速路

城市快速路为城市交通性干道,通常由主路和辅路两部分组成。

主路完全是为机动车辆(主要是汽车)快速交通服务的,是解决城市长距离交通的机动车专用路;辅路则是供主路交通流集散或为街区内部交通流服务的与主路并行的一般性道路,其上既通行机动车,也通行非机动车,同时还可以设置人行道。

辅路通过物理隔离设施与主路分离,主路与辅路交通流的交换则通过专门设置的出入口实现。辅路可以设在主路两侧,也可设在一侧,与城市用地规划有关。快速路的主路必须设置中央分隔带分离对向车流,快速路与高速公路、快速路和主干路相交时,通常采用互通式立体交叉;与交通量不大的次干路、支路相交时,多采用分离式立体交叉。

在规划布置建筑物时,快速路两侧不应设置可能吸引大量车流、人流的公共建筑物出入口,必须设置时,应通过辅路来组织交通流。

(2)城市主干路

城市主干路是以交通功能为主的连接城市各主要分区的干线道路,通常由机动车道、非机动车道和人行道组成。

在非机动车较多的主干路上,应采取机动车与非机动车分行的道路断面形式,如三幅路、四幅路,以减少机动车与非机动车的相互干扰。

主干路上平面交叉口间距以800~1 200m为宜,道路两侧不应设置吸引大量车流、人流的公共建筑物出入口。

(3)城市次干路

城市次干路是城市各主要分区内的区域性交通干道,兼有服务功能,配合主干路组成城市干道网络,起到广泛连接城市分区域各部分及集散交通的作用。

(4)城市支路

城市支路是以服务功能为主的,直接与两侧建筑物、街坊出入口相接的局部地区道路,它既是城市道路交通的起点,又是交通的终端。

2.城市道路分级

城市道路的分级主要依据交通功能、交通量以及交通控制条件等。

大城市户籍人口多,出行频繁,加上流动人口数量大,因而整个城市的客货运输量相比中、小城市要大许多;另外,市内大型建筑物较多,公用设施复杂多样,因此,对道路的要求也要比中、小城市高。为了使道路既能满足使用要求,又节约投资和用地,我国《城市道路设计规范》(CJJ 037—90)规定,除快速路不明确分级以外,其他各类道路各分为Ⅰ、Ⅱ、Ⅲ级。一般情况下,道路分级与大、中、小城市相对应。

我国各城市所处的地理位置不同,地形、气候条件各异,同一类的城市其道路设计不一定采用同一等级的设计标准,应根据实际情况论证地选用。例如同属大城市,但位于山区或丘陵区的城市,受地形限制,很难达到Ⅰ级道路标准时,经过技术经济比较,可以将其技术标准适当降低一个等级。又如,某中等城市,若系省会、首府所在地,或特殊发展的工业城市,也可根据实际需要适当提高道路等级。需要强调的是,无论提高或降低道路的技术标准,均需经过城市总体规划审批部门批准。

各类各级道路的主要技术指标见表1-2。

城市道路各类(级)道路主要技术指标　　表1-2

类别 \ 项目	级别	设计速度(km/h)	双向机动车道数(条)	机动车道宽(m)	分隔带设置	道路断面形式
快速路	—	80、60	≥4	3.75	必须设	双、四幅路
主干路	Ⅰ	60、50	≥4	3.75	应设	单、双、三、四幅路
	Ⅱ	50、40	≥4	3.75	应设	单、双、三幅路
	Ⅲ	40、30	2~4	3.5~3.75	可设	单、双、三幅路
次干路	Ⅰ	50、40	2~4	3.75	可设	单、双、三幅路
	Ⅱ	40、30	2~4	3.5~3.75	不设	单幅路
	Ⅲ	30、20	2	3.5	不设	单幅路
支路	Ⅰ	40、30	2	3.5~3.75	不设	单幅路
	Ⅱ	30、20	2	3.5	不设	单幅路
	Ⅲ	20	2	3.5	不设	单幅路

注:1.设计车速在条件许可时,宜采用大值。

2.改建道路根据地形、地物限制、拆迁占地等具体困难,可选用表中适当等级。

3.城市文化街、商业街可参照表中次干路及支路的技术指标。

《城市道路设计规范》(CJJ 37—90)自1991年8月1日实施,至2012年5月1日《城市道路工程设计规范》(CJJ 37—2012)实施的二十多年里,对指导我国城市道路的设计和建设起到了重要的作用。但是随着我国城市化进程的加快,城市交通状况发生了较大的变化,道路建设的需求日益加大,这一系列因素的变化促进了道路专业技术的发展,该规范已不能适应当前道路设计和建设的需要,也不符合原建设部2003年颁布的《工程建设标准体系》(城乡规划、城镇建设、房屋建筑部分)的要求,所以国家对其组织了修订,但规范编号不变,即仍然采用"CJJ 37"。

第三节　几何设计基本依据

一、设计速度

道路设计速度,也称计算行车速度,是指道路几何设计极限值路段(包括平曲线半径、纵坡、视距等)所采用的行车车速。也就是当路段上各项道路设计特征符合规定时,在气候条件、交通条件等均为良好的情况下,(在道路几何设计采用极限值路段)一般驾驶人员能安全、舒适行驶的最大行车速度。

设计速度的大小对道路弯道半径、弯道超高、弯道加宽、行车视距、竖曲线半径等线形要素的取值及设计起着决定作用;另外,道路的横断面尺寸、侧向净宽以及道路纵断面坡度等也与设计速度有着密切的关系。可以说,设计速度的高低直接反映出道路等级的高低,同时也与道路工程造价直接相关。一般来说设计速度越高,道路工程造价也就越高,反之亦然。因此,道路设计速度的确定,既要考虑车辆交通效果,又要考虑工程的经济性。在城市道路中,由于道路交叉口多,非机动车和行人交通量大,加之城市公交车辆的频繁停靠等因素影响,其道路运行速度一般不会太高。除城市快速路外,城市道路设计速度多在60km/h以下。

对于新建的城市道路,设计速度应严格按表1-1规范值执行。旧路改建有特殊困难,如商业街、文化街等,经技术经济比较认为合理时,可适当降低设计速度。

二、设计车辆

设计车辆即是作为道路几何设计依据的车型。设计车辆的外廓尺寸直接关系到行车道宽度、弯道加宽、道路净空、行车视距等道路几何设计问题。因此,设计车辆的规定对道路的几何设计具有极为重要的意义。

关于设计车辆,《城市道路工程设计规范》(CJJ 37—2012)规定如下:

(1)机动车设计车辆包括小客车、大型车、铰接车,其外廓尺寸应符合表1-3的规定。

机动车设计车辆及其外廓尺寸 表1-3

车辆类型	总长(m)	总宽(m)	总高(m)	前悬(m)	轴距(m)	后悬(m)
小客车	6	1.8	2.0	0.8	3.8	1.4
大型车	12	2.5	4	1.5	6.5	4.0
铰接车	18	2.5	4	1.7	5.8+6.7	3.8

注:1.总长:车辆前保险杠至后保险杠的距离。

2.总宽:车厢宽度(不包括后视镜)。

3.总高:车厢顶或装载顶至地面的高度。

4.前悬:车辆前保险杠至前轴轴中线的距离。

5.轴距:双轴车时,为从前轴轴中线到后轴轴中线的距离;铰接车时分别为前轴轴中线至中轴轴中线、中轴轴中线至后轴轴中线的距离。

6.后悬:车辆后保险杠至后轴轴中线的距离。

(2)非机动车设计车辆的外廓尺寸应符合表1-4的规定。

非机动车设计车辆及其外廓尺寸 表1-4

车 辆 类 型	总长(m)	总宽(m)	总高(m)
自行车	1.93	0.60	2.25
三轮车	3.40	1.25	2.50

注:1.总长:自行车为前轮前缘至后轮后缘的距离;三轮车为前轮前缘至车厢后缘的距离。

2.总宽:自行车为车把宽度;三轮车为车厢宽度。

3.总高:自行车为骑车人骑在车上时,头顶至地面的高度;三轮车为载物顶至地面的高度。

《城市道路设计规范》(CJJ 37—90)有关设计车辆的规定如下:

1.机动车设计车辆

《城市道路设计规范》(CJJ 37—90)中有关机动车设计车辆外廓尺寸见表1-5。设计车辆不包括超长、超宽的特种车辆。

规范规定普通车、铰接车车高为4m,与我国《汽车外廓尺寸限界》(GB1589)车辆总高限界4m是一致的。道路设计时考虑道路净空高度应以此为准,另外再加上安全高度。

2.非机动车设计车辆

非机动车主要是指自行车、三轮车、平板车和兽力车。考虑到我国大、中城市对于兽力车的行驶范围、路线以及通行时间加以限制,有的规定白天禁止进入市区,因此,兽力车对交通影响较小,故设计时一般不作控制。《城市道路设计规范》(CJJ 37—90)中有关非机动车设计车辆外廓尺寸见表1-6。

机动车设计车辆外廓尺寸(m)　　表 1-5

项目 车种	总长	总宽	总高	前悬	轴距	后悬
小型汽车	5	1.8	1.6	1.0	2.7	1.3
普通汽车	12	2.5	4.0	1.5	6.5	4.0
铰接汽车	18	2.5	4.0	1.7	5.8+6.7	3.8

注:1.总长为车辆前保险杠至后保险杠的距离。

2.总宽为车厢宽度(不包括后视镜)。

3.总高为车厢顶或装载顶至地面的高度。

4.前悬为车辆前保险杠至前轴轴中线的距离。

5.轴距:双轴车为前轴轴中线至后轴轴中线的距离;铰接车为前轴轴中线至中轴轴中线的距离及中轴轴中线至后轴轴中线的距离。

6.后悬为车辆保险杠至后轴轴中线的距离。

非机动车设计车辆外廓尺寸(m)　　表 1-6

项目尺寸 车辆类型	总长	总宽	总高
自行车	1.93	0.6	2.25
三轮车	3.40	1.25	2.50
平板车	3.70	1.50	2.50
兽力车	4.20	1.70	2.50

三、设计小时交通量

设计道路行车道宽度和人行道宽度时,应考虑道路设计年限内交通高峰小时可能出现的较大交通流量。一般说来,设计年限末年的交通量最大,最大高峰小时交通量也将出现在设计年限末年。从工程经济的角度出发,设计小时交通量不是采用最大高峰小时交通量,而是采用一个适当的“较大高峰小时交通量”,通常采用“第 30 位小时交通量”。

调查统计现状道路交通量或者预测道路远景交通量以小客车为计量单位,若中、小城市小型汽车很少时,也可以采用普通车为计量单位。

《城市道路工程设计规范》(CJJ 37—2012)规定,交通量换算应采用小客车为标准车,各种换算系数应符合表 1-7 的规定。

车辆换算系数　　表 1-7

车辆类型	小客车	大型客车	大型货车	铰接车
换算系数	1.0	2.0	2.5	3.0

《城市道路设计规范》(CJJ 37—90)中各种车辆之间的换算关系见表 1-8 和表 1-9。

路段车种换算系数　　表 1-8

车种	小客车	普通汽车	铰接车
换算系数	1	1.5	2

平面交叉口车种换算系数　　表 1-9

交叉口形式＼车种	小客车	普通汽车	铰接车
环行交叉口	1	1.4	2
灯控交叉口	1	1.6	2.5

确定机动车道数的设计小时交通量,按下式计算:

$$N_h = N_{da} \cdot k \cdot \delta \tag{1-1}$$

式中:N_h——设计小时交通量,pcu/h;

N_{da}——设计年限的年平均日交通量,pcu/d;

k——设计高峰小时交通量与年平均日交通量的比值,当不能取得年平均日交通量时,可用有代表性的平均日交通量代替;

δ——方向不均匀系数,即主要方向交通量与双向交通量的比值。

非机动车、行人设计小时交通量的估算采用多因素相关分析结合规划指标综合确定。

四、设计年限

道路设计年限是指道路的正常工作年限,包括两层含义,即道路交通量设计年限和道路路面结构设计年限。

在道路交通量设计年限内,期望不发生交通拥挤或堵塞。道路交通量设计年限是预测或估算道路交通量达到饱和状态时采用的年限。一般来说,道路类别越高,设计年限越长。《城市道路工程设计规范》(CJJ 37—2012)规定的设计年限:快速路、主干路为 20 年;次干路为 15 年;支路为 10~15 年。设计年限越长,道路横断面设计时车行道和人行道所需的宽度越宽,工程投资额就越大,反之亦然。

在道路路面结构设计年限内,期望不发生路面结构的破坏。设计年限取值与路面建筑材料、路面工程建设与维护费用大小有关。考虑到路面结构维修比较困难,一般水泥混凝土路面的设计年限比沥青类路面长。《城市道路工程设计规范》(CJJ 37—2012)有关路面结构设计年限规定值见表 1-10。

路面结构设计使用年限(年)　　表 1-10

道路等级	路面结构类型		
	沥青路面	水泥混凝土路面	砌块路面
快速路	15	30	—
主干路	15	30	—
次干路	10	20	—
支路	8(10)	15	10(20)

注:1.支路采用沥青混凝土时,设计年限为 10 年;采用沥青表面处治时,为 8 年。

2.砌块路面采用混凝土预制块时,设计年限为 10 年;采用石材时,为 20 年。

桥梁结构的设计使用年限应符合表 1-11 的规定。

桥梁结构设计使用年限　　表 1-11

类　别	设计使用年限(年)	类　别	设计使用年限(年)
特大桥、大桥、重要中桥	100	小桥	30
中桥、重要桥	50		

注:对有特殊要求结构的设计使用年限,可在上述规定基础上经技术经济认证后予以调整。

关于设计年限,《城市道路设计规范》(CJJ 37—90)的表述如下:

道路交通量设计年限与《城市道路工程设计规范》(CJJ 37—2012)一致。

路面结构设计年限见表 1-12 的规定。

路面结构设计年限(年)　　表 1-12

路面结构类型		设 计 年 限
水泥混凝土路面	特重型交通	40
	重型交通	30
	轻型交通	20
沥青类路面	沥青混凝土	15
	沥青碎石	15
	沥青贯入	15
	沥青表处	8
粒料类路面		5

注:支路修筑沥青混凝土等高级路面时,可采用 10 年。

第四节　通行能力及服务水平

一、道路通行能力

1.通行能力概述

通行能力是道路规划、设计及交通管理等方面的重要参数,它是度量道路在单位时间内可能通过车辆(或行人)的能力,与交通量的含义不尽相同。交通量是指道路在一定时间段内实际通过的车辆(或行人)数,而通行能力是道路在一定条件下一定时间段内所期望通过的车辆(或行人)的最大数量,是道路所具有的车辆(或行人)通过“能力”。道路设计的一个基本原则是:“设计交通量”≤“设计通行能力”。当道路上的交通量接近或等于设计通行能力时,就会出现交通拥挤或阻塞停滞现象。研究道路的通行能力,对于现有道路功能的评价、确定道路、规划新建道路、道路改建方案、改进交通管理和控制方式及选择交叉口形式等都具有重要意义。

2.通行能力定义

交通设施的通行能力是指在通常的道路、交通和管制条件下,在一定时间段内,车辆或行人能合理地期望通过一条车道或道路的一点或均匀道路断面所能达到的最大小时流量。

通行能力的定义中“通常的道路条件、交通条件和管制条件”应理解为:通行能力对被分析的交通设施的任何断面都是适用的。这些“通常条件”的任何变动将导致这项交通设施通行能力的变化。通行能力的定义还假定道路所处地区具有良好的气候条件。

通行能力定义中的道路条件是指道路的线形几何特征,如交通设施的种类及其环境、车道数、车道及路肩宽度、侧向净空、设计速度、平面及纵面线形和路面品质等。

交通条件是指交通流特征,即车辆种类的分布、车道分布、交通量的变化以及交通流的方向分布。

管制条件是指交通控制设施的种类和设计以及交通管理规划、法规。交通信号的位置、种类和配时是影响通行能力的关键管制条件。其他重要控制包括停车标志和让路标志、车道使用限制、转弯限制等措施。

通行能力分析是计算在特定的时间段内和合理的道路、交通和管制条件下,交通设施所能通过的最大车辆数或行人数。随着这种“条件”的变化,交通设施的运行状态也在变化,因此,在道路规划设计时,通常明确交通设施应保持的运行水平(状态),引入“服务水平”概念,定义运行状况的标准,相应于不同的服务水平要求不同的服务交通量。

二、服务水平与服务交通量

1.基本概念

服务水平是描述交通流的运行条件、描述汽车驾驶人和乘客感觉的一种质量测定标准,是道路使用者从道路状况、交通条件、道路环境等方面可能得到的服务程度或服务质量,如道路使用者从行车速度、舒适、安全及经济等方面所能得到的实际效果与服务程度。

服务交通量是在通常的道路条件、交通条件和管制条件下,在给定的时间段内,当能保持规定的服务水平时,车辆(或行人)能合理地期望通过一条车道或道路的一点或均匀路段的最大小时流量。

不同的服务水平对应不同的服务交通量(即允许通过的最大小时流量)。服务水平等级高的道路车速高、车辆行驶自由度大、舒适与安全性好,但其相应的服务交通量就要小;反之,允许的服务交通量大,则服务水平等级就低。

2.服务水平分级

服务水平是用来供车辆驾驶人对道路上的车流情况作出判断的一个定性的尺度,它表述的范围从驾驶人可自由地操纵车辆以他所需车速行驶的最高水平,到道路上出现拥塞现象,驾驶人不得不停停开开的最低水平。虽然车辆驾驶人一般缺乏有关道路交通流的知识,但他能感觉和意识到道路上交通量的变化,会影响车辆行驶的速度以及舒适、方便、和安全的程度。因此,评定服务水平的高低通常包括下列各项因素:

(1)行车速度和行驶时间。

(2)车辆行驶时的自由程度。

(3)行车受阻或受限制的情况,以每公里停车次数和车辆延误时间来衡量。

(4)行车的安全性,以事故率和所造成的经济损失衡量。

(5)行车的舒适性和乘客满意的程度。

(6)经济性,以行驶费用来衡量。

例如,美国交通研究委员会编写的《道路通行能力手册》(Highway Capacity Manual)将城市道路的服务水平分为A~F共6个等级,对这6个等级的描述如下:

A级——自由流,交通流中车辆的操纵完全不受阻碍,信号交叉口的控制延误最小,平均行程速度通常是相应街道自由流速度的90%。

B级——稳定车流,交通流中车辆的机动性仅仅受到轻微限制,信号交叉口的控制延误不显著,平均行程速度通常是相应街道自由流速度的70%。

C级——仍为稳定车流,但车辆的行驶操纵能力可能受到较大限制,较长的排队或不利的信号联动,导致车辆平均行程速度低至相应街道自由流速度的50%。

D级——接近不稳定流,交通流量稍有增加就会引起延误明显增大,行程速度大幅下降,平均行程速度大约是自由流速度的40%。

E级——不稳定车流,延误显著,平均行程速度仅为自由流速度的33%或更低。

F级——强制车流,车辆排队慢行,极易发生阻塞,速度通常是自由流车速的1/4~1/3。到极限时,车速和交通量都降至为0。

表1-13是美国城市道路服务水平划分标准。

美国城市服务水平划分标准 表1-13

城市道路等级	Ⅰ	Ⅱ	Ⅲ	Ⅳ
自由流速度范围(km/h)	90~70	70~55	55~50	50~40
典型自由流速度(km/h)	80	65	55	45
服务水平	平均行程速度(km/h)			
A	>72	>59	>50	>41
B	56~72	46~59	39~50	32~41
C	40~56	33~46	28~39	23~32
D	32~40	26~33	22~28	18~23
E	26~32	21~26	17~22	14~18
F	≤26	≤21	≤17	≤14

《城市道路工程设计规范》(CJJ 37—2012)对快速路和其他等级道路的通行能力分别进行了规定。其中快速路基本路段一条车道的基本通行能力和设计通行能力以及快速路基本路段服务水平分级详见第四章。其他等级道路一条车道的通行能力见表1-14;信号交叉口服务水平等级见表1-15;新建道路均按三级服务水平设计。

无信号灯交叉口可分次要道路停车让行、全部道路停车让行和环形交叉口三种形式。有关通行能力的分析详见第七章。

非快速路路段一条车道的通行能力 表1-14

设计速度(km/h)	60	50	40	30	20
基本通行能力[pcu/(km·lh)]	1 800	1 700	1 650	1 600	1 400
设计通行能力[pcu/(km·lh)]	1 400	1 350	1 300	1 300	1 100

信号交叉口服务水平分级 表 1-15

指标 \ 服务水平	一级	二级	三级	四级
控制延误(s/veh)	<30	30~50	50~60	>60
负荷度	<0.6	0.6~0.8	0.8~0.9	>0.9
排队长度(m)	<30	30~80	80~100	>100

第五节 道路建筑限界

为了保证城市道路上车辆与行人的交通安全,在道路上一定高度和宽度范围内不允许任何障碍物侵入的空间界限,称为道路建筑限界。在建筑限界内,不得设置桥台(墩)、灯杆、护栏、标志牌、树木、无轨电车接触线等各种设施。

城市道路建筑限界如图 1-4 所示。顶角抹角宽度 E 不应大于机动车道或非机动车道的侧向净宽 W_1。道路最小净高见表 1-16。

道路最小净高 表 1-16

道 路 种 类	行驶车辆类型	最小净高(m)
机动车道	各种机动车	4.5
	小客车	3.5
非机动车道	自行车、三轮车	2.5
人行道	行人	2.5

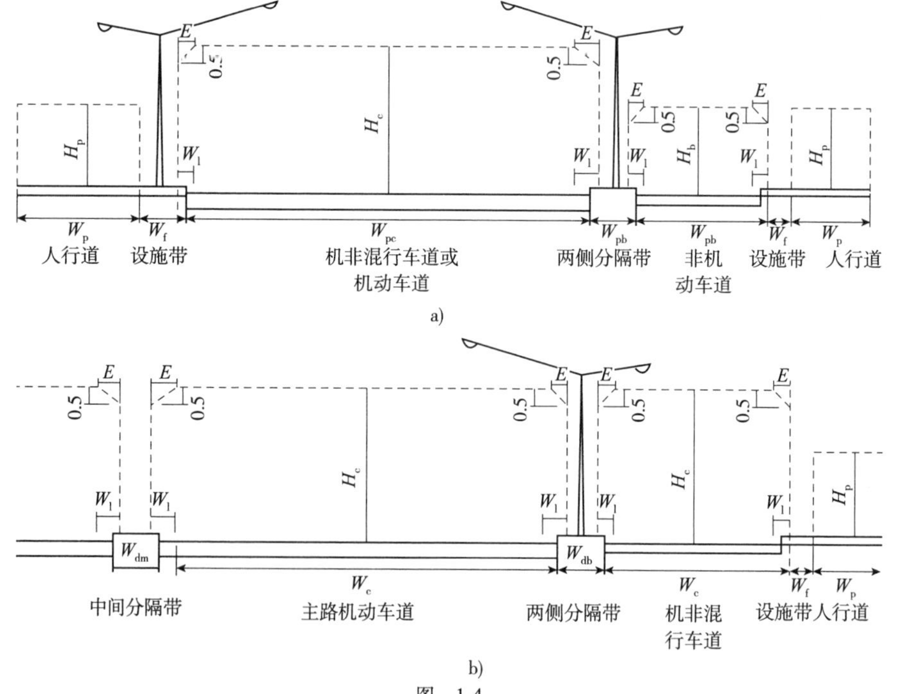

图 1-4

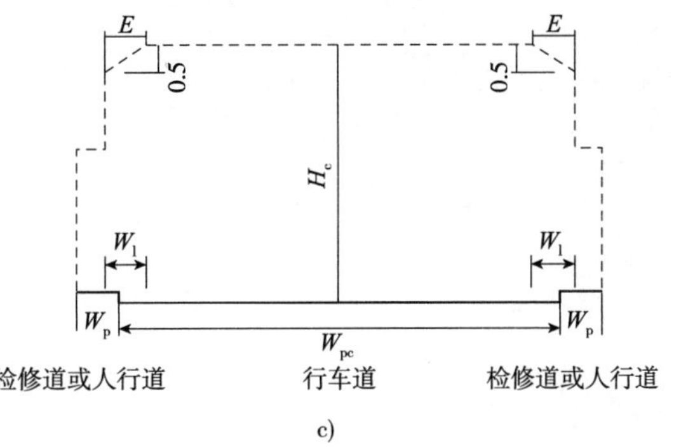

图 1-4 道路建筑限界

a)无中间分隔带;b)有中间分隔带;c)隧道内

E-构筑物顶角抹角宽度,与车道侧向净宽一致(m);H_c-机动车道净空高度(m);H_b-非机动车道净空高度(m);W_l-侧向净宽(m);W_{pc}-机动车道路面宽度(m);W_c-行车道路面宽度(m);W_{pb}-非机动车道路面宽度(m);W_{dm}-中间分隔带宽度(m);W_{db}-侧分隔带宽度(m);W_p-人行道宽度(m);W_f-设施带宽度(m)

对于通行无轨电车、有轨电车、双层客车等超长、超宽、超高的特种运输车辆的道路,最小净高应该满足车辆通行的要求。另外,由于最小净高要求不同,城市道路设计中还应做好与公路以及不同净高要求道路之间的衔接过渡,同时应设置必要的指示、诱导标志及防撞等设施。

第二章 城市道路网规划

第一节 概 述

城市道路网由各类各级城市道路(不包括居住区内的道路)所组成,城市道路网一经形成,就大体上确定了城市用地布局和土地利用的轮廓,并且其对城市建设和发展的影响将会一直延续下去。

城市道路网规划是城市交通规划的继续、发展和深入。根据城市发展总体规划及城市交通规划对城市各用地分区间的道路交通需求,建立结构合理、主次分明、功能良好,完整、连续通畅的城市道路网络,对促进和加快城市建设与发展具有极其重要的意义。城市道路网规划应能适应城市将来的发展、交通结构的变化和要求,具有一定的超前性。要认真考虑实施规划的可能性,通过对城市的规模、性质、形态、交通特点、城市经济发展和建设财力以及工程技术能力和水平等多方面的深入调查研究和综合分析,结合各种规划构思,提出若干备选方案,再经过社会、经济、技术及环境等方面效益的评价比较,分析各方案的优劣,以供决策。

在城市道路网的规划设计中,应确定城市道路网结构形式,确定干道性质、走向及红线宽度,确定道路横断面形式、交叉口位置和形式,确定停车场布置以及绘制路网图和编写规划说明书等。

城市道路网规划应以城市交通规划中对城市客货运输的预测分析为依据，以国家有关规范、编制办法为准，满足所要求的各项规划技术指标。

第二节　城市道路网规划的基本要求

城市道路网规划的基本要求如下。

(1)满足城市道路交通运输需求

城市道路网络是城市综合交通体系中的一个子系统，道路网中各条道路的性质与功能必须与其在道路网系统中的地位以及道路两侧用地的规模和性质相适应，力求做到使城市各分区之间有方便、迅速、安全和经济的交通联系，形成全市道路交通干道系统，满足城市中的长距离、以速度为主要要求的出行；在城市各分区内部形成工作、生活型道路，满足主要以交通容量为要求的短距离出行，方便城市客货流的集散。我国城市道路中的快速路和主干路在道路网系统中主要起“通”的作用，要求通过的机动车具有较高的行驶速度；次干路兼有“通”和“达”的功能，在次干路两侧一般都有大量的沿街商贸、文化卫生建筑设施及城市公共服务设施，并且次干路与支路直接相连，对于城市客货流运输在支路上的集散以及在快速干道上的运输起到承接转换的作用。因此次干路应具有较大的交通容量，而对机动车行驶速度则不能有过高要求；支路主要起“达”的作用，它深入到城市各分区内部，交通过程中最初的“集”和最终的“散”是支路的主要功能。

(2)满足城市用地布局要求

城市道路网系统规划，应结合城市用地规划，为城市建设发展创造良好的条件。城市道路可成为划分城市各分区、组团或各类城市用地的界限，形成城市用地分区布局的“骨架”。道路网分割的城市用地及分区形态，应有利于城市总体规划对用地的分配，满足各类用地的基本要求(如不宜将用地分割成狭长或畸形地块)；有利于组织城市的景观，结合城市绿地、水体、地貌特征等，形成自然、协调的城市风貌，给人以浓烈的生活气息、丰富的动感和美好的感受。

城市道路的布局，应考虑结合城市通风、日照。城市道路就是城市的风道，因此主要道路的走向既要有利于城市通风(如可使城市主干道走向平行于该城市夏季主导风向)，又要考虑有利于抵御冬季寒风或夏季台风等灾害性风的正面袭击，还要为两侧建筑布置创造良好的日照条件。

(3)满足各种市政工程管线布置的要求

城市市政工程管线常常沿城市道路敷设，各种管线的平纵面走向和埋设要求都与道路网布局密切相关。因此，在道路网规划时应充分考虑满足工程管线的布置要求，为其提供必需的布置空间。

此外，城市道路网规划应注意适应城市将来的扩展、交通结构的变化和要求，具有一定的超前性；要认真考虑实施规划的可能性，通过对城市的地形、地物、工程技术能力水平、城市经济发展特点以及建设财力等多方面的深入研究、分析，进而做出科学、合理的规划方案。

第三节　城市道路网结构形式

城市道路网结构形式是指城市道路网的平面投影几何图形。城市道路网结构形式是根据城市发展需要,为满足城市规模、形态、用地布局、城市交通及其他要求而形成的。根据各城市具体条件的不同,城市道路网也应具有不同的结构形式。

国内外常见的城市道路网结构形式可抽象归纳为 3 种基本类型:方格网式、放射环式和自由式。

一、方格网式路网

方格网式路网(又称棋盘式道路网)适用于地势平坦地区的中、小城市,如图 2-1a)所示。优点是划分的街道整齐,有利于沿街建筑布置。这种路网上交通分散,灵活性大。缺点在于道路功能不易明确,交叉口多,对角线方向的交通不便。我国许多大城市的老城区均采用此结构形式。

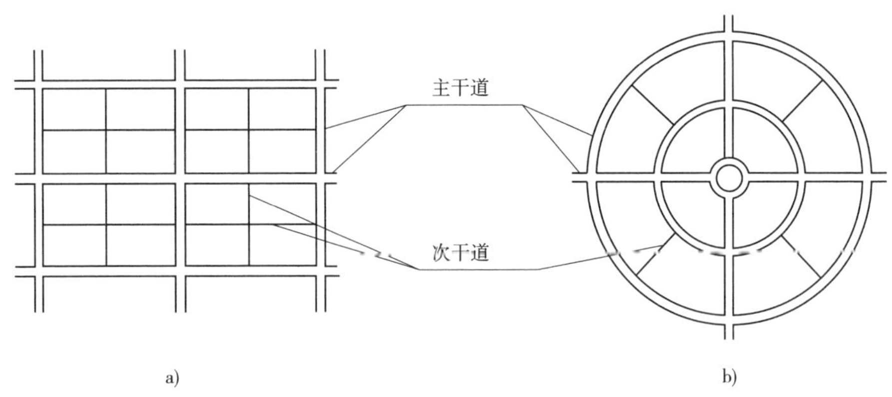

图 2-1　城市干道网类型

a)方格网式;b)放射环式

二、放射环式路网

由市中心向四周引出若干条放射干道,并在各条放射干道间连以若干条环形干道,如图 2-1b)所示。这种路网的优点是有利于市中心区与各分区、郊区、市区外围相邻各区之间的交通联系,在明确道路功能上优点明显。缺点是容易将各方向交通引至市中心,造成市中心交通过于集中,交通灵活性不如方格网式路网高。例如,在小范围采用放射环式路网,则可能形成许多不规则街坊,交叉口不易处理,不利于建筑布置。因此,此种结构形式适用于大、特大城市。图 2-2 是武汉市"十二五规划"的"五环十八射"道路结构图,从图中可以看到明确的放射环式路网布置结构。

为了分散过于集中的市中心区交通，应在城市布局上避免形成过于集中的功能中心，也可将某些放射干道布置于二环（中环）或三环（外环）上，而不在市中心（内环）汇合。

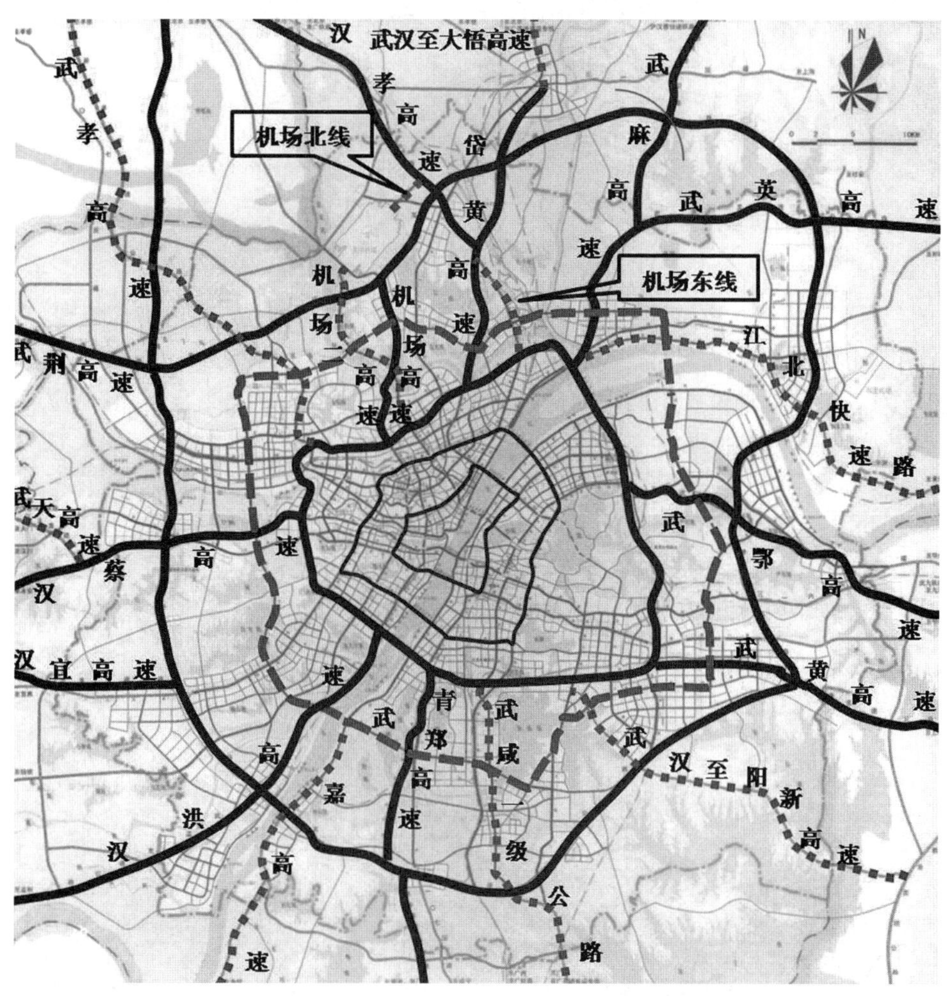

图 2-2　武汉市规划的五环十八射道路结构图

三、自由式路网

自由式路网，一般是由于城市地形起伏，道路结合地形变化呈不规则形状而形成的。其主要优点是不拘一格，充分结合自然地形，线形生动活泼，对环境和景观破坏较少，可节约工程造价。缺点是绕行距离较大，不规则街坊多，建筑用地较分散。此类路网常见于地形起伏较大的山区与丘陵地带的城市，如我国的重庆（图 2-3）、青岛等。

以上 3 种基本形式常常又组合在一起，即形成组合式道路网，该结构常根据城市发展实际需要逐步形成，因地制宜、扬长避短，合理组织分配交通，如中心城区（老城区）布置（或保留）方格网式结构，各分区、郊区、城区外围可用放射环式和（或）自由式结构加以组织。国内许多特大城市在 20 世纪 80 年代以来经历了近 20 年的城市现代化发展后，已逐步形成此类道路网形式。

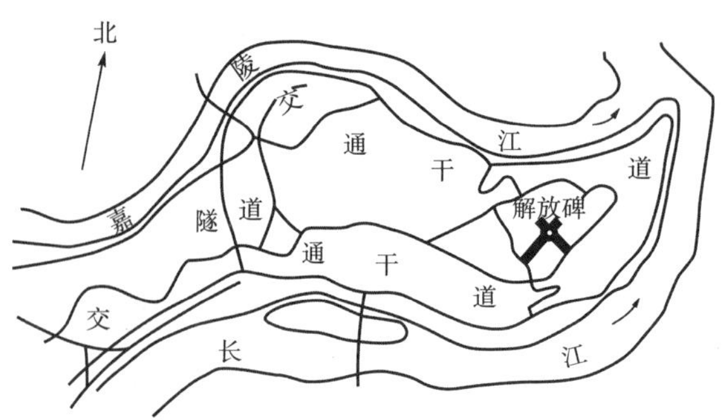

图 2-3　自由式道路网示意图

还有一种常见的链式道路网，由一两条主要交通干道作为纽带(链)，好像脊骨一样联系着各类较小范围的道路网而形成，常见于组合型城市或呈带状发展的组团式城市，如兰州、深圳等城市(图 2-4)。此种模式组团内交通距离不大，多中心可以分散交通流，但也易形成狭长的交通走廊，加重纵向交通压力。

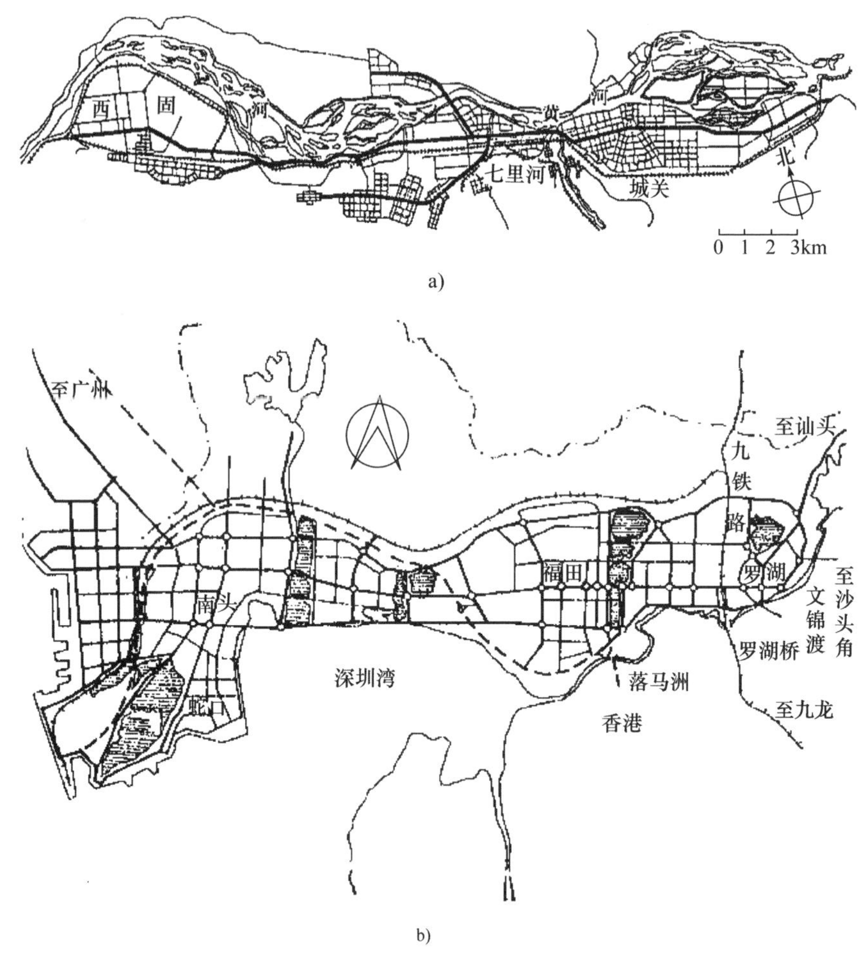

图 2-4　链式道路结构示意图

a) 兰州早期规划道路网示意图；b) 深圳道路网规划示意图

第四节 城市道路网规划主要技术指标

一、道路网密度

道路网密度即城市道路中心线总长度与城市用地总面积之比。根据我国城市道路的分类标准，道路网密度指标与道路本身的性质有关，其数学表达式如下：

$$\delta_i = \frac{\sum L_i}{\sum F} \tag{2-1}$$

式中：δ_i——某类道路网密度，i 分别对应快速路、主干路、次干路和支路，km/km^2；

$\sum L_i$——某类道路中心线总长度，km；

$\sum F$——城市用地总面积，km^2。

当然，式(2-1)也可用来计算部分道路类别的总的道路网密度。

我国《城市道路交通规划设计规范》(GB 50220—1995)中对各类道路网密度作出了具体要求，供规划时参考，见表2-1和表2-2。

大、中城市道路网密度指标(km/km^2) 表2-1

城市规模与人口(万人)		快速路	主干路	次干路	支路
大城市	>200	0.4~0.5	0.8~1.2	1.2~1.4	3~4
	≤200	0.3~0.4	0.8~1.2	1.2~1.4	3~4
中等城市		—	1.0~1.2	1.2~1.4	3~4

小城市道路网密度指标(km/km^2) 表2-2

城市人口(万人)	干 路	支 路
>5	3~4	3~5
1~5	4~5	4~6
<1	5~6	6~8

二、道路面积密度

仅用道路网密度指标还不足以全面衡量城市道路对城市交通的适应性，因路网密度无法反映同一类道路中，由于不同路线或不同路段在横断面形式(如车行道宽度)不同时的通行能力(即设施效益)上的差异。道路面积密度是城市各类各级道路占地面积与城市用地总面积之比值，其表达式为：

$$r = \frac{\sum (L_i B_i)}{\sum F} \tag{2-2}$$

式中：r——城市道路面积密度，%；

L_i——各类道路长度，km；

B_i——各类道路宽度，km；

其余符号意义同前。

城市道路用地面积包括广场、公共停车场面积。

城市道路交通规划设计规范(GB 50220—1995)规定 r 应在 8%~15%,对规划人口在 200 万以上的大城市,r 宜为 15%~20%。

三、人均占有道路用地面积

此项指标的意义为城市道路用地总面积与城市人口总数之比值,用公式表示为:

$$\lambda=\frac{\sum(L_iB_i)}{N} \tag{2-3}$$

式中:λ——人均道路用地面积,m^2/人;

N——城市总人口,人。

其余符号意义同前。

城市道路交通规划设计规范(GB 50220—1995)要求 λ 为 7~15m^2/人,其中:道路用地为 6.0~13.5m^2/人,广场为 0.2~0.5m^2/人,公共停车场为 0.8~1.0m^2/人。

四、非直线系数

城市各分区之间的交通干道应短捷,但实际情况不可能完全做到。衡量道路便捷程度的指标称为非直线系数(或称曲度系数、路线增长系数),是道路起、终点间的实际长度与其空间直线距离的比值。

$$\rho=\frac{L_{实}}{L_{空}} \tag{2-4}$$

式中:ρ——非直线系数;

$L_{实}$——道路起、终点的实际长度;

$L_{空}$——道路起、终点的空间直线距离。

交通干道的非直线系数应尽量控制在 1.4 以内,最好在 1.1~1.2,但山区或地形起伏较大的城市对此项指标可不必强求。

第五节　城市道路网规划设计的一般程序

城市道路网络规划工作程序如图 2-5 所示。城市道路网络规划,首先要分析影响城市道路交通发展的外部环境,从社会政治、经济发展、人口增长、有关政策的制订和执行,建设资金的变化等方面,来确定城市道路交通发展的目标和水平,预估未来城市道路网络的客货流量、流向,确定道路网络的布局、规模和位置等,并落实在图纸上。

城市道路网络规划设计一般方法如下。

1.现状调查,资料准备

(1)城市地形图:包括城市市域范围和中心城区范围两种地形图,市域地形图应能反映区域范围内城市之间的关系,河湖水源、公路、铁路与城市的联系等。地形图比例尺可为 1∶5 000~1∶10 000。另外,为定线校核之用,还需有 1∶1 000(或 1∶2 000)的地形图。

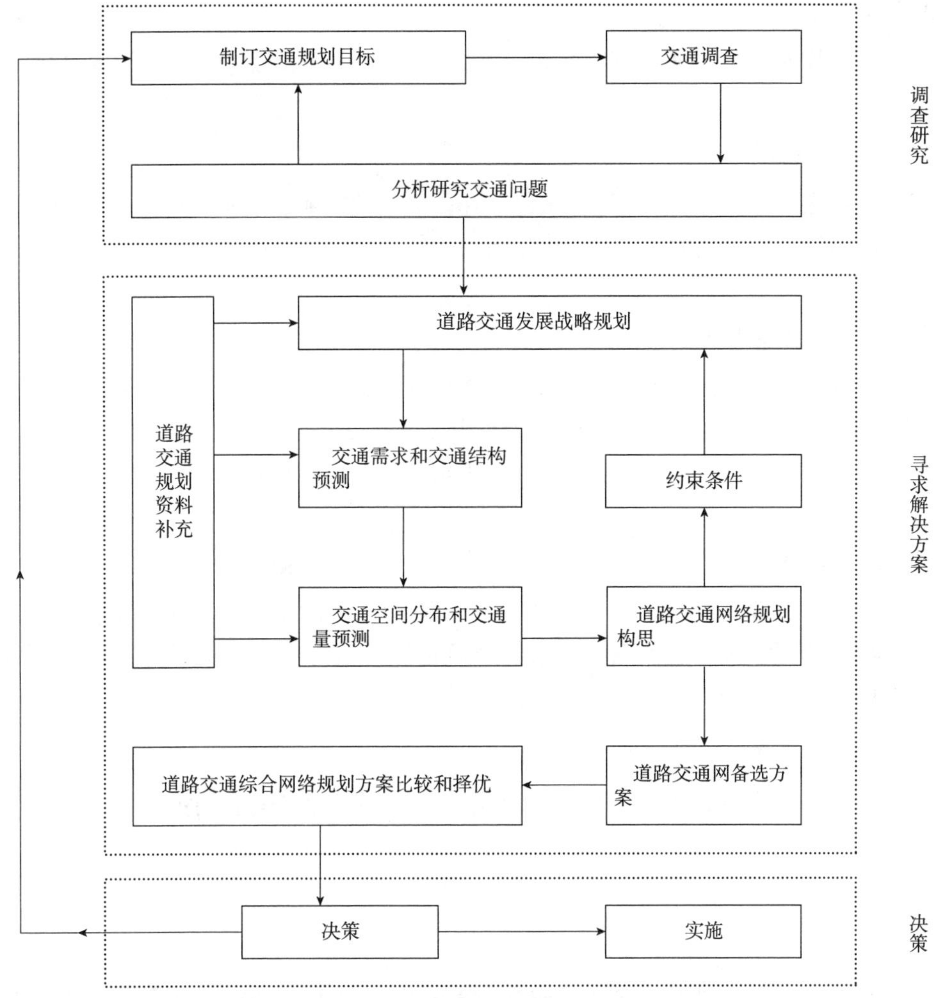

图 2-5 城市道路网规划工作框图

(2)城市用地布局和交通规划初步方案:即在城市总体规划中做出的城市土地使用和交通系统规划初步方案。

(3)城市发展社会经济资料:包括城市性质、规模、人口、经济及交通发展资料、城市发展阶段及期限等。

(4)城市道路交通现状调查资料:包括城市历年机动车、非机动车拥有量资料,城市主要干道及交叉口交通流量、流向分布资料,大比例尺(1∶500~1∶1 000)城市地形图,以准确反映道路现状平面线形、交叉口形式、横断面布置形式等。

(5)城市道路交通现状存在的问题:路网结构、主要干道、交叉口的线形、形式、通行能力等方面不适应程度,存在问题的主要原因等。

2.道路系统初步方案设计

根据交通规划和城市总体规划的要求,考虑城市发展和用地的调整,从“骨架”和“功能”的角度提出道路系统规划初步方案。此阶段着重解决交通问题,对路网结构形式、路线走向、交叉口形式等方面有必要做出若干方案,进行分析比选。

3.提出设计方案

对干道主要控制点的平面位置和高程、横断面形式、干道纵断面设计等具体问题提出设计方案。

4.修改道路系统规划方案

对初步方案进行全面分析比较,对社会、经济、交通的影响和效益进行分析,对道路的横断面形式、交叉口形式及交通组织方式等进行细致的研究,提出道路系统规划设计及重要交通节点的设计方案。

5.绘制道路系统规划图

道路系统规划图包括规划平面图以及标准横断面图。平面图要标出城市主要用地的功能布局,干道平面位置,线形控制点的位置、坐标和高程,交叉口的平面形式等,比例尺一般为1∶10 000或1∶5 000。横断面图应标出道路红线控制宽度,断面形式及尺寸,比例尺一般为1∶500或1∶200。

6.编制道路系统规划方案说明

对整个道路系统规划设计工作作出必要的方案说明,一般应包括如设计的依据、规划的原则、各项指标及参数的确定、道路系统带来的交通及社会经济效益的简要分析结论、道路网分期实施方案以及其他需加以说明的事项等内容。

第六节　城市道路系统规划的评价

一、简述

城市道路网系统所提供的道路交通服务质量取决于该系统的科学合理性。城市道路网是城市综合交通体系中的一个子系统,其内部各组成要素的合理性以及相互之间的协调性,其与综合交通体系中其他子系统间的配合、衔接、转换及耦合关系,决定了道路网系统整体效益的发挥。

城市道路系统规划的评价,是对已做出的一个或若干个备选规划方案进行综合效益的分析与评价,研究其达到预期规划目标的可能性,为决策提供依据。同时,通过方案的评析还可从中发现方案的某些不尽合理或不完善之处,以便及时修改。此外,在对备选方案进行全面分析评价(以及检验)的同时也会对其进一步加深理解和认识,有助于对规划的总体目标、结构等宏观的、战略性的问题进行全面把握。总之,规划方案的评价是道路系统规划不可缺少的一步,是进行科学决策的极为重要的环节。

1.城市道路网规划评价内容

城市道路网规划方案的评价应从技术性能、经济效益和社会环境影响三个方面着手。

(1)技术性能评价。可从两个层次进行分析:一是从道路网系统整体出发,从城市总体规划、城市综合交通规划的角度分析评价道路网的整体建设水平、道路网络布局质量、道路网总体容量等;二是对道路交通设施质量和性能的评价,如某条线路、某个交叉口的通行能力、服务水平等。

(2)经济效益评价。对道路网规划方案的经济效益评价要从两个方面进行,即成本和效益。而无论成本或效益又都由直接和间接的费用所组成。

成本中的直接费用包括初次投资费用,以及有关的交通设施、交通服务的运营和维修费用等;间接成本主要指道路交通设施给其使用者以及全社会造成的额外费用,如因防治交通公害(如噪声、废气、飞尘、振动等)而造成的社会费用、交通事故造成的直接和间接经济损失、能源消耗费用等。

而效益中的直接经济效益包括如出行时间的节约、运输成本的降低、交通事故减少等;间接经济效益包括改善大气质量、减少交通公害、改善投资环境、提高生活质量和增加地区吸引力等给其使用者以及全社会带来的效益。

(3)社会环境影响评价。道路交通系统对社会环境的影响体现在正负两个方面。正面效应包括可达性提高、促进生产、扩大市场、地价升高、改善景观等;负面效应包括交通公害、交通安全、社区阻隔、对视线视觉的影响、对日照和通风的影响等。

2.城市道路网规划评价原则

(1)科学性。建立的评价体系及评价指标必须全面、真实、客观地反映该城市道路交通系统性能及其影响。

(2)可比性。评价必须在平等的可比性价值体系下才能进行,同时,可比性必然要求具有可测性。因此,评价指标要尽量建立在定量分析基础之上。

(3)可行性。评价指标必须定义确切,力求简明实用。

二、城市道路网系统技术性能分析

1.城市道路系统与城市用地布局间的配合关系

城市自身以及各用地布局的规模、形态需要一定规模和形态的交通结构,而一定规模和形态的交通结构,又要求有与之相适应的道路网结构,对于它们之间的相关性,应注意研究分析的主要问题有:

(1)城市道路网结构形式是否与城市的性质、规模、形态相适应?

(2)城市各相邻组团间和跨组团的道路交通解决得如何?

(3)道路网结构是否与城市用地布局可能产生的交通流量流向相一致?是否与各用地布局预测的交通需求相适应(如道路类别、等级等)?

(4)道路网系统是否有利于城市建设和今后的发展?能否对城市建设和发展起到支持和引导的作用?

2.城市道路网与对外交通设施间的衔接配合关系

(1)城市快速道路网与城外高速公路的连接;与其他交通方式(如航空、铁路、水运等)的连接。

(2)城市道路网与城外一般公路的连接。

(3)城市道路网与城市对外客货运交通枢纽设施间的连接。

3.城市道路系统功能分工及结构合理性

(1)道路系统的功能分工是否清晰,是否与城市规划用地的性质相适应?

(2)道路网结构是否完整？各类道路的连接是否连续合理？

(3)道路网络节点(即道路交叉口)的选址、选型和处理是否合理？

4.城市道路网中各级道路的密度及与横断面布置的关系

(1)各级道路的密度一般应满足国家有关规范的要求(但也不必强求),应与城市的交通需求相适应。

(2)各级道路的路网密度间应有合理的比例关系。从表 2-1 及表 2-2 可见,对于大城市而言,快速路网∶主干路网∶次干路网∶支路网约为 1∶2∶3∶8。

(3)城市各级道路的横断面布置要有利于组织与引导交通流。根据用地布局对道路通行能力的不同要求布置相应的横断面形式。同一条道路的不同路段,可根据需要布置不同的横断面形式,避免因横断面布置不当造成道路交通瓶颈。

5.城市道路网的交通组织、控制与管理方案

是否考虑了与城市道路网相配套的交通组织、控制与管理措施？这些措施的合理性、适应性及先进性如何？

三、规划方案评价的基本思路与步骤

一般城市道路网规划方案评价可分“目标、任务、指标、价值”4 个层次进行。首先将制订的规划目标分解为若干独立的评价项目(即任务),对各个评价项目应从不同角度进行客观评价,设定具体的评价指标,求出各指标的评价值,根据对各指标评价值的目标要求即可对道路网规划方案做出客观评价。在选择评价指标时应使其能够描述规划方案的所有方面,并使评价项目之间不发生重叠。评价指标的选定应侧重于使用者效益及社会效益,而运营者的效益则居次要地位;各指标尽可能相互独立,例如从数量角度选取人均道路面积,从分布角度选取路网密度;在保证反映道路系统特征的前提下,指标数应尽量减少;所选取的指标应能够定量描述。

为了能对规划方案进行综合评价,还需要将不同评价指标的指标值转换为用一个共同的评价尺度表示。最后,可从道路系统的经营者、使用者、公众、地域社会、国家等与道路系统相关的各个主体的角度出发,对规划方案进行评价,并综合各种评价结果进行最终的判断和决策。图 2-6 是道路网规划评价一般步骤的示意框图。图 2-7 是我国某城市道路交通设施的交通质量评价体系示意框图。

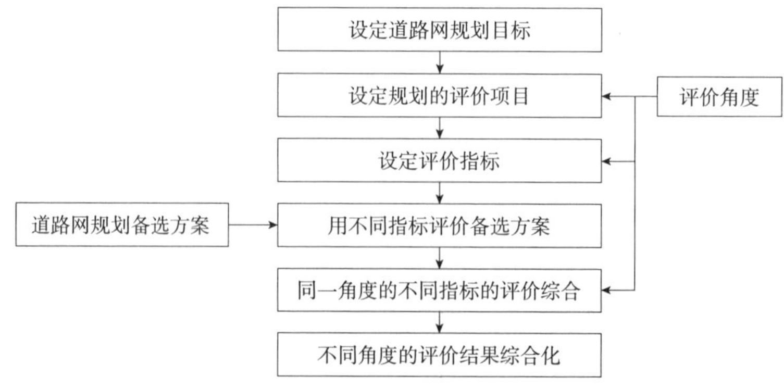

图 2-6　城市道路网规划评价一般步骤

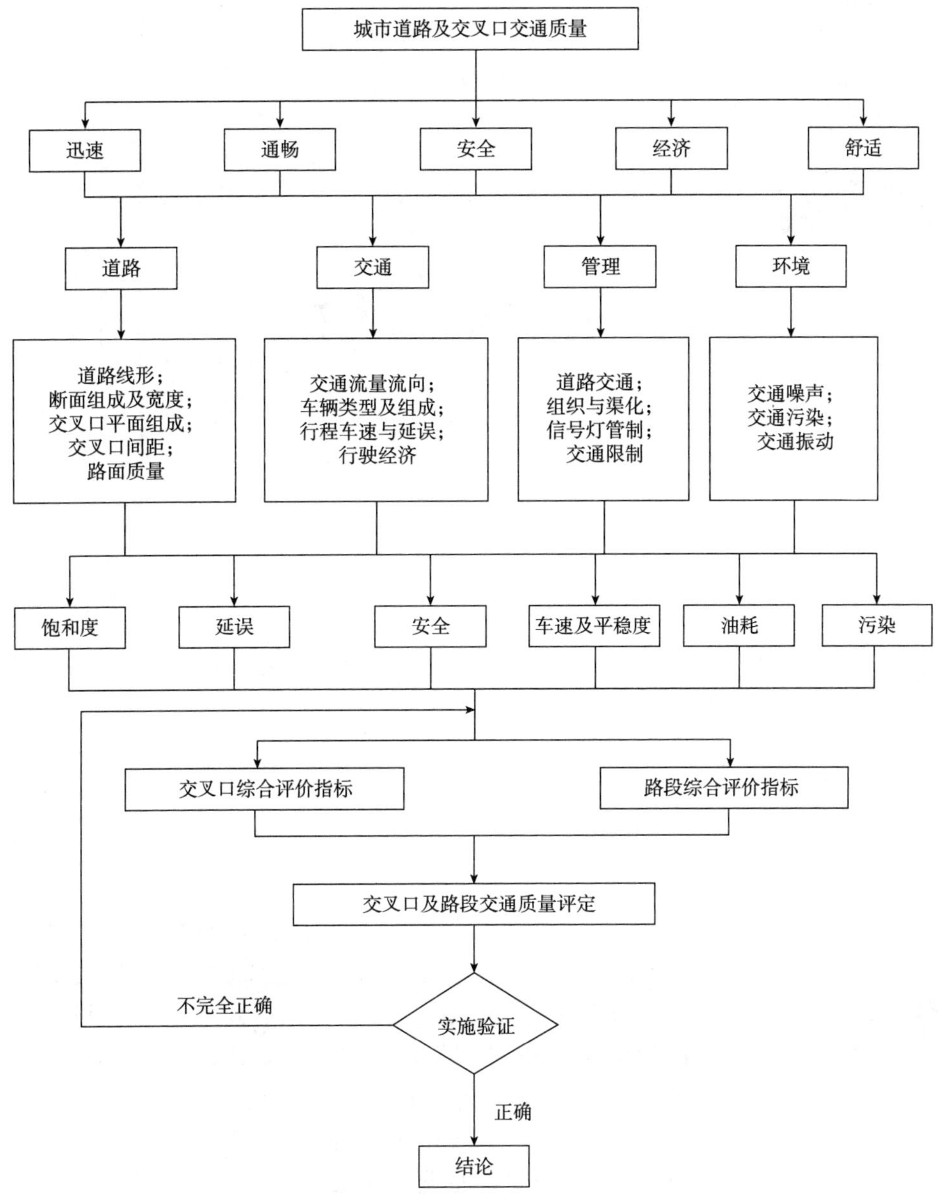

图 2-7　某城市道路交通质量评价体系

第三章

城市主、次干路及支路

城市道路网由快速路、主干路、次干路和支路四级道路组成，其中快慢分流、机非分行的快速路在城市道路网总里程中所占比例很小，按照《城市道路交通规划设计规范》(GB 50220—1995)的要求，约为5.6%~9.3%，而且中、小城市因为市域面积不大，通常都不设快速路。也就是说，城市道路网中里程占比大的是城市主干路、城市次干路和城市支路。这三个等级道路的共同特点是，都需要同时承担机动车、非机动车、行人三种交通流，并且交通流的转向和交叉主要以平面交叉口的形式实现。因此，这三个等级的道路在设计内容、方法和程序上有非常大的相似性。本章主要就城市主、次干路及支路的横断面设计、平面设计以及纵断面设计三方面，对其与公路相比具有特征性的问题进行分析，以加强读者对城市道路几何设计的认识。

第一节 横断面设计

通常，公路横断面的形式有单幅路和双幅路两种形式(图3-1)。其中，双幅路断面适用于高速公路和一级公路，单幅路则适用于二、三、四级公路。

与公路相同，城市道路横断面是指道路中线上各点的法向截面。城市道路横断面设计主要解决横断面设计线与横断面地面线的相互关系，使它们在交通通畅和安全、路基稳定、土石方平衡、地下管线及路侧建筑地坪高程等方面达到合理、协调。

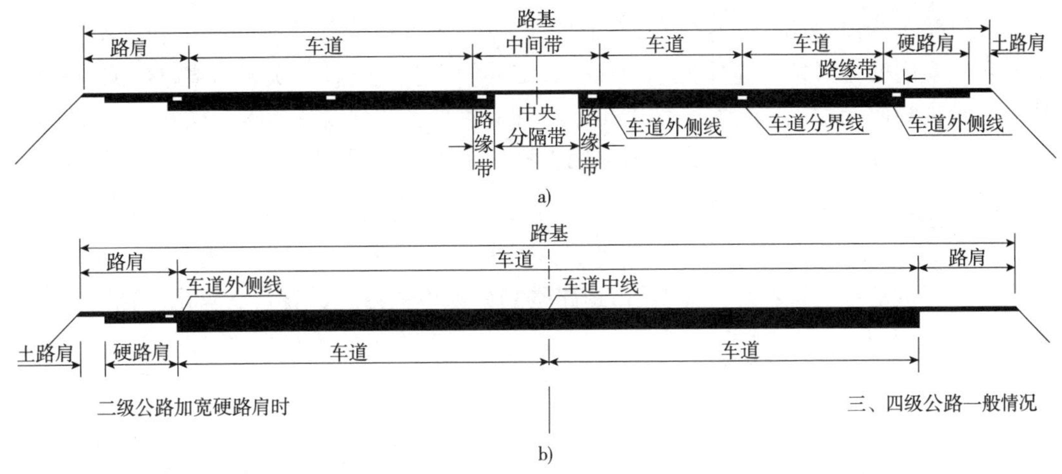

图 3-1　公路横断面的构成

a）高速公路、一级公路路基标准横断面；b）二、三、四级公路路基标准横断面

横断面设计图由横断面设计线和横断面地面线形成的闭合图构成。横断面设计线包括机动车道、非机动车道、分隔带、路侧带（人行道、绿化带、设施带）以及路基与原地面的衔接方式（如边坡线、挡土墙、地表排水设施等）。横断面地面线则是表征道路设计前原地面沿道路横断面方向起伏变化的线形，它可以通过现场实测或由大比例尺地形图、航测图、数字地面模型等途径获得。道路横断面设计就是对上述横断面设计线各组成部分的宽度、相对位置、相对高程、路拱坡度、路基边坡（挡土墙）等进行综合设计，同时考虑地形、地质、水文以及地下管网、地下建筑的影响及协调问题。横断面设计也称为“路幅设计”。

横断面设计，应按道路等级、服务功能、交通特性，综合各种控制条件，在规划红线范围内合理布设；应满足远期交通需求，分期修建时应考虑近、远期结合，使近期工程成为远期工程的组成部分，并预留管线位置，控制道路用地，给远期实施留有余地。城市建成区道路不宜分期修建，以免造成对该区域交通出行的多次干扰；改、扩建道路应采取工程措施与道路交通管理相结合的方法布设横断面，以提高道路通行能力，保障交通安全。

一、城市道路横断面组成

城市道路的交通性质和组成比较复杂，尤其表现在行人和各种非机动车辆较多。各种交通工具和行人的交通问题、地下（上）管线及设施的布设问题都需要在横断面设计中综合考虑予以解决，因此，城市道路几何设计中的横断面设计是矛盾的主要方面，一般在平面和纵断面设计之前进行。城市道路横断面组成如图 3-2 所示。

城市道路上供各种车辆行驶的部分称为行车道。在行车道断面上，供汽车、无轨电车、摩托车等机动车行驶的部分称为机动车道；供自行车、人力车等非机动车行驶的部分称为非机动车道。此外，还有供行人步行用的人行道、分隔各种车道（或人行道）的分隔带、供绿化用的绿化带和安设市政设施的设施带等部分。

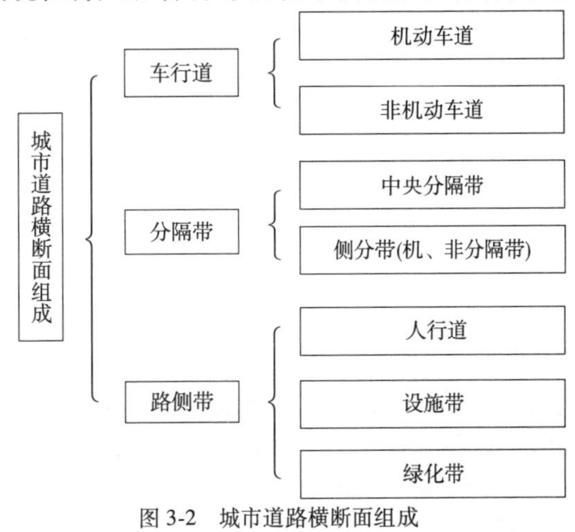

图 3-2　城市道路横断面组成

城市道路车行道、分隔带、绿化带、设施带、人行道等各组成部分相互联系和影响,其宽度的确定和位置的安排必须首先保证车辆和行人交通的安全、畅通,其次要与道路两侧各种建筑物及自然景观相协调,并满足地面、地下排水和其他各种管线埋设的要求。横断面设计应特别注意近、远期工程结合,使近期工程成为远期工程的组成部分,并预留某些规划远期管线断面,路面宽度及高程等均应留有发展余地。

1.横断面类型

根据车行道是否设置物理分隔,城市道路常划分为单幅路、双幅路、三幅路、四幅路 4 种基本类型,如图 3-3 所示。

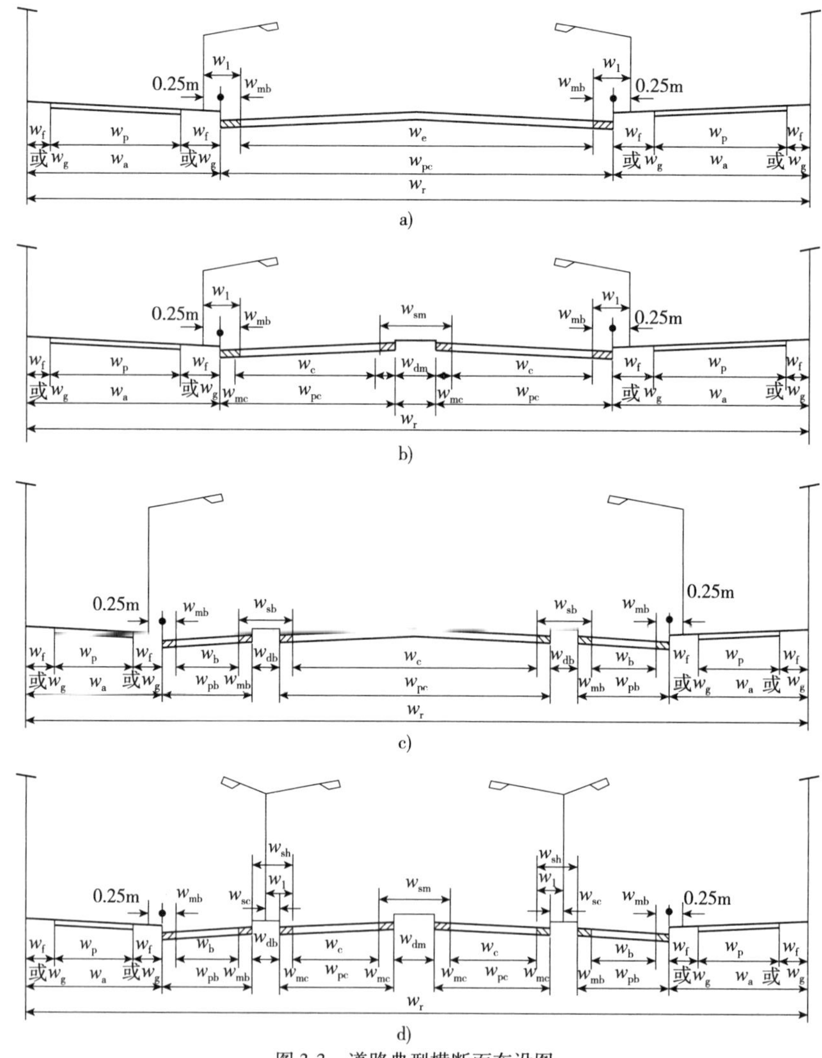

图 3-3　道路典型横断面布设图

a)单幅路;b)双幅路;c)三幅路;d)四幅路

w_r-红线宽度(m);w_e-机动车道宽度或机动车与非机动车混合行驶的车行道宽度(m);w_b-非机动车道宽度(m);w_{pc}-机动车道路面宽度或机动车与非机动车混合行驶的路面宽度(m);w_{pb}-非机动车道路面宽度(m);w_{mc}-机动车道路缘带宽度(m);w_{mb}-非机动车道路缘带宽度(m);w_1-侧向净宽(m);w_{dm}-中间分隔带宽度(m);w_{sm}-中间分车带宽度(m);w_{db}-两侧分隔带宽度(m);w_{sb}-两侧分车带宽度(m);w_a-路侧带宽度(m);w_p-人行道宽度(m);w_g-绿化带宽度(m);w_f-设施带宽度(m);w_{sh}-硬路肩宽度(m)

（1）单幅路

从横断面上来看，单幅路行车道为一整体，没有物理分隔，各种机动车、非机动车车辆在一幅行车道上混合行驶，俗称“一块板”断面。单幅路在交通组织上主要有以下几种方式：

①画出机动车、非机动车行驶分车线。机动车辆在行车道中间行驶，非机动车辆则靠两侧行驶。

②不画分车线。在不影响安全的前提下，机动车、非机动车可以相互调剂使用车道。

③不画分车线，采用活动交通隔离设施组织交通。例如只允许机动车辆沿同一方向行驶的“单行线”；限制载重汽车或者非机动车行驶，只允许小客车和公共汽车通行的街道；限制各种机动车辆、只允许行人和非机动车通行的“步行街”；车道较宽时，还可以采用活动分隔设施将机动车、非机动车分离或者将对向行驶的车辆分离等，以提高道路通行的安全性。上述交通措施，可以是相对不变的，也可以是按规定的周期调整、变换的。这也是单幅路可以“灵活管理”的优势之一。

（2）双幅路

在行车道中央设置分隔带或固定分隔墩，横断面上将车行道分为两个幅面，将上、下行交通流隔离，这样可以避免对向行驶的机动车发生交通碰撞。根据需要，每一幅面还可以画机动车、非机动车道分隔线。双幅路俗称“两块板”断面。

（3）三幅路

当行车道上非机动车交通量较大的时候，同一行车方向机动车与非机动车相互干扰，很容易发生交通冲突，产生交通事故。为了避免这种现象发生，在行车道两侧采分隔带或固定分隔墩将机动车和非机动车分隔开来，整个车行道横断面呈现出三个幅面，即中间幅面为双向行驶的机动车道，机动车道两边各设一单向行驶的非机动车道。三幅路是我国针对自行车交通量大，机、非混行交通事故频繁而总结出的一种道路横断面类型，俗称“三块板”断面。

（4）四幅路

在三幅路的基础上，再将中间机动车道部分用中央分隔带或固定分隔墩分隔为两个幅面，使机动车也分向、分幅行驶，从而在行车道断面布置上最大限度地保证了车辆交通的行驶安全。整个行车道横断面呈现出四个幅面。理论和实践表明，四幅路是城市道路交通最安全的横断面类型，俗称“四块板”断面。

（5）不对称路幅

上述单、双、三、四幅路是城市道路主、次干路及支路在横断面布设时的 4 种基本类型，它们通常都是以道路中线为对称轴对称布设。但是，在一些特殊情况下，比如地形条件限制、交通组织需要等，一味强调对称布设可能不合理或者不经济，这时可以考虑将车行道、人行道、分隔带等设计成为高程不对称、宽度不对称，或者将上、下行分幅布设，以适应该路段地形和交通的特殊要求，如图 3-4 所示。理论上看，道路横断面的“完全对称性”应该是特例，而“不对称性”才是常态，它更能真实、经济地适应地形条件和交通需求。

2.横断面类型选用

单幅路是最常用的城市道路横断面类型，横向占地最少，投资相对节省。但是，机动车、非机动车混合行驶，对交通安全不利，一般适用于机动车、非机动车相互干扰不太大的次干路、支路；或者用于机、非干扰大，但是拆迁困难、用地受限的老城区改建（扩建）的城市道路。

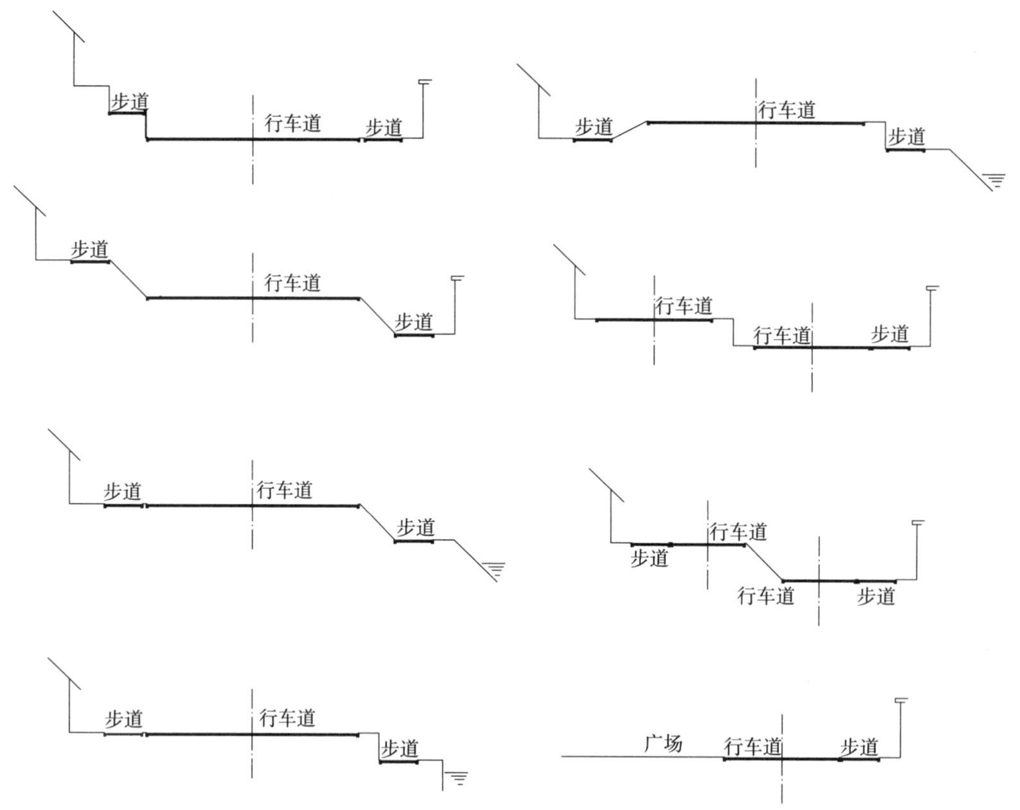

图 3-4 道路横断面不对称布设图

双幅路采用中央分隔带将对向行驶的车流分开,减少了对向行驶车辆之间可能的干扰,有利于提高机动车速度;同时,中央分隔带范围还可以用作绿化、布置照明灯杆和敷设市政管线等,适用于非机动车较少、机动车辆较多且有较高行车速度要求的道路,如位于市郊的主、次干路,其特点是机、非干扰问题不是特别突出,而机动车行车速度比较高。另外,横向地面高差大或地形特殊的路段亦可采用分幅式双幅路断面形式,设置比较宽的中央分隔带,每一幅路采用各自独立的平、纵线形。双幅路单向机动车道数不应少于 2 条。

三幅路采用机、非分隔带将机动车道与非机动车道分隔开来,能够解决我国城市交通长时期以来面临的最大交通矛盾,即机、非相互干扰的矛盾,实践表明三幅路对城市交通安全比较有利。另外,在分隔带上进行绿化,有利于夏天遮阴防晒、减少噪声、设置公交车站和布置照明设施等。此形式在机动车交通量大、非机动车多的城市道路上宜优先考虑采用,是城市主、次干路的主要横断面形式。但三幅路断面形式占地较多,一般是当红线宽度大于或等于 40m 时才能满足车道布置的要求。

四幅路不仅将机动车和非机动车流分离,还将对向行驶的机动车流分离,对安全和车速较三幅路更为有利,适用于机动车流量较大、车速较高,非机动车较多的的快速路或主干路。但由于横向占地很大,加上三条分隔带影响,路段上和平面交叉口处的行人过街问题需要特别考虑。

不对称路幅由于横断面高程、宽度的不对称性,其适应性很广,也更能体现设计者因地制宜、综合设计的能力。在道路横断面地形坡差较大、沿河(江)路、滨湖路、双向车辆或行人交通量显著不均衡等路段，均可以考虑布设不对称路幅。沿江（河）大道、滨湖路旁水一侧的行人和非机动车交通需求可能明显偏大，这时在断面设计时可适当增加横向尺寸；山城道路由于受地形限制，稍微宽一些的道路就需要分幅布置横断面了；再就是大型枢纽立体交叉段落，由于交通的明显不对称性，设计也经常会采用不对称路幅，如图 3-5 所示。

值得说明的两点：

（1）同一条道路宜采用相同的横断面形式。不同断面道路的结合部宜选择在交叉口或较大的结构物处，如桥梁、隧道等。当道路横断面形式或横断面各组成部分的宽度必须在道路中间改变时，则应该合理设置过渡路段。

（2）当路侧可能有路边停车需求时，应考虑增加停车带宽度。

二、车行道

车行道是道路上供各种车辆行驶部分的总称，车行道宽度包括机动车道宽度和非机动车道宽度。车行道宽度应根据设计车辆、设计车速、交通组成等情况来确定。不管是机动车道宽度还是非机动车道宽度，首先需要确定一条车道宽度，然后根据预测交通量确定的车道条数计算车行道宽度，最后车行道路面宽度还要考虑路缘带宽度。

1.一条机动车道宽度

一条机动车道宽度为设计车辆车身宽度加上两侧能够适应某一车速、某一侧向环境条件、保证安全行驶所需的最小侧向净距。由于城市道路车行道两侧一般情况下设有侧石（立式路缘石），而公路则会设置路肩，因此公路与城市道路汽车行驶规律会有所不同。最小侧向净距与驾驶人员的安全驾驶心理密切相关，国外曾就这一课题作过专门研究，每条机动车道宽度依据所处环境而有所不同，结论如下：

（1）右侧靠立式路缘石，左侧为对向车道［图 3-6a）］。

$$b_1=\frac{x}{2}+a_1+c \tag{3-1}$$

（2）右侧靠立式路缘石，左侧为同向车道［图 3-6b）］。

$$b_1'=\frac{d}{2}+a_1+c \tag{3-2}$$

（3）左侧为对向车道，右侧为同向车道［图 3-6b）、图 3-6c）］。

$$b_2=\frac{x}{2}+a_2+\frac{d}{2} \tag{3-3}$$

（4）左、右侧均为同向车道［图 3-6c）］。

$$b_2'=\frac{d}{2}+a_2+\frac{d}{2} \tag{3-4}$$

式中：a_1、a_2——不同类型车车身外形宽度，m；

c、d、x——不同侧向条件安全横向净距，为车速的函数，m。其中，$c=0.4+0.02v^{0.75}$；$d=0.7+0.02v^{0.75}$；$x=0.7+0.034v^{0.75}$。

v——道路设计速度，km/h。

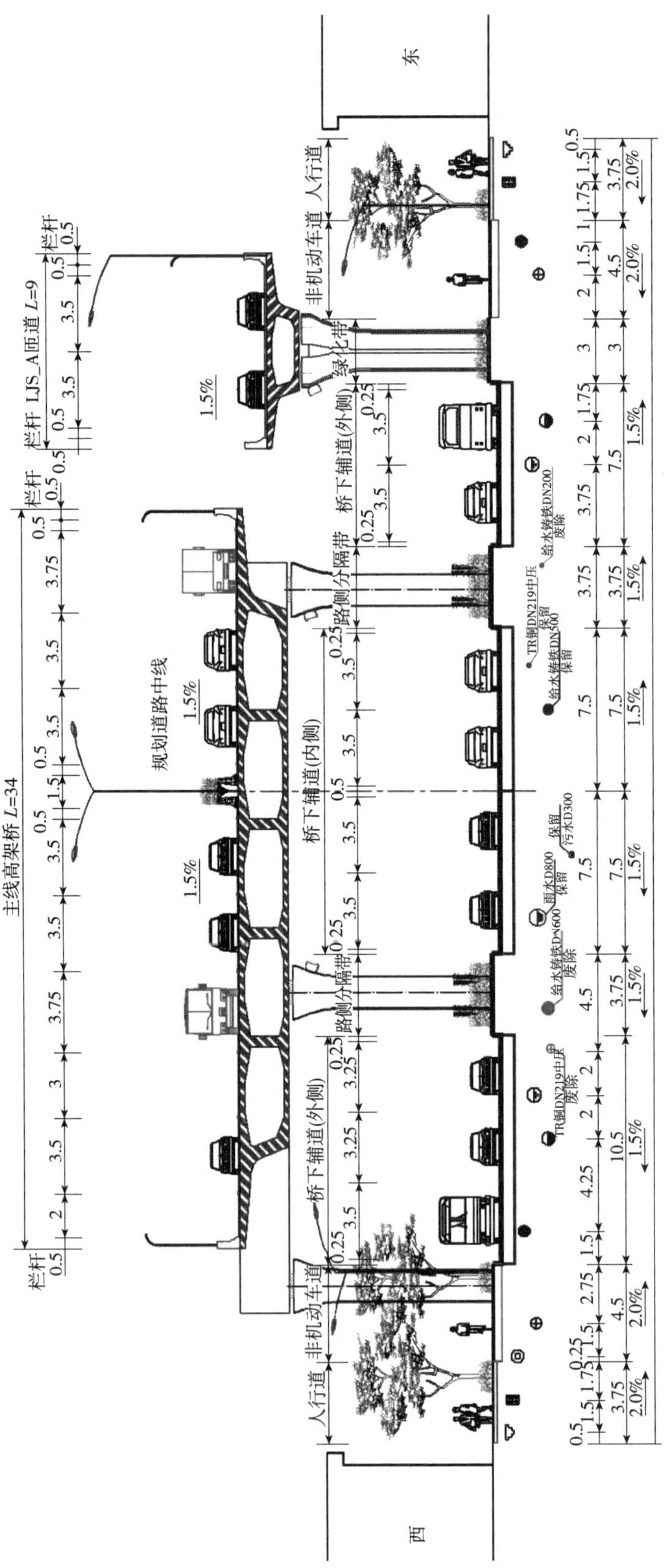

图3-5 枢纽立交路段不对称横断面(尺寸单位:m)

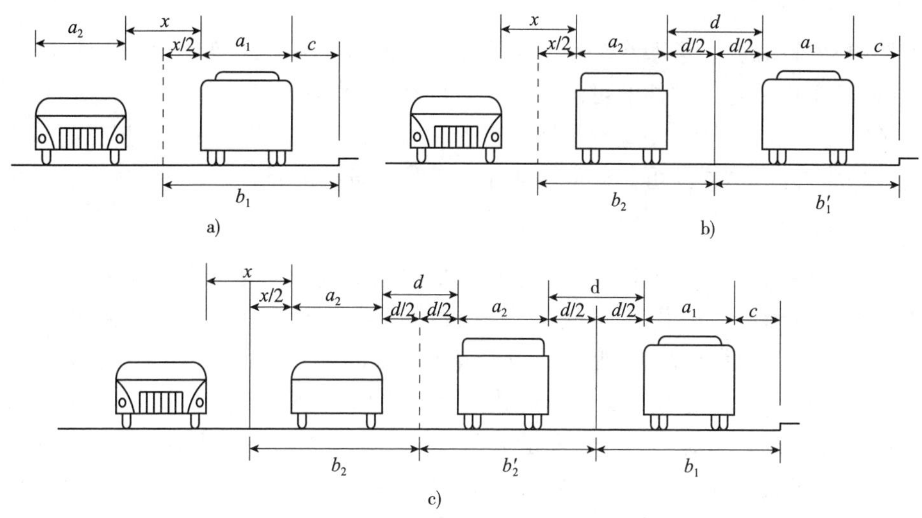

图 3-6　一条机动车道宽度

a)靠路边车道的另一侧为反向车道;b)靠路边车道的另一侧为同向车道;c)同向的中间车道

《城市道路设计规范》(CJJ 37—1990)规定的机动车道宽度见表 3-1。

城市道路机动车车道宽度　　表 3-1

车型及行驶状态	计算行车速度(km/h)	车道宽度(m)
大型汽车或大、小型汽车混行	≥40	3.75
	<40	3.50
小型汽车专用线	—	3.50
公共汽车停靠站	—	3.00

注:大型车包括普通车及铰接车。

与国外相比较以及多年的工程实践表明,我国城市道路机动车道单车道宽度的规范值略显偏大,尤其是单向多车道时。例如,三条车道总宽达 11.25m(单车道宽度为 3.75m),时常会有不遵守交通规则的现象发生,如在 11.25m 宽的车道上并行 4 辆小汽车的情形,或者在四车道的路面上并行 5~6 辆车的情形等。显然,这对维护道路正常的交通秩序、保证交通安全都会形成不利的影响。因此,相关部门和学者针对“城市道路合理车道宽度”这一课题开展了研究,其中既包括交通安全问题也包括工程经济问题。《城市道路工程设计规范》(CJJ 37—2012)和《城市道路路线设计规范》(CJJ 193—2012)在总结这些研究成果的基础之上,对城市道路一条机动车道宽度进行了新的规定,见表 3-2。

一条机动车车道最小宽度　　表 3-2

车型及车道类型	设计速度(km/h)	
	>60	≤60
大型车或混行车道宽(m)	3.75	3.50
小客车专用车道(m)	3.5	3.25

2.机动车道总宽度

当道路机动车道的大、小型汽车横向布置没有确定的情况下，比如方案设计或者初步设计阶段，单向机动车道总宽度预估值可以采用单向机动车“设计车道数”乘上表3-2规定的大型车一条车道宽度。而一旦大、小型汽车横向布置明确以后，则应根据具体情况进行计算确定，施工图阶段通常如此，这样就可保证交通功能和工程经济相协调。

3.设计车道数

一条道路需要几条车道，亦即道路的车道数如何确定，是个比较复杂的问题。机动车车行道总宽度主要取决于设计车道数，也就是说，在设计年限内，设计车道数必须满足道路设计交通量的需求，否则就难免出现交通拥塞。为了解决这个问题，还有另外一个参数需要确定，那就是一条车道的设计通行能力。设计车道数的确定之所以是比较复杂的问题，是因为“设计交通量”和“一条车道设计通行能力”都是道路设计的基础数据，其准确度都比较难以把握。第一个数据涉及交通预测、车辆换算，第二个数据涉及数学模型、道路几何参数、交通干扰等因素，这些涉及的因素都具有不同程度的主观性和不确定性。对于城市道路，要考虑周边道路网交通的平衡问题，不能单独就某一条道路来进行交通量预测，也不能不考虑交通分配及交通干扰来讨论道路通行能力。一旦解决好了这两个基础数据，道路车道数就可以由下式估算，也可用大、小型汽车分别估算：

$$\text{设计车道数}=\frac{\text{设计交通量}}{\text{一条车道设计通行能力}} \tag{3-5}$$

4.机动车道路面宽度

机动车道路面宽度除了满足机动车道总宽度以外，应包括机动车道两侧路缘带宽度，单幅路及三幅路采用中间活动分隔设施或双黄线分隔对向交通时，机动车道路面宽度还应包括活动分隔设施或双黄线的宽度。

5.圆曲线段车道加宽值及其过渡段

(1)加宽值的计算

圆曲线加宽值的确定包括静态加宽和动态加宽两部分。

汽车行驶在圆曲线上，各轮迹半径不同，其中以内侧后轮轨迹半径最小，且偏向曲线内侧，故在圆曲线内侧应适当增加路面宽度，以确保圆曲线段行车与直线路段相比较，具有同样的侧向安全净距。

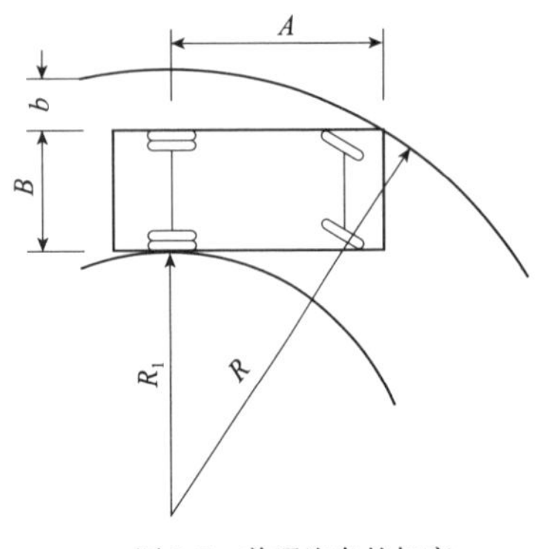

图3-7　普通汽车的加宽

①静态加宽。普通汽车的加宽值b可由图3-7所示的几何关系求得。

$$b=R-(R_1+B)$$

而

$$R_1+B=\sqrt{R^2-A^2}=R-\frac{A^2}{2R}-\frac{A^4}{8R^3}-\cdots$$

故

$$b=\frac{A^2}{2R}+\frac{A^4}{8R^3}+\cdots$$

上式第二项及其以后的数值极小，可省略，故一条车道的加宽$b_{单}$可表示为：

$$b_{单}=\frac{A^2}{2R} \tag{3-6}$$

式中:A——汽车后轴至前保险杠的距离,m;

R——圆曲线半径,m。

对于有 N 条车道的行车道,其加宽值 b_N 可近似用式(3-7)计算:

$$b_N=\frac{NA^2}{2R} \tag{3-7}$$

半挂车的加宽值由图 3-8 的几何关系求得:

$$b_1=\frac{A_1^2}{2R}$$

$$b_2=\frac{A_2^2}{2R'}$$

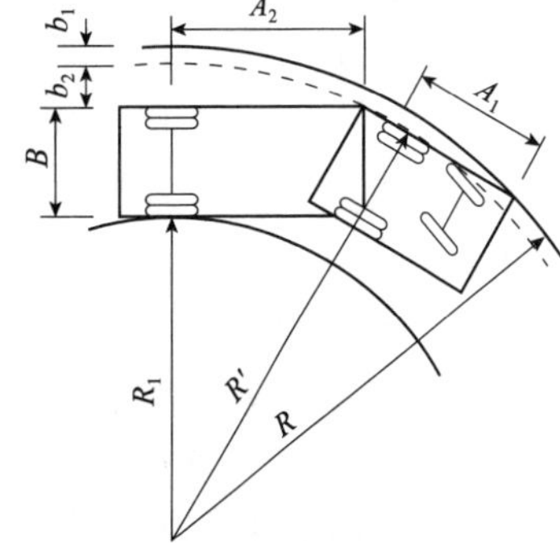

图 3-8 半挂车的加宽

式中:b_1——牵引车的加宽值,m;

b_2——挂车的加宽值,m;

A_1——牵引车保险杠至第二轴的距离,m;

A_2——挂车前缘至拖车后轴的距离,m;

补充 R'的定义,用文中表达的定义。

由于 $R'=R-b_1$,而 b_1 与 R 相比甚微,可取 $R'=R$,于是半挂车的加宽值:

$$b=b_1+b_2=\frac{A_1^2+A_2^2}{2R} \tag{3-8}$$

②动态加宽。汽车在道路上行驶时,不可能走出绝对的直线,它的横向摆动值与车速、平曲线半径有关,摆动幅度的经验值为:

$$b'=\frac{0.05v}{\sqrt{R}} \tag{3-9}$$

式中:v——道路设计速度,km/h;

R——道路圆曲线半径,m。

在设计速度为 v(km/h)、圆曲线半径为 R 的路段,一条机动车道的加宽值就应该等于 $b+b'$。根据静态加宽和动态加宽公式计算结果、取整并规范化,《城市道路路线设计规范》(CJJ 193—2012)规定城市道路圆曲线路段的加宽值见表 3-3,供设计时查用。

当道路圆曲线半径大于 250m 时,由于计算加宽值大多小于 0.20m,车辆弯道横向占道问题可以被设计车道宽度所包容,为简化设计,不再考虑圆曲线加宽。

城市道路圆曲线每条车道的加宽 表 3-3

车型 \ 圆曲线半径(m)	$200<R\leq250$	$150<R\leq200$	$100<R\leq150$	$80<R\leq100$	$70<R\leq80$	$50<R\leq70$	$40<R\leq50$	$30<R\leq40$	$20<R\leq30$
小客车	0.30	0.30	0.30	0.40	0.40	0.45	0.50	0.60	0.75
大型车	0.40	0.45	0.60	0.65	0.70	0.90	1.05	1.30	1.80
铰接车	0.45	0.60	0.75	0.90	0.95	1.25	1.50	1.90	2.75

注:1.小客车汽车前悬加轴距为 0.8+3.8(m)。

2.大型车汽车前悬加轴距为 1.5+6.5(m)。

3.铰接车汽车前悬加轴距为 1.7+5.8+6.7(m)。

(2)加宽值的过渡

直线路段机动车道不考虑加宽,而圆曲线路段需要加宽,这就产生了直线不加宽而圆曲线需要加宽的加宽值衔接问题,也就是加宽值的过渡方式问题。为了使机动车道路面由直线上的正常宽度过渡到圆曲线路段设置加宽后的宽度,需要设置加宽过渡段,也称加宽缓和段。在加宽缓和段上,路面随着道路里程的延伸其宽度逐渐变化。加宽过渡的设置根据道路性质和等级可采用直线过渡或曲线过渡两类方式。其中直线过渡简单但道路外观稍差,曲线过渡复杂但道路外观美观一些。

①直线过渡。在加宽缓和段全长范围内,加宽值大小与加宽桩位到加宽段起点的距离呈正比例关系,这种加宽过渡称为直线过渡,如图 3-9 所示。加宽缓和段内任意点的加宽值 b_x:

$$b_x=\frac{L_x}{L}b \tag{3-10}$$

式中:L_x——任意点距加宽缓和段起点的距离,m;

L_c——加宽缓和段长,m;

b——圆曲线上的全加宽值,m。

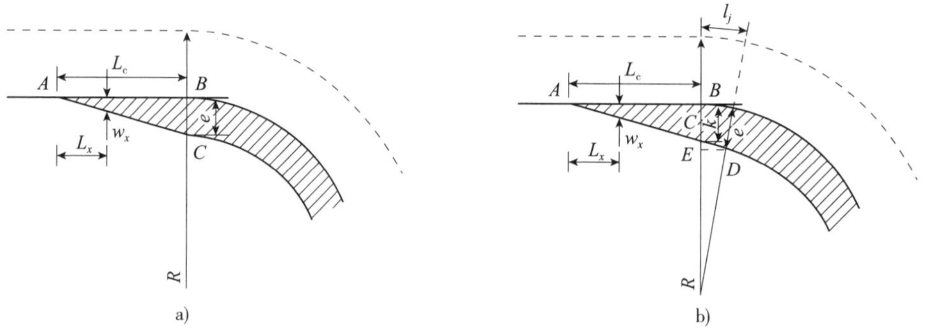

图 3-9 加宽直线过渡

a)一般直线过渡;b)改进直线过渡

这种直线过渡方式简单易行,但是,经过加宽以后的路面内侧边线与行车轨迹不符,起终点处存在明显的折曲[图 3-9a)],路容不够美观。该方法可用于城市次干路以下的道路。作为一种改进措施,可以采用路面加宽边缘线与圆曲线上路面加宽边缘圆弧近似相切的方法消除 C 处的折点,如图 3-9b)所示,可以用制图软件作图时实现,也可用下式计算实现。

$$\alpha=\frac{L_c+\sqrt{L_c^2+2(R-W)b}}{R-W} \tag{3-11}$$

$$l_j=R\alpha \tag{3-12}$$

$$b_j=L_c\tan\alpha \tag{3-13}$$

式中:α——路面加宽边缘线与未加宽路面边缘线的夹角,°;

L_c——加宽缓和段长度,m;

R——圆曲线半径,m;

W——加宽前路面宽度,m;

b——圆曲线加宽值,m;

l_j——圆曲线起点至加宽切点的距离,m;

b_j——修正后圆曲线起点处的加宽值,m。

②高次抛物线过渡。在加宽缓和段上插入一条高次抛物线,加宽缓和段内任意点的加宽值:

$$b_x=(4k^3-3k^4)\,b \tag{3-14}$$

或

$$b_x=4k^3b \qquad (0\leqslant x\leqslant L_c/2)$$

$$b_x=[1-4\,(1-k)^3]b \qquad (L_c/2\leqslant x\leqslant L_c)$$

其中,$k=\dfrac{L_x}{L_c}$。

用这种方法处理以后的路面内侧边缘圆滑、美观,适用于各类高等级道路、桥梁、立交等。

③回旋线过渡。在加宽缓和段内侧边缘重新设计一条回旋线,这样不但道路中线上设有回旋线,而且加宽以后的路面边线也设置回旋线,与行车轨迹比较相符,保证了行车的顺适与线形的美观,是最理想的加宽过渡方式。需要说明的是,路面边缘缓和曲线与道路中线的缓和曲线不是平移关系,而是两条不同参数的回旋线。它可用于下列路段:

a.位于大城市近郊的高速公路、一级公路、城市快速路。

b.桥梁、立交桥、高架桥、挡土墙、隧道等构造物路段。

c.设置各种安全防护设施且有美观要求的路段。

④改进直线过渡。按上述第一种方法(方法①:直线过渡)处理以后的加宽缓和段起终点存在明显的折曲。为了弥补这一缺陷,可以在加宽缓和段“加宽值曲线 b_x-L_x”的起止点处各插入一条二次抛物线,如图 3-10 所示。插入以后,缓和段的长度有所增加,路容有所改进。缓和段上任意点的加宽值按下式分段计算:

$$b_x=\frac{b}{4TL}(T+L_x)^2 \qquad (-T\leqslant L_x\leqslant T)$$

$$b_x=\frac{b}{L}L_x \qquad (T\leqslant L_x\leqslant L-T) \tag{3-15}$$

$$b_x=\frac{b}{L}L_x-\frac{b}{4TL}(L_x-L+T)^2 \qquad (L-T\leqslant L_x\leqslant L+T)$$

式中:T——二次抛物线的切线长,当 $L_c>50$m 时,可取 $T=10$m;当 $L_c<50$m 时,可取 $T=5$m;

其余符号同前。

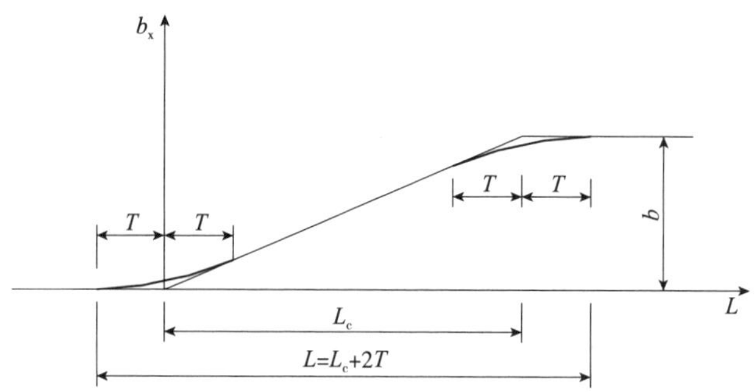

图 3-10 加宽的改进直线过渡

此外,加宽缓和段沿程加宽值的计算还有样条曲线法、正弦曲线法等,在此不一一介绍。

上面介绍的诸多方法中,有的是对线形顺滑美观有利,但计算和测设比较烦琐,而另外一些则相反。需要强调的是,高等级道路和人工构造物的地段应尽量采用线形美观的方法,因为这些地方即使适当增加设计计算和施工放样的工作量也是值得的,尤其是当今计算机计算和光电类测量仪器的普遍使用使得计算、测设不再困难。

(3)加宽缓和段的长度

对于设置有缓和曲线的平曲线,加宽缓和段应采用与缓和曲线相同的长度;对于不设缓和曲线,但设置有超高缓和段的平曲线,可采用与超高缓和段相同的长度;既不设缓和曲线,又不设超高的平曲线,加宽缓和段应按渐变率为 1 ∶ 15 ~ 1 ∶ 30 计算,且长度不小于 10m 的要求设置。对于复曲线的大圆和小圆之间设有缓和曲线的加宽缓和段,均可以按上述方法处理。

6.非机动车道宽度

由于非机动车在道路上的行驶规律不像机动车那样“严格按车道行驶”,而是有比较大的“变道行驶自由”,因此非机动车道宽度的确定,理论上应该不同于机动车道,但为了简化分析,通常采用机动车道设计的原理与方法。

$$\text{非机动车道宽度}=\text{一条非机动车道宽度}\times\text{非机动车道条数}$$

其中:

$$\text{非机动车道条数}=\frac{\text{预测的设计非机动车流量}}{\text{一条非机动车通行能力}}$$

《城市道路工程设计规范》(CJJ 37—2012)和《城市道路路线设计规范》(CJJ 193—2012)都有如下要求:

(1)一条非机动车道宽度应符合表 3-4 的规定。

一条非机动车道宽度 表 3-4

车辆种类	自行车	三轮车
非机动车道宽度(m)	1.0	2.0

(2)与机动车道合并设置的非机动车道,车道数单向不应小于 2 条,宽度不应小于 2.5m。

(3)非机动车专用道路宽度应包括车道宽度及两侧路缘带宽度,单向不宜小于 3.5m,双向不宜小于 4.5m。

三、分隔带

分隔带是分隔道路各种交通流的物理隔离带,通常由路缘石围合土体组成,具有一定的抗冲击能力,用以提高道路交通安全。城市道路分隔带主要分为两种类型:一是位于道路中央的“中间带”;二是位于车行道两侧的“侧分带”(由于其功能是隔离同向行驶的机动车流和非机动车流,也称“机、非分隔带”)。另外,还有修建用来隔离行人与车辆交通的“绿篱隔离带”等。

城市道路双幅路和四幅路均应设置中间带。中间带由两条左侧路缘带和中央分隔带组成,其作用是:

(1)分隔上、下行机动车流。既可防止对向车辆相互驶入对方车行道造成严重车祸,又能明显减少道路中心线附近的交通阻力,从而提高通行能力。

(2)设施用地。作为设置交通标志牌、防眩网及其他交通管理设施的场地。

(3)绿化用地。种植花草灌木,可起到美化环境的作用,适当高度和密度的绿篱,夜间还兼具防止对向车辆灯光炫目的作用。

(4)视线诱导及保护路面结构。设于分隔带两侧的路缘带,由于有一定宽度且车道线醒目,既能引导驾驶员视线,又能增加行车所必需的侧向余宽,从而提高行车的安全性和舒适性。路缘带对行车部分的路面结构可起到很好的保护作用。

中间带的宽度是根据行车带以外的侧向余宽,防止驶入对向行车带的护栏、防眩网(植被)、相交道路的桥墩等所需的设置带宽度而定的。中间带越宽其安全防护作用越明显,同时也便于养护作业的开展。但对土地资源十分宝贵的地区要采用宽的中间带是有困难的,所以我国道路基本上采用窄的中间带。《城市道路设计规范》(CJJ 37—1990)规定中间带的最小宽度为 2.0~3.0m,左侧路缘带常用宽度为 0.25m 或 0.50m。

中间带的宽度一般情况下应保持等宽,若需要变宽时,在宽度变化的地点,应设置过渡段。过渡段以设在回旋线范围内为宜,其长度应与回旋线长度相等。宽度大于 4.50m 的中间带过渡段以设在半径较大的平曲线路段为宜。图 3-11 为几种变宽过渡设计的例子。

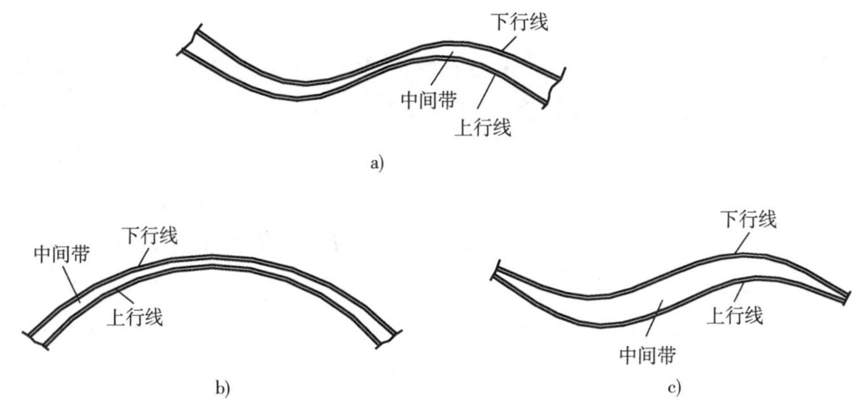

图 3-11 宽度大于 4.50m 的中间带变宽过渡

为了便于养护作业和某些车辆在必要时驶向对向车道,中央分隔带应按一定距离设置断口。城市道路分隔带断口最小间距大于 300~400m,通常要考虑车辆和行人横向交通的需要。断口最小长度 L 宜采用 6m。

中央分隔带的开口应设置在通视条件良好的路段,若在曲线上开口,其曲线半径宜大于 700m。在互通式立体交叉、隧道、特大桥、服务区等设施的前后必须设置开口。

常用的开口端部形状有两种:半圆形和弹头形。对于窄的分隔带(M<3.0m,M 为分隔带宽度)可用半圆形,宽的分隔带(M≥3.0m)可用弹头形。弹头形如图 3-12 所示。图中 R_1、R_2 和 R_3 为控制设计半径。只有当 R_1 和 R_2 足够大时,才能保证汽车能以容许的速度驶离主车道进行左转弯,一般 R_1 的取值范围是 25~120m。R_2 切于开口中心线,其值取决于开口的大小。为了避免过大的开口并方便行车,一般采用 R_2 的最小值为 15m。弹头尖端圆弧半径 R_3 可采用分隔带宽度的 1/5,这样从外观上看比较悦目。

中央分隔带宽度大于 4.5m 时,一般植草皮、栽灌木,形成道路中央绿化带;宽度不大于 4.5m 时也可铺面封闭。

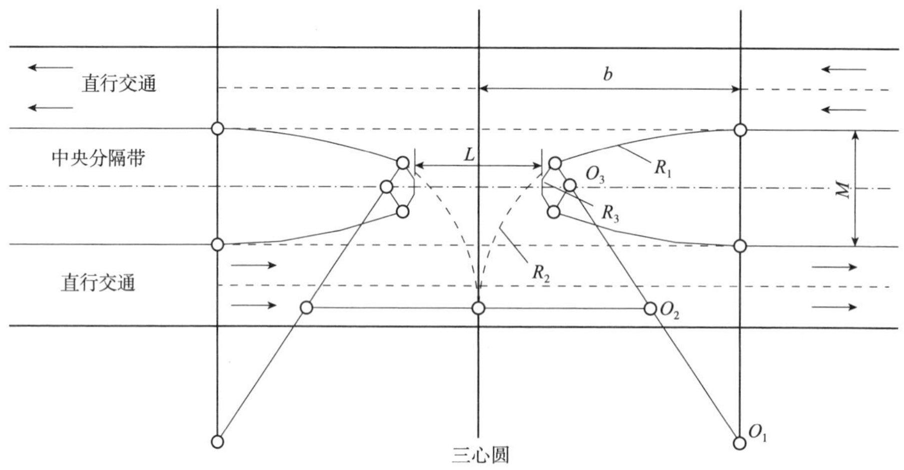

图 3-12 中间带开口

四、两侧带

布置在道路横断面行车道两侧的分车带称为两侧带,常用于城市道路的三幅路、四幅路横断面中,用以分隔机动车道(或快速车道)与非机动车道(或慢速车道)。

《城市道路设计规范》(CJJ 37—2012)规定两侧带的最小宽度为 1.5m。北方寒冷积雪地区,在满足最小宽度的前提下,还应考虑能否满足临时堆放积雪的要求,因为降雪初期允许将路面积雪临时堆放在分隔带上。两侧带的宽度可按临时堆放机动车道路面宽度的一半积雪量计算,其余按堆放到路侧带上考虑。

中间带及两侧带基本要求见图 3-13 和表 3-5。

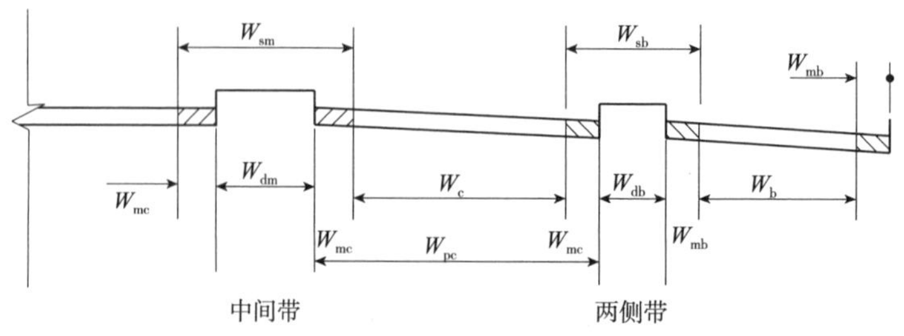

图 3-13 中间带及两侧带宽度

两车带最小宽度　　表 3-5

类别	中间带		两侧带	
设计速度(km/h)	≥60	<60	≥60	<60
机动车道路缘带宽度 W_{mc}(m)	0.50	0.25	0.50	
非机动车道路缘带宽度 W_{mb}(m)	—	—	0.25	0.25
分隔带最小宽度 W_{dm}(m)	1.50	1.50	1.50	1.50
两侧带最小宽度 W_{dm}或 W_{db}(m)	2.50	2.00	2.50(2.25)	2.00

五、路侧带

城市道路车行道边缘至红线间的范围称为路侧带,包括人行道、绿化带、公用设施带等,如图 3-14所示。路侧带的宽度应根据道路类别、功能、行人流量、绿化、沿线建筑性质及布设公用设施要求等确定。

(1)人行道

人行道主要是供行人步行交通之用,通常采用步道砖铺砌,并应设置无障碍设施。

人行道的宽度必须满足行人通行的顺畅和安全,可由下式计算:

$$\omega_p = \frac{N_w}{N_{w1}} \tag{3-16}$$

式中:ω_p——人行道宽度,m;

N_w——人行道高峰小时行人流量,人/h;

N_{w1}——1m 宽人行道的设计行人通行能力,人/(h·m)。

有关人行道通行能力见本书第七章有关内容。《城市道路工程设计规范》(CJJ 37—2012)和《城市道路路线设计规范》(CJJ 193—2012)规定的人行道最小宽度见表 3-6。

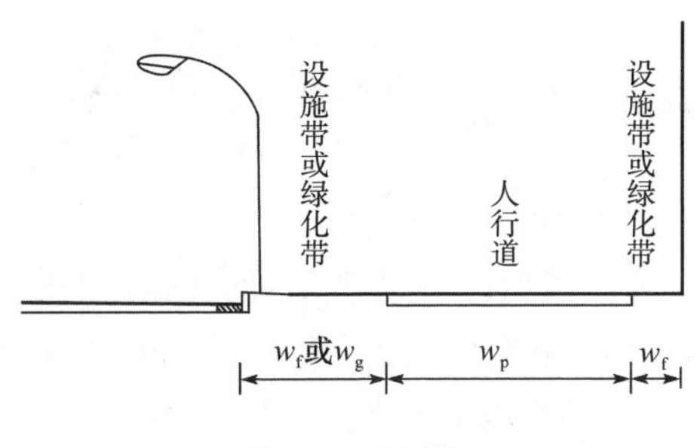

图 3-14　路侧带

人行道最小宽度　　表 3-6

项　目	人行道最小宽度(m)	
	一般值	最小值
各级道路	3.0	2.0
商业或公共场所集中路段	5.0	4.0
火车站、码头附近路段	5.0	4.0
长途汽车站	4.0	3.0

(2)绿化带

通常在人行道上靠车行道一侧种植行道树。行道树的株距一般为 4~6m,树池采用 1.5m 的正方形或 1.2m×1.8m 的矩形,为了美观和行人安全,也可将树池表面加设钢(铁)制或玻璃钢制透水盖板。若路侧带较宽也可设置专门的绿化带,在其中植草或花卉灌木用以美化道路环境。绿化带宽度应符合现行行业标准《城市道路绿化规划与设计规范》(CJJ 75—1997)的相关要求,比如行道树绿化带宽度不得小于 1.5m、路侧绿化带宜与相邻的道路红线外侧其他绿地相结合布置、红线宽度大于 50m 的道路绿地率不得小于 30%、红线宽度在 40~50m 的道路绿地率不得小于 25%、红线宽度小于 40m 的道路绿地率不得小于 20%等,并且绿化树木不得侵入道路建筑限界和影响行车视距。

(3)设施带

设施带宽度包括设置行人护栏、照明灯柱、标志牌杆柱、信号灯杆柱等的宽度。红线宽度较窄及条件困难时,设施带可与绿化带合并,但应避免各种设施与树木间的干扰。常用宽度:护栏 0.25~0.50m,杆柱 1.0~1.5m。

上述人行道宽、绿化带宽与设施带宽之和即为路侧带宽度。值得注意的是,在确定路侧带总宽度的时候,还应考虑敷设各种地下管线所需要的宽度以及道路各部分宽度尺寸相互协调,符合视觉上的正常比例,一般认为道路宽与单侧路侧带宽之比在 5∶1~7∶1 的范围内是比较合适的。

六、路肩与路缘石

(1)路肩

由于需要设置路侧带,城市道路通常不设路肩。但是在特别路段,即采用边沟(明沟或盖板沟)排水的路段,或者郊外道路,路面外侧仍然应设置路肩。与公路路肩相同,路肩的作用是:

①路肩紧靠在路面的两侧设置,具有保护及支撑路面结构的作用。

②供发生故障的车辆临时停放之用,有利于防止交通事故和避免交通紊乱。

③作为侧向余宽的一部分,能增进驾驶的安全感和舒适感,对保证设计速度是必要的,尤其在挖方路段,还可以增加弯道视距,减少行车事故。

④提供道路养护作业、埋设地下管线的场地。对未设人行道的道路,可供行人及非机动车等使用。

⑤精心养护的路肩,能增加道路整体的美观。

根据上述路肩功能,路肩从构造上又可分为硬路肩和土路肩。硬路肩是指进行了铺装的路肩,它可以承受一定量的汽车荷载,在混合交通的道路上便于非机动车、行人通行。土路肩是指不加铺装的土质路肩,它起保护硬路肩、路面和路基的作用,并提供侧向余宽。硬路肩和土路肩之间可以设置平式路缘石用以分隔。

城市道路的设计速度大于或等于 40km/h 时,应设置硬路肩,否则,为节约用地可不设硬路肩。保护性路肩一般为土质或简易铺装,其作用是为城市道路的某些交通设施,如护栏、杆线、交通标志牌等的设置提供场地。最小宽度为 0.5m。双幅路或四幅路中间具有排水沟的断面,还应设置左侧路肩。路肩宽度根据条件可采用 0.75~4.0m,最窄不得小于 0.50m。

(2)路缘石

路缘石是设置在路面与其他构造物之间的标石,俗称道牙。在分隔带与路面之间、人行道与路面之间、硬路肩和土路肩之间一般都需要设置路缘石。

路缘石的形状有立式、平式和斜式等几种,如图 3-15 所示。

立式缘石一般高出路面 12~20cm,隧道内、线形弯曲线段或陡峻路段等处,可高出 25~40cm,并应有足够的埋置深度,以保证其自身的稳定性。缘石厚度宜为 10~15cm。

人行横道范围内的缘石宜做成低矮型,地面出露高度 2cm 左右,而且坡面较为平缓,便于儿童车、残疾人轮椅通行,这种形式也称为“无障碍坡道”,属城市无障碍交通系统的一个组成部分,参见本章第四节。

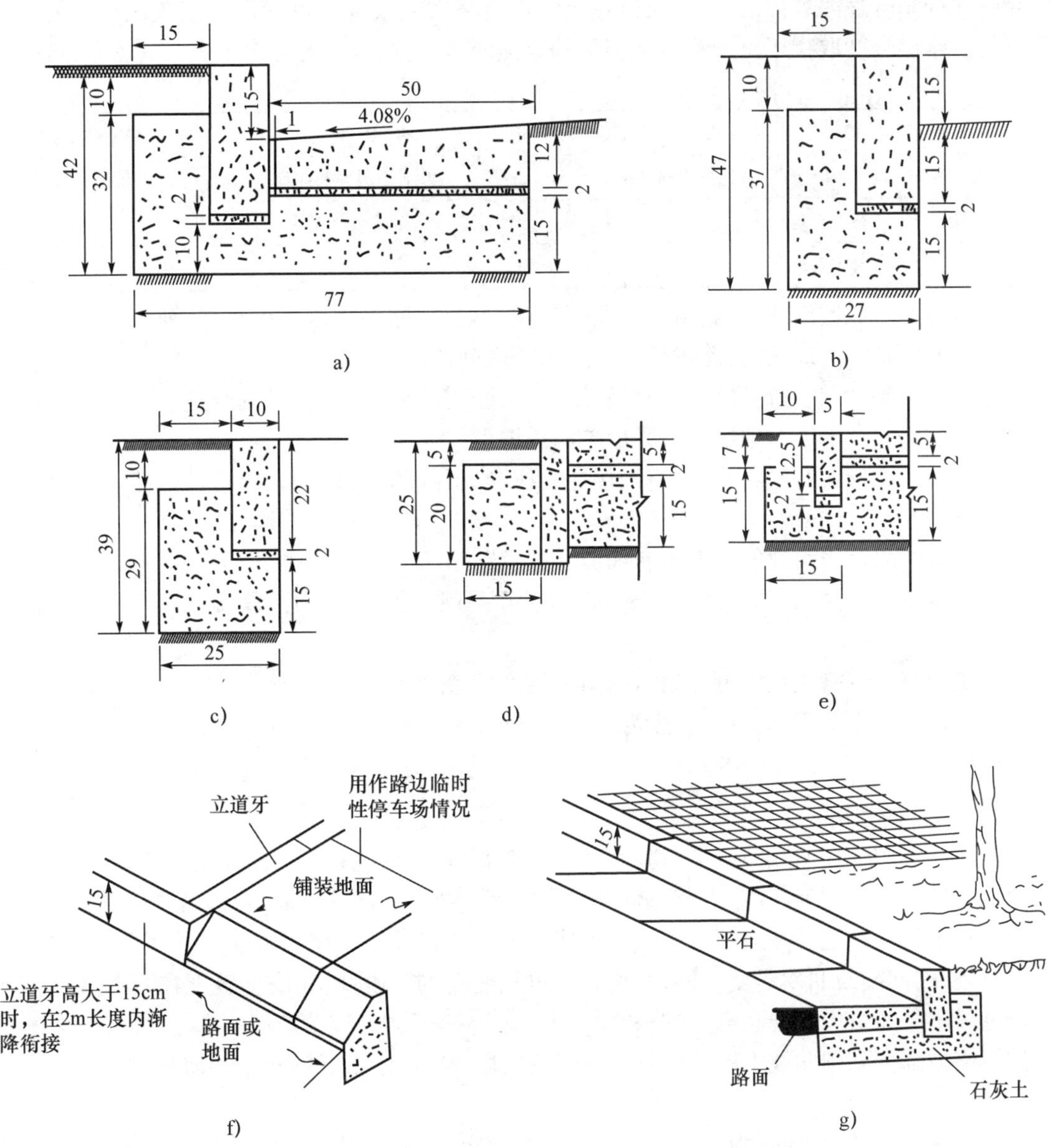

图 3-15　路缘石(尺寸单位:cm)

a)立道牙、平石;b)立道牙;c)平道牙;d)方形树池平道牙;e)人行道平道牙;f)斜式缘石;g)人行道铺装示意图

七、路拱及超高

1.路拱

为了利于路面横向排水,将路面做成中央高两边低的拱状形,称为路拱。路拱横坡度以百分率表示。路侧带设置的横向排水坡度也称路拱横坡度。

路拱的设置完全是出于道路路面排水要求,其对行车平顺性并不一定有利,因为路拱横坡度所产生的水平分力增加了行车的不平稳性,也会给乘客以不舒适的感觉,当车辆在有水或潮湿的路面上制动时会增加侧向滑移的危险。因此,对路拱坡度的采用及形状的设计,应兼顾排水顺畅和行车舒适两方面的影响,路侧带上人行道路拱横坡度的设置还应该考虑行人的步行平顺性。路拱坡度取决于路面类型及当地的自然降水条件,设计时可参考表3-7规定的数值。

路拱坡度　　表3-7

路面类型	路拱横坡度(%)	路面类型	路拱横坡度(%)
水泥混凝土路面、沥青混凝土路面	1.0~2.0	碎、砾石等粒料路面	2.5~3.5
其他黑色路面、整齐石块	1.5~2.5	低等级路面	3.0~4.0
半整齐石块、不整齐石块	2.0~3.0		

城市快速路和城市主干路,由于其路面较宽,迅速排除路面水尤为重要,所以当此类道路处于降雨强度较大的地区时,路拱横坡度应采用表列值的上限。

分离式路基,每侧车行道可单独设置路拱,在积雪冻融地区更应如此,这样对排除路面雨水有利。在降水量不大的地区也可采用单向横坡形式。

路拱曲线的形式有抛物线形、直线接抛物线形、折线形等,详细内容请参考路基路面工程相关教材。

土路肩的路表排水性能远低于有铺装层的道路路面,因此其横坡度较路面宜增大1.0%~2.0%。硬路肩横坡视具体情况(材料、宽度)可采用与路面一样的横坡,也可稍大于路面横坡。

非机动车车道路拱坡度可根据路面面层类型参考表3-7选用。

人行道横坡宜采用单面坡,坡度为1.5%~3%。

2.超高

(1)超高的作用

为了减小车辆在曲线路段上行驶所产生的离心力,在曲线路段将路面做成外侧高、内侧低的单向横坡的形式称为超高。合理地设置超高,可以全部或部分抵消离心力影响,提高汽车在曲线上行驶的稳定性与舒适性。当汽车等速行驶时,圆曲线上所产生的离心力是常数;在回旋线上行驶,因回旋线曲率是变化的,其离心力也是变化的。因此,超高横坡度在圆曲线上应是与圆曲线半径相适应的全超高,在缓和曲线上则应该是逐渐变化的超高。这段由直线上的双向路拱横坡渐变到圆曲线上的单向超高横坡的路段,称作超高缓和段或超高过渡段。

(2)超高横坡度

当圆曲线半径很小时,为了保持高速行车的稳定,需要设计较大的超高率。但是,过大的超高率会使慢速行驶或者静止的车辆产生向曲线内侧滑移的可能性,这在公路勘测设计课程中有详细描述。除此之外,城市道路还应注意考虑设置超高以后道路两侧建筑物地坪高程的协调问题。因此,城市道路设计采用的最大超高横坡度比公路要小,为2%~6%,见表3-8。

城市道路最大超高横坡度　　表3-8

设计速度(km/h)	100,80	60,50	40,30,20
最大超高横坡(%)	6	4	2

理论上,在设计速度 V 一定的前提下,最大超高横坡度 i_{hmax}、最大横向力系数 μ_{max}、道路圆曲线最小半径 R_{min} 和设计速度 V 之间应该满足式(3-17)的要求:

$$i_{hmax}+\mu_{max}=\frac{V^2}{127R_{min}} \tag{3-17}$$

城市道路圆曲线部分的最小超高值是该道路直线部分的路拱坡度值。此外，当圆曲线半径足够大（即大于“不设超高圆曲线最小半径”）时，则可不设超高，而采用双坡路拱断面形式。这时，位于圆曲线外侧的路面横坡与超高方向相反，常常被称“反超高”。

需要说明的是，表 3-8 中“最大超高横坡”对应的是“设超高圆曲线最小半径”。那么，当设计圆曲线半径 R 在“设超高圆曲线最小半径 R_{min}”和“不设超高圆曲线最小半径 $R_{(不超高)}$”之间时，R 对应的超高横坡度如何取值呢？下面介绍任意圆曲线半径 R 对应超高横坡度的确定方法问题，如图 3-16 所示。

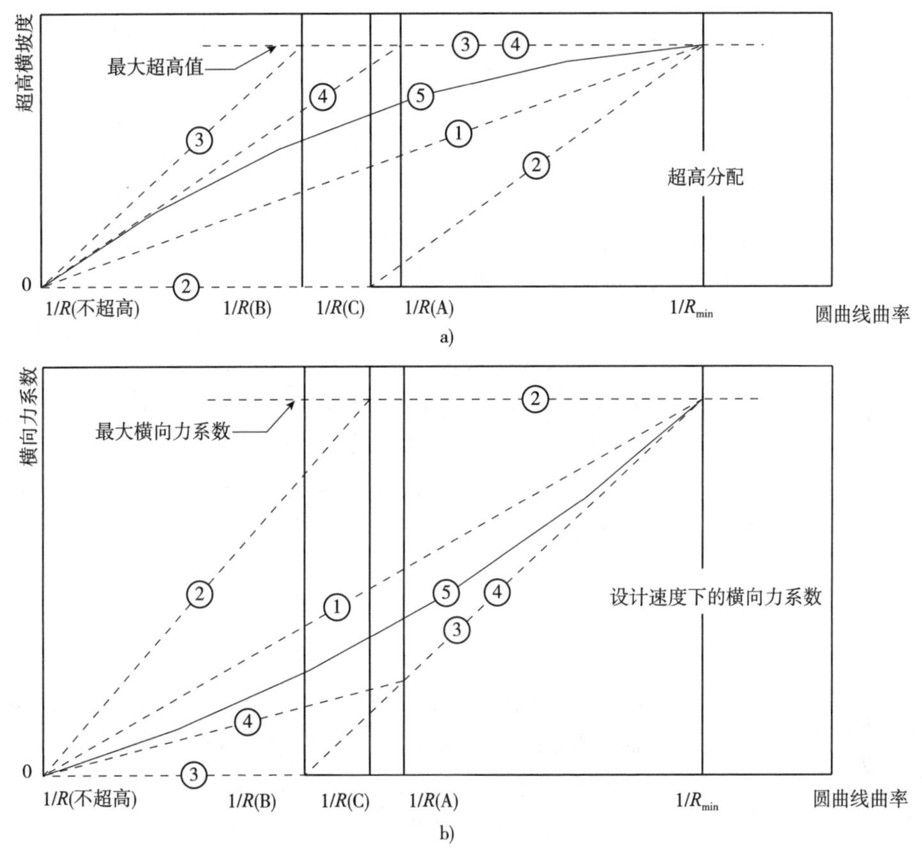

图 3-16 半径为 R 超高值计算

a）超高值与曲率；b）横向力系数值与曲率

图 3-16 中，纵坐标轴为超高横坡度（超高值）i_h。横坐标轴为圆曲线曲率（$1/R$），设起点横坐标为不设超高最小圆曲线半径曲率 $1/R_{(不超高)}$，简化考虑对应超高横坡度为 0（实际可以是反超高，即超高值为负值），终点横坐标为设超高最小半径曲率 $1/R_{min}$，对应超高横坡度为最大超高 $i_{h(max)}$。按《城市道路路线设计规范》（CJJ 193—2012）要求，圆曲线半径 $R \geqslant R_{(不超高)}$ 时不设超高，这里近似取 $i_h = 0$。当设计圆曲线半径 R 值在“设超高圆曲线最小半径 R_{min}”和“不设超高圆曲线最小半径 $R_{(不超高)}$”范围内时，可以采取图 3-16a）中方法①线性内插得到相应的超高横坡度，此时与其对应的横向力系数将随图 3-16b）①的趋势渐变。此时的特点是（$\mu + i_h$）即横向力系数与超高横坡度之和随圆曲线曲率增大而线性增大。

图 3-16 中，R（A）、R（B）、R（C）分别由式（3-18）计算：

$$R(A)=\frac{V_{\mathrm{p}}^{2}}{127i_{\mathrm{hmax}}}$$

$$R(B)=\frac{V^{2}}{127\ i_{\mathrm{hmax}}}$$

$$R(C)=\frac{V^{2}}{127\ \mu_{\max}} \tag{3-18}$$

式中:V——设计速度,km/h;

V_{p}——平均速度,km/h;

$\mu_{\max}$——最大横向力系数;

i_{hmax}——最大超高横坡度。

但是,在平面圆曲线上行驶的汽车速度会因曲线半径不同而不同。经验表明,在小半径曲线上实际车速一般较设计车速低,而在大半径曲线上实际车速将接近甚至超过设计车速,于是会出现小半径曲线道路超高值过大而大半径曲线道路超高值偏小、横向力系数过大的缺陷。因此有必要针对超高横坡度取值问题进行讨论。

图3-16所示方法②的思路是,在未达到$\mu_{\max}$的曲线上,汽车行驶离心力完全由正比于曲率的横向力系数抵消;达到$\mu_{\max}$后曲率再增大时,$\mu_{\max}$保持不变,用随曲率增加而增加的超高横坡度来抵消其余离心力,直至超高达到i_{hmax}。方法③的思路是,在未达到i_{hmax}的曲线上,汽车行驶离心力完全由正比于曲率的超高横坡度所抵消;达到i_{hmax}后曲率再增大时,i_{hmax}保持不变,用随曲率增加而增加的横向力系数来抵消其余离心力,直至横向力系数达到$\mu_{\max}$。方法④除用平均速度取代设计速度以外,与方法③一样。从行车舒适性角度,有学者研究认为方法⑤更能符合上述"在小半径曲线上实际车速一般较设计车速低,而在大半径曲线上将接近甚至超过设计车速"的实际情况。

(3)超高的横向过渡

①无中间分隔带道路的超高过渡。无中间分隔带时,直线路段道路车行道均为路拱形式的双坡横断面,而在设超高的平曲线路段则为单坡横断面。路面由双向倾斜的路拱形式过渡到具有超高的单向倾斜的形式,外侧先逐渐抬高,至路拱坡度后呈单坡状(见图3-17单坡向虚线),再绕旋转轴(图示为中线轴)旋转直至超高横坡度i_{h}(见图3-17单坡向实线)。

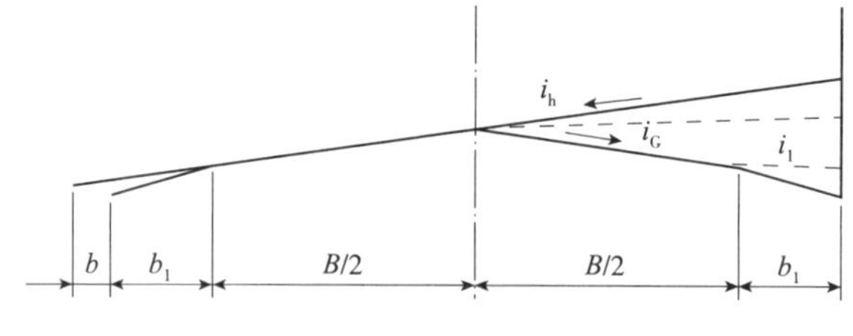

图3-17　超高横断面过渡

以下为3种常用的车行道超高旋转过渡方式:

a.绕内侧边缘旋转。先将外侧车道绕路中线旋转,待达到与内侧车道构成单向路拱横坡后,整个断面再绕未加宽前的内侧车道边缘旋转,直至超高横坡值(图3-18a)。

b.绕中线旋转。先将外侧车道绕路中线旋转,待与内侧车道构成单向横坡后,整个断面绕中线旋转,直至超高横坡度(图3-18b)。

c.绕外侧边缘旋转。先将外侧车道绕外边缘旋转，与此同时，内侧车道随中线的降低而相应降低，待达到单向横坡后，整个断面仍绕外侧车道边缘旋转，直至超高横坡度(图3-18c)。

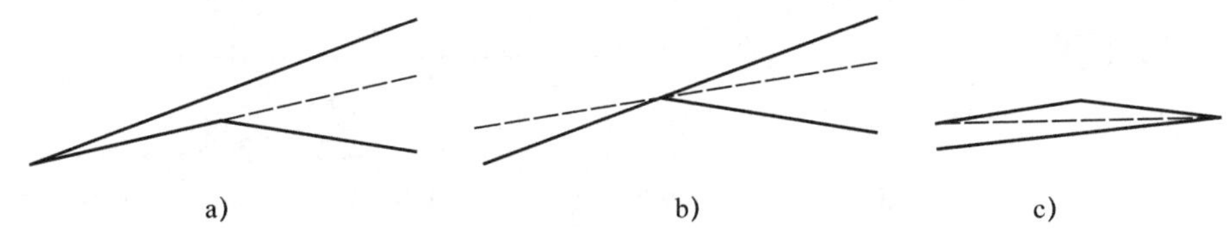

图3-18　无中央分隔带道路超高的过渡方式
a)绕内侧边缘旋转；b)绕中线旋转；c)绕外侧边缘旋转

上述3种方法中，绕内侧边缘旋转，由于车行道内侧不降低，有利于路基控制“最小填土高度”以保证路基土的干湿类型，通常新建道路多用此法；绕中线旋转可保持中线高程不变，且在超高坡度一定的情况下，外侧边缘的抬高值较小，多用于旧路改建工程；而绕外侧边线旋转是一种比较特殊的设计，仅用于某些有改善路容要求的路段。

②有中间分隔带道路的超高过渡

a.绕中间分隔带的中心线旋转。先将外侧车行道绕中间分隔带下边缘旋转，待与内侧车行道构成单向横坡后，整个断面一同绕中心线旋转，直至超高横坡度值。此时，中间分隔带呈倾斜状(图3-19a)。

b.绕中间分隔带下边缘旋转。将两侧车行道分别绕中间分隔带下边缘旋转，使之各自成为独立的单向超高断面，此时中间分隔带维持原水平状态(图3-19b)。

c.绕各自车行道中线旋转。将两侧车行道分别绕各自的中心线旋转，使之各自成为独立的单向超高断面，此时，中间分隔带两边缘分别升高与降低而成为畸形倾斜断面(图3-19c)。

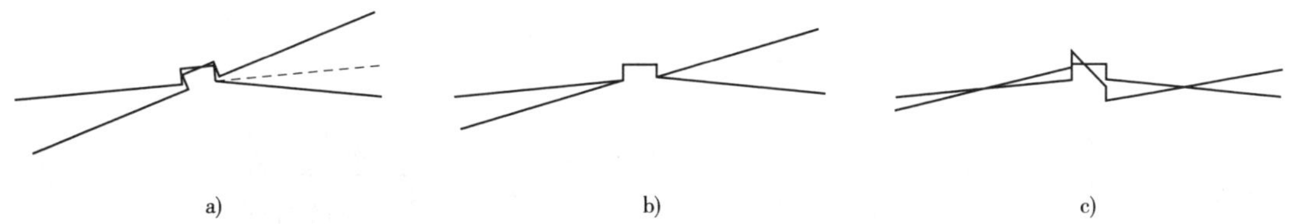

图3-19　有中间分隔带道路超高的过渡方法
a)绕中间分隔带的中心线旋转；b)绕中间分隔带下边缘旋转；c)绕各自车行道中线旋转

中间分隔带宽度较窄的(≤3.0m)，通常都可采用图3-19b)法；中间分隔带宽度较宽的，可根据地形状况、车道数、景观要求及排水需要等设计成图3-19a)或图3-19c)。城市道路的超高过渡方式与公路在原理上相同，但由于涉及街区建筑高程控制，设计方法的选择上需要更灵活一些。分离式断面的道路，由于上、下车行道是各自独立的，其超高的设置及其过渡可按两条无分隔带的道路分别予以处理。

(4)超高的纵向过渡

超高缓和段的纵向过渡形式通常采用“超高设计纵、横关系示意图”(图3-20)和“超高设计图(图3-21)来表示。超高设计图是以超高旋转轴为横坐标轴，其上按比例标注超高缓和段上各点桩号；纵坐标为道路中心线、道路边缘线与超高旋转轴之间的相对高差。为方便图解，纵坐标比例尺应比横坐标适当放大。图3-20为一般无中间分隔带单幅路中轴旋转超高设计纵、横断面关系示意图。

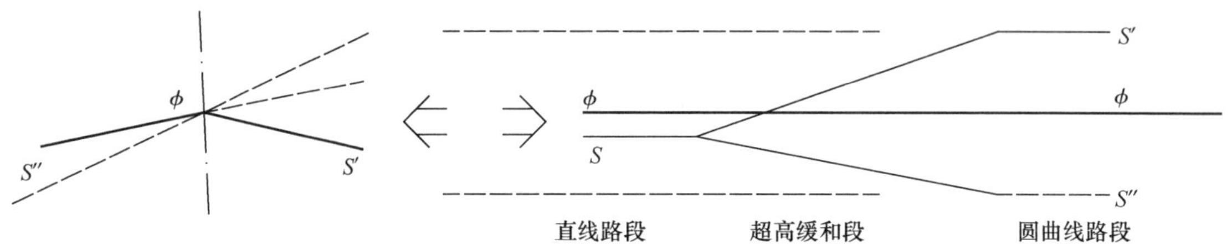

图 3-20 超高设计纵、横关系示意图

超高缓和段纵向过渡形式是指道路内、外侧边缘线 S'、S''相对高程沿里程的变化形式，主要有“直线过渡式”“改进直线过渡式”“曲线过渡式”(图 3-21 所示)三大类。第一类最常用，但是这种方式在缓和段的起、终点处存在明显的纵向折曲，车辆以较高速度行驶通过时，车辆会产生瞬间的横向摆动和冲击效应，为了改善它，便有了后面的两类过渡形式，其中曲线过渡有正弦曲线、高次抛物线、三次样条曲线等多种曲线形式，各种形式都有学者讨论过，此处不赘述。

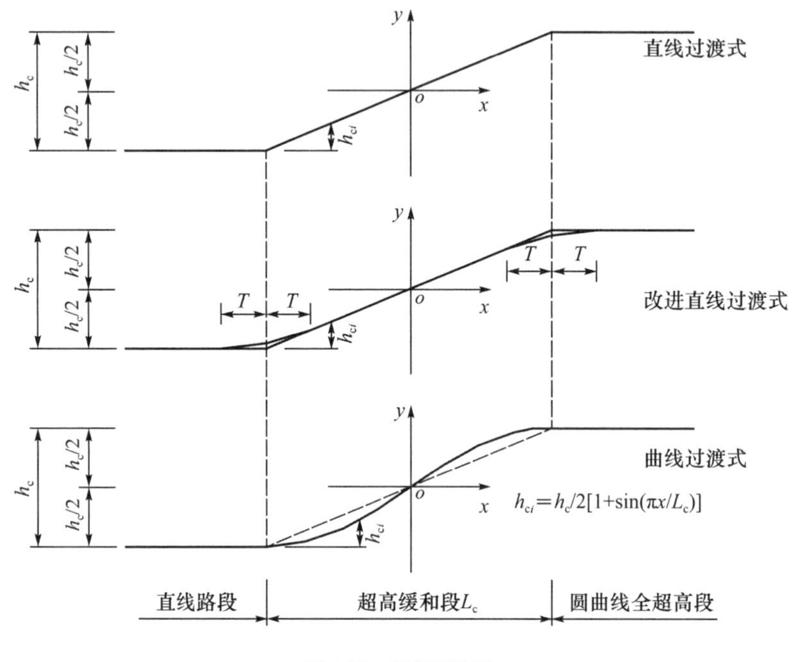

图 3-21 超高设计图

(5)超高缓和段长度

为了行车的舒适、路容的美观和排水的通畅，必须设置一定长度的超高缓和段，超高的过渡则是在超高缓和段全长范围内进行的。道路超高缓和段长度可按式(3-19)计算：

$$L_e = B \cdot \frac{\Delta_i}{P} \tag{3-19}$$

式中：L_e——超高缓和段长度，m；

B——超高旋转轴至车行道(设路缘带时为路缘带)外侧边缘的宽度，m；

Δ_i——超高横坡度与路拱坡度的代数差,%;

p——超高渐变率,超高旋转轴与车行道(设路缘带时为路缘带)外侧边缘线之间的相对坡度,设计时应符合表3-9的要求。

城市道路最大超高渐变率　　表3-9

设计速度(km/h)		100	80	60	50	40	30	20
超高渐变率 Δ_i	绕中线旋转	1/225	1/200	1/175	1/160	1/150	1/125	1/100
	绕边线旋转	1/175	1/150	1/125	1/115	1/100	1/75	1/50

此外,为了满足超高缓和段纵向路面排水要求,超高渐变率不得小于1/330。一般情况下,超高缓和段应在缓和曲线全长范围内进行,当缓和曲线较长时,超高缓和段可设在缓和曲线的某一区段范围内进行,但设计速度小于40km/h不设缓和曲线时,超高缓和段则设在路线的直线段范围内。

八、横断面设计成果

城市道路横断面设计,必须结合地形、地质、水文等条件,本着节约用地的原则,选用合理的断面形式,以满足行车顺适、工程经济、路基稳定且便于施工和养护的要求。

横断面设计成果主要由标准横断面图、施工横断面图、路基土石方数量计算表等文件组成。其中横断面图,除了要表达上述与机动车、非机动车、行人等交通有关的路幅宽度外,还需要表达与路基工程、城市道路排水工程、城市市政管线工程、交通工程、环保工程有关的各种地上、地下设施的位置和尺寸。路基横断面形式和尺寸实际上在确定路线平面位置时就已经有所考虑,在纵断面设计中又根据路线标准和地形条件对路基的合理高度,特别是工程艰巨路段也做了仔细分析研究,设计了横断面方案。因此,初步设计或者施工图设计阶段的横断面设计主要是在总结上述工作的基础上把设计内容具体化,即绘制横断面设计图纸。

路基土石方工程数量计算表则是在逐桩施工横断面图完成之后,采用"平均断面—棱柱体积法"或者"相邻断面—棱台体积法"计算并统计路基工程的土石方工程量,需要指出的是,对于设有挡土墙、护坡等支护构造物的断面,在计算和统计时应予以减扣。

1.标准横断面图

在具体设计每个里程桩位的横断面之前,首先要确定道路的标准横断面(或称"典型横断面图")。在标准横断面图中,一般要包括整条道路上可能出现的道路断面形式,如路堤式、路堑式、半路堤半路堑式、高架桥式、隧道式等。当按照城市道路的交通性质、地形条件、各种市政设施规划以及近期与远期相结合的原则确定了横断面组成和宽度以后,即可绘制标准横断面图。

城市道路横断面设计图一般采用的比例尺为1∶100或1∶200,在图上应绘出红线、车行道、分隔带、人行道、绿化带等宽度,同时需要标明新建或改建的各种地下管线的位置和宽度以及排水方向、路拱横坡度等,如图3-22所示。标准横断面图示出道路建成后的状况,是施工横断面图设计的基本依据。

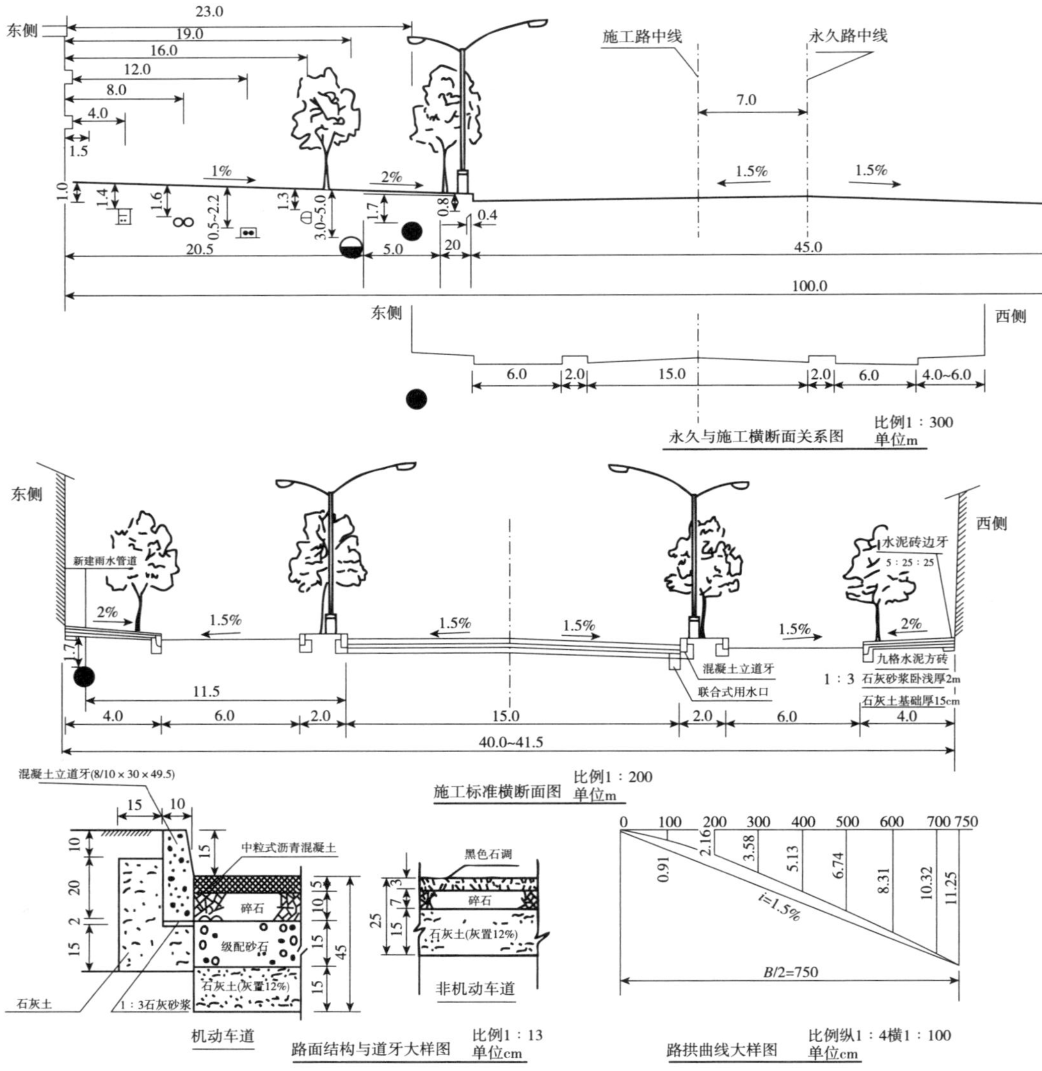

说明:

1.如为改建扩建现有道路时,应绘制现况道路横断面图,表明道路组成各部情况,结构种类厚度,地上下杆线,管道布置情况,并注明现况道路中线与设计施工道路中线之关系位置(参见新建区道路标准横断面图)。

2.改建道路如利用旧路结构,需按路面宽度另绘结构组合大样图。

3.如设计施工道路路拱为规划永久道路路拱曲线之一部分,应绘永久道路路拱曲线图并表明施工道路所在位置。

4.路面结构及道牙构造应按设计采用之各种类型分别绘制并注明路段位置。

5.路线较长或为分车式断面,采用不同路拱曲线形式时,应分别绘制路拱曲线大样图。

6.如有盲沟等地下排水措施应绘出位置,详细构造尺寸大样图。

7.以上2~6项如图样数量较少时可与本图共绘,简单的可绘注于标准横断面图上。如图样数量较多时应另绘制大样图。

8.如施工或现场横断变化较多,较复杂时,应分段绘制各个有代表性的横断面图。

9.本图路面结构道牙大样系按道牙底另做基础,非机动车道与机动车道相同绘制。

图3-22　道路标准横断面图(尺寸单位:m)

2.施工横断面图

为了便于施工放样，同时能够比较准确的统计工程数量，需要把道路平面设计和纵断面设计每一个桩位处的横断面地面线与横断面设计线的对应关系用图纸明确表达出来，这类横断面图就称为施工横断面图。通过测绘可以得到横断面地面线，包括地形、地物、原来道路的各组成部分、边沟、路侧建筑等，制图比例尺为1∶100或1∶200。有时，为了突出显示地形和地物高度的变化，也可采用高度比例尺大于横轴比例尺的制图方式。

在完成道路纵断面设计之后，各中线上的填（挖）方高度就已经确定。将这一高度点绘在相应的横断面地面现状图上（图3-23中标注的点A），然后依据此控制点，将横断面设计线以相同的比例尺画于其上。此图反映了各断面上的填、挖情况和拆迁界线，是施工时的主要依据，见图3-23。需要注意的是，横断面设计线以标准横断面图为依据，弯道路段还应考虑曲线加宽和曲线超高。

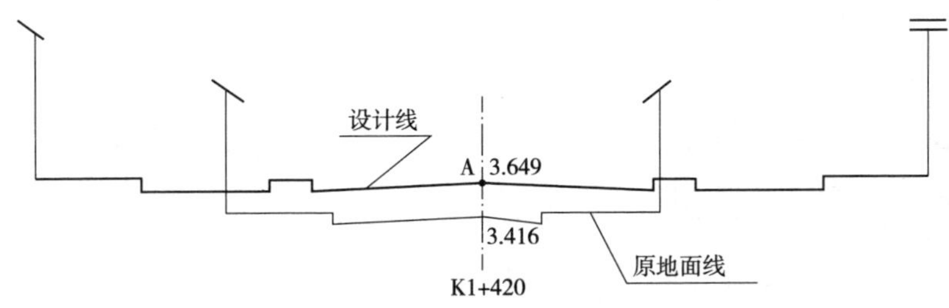

图3-23 道路施工横断面图

通常，道路施工横断面图数量较多，为提高手工绘图的工作效率，可事先制作若干个标准横断面透明模板，采用"戴帽子"的方式绘图。随着计算机技术的日益成熟和普及，运用"道路CAD"，不但能准确自动绘制横断面图，而且能自动解算横断面面积，直接提供路基土石方计算数据。现有的道路设计软件很容易实现上述功能，从而将设计人员的精力从烦琐的"戴帽子"制图中转移出来。

上面所介绍的横断面设计方法，仅限于在"标准横断面图"所能覆盖范围内的那些道路断面，其操作过程比较机械，所以形象化地称之为"戴帽子"。对特殊情况下的横断面，比如：超高、加宽、高路堤、深路堑等则必须按照路基路面工程课程中所讲述的原理和方法进行特殊设计，绘图比例尺也应按需要采用。

3.路基土石方数量计算表

路基土石方量是道路工程的一项主要工程量，其计算结果通常以"路基土石方数量计算表"的形式表达，见表3-10。在路线方案比较中，路基土石方数量的多少是评价道路测设质量的主要技术经济指标之一。在编制道路施工组织设计和工程概预算时，还需要确定各分段、每公里和全线的路基土石方数量。路基土石方数量计算方法同公路工程，参见公路勘测设计课程教材相关内容。需要强调的一点是，由于城市道路建设的特殊性，路基工程土石方的"借"或"弃"都比较困难，因此，城市道路的土石方平衡显得更加重要，设计时需要平、纵、横反复斟酌、比选，以达到合理平衡。

路基土石方计算表示例

表 3-10

桩号	横断面面积(m²)		距离(m)	挖方分类及数量(m³)													填方数量(m³)			利用方数量及调配(m³)							借方数量(m³)及运距(km)		弃方数量(m³)及运距(km)		备注
				总数量	土						石																				
					Ⅰ		Ⅱ		Ⅲ		Ⅳ		Ⅴ		Ⅵ					本桩利用		填缺		挖余		远运利用及纵向调配示意					
	挖方	填方			%	数量	%	数量	%	数量	%	数量	%	数量	%	数量	总数量	土	石	土	石	土	石	土	石		土	石	土	石	
1	2	3	4	5	6	7	8	9	10	11	12	13	14	15	16	17	18	19	20	21	22	23	24	25	26	27	28	29	30	31	32
K0+120	8.202	1.67	20	255.51	20	51.1	60	153.31	20	51.102							16.7	16.7		16.7				238.81							
K0+140	2.879	7.74	20	110.81	20	22.16	60	66.486	20	22.162							94.1	94.1		94.1				16.71							
K0+160	0.72	17.52	20	35.99	20	7.198	60	21.594	20	7.198							252.6	252.6		35.99		216.61									
K0+180	0.715	29.42	20	14.35	20	2.87	60	8.61	20	2.87							469.35	469.35		14.35		455									
K0+200	0.722	17.2	20	14.37	20	2.874	60	8.622	20	2.874							466.1	466.1		14.37		451.73									
K0+220	13.74		20	144.66	20	28.93	60	86.796	20	28.932							171.95	171.95		144.66		27.29									
K0+240	29.77		20	435.09	20	87.02	60	261.05	20	87.018														435.09							
K0+260	35.73		20	654.99	20	131	60	392.99	20	131														654.99							
K0+280	48.49		20	842.2	20	168.4	60	505.32	20	168.44														842.2							
K0+300	58.41		20	1 068.91	20	213.8	60	641.35	20	213.78														1 068.9							
K0+320	38.13		20	965.34	20	193.1	60	579.2	20	193.07														965.34							
K0+340	13.86	4.441	20	519.92	20	104	60	311.95	20	103.98							44.41	44.41		44.41				475.51							
K0+360	10.27	8.345	20	241.28	20	48.26	60	144.77	20	48.256							127.86	127.86		127.86				113.42							
K0+380	1.337	11.38	20	116.02	20	23.2	60	69.612	20	23.204							197.27	197.27		116.02		81.25									
K0+400	0.739	62.83	20	20.76	20	4.152	60	12.456	20	4.152							742.11	742.11		20.76		721.35									
K0+420	0.723	77.42	20	14.62	20	2.924	60	8.772	20	2.924							1 402.49	1 402.49		14.62		1 387.9									
K0+426.315	0.71	75.08	6.315	4.524 698	20	0.905	60	2.714 8	20	0.904 9							481.512 4	481.512		4.524 7		476.99									
K0+440	0.728	70.6	13.69	9.839 515	20	1.968	60	5.903 7	20	1.967 9							996.822 2	996.822		9.839 5		986.98									
K0+460	0.748	62.67	20	14.76	20	2.952	60	8.856	20	2.952							1 332.72	1 332.72		14.76		1 318									
K0+480	0.729	33.94	20	14.77	20	2.954	60	8.862	20	2.954							966.07	966.07		14.77		951.3									
K0+500	0.725	22.34	20	14.54	20	2.908	60	8.724	20	2.908							562.75	562.75		14.54		548.21									
小计				10 857.97		2 172		6 514.8		2 171.6							8 324.815	8 324.81		702.27		7 622.5		10 156							
累计				10 857.97		2 172		6 514.8		2 171.6							8 324.815	8 324.81		702.27		7 622.5		10 156							

编制： 复核：

第二节　平 面 设 计

一、平面设计原则及主要内容

1.平面设计的原则

(1)道路平面位置,应符合城市道路网规划,并应综合考虑技术经济、土地利用、征地拆迁、文物保护、环境景观以及航道、水利、轨道等因素。

(2)道路平面线形设计,应与地形地物、水文地质、地域气候等结合,与周围环境协调,并应符合各类各级道路的技术标准,满足线形连续、均衡的要求。

(3)道路平面设计应处理好直线与平曲线的衔接,科学地设置缓和曲线、超高、加宽等,合理地确定行车视距并予以适当的保证措施。

(4)根据道路等级,合理地设置交叉口、沿线街区(建筑物)出入口、停车场出入口、分隔带断口、公共交通停靠站、人行设施等。

(5)平面线形标准需分期实施时,应满足近期使用要求,兼顾远期发展,使远期工程尽可能减少对前期工程的废弃。

2.平面设计的主要内容

保证汽车行驶的安全、快速、经济和舒适是道路设计的总目标,平面设计也将围绕这个总目标来进行。平面设计的主要内容有:

(1)平面线形设计,即道路中心线平面线形设计,包括组成道路中心线的直线、圆曲线、缓和曲线各自的设计及其组合设计,应处理好直线与平曲线的衔接,合理地设置缓和曲线、超高、加宽等,同时要考虑行车视距问题。

(2)道路红线范围内的平面布设,包括沿线桥梁、隧道、道口、平面交叉口、交通广场等的平面布设,还有分隔带及其断口的平面布置、路侧带缘石断口的平面布置、公交站点的平面布置等。

(3)道路交通组织、道路照明及道路绿化的平面布置。

上述设计内容最后由平面设计图反映其设计成果。城市道路平面设计图的比例尺根据需要确定,通常为1∶500~1∶1 000。

二、平面线形设计

1.路线

道路是一条带状的三维空间的实体,它由路基、路面、桥梁、涵洞、隧道和沿线附属设施所组成。路线是指道路中线的空间形态。路线在水平面上的投影线形称作道路的平面线形。平面设计的主要内容之一就是对平面线形进行合理设计。

无论是公路还是城市道路,其路线平面位置受社会经济、自然地理和技术条件等因素的制约。设计者的任务就是在调查研究、掌握大量材料的基础上,设计出一条有一定技术标准、满足行车要求、工程费用较省的路线来。在设计顺序上,一般是在尽量处理好纵、横断面填、挖平衡的前提下,先进行平面设计,然后沿这个平面线形进行高程测量和横断面测量,取得地面线和地质、水文及其他必要的资料后,再设计纵断面和横断面。为求得线形的均衡和土石方数量的节省,必要时再修改平面,这样经过几次反复,有望得到一个满意的结果。

2.平面线形设计的基本要求

(1)适应汽车行驶轨迹

现代道路的主要服务对象是汽车,所以研究汽车行驶规律是道路设计的基本课题。在路线的平面设计过程中,主要考察汽车的行驶轨迹。只有当平面线形与这个轨迹相符合或相接近时,才能保证行车的顺适与安全,特别是在高速行驶的情况下,对汽车行驶轨迹的研究尤其重要。

经过大量的观测研究表明,汽车行驶轨迹在几何性质上有以下特征:

①轨迹线是连续的,即在任何一点上不出现错头、折点或间断。

②轨迹线的曲率是连续的,即轨迹上任何一点不出现两个曲率值。

③轨迹线的曲率对里程或时间的变化率是连续的,即轨迹上任一点不出现两个曲率变化值。

(2)合理确定平面线形要素

与行车轨迹相适应,现代道路平面线形的三要素为:

①直线——曲率为零(曲率半径为无穷大)的线形。

②圆曲线——曲率为常数(曲率半径为常数)的线形。

③缓和曲线(回旋线)——曲率为变数(曲率半径为变数)的线形。

在低设计车速的道路上,为简化线形设计,可以只采用直线和圆曲线两种要素。近代高速公路平面线形,为了追求行车的舒适与顺畅,也有只用曲线而不用直线,或者以曲线为主直线为辅的工程实例。这就说明平面线形三要素是高速公路线形的基本组成,各要素所占比例及使用频率并无统一规定,城市道路也是一样。城市道路平面设计过程中,只要各要素使用合理、配置得当,均可满足汽车行驶要求。有关各线形要素的技术参数则要视地形情况和人的视觉、心理、道路等级条件来确定。

3.直线

(1)直线的特点

作为平面线形要素之一的直线,在公路和城市道路中使用最为广泛。因为两点之间距离以直线为最短,因此一般在选线、定线时,只要地势平坦,无大的地物、地形障碍,选线、定线人员都会首先考虑使用直线。此外,笔直的道路给人以简捷、直达的良好印象,在美学上直线也有其自身的视觉特点;汽车在直线上行驶受力简单,方向明确,驾驶操作简易;从测设上看,直线只需定出两点,就可方便地测定方向和距离等。基于直线的这些优点,城市道路平面线形设计中经常采用直线。

但是,对于城市快速路来说,过长的直线容易使驾驶人感到单调、疲倦,难以准确目测车间距离,于是产生尽快驶出直线的急躁情绪,一再加速以致超过规定车速太多,这样很容易导致交通事故的发生。所以在城市快速路中运用直线线形并决定其长度时必须持谨慎态度,不宜采用过长的直线。

(2)直线的运用

城市道路下列路段可采用直线:

①不受地形、地物限制的平坦地区。

②城市及其近郊规划方正地区。

③长大桥梁、隧道等构造物路段。

④道路交叉口及其前后路段。

直线的最大长度应有所限制。当采用长的直线线形时，为弥补景观单调之缺陷，应结合沿线具体情况采取相应的技术措施，参见《公路勘测设计》教材。值得强调的是，无论是城市快速路还是一般城市道路，在任何情况下都要避免追求长直线的错误倾向，要充分考虑地形、地物及环境的影响。

当设计车速 $v \geqslant 60$km/h 时，直线的最小长度宜满足下列要求：

①同向曲线间的直线最小长度(m)宜≥$6v$(km/h)。

②反向曲线间的直线最小长度(m)宜≥$2v$(km/h)。

当设计车速小于 60km/h、地形条件困难时，直线长度可不受上述要求限制，但应满足设置缓和曲线或缓和段的要求。

4.圆曲线

(1)圆曲线的几何元素

城市道路的平面线形中，不论转向角大小均应设置平曲线，而圆曲线是平曲线中的主要组成部分。圆曲线具有很好的地形适应性、可循性好、线形美观、易于测设等优点，运用十分普遍。

圆曲线几何元素(图 3-24)为：

$$T = R\tan\frac{\alpha}{2} \tag{3-20}$$

$$L = \frac{\pi}{180}\alpha R \tag{3-21}$$

$$E = R\left(\sec\frac{\alpha}{2} - 1\right) \tag{3-22}$$

$$J = 2T - L \tag{3-23}$$

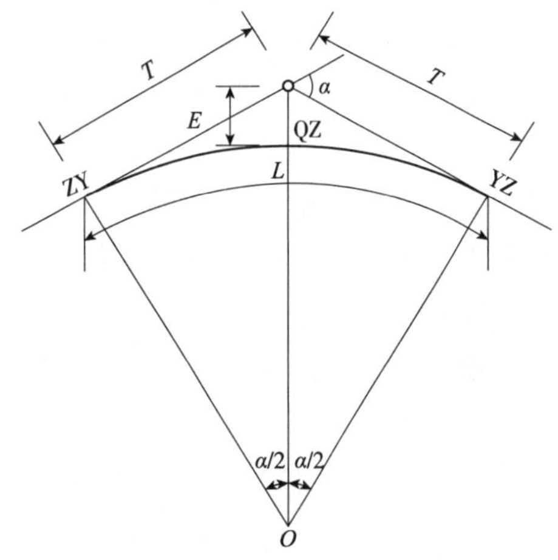

图 3-24 圆曲线几何元素

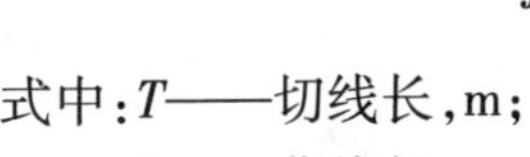

式中：T——切线长，m；

L——曲线长，m；

E——外距，m；

J——超距或校正值，m；

R——圆曲线半径，m；

α——转角，°。

(2)圆曲线最小半径

行驶在平面圆曲线上的汽车由于受离心力作用，其横向稳定性(横向滑动或者横向倾覆)受到影响，而离心力的大小又与圆曲线半径密切相关，半径越小越不利，所以在选择圆曲线半径时应尽可能采用较大的值，只有在地形或其他条件受到限制时可使用较小的曲线半径。为了行车的安全与舒适，《城市道路工程设计规范》(CJJ 37—2012)、《城市道路路线设计规范》

(CJJ 193—2012)规定了圆曲线半径在不同情况下的最小值,见表 3-11。

城市道路圆曲线最小半径　　表 3-11

设计速度(km/h)		100	80	60	50	40	30	20
不设超高最小半径(m)		1 600	1 000	600	400	300	150	70
设超高最小半径(m)	一般值	650	400	300	200	150	85	40
	极限值	400	250	150	100	70	40	20
不设缓和曲线最小半径(m)		3 000	2 000	1 000	700	500	—	—

设超高最小半径"极限值"是在特殊困难的条件下不得已才使用的,设计中一般不轻易采用,而设超高最小半径"一般值"才是设计中主要控制最小半径的条件。设超高最小半径一般值的确定,主要考虑两方面因素:一是考虑汽车在这种半径的曲线上以设计速度或以接近设计速度行驶时,旅客有充分的舒适感;另一方面是考虑在地形、地物相对比较复杂的情况下,线形对于地形、地物有比较好的适应性,线形设计不会过多地增加工程数量。不设超高的最小半径对于行驶在圆曲线外侧车道上的车辆来说存在"反超高",超高横坡度 i_h 应为负值,其大小与路拱坡度相同。从舒适和安全的角度考虑,横向力系数μ 应尽可能取小一点的值,使得乘客行驶在圆曲线上与行驶在直线上有大致相同的感觉。《城市道路工程设计规范》(CJJ 37—2012)、《城市道路路线设计规范》(CJJ 193—2012)的有关规定值,即表 3-11 是 $\mu = 0.067$,$i_h = -0.02$计算取整得来的。

(3)圆曲线最大半径

如前所述,在与地形等条件相适应的前提下应尽量采用较大的圆曲线半径,但半径大到一定程度时,其几何性质与直线已无太大差别,反而容易给驾驶人造成对"线形直、曲"判断上的错误,带来不良后果;同时,也不利于测设及道路建设、维修养护。《公路路线设计规范》明确指出,圆曲线半径最大不宜超过 10 000m。现行城市道路设计相关规范对此没有做出要求,设计时若遇到类似大半径情况可参照公路规范的规定。

5.缓和曲线

缓和曲线是道路平面线形要素之一,它是设置在直线与圆曲线之间(当其半径小于表 3-11规定的不设缓和曲线最小半径时)或半径相差较大的两个转向相同的圆曲线之间的一种曲率连续变化的曲线。城市道路设计规范规定当设计车速≥40km/h 时应按要求设置缓和曲线。

回旋线的基本表达式为:

$$rl = C = A^2 \tag{3-24}$$

式中:l——由缓和曲线起点到曲线上任意一点的弧长,m;

r——曲线上任意一点的曲率半径,m,随长度变化而变化;

C——回旋线参数,m^2,常数,规范对 C 值或 A 值大小的路用适用性有具体的约束。

回旋线各几何元素(图 3-25)为:

回旋向上任一点 P 的曲率半径

$$r = \frac{A}{\sqrt{2\beta}} \tag{3-25}$$

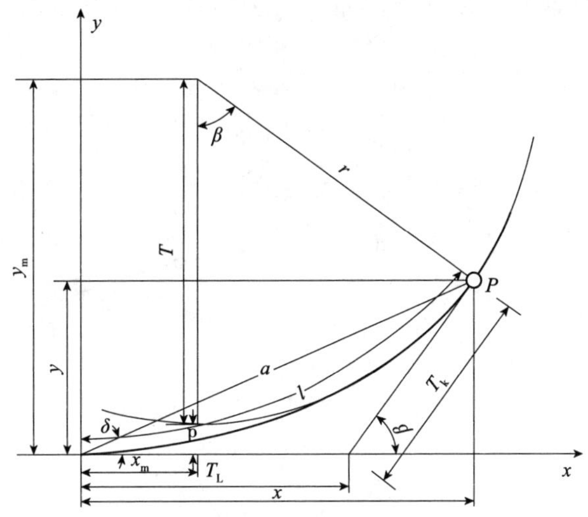

图 3-25 回旋线几何元素图

P 点到起点的回旋线长：

$$l=A\sqrt{2\beta} \tag{3-26}$$

式(3-25)和式(3-26)中的 β 是回旋线任一点 P 的切线方向与 x 轴的夹角，称为“缓和曲线角”：

$$\beta=\frac{l^2}{2RL_s} \tag{3-27}$$

P 点曲率圆的内移值：

$$p=y+r\cos\beta-r \tag{3-28}$$

P 点曲率圆圆心的 M 点坐标：

$$x_m=x-r\sin\beta \tag{3-29}$$

$$y_m=r+p \tag{3-30}$$

长切线长：

$$T_L=x-y\cot\beta \tag{3-31}$$

短切线长：

$$T_K=\frac{y}{\sin\beta} \tag{3-32}$$

P 点的弦长：

$$a=\frac{y}{\sin\delta} \tag{3-33}$$

P 点的弦偏角：

$$\delta=\arctan\left(\frac{y}{x}\right)\approx\frac{\beta}{3} \tag{3-34}$$

设缓和曲线长 L_s，圆曲线半径 R，则单交点(JD)、对称带有缓和曲线的道路平曲线几何元素(图 3-26)为：

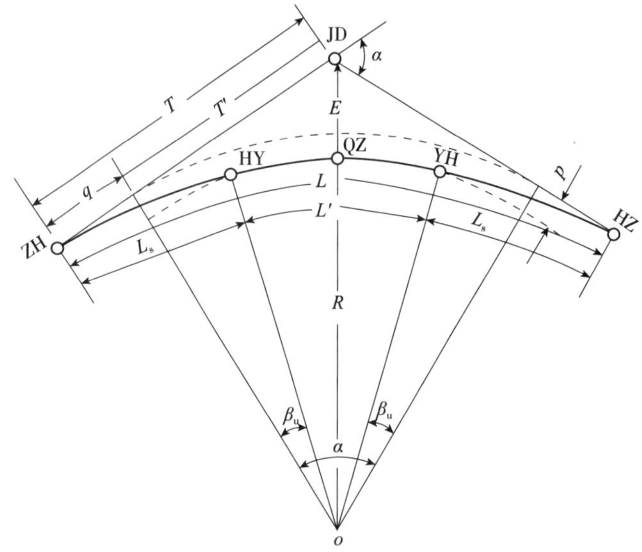

图 3-26 "基本型"平曲线(回旋线—圆曲线—回旋线)

圆曲线切线改正值：

$$q=\frac{L_s}{2}-\frac{L_s^3}{240R^2} \quad (m) \tag{3-35}$$

曲线值：

$$p=\frac{L_s^2}{24R}-\frac{L_s^4}{2\ 688R^3} \quad (m) \tag{3-36}$$

回旋线曲线角：

$$\beta_0=\frac{L_s}{2R}\times\frac{180}{\pi}=28.647\ 890\ \frac{L_s}{R} \quad (°) \tag{3-37}$$

平曲线切线长：

$$T=(R+p)\tan\frac{\alpha}{2}+q \quad (m) \tag{3-38}$$

平曲线曲线长：

$$L=(\alpha-2\beta_0)\frac{\pi}{180}R+2L_s \quad (m) \tag{3-39}$$

外矢距(外距)：

$$E=(R+p)\sec\frac{\alpha}{2}-R \quad (m) \tag{3-40}$$

超距(切曲差)：

$$J=2T-L \qquad (m) \tag{3-41}$$

有关缓和曲线的性质、参数、长度、设计方法等已经在公路勘测设计课程中详细讨论过，在此不赘述。《城市道路工程设计规范》(CJJ 37—2012)、《城市道路路线设计规范》(CJJ 193—2012)规定了城市道路的最小缓和曲线长度，见表 3-12。平曲线长度与圆曲线最小长度应满足表 3-13 的要求。

城市道路缓和曲线最小长度 L_s 表 3-12

设计速度(km/h)	100	80	60	50	40	30	20
缓和曲线最小长度 L_s(m)	85	70	50	45	35	25	20

城市道路平曲线与圆曲线最小长度 表 3-13

设计速度(km/h)		100	80	60	50	40	30	20
平曲线最小长度(m)	一般值	260	210	150	130	11	80	60
	极限值	170	140	100	85	70	50	40
圆曲线最小长度(m)		85	70	50	40	35	25	20

道路弯道在一般情况下是由缓和曲线(或超高、加宽缓和段)、圆曲线、缓和曲线(或超高、加宽缓和段)组成，缓和曲线的长度不能小于规范对其最小长度的规定；中间圆曲线的长度也宜大于 3s 行程，当条件受限时，可将两端缓和曲线在曲率相等处直接连接，此时的圆曲线长度等于 0，形成凸形平曲线。

路线转角的大小反映了路线的舒顺程度，通常认为路线转角小一些好。但是假如曲线转角 α 过小，由于人的生理视觉原因，即使设置了较大的曲线半径也容易把曲线长度看成比实际的要短，造成急转弯的错觉。转角越小，这种倾向越明显，常常造成驾驶人减速转弯的误操作。根据国内外经验，平曲线转角 $\alpha \leqslant 7°$时，应属小转角弯道。对于小转角弯道应设置较长一些的平曲线，其长度应符合表 3-14 规定。

城市道路小转角平曲线最小长度 表 3-14

设计速度(km/h)	100	80	60	50	40	30	20
平曲线最小长度(m)	1 200/α	1 000/α	700/α	600/α	500/α	350/α	280/α

注：α<2°时，按 2°计。

由于交叉口多，城市道路设计时，通常可将道路转折点设在交叉口处，交叉口按非正交路口设计，这样可以省略道路上的平曲线。两交叉口之间的直线道路也便于沿街建筑物的布设和街区建筑规划。这也是城市道路平面设计特点之一，即一条道路的中线常常成折线状，折点处也就是道路交叉口的交叉点。

三、行车视距

为了行车安全，驾驶人应能随时看清楚汽车前面相当远的一段路面情况，一旦发现前方道路上有障碍物或迎面来车，能及时采取措施，避免交通事故发生，这一必需的最短距离称为行车视距。行车视距是以驾驶人视线高度(1.1~1.2m)能看到前方道路上高度为 0.1m 物体顶点、沿车行道中线丈量所得的距离。根据驾驶人采取避让措施的不同，行车视距可分为停车视距、会车视距和超车视距三类。行车视距是否充分，直接关系到行车的安全与速度，它是道路使用质量的重要几何指标之一。城市道路上影响行车视距的地段主要分布在道路平面上的暗弯段(处于挖方路段的弯道和内侧有障碍物的弯道)、纵断面上的凸形竖曲线段及下穿式立体交叉的凹形竖曲线段,如图 3-27 所示,设计时应予以验算,以保证道路的行车视距。

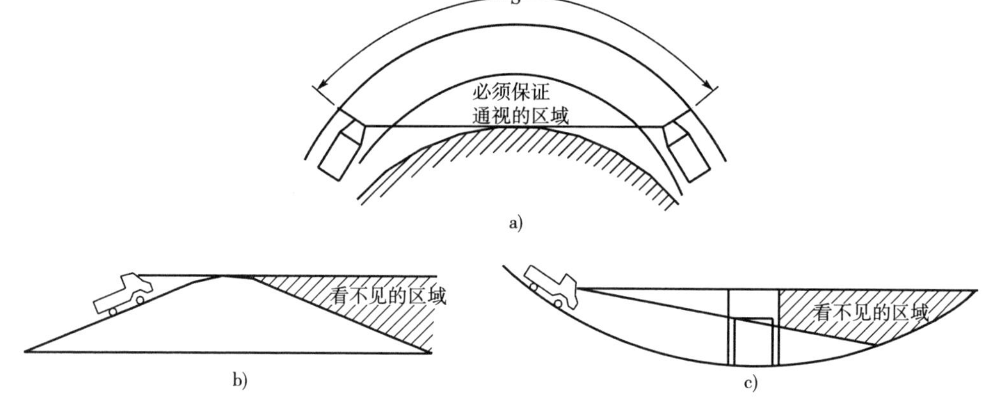

图 3-27　影响行车视距的路段

a)弯道内侧有视线障碍物;b)凸形竖曲线半径过小;c)立交桥下穿道路

在城市道路设计中,主要考虑停车视距,这是由城市道路严格实行分向、分道行驶的交通管制特点所决定的。如果双车道城市支路,确实存在车辆可能会车的情况,应采用会车视距,会车视距值为停车视距的 2 倍。城市道路交通规则规定,不许越过道路中心线利用对向车道进行超车,因此不存在超车视距问题,这也是城市道路设计不同于公路的一个方面。

停车视距由反应距离、制动距离及安全距离组成,按式(3-42)计算:

$$
\begin{aligned}
S_s &= S_r + S_b + S_a \\
&= \frac{V \cdot t}{3.6} + \frac{\beta_s V^2}{254(\mu_s \pm i)} + S_a
\end{aligned} \tag{3-42}
$$

式中:S_s——停车视距,m;

S_r——反应距离,m;

S_b——制动距离,m;

S_a——安全距离,取 5m;

t——反应时间,取 1.2s;

β_s——安全系数,取 1.2;

μ_s——路面纵向摩擦系数,取 0.4;

i——道路纵坡度(%),上坡为"+"、下坡为"-"。

《城市道路工程设计规范》(CJJ 37—2012)、《城市道路路线设计规范》(CJJ 193—2012)对停车视距的规定见表 3-15。

城市道路停车视距　　表 3-15

设计速度(km/h)	100	80	60	50	40	30	20
停车视距 S_s(m)	160	110	70	60	40	30	20

由于冰雪路面的摩擦系数较干燥路面大大降低,因此积雪或冰冻地区的停车视距宜适当加大,可根据设计速度和当地路面实际状况计算取用。此外,对以货运交通为主的道路,应验算下坡段货车的停车视距。根据有关研究,货车轮胎与路面的纵向摩擦系数一般 μ_s =

0.15~0.30,《城市道路路线设计规范》(CJJ 193—2012)给出了下坡段货车的停车视距,见表3-16。

下坡段货车停车视距(m)　　表3-16

设计速度(km/h)		100	80	60	50	40	30	20
纵坡度(%)	0	180	125	85	65	50	35	20
	3	190	130	89	66	50	35	20
	4	195	132	91	67	50	35	20
	5		136	93	68	50	35	20
	6			95	69	50	35	20
	7					50	35	20
	8						35	20

四、道路平面设计成果

完成路线平面设计以后,应绘制各种图纸和表格。其中主要的设计成果图纸有:道路区位示意图、道路平面设计图(包括交叉口大样图)、道路其他设施平面布置图等,主要设计成果表格有:直线(曲线)及转角一览表、路线交点坐标表(或含在"直线、曲线及转角一览表"中)、逐桩坐标表、路线固定表等。这里仅就"直线、曲线及转角一览表"、"逐桩坐标表"和"道路平面设计图"加以说明。

1.直线、曲线及转角一览表

表3-17全面反映了路线的平面位置和路线平面线形的各项指标,它是道路设计的主要成果之一。只有在完成"直线、曲线及转角一览表"以后,才能据此计算"逐桩坐标表"和绘制"道路平面设计图",同时在作道路纵断面设计、横断面设计和其他构造物设计时都要使用本表的数据。

2.逐桩坐标表

对于线形指标高的城市主干路,其圆曲线半径较大,缓和曲线较长,在测设和放样时须采用坐标法,方能保证其测量精度。所以计算一份"逐桩坐标表"(表3-18)是十分必要的,对于次干路和支路则可以省略。

3.平面设计图

道路平面设计图是道路设计文件的重要组成部分。该图全面、清晰地反映了道路平面位置和道路所经过地区的地形、地物等情况,它是设计人员设计意图的重要体现。平面设计图无论是提供有关部门审批、专家评议,还是日后指导施工等都有极其重要的作用。

(1)绘图比例尺和测绘范围

城市道路与公路相比,里程较短而路幅较宽,因此在绘图比例尺的选用上一般比公路大。在绘制道路施工图时,通常采用1∶500~1∶1 000的比例尺。绘图横向范围,视道路等级而定,等级高的范围应大些,等级低的可小些。一般在道路两侧红线以外各20~50m,或中线两侧各50~150m,特殊情况例外。

直线、曲线及转角表

表 3-17

交点号	交点坐标		交点桩号	转角值	曲线要素值(m)					
	X	Y			半径	缓和曲线长度	切线长度	曲线长度	外距	校正值
1	2	3	4	5	6	7	8	9	10	11
起点	41 808. 204	90 033. 595	K0+000. 000							
2	41 317. 589	90 464. 099	K0+652. 716	右 35°35′25. 0″	600. 00	0. 000	256. 777	496. 934	40. 199	16. 620
3	40 796. 308	90 515. 912	K1+159. 946	左 57°32′52. 0″	250. 00	250. 00	162. 511	301. 100	301. 100	23. 922
4	40 441. 519	91 219. 007	K1+923. 562	左 34°32′06. 0″	150. 00	150. 00	66. 753	130. 412	130. 412	3. 091
5	40 520. 204	91 796. 474	K2+503. 273	右 78°53′21. 0″	200. 00	200. 00	187. 380	320. 375	320. 375	54. 385
6	40 221. 113	91 898. 700	K2+764. 966	左 51°40′28. 0″	234. 130	224. 130	128. 667	242. 140	242. 140	15. 191
7	40 047. 399	92 390. 466	K3+271. 313	左 34°55′51. 0″	150. 000	150. 000	67. 323	131. 449	131. 449	3. 197
8	40 190. 108	92 905. 941	K3+802. 980	右 22°25′25. 0″	600. 000	600. 000	118. 932	234. 820	234. 820	3. 044
终点	40 120. 034	93 480. 920	K4+379. 175							

交点号	曲线位置					直线长度及方向			测量断链		备注
	第一缓和曲线起点	第一缓和曲线终点或圆曲线起点	曲线中点	第二缓和曲线或圆曲线终点	第二缓和曲线起点	直线长度(m)	交点间距(m)	计算方位角或计算方向角	桩号	增减长度(m)	
1	12	13	14	15	16	17	18	19	20	21	22
起点								138°44′00. 0″			
2		K0+3 953. 939	K0+644. 406	K0+892. 873		395. 939	652. 716	174°19′25. 0″			
3	K0+997. 435	K1+047. 435	K+147. 985	K1+248. 535	K1+298. 535	104. 562	523. 850	116°46′33. 0″			
4	K1+856. 809	K1+896. 809	K1+922. 015	K1+947. 221	K1+987. 211	558. 274	787. 538	82°14′27. 0″			
5	K2+315. 893	K2+360. 893	K2+476. 081	K2+591. 268	K2+636. 268	328. 672	582. 805	161°07′48. 0″			
6	K2+636. 299	K2+676. 299	K2+757. 369	K2+838. 439	K2+878. 439	0. 031	316. 078	109°27′20. 0″			
7	K3+203. 995	K3+243. 995	K3+269. 720	K3+269. 444	K3+335. 444	325. 556	521. 546	74°31′29. 0″			
8		K3+684. 048	K3+801. 458	K3+918. 88		348. 604	534. 859	96°56′54. 0″			
终点					460. 307	579. 239					

逐桩坐标表 表 3-18

桩号	坐标(m)		方向角	桩号	坐标(m)		方向角
	X	Y			X	Y	
K1+500.00	40 632.336	90 840.861	116°46′33.0″	K2+140.00	40 471.158	91 436.529	82°14′27.0″
K1+540.00	40 614.316	90 976.527	116°46′33.0″	K2+160.00	40 473.858	91 456.346	82°14′27.0″
K1+570.00	40 600.801	90 903.355	116°46′33.0″	K2+180.00	40 476.558	91 476.463	82°14′27.0″
K1+600.00	40 587.286	90 930.139	116°46′33.0″	K2+200.00	40 479.258	91 495.980	82°14′27.0″
K1+630.33	40 573.623	90 957.216	116°46′33.0″	K2+220.00	40 481.959	91 515.797	82°14′27.0″
K1+669.00	40 556.202	90 991.561	116°46′33.0″	K2+240.00	40 484.659	91 535.613	82°14′27.0″
K1+680.00	40 551.246	90 991.740	116°46′33.0″	K2+260.00	40 487.359	91 555.430	82°14′27.0″
K1+700.00	40 542.236	91 019.416	116°46′33.0″	K2+280.00	40 490.059	94 575.247	82°14′27.0″
K1+720.00	40 533.226	91 037.272	116°46′33.0″	K2+300.00	40 492.759	91 595.064	82°14′27.0″
K1+750.00	40 519.711	91 064.055	116°46′33.0″	ZH+315.00	40 494.905	91 610.809	82°14′27.0″
K1+780.00	40 506.196	91 090.838	116°46′33.0″	K2+340.00	40 497.902	91 634.730	84°05′26.5″
K1+800.00	40 497.186	91 108.694	116°46′33.0″	HY+360.00	40 499.302	91 655.568	8°41′08.7″
K1+820.00	40 488.176	91 126.549	116°46′33.0″	K2+380.00	40 498.828	91 674.665	94°09′37.3″
K1+840.00	40 479.166	91 144.405	116°46′33.0″	K2+400.00	40 496.383	91 694.506	99°53′23.8″
ZH+856.31	40 471.593	91 159.412	116°46′33.0″	K2+420.00	40 491.969	91 714.005	105°37′10.3″
K1+870.00	40 465.708	91 171.216	115°56′42.1″	K2+440.00	40 485.631	91 732.965	111°20′56.7″
HY+896.81	40 455.191	91 195.860	109°08′09.7″	K2+460.00	40 477.431	91 751.198	117°04′43.2″
K1+900.00	40 454.177	91 198.885	107°55′03.1″	QZ+476.00	40 469.544	91 765.206	121°41′06.9″
QZ+922.01	40 448.963	91 220.253	99°38′19.1″	K2+500.00	40 455.794	91 784.761	128′32″16.2″
K1+940.00	40 447.061	91 238.126	92°38′19.1″	K2+520.00	40 442.573	91 799.757	134°32′16.2″
YH+947.00	40 446.902	91 245.344	89°52′50.9″	K2+540.00	40 427.920	91 813.357	139°59′49.1″
K2+960.00	40 447.413	91 258.112	85°46′43.6″	K2+560.00	40 411.983	91 825.427	145°43′35.6″
K1+980.00	40 449.567	91 277.993	82°29′23.3″	K2+580.00	40 394.921	91 835.845	151°27′22.1″
HZ+987.22	40 450.531	91 285.148	82°14′27.0″	K2+591.27	40 384.857	91 840.947	154°41′05.3″
K2+000.00	40 452.257	91 297.811	82°14′27.0″	K2+600.00	40 376.910	91 844.518	156°56′35.0″
K2+010.00	40 453.607	91 307.719	82°14′27.0″	K2+620.00	40 358.262	91 851.740	160°17′15.4″
K2+030.00	40 456.307	91 327.536	82°14′27.0″	GQ+636.27	40 342.893	91 857.077	161°07′48.0″
K2+050.00	40 459.007	91 347.353	82°14′27.0″	K2+650.00	40 329.916	91 861.563	160°31′48.6″
K2+070.00	40 461.707	91 367.170	82°14′27.0″	K2+670.00	40 311.219	91 866.655	157°30′02.7″
K2+100.00	40 465.757	91 396.895	82°14′27.0″	K2+700.00	40 284.324	91 881.898	149°57′30.4″
K2+120.00	40 468.459	91 416.712	82°14′27.0″				

(2)路线平面图的内容及绘制方法

①导线及道路中线的展绘。在展绘导线或中线以前,需按图幅的合理布局,绘出坐标方格网,坐标网格间距采用5cm或10cm,要求图廓网格的对角线长度误差均不大于0.5mm。然后按导线点(或交点,下同)坐标 X、Y 精确地点绘在相应位置上。每张导线图展绘完毕后,用比例尺复核各点间距,再用量角仪校核每个角度是否与计算相符,复核无误后,再按“逐桩坐标表”所提供的数据,展绘曲线,并注明路线在本张图中的起点和终点里程桩号、曲线要素等。

路线一律按前进方向从左至右绘制,在每张图的拼接处绘出接图线。在图的右上角注明共×张、第×张。在图纸的空白处注明曲线元素及主要点里程桩号等。

②控制点的标注。各种比例尺的地形图均应展绘和测出各等级三角点、导线点、图根点、水准点等,并用规定的符号表示。

③规划红线。道路红线是道路用地与城市其他用地的分界线,红线之间的宽度即为城市道路的总宽度。所以当道路的中心线绘出以后,则应按城市道路的规划宽度绘出道路红线。如果有远期规划和近期规划之分,还应分别绘出并注明。

④坡口、坡脚线或挡土墙边缘线。新建道路由于原地面高低起伏必然有填有挖。填方路段在平面图中应绘出路基的坡脚线;挖方路段绘出路基的坡口线,或者绘出挡土墙的边缘线并示出挡土墙顶面宽度。

⑤车道线。城市道路的车道线是城市道路平面设计图的重要内容。在路幅宽度内,有机动车道、非机动车道;在机动车道中还分快车道、慢车道等。各种车道线的位置、宽度可在横断面布置图中查得,在平面图中反映出来。车道的曲线部分应按设计的圆曲线半径、长度和缓和曲线长度绘制。各车道之间的分隔带、路缘带、支路出入口等也应绘出。

⑥人行道、人行横道线、交通岛、分隔带等按设计绘制。

⑦交叉口。平面交叉口、立体交叉口虽然有专门的交叉口设计图,但在道路平面设计图中也应该按平面图的比例尺绘出并详细注明交叉口的各路去向、交叉角度、曲线元素以及路缘石转弯半径。

⑧地下管线及设施。道路范围内的地上、地下管线的走向和位置、雨水口、窨井、排水沟等都应在图中标出。必要时,可另绘排水干管、支管平面布置图纸或专用线路平面布置图。

⑨各种构造物的测绘。各类建筑物、构筑物及其主要附属设施应按勘测规范的规定测绘和表示。各种线状地物,如管线、高、低压电线等应实测其支架或电杆的位置。对穿越路线的高压线应实测其垂线距地面的高度并注明电压。地下管线应详细测定其位置及埋深。道路及其附属物应按实际形状测绘。道路交叉口应注明每条道路的走向。铁路应注明轨面高程,道路应注明路面类型,涵洞应注明洞底高程等。

⑩地形、地物、水系及其附属物的测绘。地形、地貌、植被、不良地质地带等均应详细测绘并用等高线和国家测绘局制定的"地形图图式"符号及数字注明。

海洋的海岸线位置;湖泊(水库)的湖岸线位置;水渠顶边及高程;堤坝顶部及坡脚的高程;水井井台高程;水塘塘顶边及塘底的高程;河流、水沟等应注明水流流向。

一张完整的平面设计图,除了清楚而正确地表达上述设计内容外,还可对某些细部设施或构件画出大样图。最后在图中的空白处作一些简要的工程说明。如工程范围、采用坐标系、引用的水准点位置等。

在城市道路设计文件中所提供的平面设计图包括两种图式:一种是直接在地形图上所做的平面布置图,红线以内和红线以外的地形地物一律保留;另一种是只绘红线以外的地形地物(或者平面设计图不带地形),红线以内只绘车道线和道路上的各种设施而不反映地形地物。两种图各有优缺点;前者可以看出设计人员是如何处理道路与地形地物之间的关系的(包括拆迁情况),后者则可更清晰地表现道路上各种设施的位置和尺寸。前一种图一般用在方案研究和初步设计中,后一种图用在技术设计或施工图设计中。图 3-28、图 3-29 为初步设计阶段的城市道路平面图。

第三节　纵断面设计

一、概述

沿道路中线竖直剖切再沿道路里程展开的立面投影线形,称作道路的纵断面线形。在道路纵断面上主要有两条线形,一条是道路纵断面设计线,另一条是道路纵断面地面线。由于自然因素的影响以及工程经济性要求,道路纵断面设计线通常为一条与地面线相适应、连绵起伏、圆顺的二维曲线。纵断面设计的主要任务就是根据汽车的动力特性、道路等级、当地的自然地理条件以及工程填挖方数量(或者桥涵工程数量)等因素,研究这条二维曲线几何构成的大小、长度以及与平面线形的组合关系,使得上述诸因素处于最佳,以便达到行车安全迅速、工程和运输经济合理及乘客感觉舒适的目的。

图 3-30 为道路纵断面设计图。纵断面图是道路纵断面设计的主要成果,也是道路设计的重要技术文件之一。把道路纵断面图与平面图结合起来,就能准确地定出道路的空间位置。

在纵断面图上,地面线是根据中线上各桩点的地面高程而点绘的一条不规则的折线,反映了沿着道路中线的地面起伏变化情况;设计线则是经过技术上、经济上以及美学上等多方面比较后定出的一条具有规则形状的几何线形,反映了道路路线的起伏变化情况。纵断面设计线是由直线和竖曲线组成的。直线(即均匀坡度线)有上坡和下坡之分,其设计情况是用坡度和坡长(水平长度)表示的。直线的坡度和长度影响着汽车的行驶和运输的经济以及行车的安全,它们的一些临界值的确定和必要的限制,是以道路上行驶的汽车类型及其行驶状况来决定的。

在直线的坡度转折处(变坡点),为平顺地过渡,需要设置竖曲线,竖曲线按坡度转折形式的不同,分凸形竖曲线和凹形竖曲线,其大小用曲线半径和曲线长(水平长度)表示。

城市道路纵断面设计除了要满足机动车辆行驶特性的要求外,与公路设计的不同点主要体现在两个方面:一是与城市竖向规划密切相关,道路的纵断面设计会牵涉到相关区域的路网高程问题;二是机动车道与非机动车道采用同一纵断面设计时,需要考虑非机动车的行驶能力,或者机动车道与非机动车道纵断面分别设计。

二、纵坡及坡长设计

1.纵断面设计一般要求

为使纵坡设计经济合理,必须在全面掌握勘测资料的基础上,结合城市竖向规划意图,经过综合分析、反复比较才能设计出比较好的道路纵断面。一般要求为:

(1)纵坡及坡长设计必须满足设计规范的有关规定。

(2)为保证车辆能以一定速度安全顺利行驶,纵坡应具有一定的平顺性,起伏不宜过大和过于频繁,即“纵坡不宜太大,坡长不宜太短”。

(3)纵坡设计应对沿线地形、地下管线、地质、水文、气候和排水等因素综合考虑,视具体情况合理处理道路、管线、地下水位等的高程关系,保证道路路基的稳定性与强度。

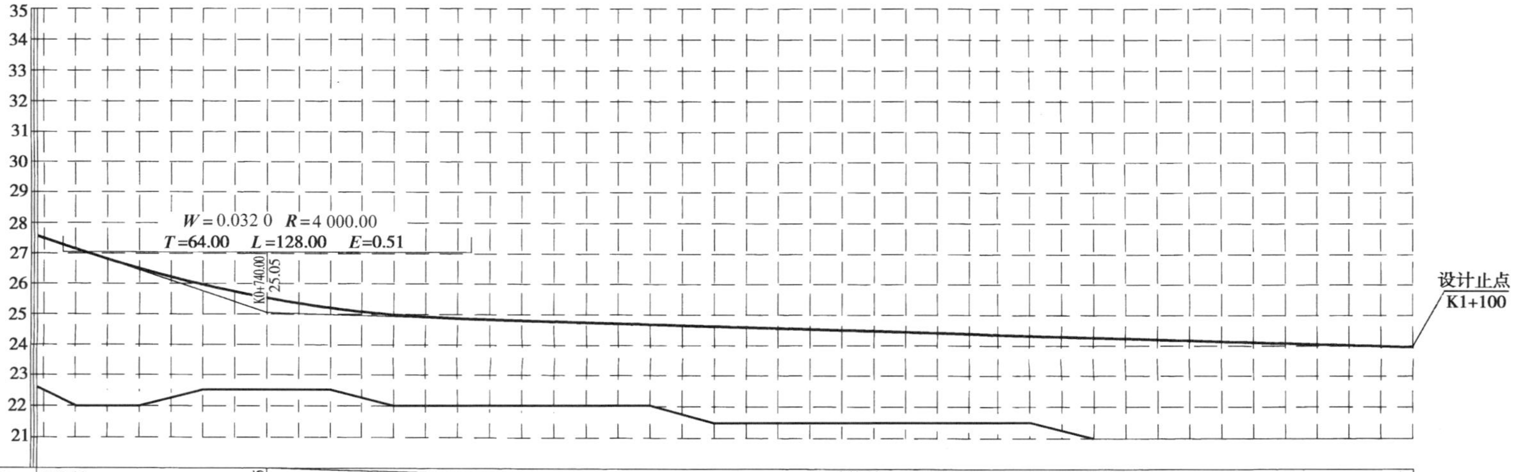

坡度及距离	160.00 −3.50% (K0+680.00 ~ K0+740.00, 25.05)				360.00 −0.30% (K0+740.00 ~ K1+100.00, 23.97)						
桩号	K0+680.00	0+700.00	0+720.00	0+740.00	0+760.00	0+780.00	0+800.00	0+820.00	0+840.00	0+860.00	0+880.00
路面设计高比原地面高（高）	5.15	4.52	3.49	3.06	2.73	3.00	2.87	2.81	2.75	2.69	3.13
路面设计高比原地面高（低）											
路面设计高程	27.15	26.52	25.99	25.56	25.23	25.00	24.87	24.81	24.75	24.69	24.63
地面高程	22.00	22.00	22.50	22.50	22.50	22.00	22.00	22.00	22.00	22.00	21.50

桩号	0+900.00	0+920.00	0+940.00	0+960.00	0+980.00	1+000.00	1+020.00	1+040.00	1+060.00	1+080.00	K1+100.00
路面设计高比原地面高（高）	3.07	3.01	2.95	2.89	2.83	3.27	3.21	3.15	3.09	3.03	2.97
路面设计高比原地面高（低）											
路面设计高程	24.57	24.51	24.45	24.39	24.33	24.27	24.21	24.15	24.09	24.03	23.97
地面高程	21.50	21.50	21.50	21.50	21.50	21.00	21.00	21.00	21.00	21.00	21.00

平曲线：$\alpha_L = 27°15'8''$　R = 1 000.00　T = 242.41　L = 475.64　E = 28.96

说明：

1. 本图尺寸均以m计，高程为黄海系统。
2. 比例：横向1∶1 000，竖向1∶100。
3. 原地面高程是在1/1 000地形图上点绘而得。

图3-30　道路纵断面设计图

(4)一般情况下,道路纵坡设计应考虑路基工程的填、挖方平衡,尽量使挖方运作就近路段填方,以减少整个工程的借方和废方量,从而降低工程造价和节省道路用地。

(5)对于连接路段纵坡,如大、中桥引道及隧道两段接线等,纵坡应缓和,避免产生突变,否则会影响行车的平顺性和视距。另外,在交叉口前、后的道路纵坡也应平缓一些,一是考虑交通安全,二是考虑交叉口竖向设计。

(6)在实地调查的基础上,城市道路应充分考虑管线综合、沿街建筑地坪标高的要求。

2.最大纵坡

最大纵坡是指在纵坡设计时各级道路允许采用的最大坡度值。它是道路纵断面设计的重要控制指标。在地形起伏较大地区,直接影响路线的长短、使用质量、工程造价及运输成本。

各级城市道路允许的最大纵坡是根据当前具有代表性标准车型的汽车动力特性、道路等级、自然条件以及工程、运营经济等因素,通过综合分析、全面考虑确定的。

《城市道路工程设计规范》(CJJ 37—2012)、《城市道路路线设计规范》(CJJ 193—2012)规定的城市道路机动车道最大纵坡见表 3-19。

城市道路机动车道最大纵坡 表 3-19

设计速度(km/h)		100	80	60	50	40	30	20
最大纵坡(%)	一般值	3	4	5	5.5	6	7	8
	极限值	4	5	6	6	7	8	8

注:1.海拔 3 000~4 000m 的高原城市道路的最大纵坡推荐值按表列值减小 1%。当纵坡折减后小于 4.0%时,可采用 4.0%。

2.积雪寒冷地区的快速路最大纵坡不应大于 3.5%,其他等级道路不应大于 6%。

除快速路以外的其他等级道路,受地形或者其他特殊情况限制时,经过技术经济论证后,最大纵坡极限值可增加 1%。纵断面设计时,对于新建道路应采用小于或等于最大纵坡一般值,对于改建道路、受地形条件或其他特殊情况限制时,可采用最大纵坡极限值。

桥上及桥头路线的最大纵坡:小桥与涵洞处纵坡应按路线规定采用;大、中桥上纵坡不宜大于 4%;桥头引道纵坡不宜大于 5%;紧接大、中桥桥头两端的引道纵坡应与桥上纵坡相同。

隧道部分路线纵坡:隧道内纵坡不宜大于 3%,困难时不应大于 5%。但短于 50m 的隧道其纵坡不受此限;紧接隧道洞口的路线纵坡应与隧道内纵坡相同,即不宜在洞口变坡。为避免洞内积水,隧道出入口外的接线道路纵坡宜坡向洞外。

在非机动车交通比例较大路段,考虑非机动车交通要求可根据具体情况将纵坡适当放缓,一般不大于 2.5%,困难时不大于 3.5%。

3.最小纵坡

为便于道路排水,最小纵坡不应小于 0.3%;当特殊困难地段纵坡小于 0.3%时,应设置锯齿形偏沟或者采取其他专门排水措施。

另外,一般大、中、小桥的桥面最小纵坡不宜小于 0.3%,且竖向高程最低点不应位于主桥范围内。城市高架桥的桥面最小纵坡不应小于 0.5%,困难时不应小于 0.3%,并应采取有关措施,保证高架桥能够及时排水。高架桥桥面纵坡适当提高要求的原因是,桥梁施工误差、纵向容易形成凹面而产生积水,另外高架桥在结构上也难以做成锯齿形偏沟。

路堤、干旱少雨地区道路最小纵坡可不受上述限制。

4.坡长限制

(1)最小坡长限制

最小坡长的限制主要是从汽车行驶平顺性和行车舒适性的要求考虑的。首先,如果坡长过短,使道路纵向变坡点过多,汽车行驶在连续起伏路段产生的超重与失重的变化频繁,导致乘客感觉不舒适,车速越高越感突出。其次,从缓坡的加速(上坡)和减速(下坡)功能的发挥来看,坡长太短则作用不大。最后,从路容美观、相邻两竖曲线的设置和纵断面视距等方面来看,也要求坡长必须具有一定的最小长度。经验告诉人们,10s 行程可以作为道路最小坡长的依据。

《城市道路工程设计规范》(CJJ 37—2012)、《城市道路路线设计规范》(CJJ 193—2012)规定道路最小坡长见表 3-20,同时不得小于两相邻竖曲线的切线长之和。在平面交叉口、立体交叉的匝道地段,最小坡长可不受此限制。

城市道路最小坡长 表 3-20

设计速度(km/h)	100	80	60	50	40	30	20
最小坡长(m)	250	200	150	130	110	85	60

需要说明两点,一是路线起讫点一端可不受最小坡长限制;二是当主路与支路相交时,支路纵断面在相交范围内可视为分段处理,不受最小坡长限制。

(2)最大坡长限制

道路纵坡的大小及其坡长对汽车正常行驶影响很大。若纵坡越陡且坡长越长,则对行车影响也就越大。主要表现在:

①使行车速度显著下降,甚至要换较低挡克服坡度阻力。

②长时间上坡,容易使汽车水箱“开锅”,导致汽车爬坡无力,甚至熄火。

③长时间下坡,导致汽车制动次数频繁,易使制动器发热而失效,甚至造成车祸。

事实上,影响最大坡长的因素很多,比如海拔高度、装载量、油门开启程度、滚动阻力系数及挡位等。要从理论上确切计算由希望速度到允许速度的最大坡长是困难的,必须结合试验调查资料综合研究后确定。《城市道路工程设计规范》(CJJ 37—2012)、《城市道路路线设计规范》(CJJ 193—2012)规定机动车道限制坡长见表 3-21,非机动车道限制坡长见表 3-22。

城市道路机动车道最大坡长 表 3-21

设计速度(km/h)	100	80	60			50			40		
纵坡(%)	4	5	6	6.5	7	6	6.5	7	6.5	7	8
最大坡长(m)	700	600	400	350	300	350	300	250	300	250	200

城市道路非机动车道最大坡长 表 3-22

纵坡(%)		3.5	3.0	2.5
最大坡长(m)	自行车	150	200	300
	三轮车	—	100	150

三、竖曲线

在纵断面相邻两个坡段的转折处,为了行车顺适,插入一段曲线来缓和折点,这条曲线称为竖曲线。

竖曲线的形式可采用抛物线或圆曲线,在实际使用的曲线范围内,二者几乎没有差别,但在设计和计算上,抛物线比圆曲线方便些。这里只介绍二次抛物线型竖曲线。

由于在纵断面上只计水平距离和竖直高度,斜线不计角度而计坡度。因此,竖曲线的切线长与曲线长是其水平面上的投影,切线支距是垂直的高程差,相邻两坡度线的交角用坡度差表示。

1.竖曲线要素的计算公式

取 XOY 坐标系,如图 3-31 所示,设变坡点相邻两坡段纵坡坡度分别为 i_1 和 i_2,它们的代数差用 ω 表示,即 $\omega=i_2-i_1$,当 ω 为"正"时,表示凹形竖曲线;当 ω 为"负"时,表示凸形竖曲线。

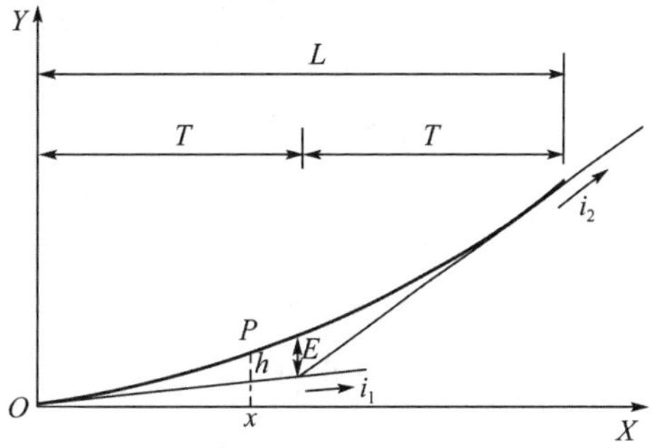

图 3-31 竖曲线要素示意图

(1)用二次抛物线作为竖曲线的基本方程式

在图 3-31 坐标系中,二次抛物线一般方程为:

$$y=\frac{1}{2k}x^2+ix \tag{3-43}$$

竖曲线上任一点 P 的斜率为:

$$i_P=\frac{dy}{dx}=\frac{x}{k}+i$$

当 $x=0$ 时,$i=i_1$;$x=L$ 时,$i=\frac{L}{k}+i_1=i_2$ 则有:

$$k=\frac{L}{i_2-i_1}=\frac{L}{\omega} \tag{3-44}$$

抛物线上任一点 P 的曲率半径为:

$$R=\frac{\left[1+\left(\frac{dy}{dx}\right)^2\right]^{\frac{3}{2}}}{\frac{d^2y}{dx^2}}$$

式中$\frac{dy}{dx}=i$,$\frac{d^2y}{dx^2}=\frac{1}{k}$,代入上式,得

$$R=k\ (1+i^2)^{\frac{3}{2}}$$

因为 i 介于 i_1 和 i_2 之间,且 i_1 和 i_2 均很小,故 i^2 可以略去不计,则有:

$$R\approx k \tag{3-45}$$

将式(3-44)、式(3-45)代入式(3-43),得二次抛物线竖曲线基本方程式为:

$$y=\frac{\omega}{2L}x^2+i_1x \text{ 或 } y=\frac{1}{2R}x^2+i_1x \tag{3-46}$$

式中:ω——变坡点处前后两纵坡线的坡度差,%;

L——竖曲线长度,m;

R——竖曲线半径,m。

(2)竖曲线诸要素计算公式

竖曲线长度 L:

$$L=R|\omega| \tag{3-47}$$

竖曲线半径 R:

$$R=\frac{L}{|\omega|} \tag{3-48}$$

竖曲线切线长 T:

$$T=\frac{L}{2} \tag{3-49}$$

竖曲线任一点竖距 h:

$$h=\frac{x^2}{2R} \quad (x\leqslant L) \tag{3-50}$$

2. 竖曲线的最小半径

在纵断面设计中,竖曲线的设计要受到许多因素的限制,其中有三个限制因素决定着竖曲线的最小半径或最小长度。

(1)缓和超重(或失重)冲击。

(2)行程时间不至于过短。

(3)满足视距的要求。

需要明确的是,哪一种限制因素为最不利的情况,哪一种才是有效控制因素。就凸、凹竖曲线来说,其控制因素是不一样的。

《城市道路工程设计规范》(CJJ 37—2012)、《城市道路路线设计规范》(CJJ 193—2012)规定:各级道路纵坡变更处应设置竖曲线。竖曲线采用圆曲线。竖曲线半径及最小长度见表3-23。设计时宜采用大于或等于表3-23中的最小半径一般值;特殊困难地区,应大于或等于最小半径极限值。

城市道路竖曲线最小半径与竖曲线最小长度　　表3-23

设计速度(km/h)		100	80	60	50	40	30	20
凸型竖曲线最小半径(m)	一般值	10 000	4 500	1 800	1 350	600	400	150
	极限值	6 500	3 000	1 200	900	400	250	100
凹形竖曲线最小半径(m)	一般值	4 500	2 700	1 500	1 050	700	400	150
	极限值	3 000	1 800	1 000	700	450	250	100
竖曲线最小长度(m)	一般值	210	170	120	100	90	60	50
	极限值	85	70	50	40	35	25	20

值得说明的是,这里竖曲线采用"圆曲线"只是规范的一种表达形式,其具体计算与上述"二次抛物线"完全一样,并且圆曲线的"竖距"计算表达式省略高阶小量后,与式(3-50)是一致的。这就形成了采用"圆曲线"半径概念控制曲线的大小,而用"二次抛物线"竖距公式计算定位竖曲线的工程现状。

四、合成坡度

合成坡度是指路线纵坡与弯道超高横坡或路拱横坡的矢量和,其坡度方向即水流方向。

合成坡度的计算公式为：

$$I=\sqrt{i_h^2+i^2} \tag{3-51}$$

式中：I——合成坡度，%；

i_h——超高横坡度或路拱横坡度，%；

i——路线设计纵坡度，%。

将合成坡度控制在一定范围之内，目的是尽可能地避免急弯和陡坡的不利组合，即避免弯道超高最大横坡度与道路最大纵坡度同时出现，从而防止因合成坡度过大而引起的侧向滑移和行车危险，保证车辆在弯道上安全而顺适地运行。

当陡坡与小半径平曲线重合时，在条件许可的情况下，采用较小的合成坡度为宜。

城市道路对合成坡度的规定见表3-24，即除设计速度20km/h时其最大合成坡度为8.0%以外，其他设计速度情况下均为7%。

城市道路最大合成坡度 表3-24

设计速度(km/h)	100,80	60,50	40,30	20
合成坡度(%)	7.0	7.0	7.0	8.0

注：在积雪地区各级道路合成坡度应小于或等于6%。

在设计中可由式(3-52)计算平曲线上允许的最大纵坡。

$$i_R=\sqrt{I_{max}^2-i_h^2} \tag{3-52}$$

式中：i_R——平曲线上的允许最大纵坡，%；

I_{max}——最大允许合成坡度，%；

i_h——超高横坡度，%。

当路线的平面和纵断面设计基本完成后，可用式(3-51)检查合成坡度I，如果超过最大允许合成坡度时，可减小纵坡或加大平曲线半径以减小横坡，或者两方面同时减小，以满足表3-24的要求。

以上为最大允许合成坡度的规定。相反，合成坡度过小会导致路面排水不畅，影响行车安全。各级道路最小合成坡度不宜小于0.5%。当合成坡度小于0.5%时，应采取综合排水措施，以保证路面排水畅通。

五、视觉分析及道路线形组合设计

1.视觉分析

(1)视觉分析的意义

道路线形设计除应考虑自然条件、汽车行驶力学方面的要求外，还要把驾驶人在行车过程中心理和视觉上的反应作为重要因素来考虑。汽车在道路上快速行驶时，驾驶人是通过视觉、运动感觉和时间变化来判断实际道路线形的。道路的线形、周围自然景观、标志标线以及其他有关信息，都是通过驾驶人视觉来感知的。因此，视觉是连接道路与汽车的重要媒介。

从驾驶人的视觉及其心理反应出发，对道路的空间线形及其与周围自然环境和沿线建筑物的协调进行研究分析，以保持视觉连续性和舒顺性，使行车具有足够的心理舒适感和安全感的综合设计称为视觉分析。视觉分析的意义在于将道路的线形、周边环境质量与驾驶人在行车中的动态视觉及其心理反应联系起来，体现道路几何设计以人为本的思想。

(2)视觉与车速动态规律

驾驶人的视觉判断能力与车速密切相关,车速越高,其注视前方越远,而视角逐渐变小。研究表明:

①驾驶人的注意力集中和心理紧张的程度随着车速的增加而增加。

②驾驶人的注意力集中点随着车速增加而向远处移动。当车速增加到 97km/h 时,他的注意力集中点将在前方 610m 以外的某一点。

③随着车速的增加,驾驶人对前景细节的视觉开始变得模糊不清。当车速超过 97km/h 时,对前景细节的反应接近于零。

④驾驶人的周界感随车速的增加而减少。当车速达到 72km/h 时,驾驶人可以看到道路两侧视角 30°~40°的范围;当车速增加到 97km/h 时,两侧视角减至 20°以下;车速进一步增加,驾驶人的注意力将随之引向景象中心而置两侧于不顾。

⑤即使是在中等车速情况下,驾驶人也需要 1/16s 才能够把眼睛注视在能够看得见的目标上。眼睛总是从一个注视点跳到另外一点,在跳动之间是绝对看不到什么东西的。为了看到前方的东西,眼睛和目标必须相对固定。这就是为什么在高速行车时,驾驶人的眼睛总是瞄准到越来越远的地方,并试图达到看起来是固定的一点的目标的原因。

由此可见,对于快速道路来说,驾驶人的主要集中力是观察视点较远路幅的线形与环境状况,因此道路设计和视觉分析时,必须使驾驶人明白无误地了解线形和环境,尽量避免由于判断错误而导致驾驶失误。

(3)视觉评价方法

所谓线形状况是指道路平面线形和纵段面线形所组成的立体线形,在汽车快速行驶中给驾驶人提供的连续不断的视觉印象。该视觉印象的优劣,除依靠设计者对三维空间的想象判断之外,比较好的方法是利用视觉印象随时间或空间变化的道路透视图来评价,它不仅仅只反映道路自身的三维视觉,而且能反映道路与沿街建筑立面设计之间的三维视觉效果,为城市设计提供直观效果。有条件的情况下,也可运用透视动画或者视景仿真技术来综合评价道路的线形。

道路透视图是按照汽车在道路上的行驶位置,根据线形的几何状况确定的视轴方向以及由车速确定的视轴长度,利用坐标透视的原理绘制的。通过透视图,可直观地看出道路立体线形是否顺适;是否有易产生判断错误或茫然的地方;路旁障碍物是否有碍视线的地方;道路与邻街建筑物的协调情况怎样等等。若存在上述缺陷则要在设计阶段进行修改,然后再绘出透视图分析研究,直至满意为止。

2.线形组合设计

平、纵、横线形组合效果是驾驶人或乘客的主要视觉实体,将直接影响道路的适用性。

道路建成以后,要改变路线线形是非常困难的,它会涉及许多基础设施规划和建筑的变更。也就是说,不良的道路线形会长期制约汽车的运行质量、限制城市的用地规划与发展。线形设计的好坏,对汽车行驶的安全、舒适、经济以及道路的通行能力都起着决定性的作用。因此,在进行线形设计时,必须对道路应具有的性能与作用进行充分而慎重地研究,以免留下后患。

道路线形设计首先是从道路规划开始的,然后按平面线形设计、纵断面线形设计和平纵线形组合设计的程序进行,最终是以平、纵组合的立体线形展现在驾驶人眼前的。行驶过程中驾驶人所选择的实际行驶速度,是由他对立体线形的判断做出的,这样,立体线形组合的优劣最后集中反映在汽车的车速上。如果只按平面、纵断面线形标准分别设计,而不将两者综合起来考虑,最终得到的设计就很难说是一个良好的设计。

(1)线形组合设计一般规定

城市道路线形设计应协调平面、纵断面、横断面三者之间的关系,合理运用技术指标;并应适应地形、地物和周边环境,满足行车安全、排水畅通等要求。

对于设计速度大于或等于60km/h的道路,应强调线形组合设计,保证线形连续、指标均衡、视觉良好、安全舒适、景观协调;对于设计速度小于60km/h的道路,在保证行驶安全的前提下,宜合理引用线形要素的规定值;不同等级道路和不同设计速度路段之间应均衡过渡。

(2)线形组合设计基本要求与规定

基本要求如下:

①平、纵、横设计应分别满足各自规定值的要求,不应将最不利值进行组合设计。

②平、纵、横设计应保持线形的视觉连续性,自然诱导驾驶人视线。

③平曲线与竖曲线宜相互对应,且平曲线长度宜大于竖曲线长度,如图3-32所示。

④竖曲线半径宜为平曲线半径的10~20倍。

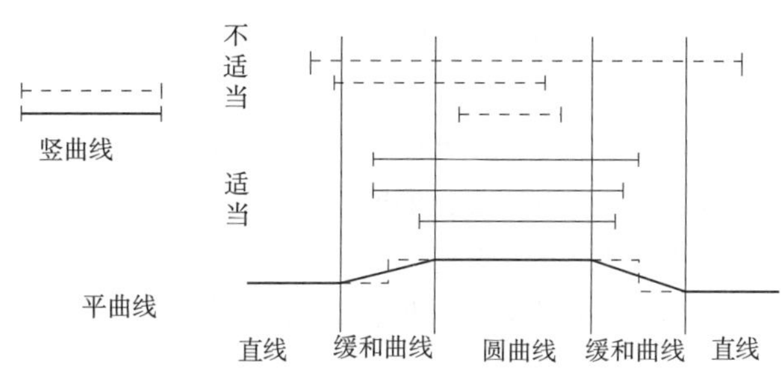

图3-32 平曲线与竖曲线的位置组合

平、纵线形组合还应符合以下规定:

①在凸形竖曲线的顶部或凹形竖曲线的底部,不应插入急转弯的平曲线或反向平曲线。

②长直线不宜与陡坡或半径小且长度短的竖曲线组合;长的竖曲线不宜与半径小的平曲线组合。

③长的平曲线内不宜包含多个短的竖曲线;短的平曲线不宜与短的竖曲线组合。

④纵断面设计不应出现使驾驶人视觉中断的线形。

线形与桥、隧的配合应考虑:

①桥梁及其引道的位置、线形应与路线线形相协调,各项技术指标应符合路线布设与总体设计的相关规定。

②桥梁引道坡脚与平面交叉口停车线之间的距离宜满足交叉口信号周期内的车辆排队和交织长度。

③桥面行车道宽度应与两端道路车行道宽度一致。当桥面宽度与道路路面宽度不一致时,应在道路范围内设置宽度渐变段,路面边缘斜率采用1∶15~1∶30,折点处应圆顺。

④隧道位置与隧道洞口连接段应与路线线形相协调,各项技术指标应符合路线布设与总体设计的相关规定。

⑤隧道洞口内侧和外侧在不小于3s设计车速行程长度范围内,均应保持一致的平、纵线形。

⑥当隧道洞门内外路面宽度不一致时,隧道洞口外与之相连接的路段应设置距洞口不小于3s设计速度行程长度,且不小于50m长度的、同隧道等宽度的过渡段。

⑦长、特长的双洞隧道,宜在洞口外的合适位置设置联络通道。

⑧隧道洞内、外应满足相应道路等级对行车视距的要求。当隧道洞口连接段设中央分隔带时,应采取停车视距;当无中央分隔带时,应采用会车视距。

3.线形与环境、沿线设施的协调配合

道路作为一种人工构造物,应将其视为景观对象来研究。修建道路会对自然景观、人造景观产生影响。道路两侧的景观反过来又会影响道路上汽车的行驶,特别是对驾驶人的视觉、心理以及驾驶操作等都带来很大影响。

平、纵线形组合设计必须是在充分与道路所经地区的环境相配合的基础上进行。否则,即使线形组合满足有关规定也不一定是良好设计。对于驾驶人来说,具有顺畅的线形和优美的景观,才能称为舒适和安全的道路。对设计速度高的道路,平、纵线形组合设计与周围环境配合显得尤为重要。

道路景观的协调问题,包括内部线形协调和外部环境协调两方面。其中内部协调主要指平、纵线形视觉的连续性和包括横断面在一起的三维立体协调性;而外部环境协调是指道路与其两侧带(路肩、坡面)、中间带、沿线建筑、设施等的协调以及道路的宏观位置。实践证明,道路与环境、沿线设施的配合应遵循以下原则:

(1)应在道路的规划、选线、设计、施工全过程中重视环境景观要求。尤其在规划和选线阶段,比如风景旅游区、自然保护区、名胜古迹区、文物保护区等景点和其他特殊地区,一般以绕避为主。

(2)尽量少破坏沿线自然景观,避免深挖高填,比如沿线周围的地貌、地形、天然树林、池塘湖泊等。纵断面尽量减少填挖;横断面设计要使边坡造型和绿化与现有景观相适应,弥补必要的填挖方对自然景观的破坏。

(3)应能提供视野的多样性,力求与周围的风景自然地融为一体,充分利用自然风景如孤山、湖泊、大树等,或人工建筑物如水坝、桥梁、街区建筑等,或在路旁设置一些设施,以消除单调感,并使道路与自然密切结合。

(4)不得已时,可采用修整、植草皮、种树等措施加以补救。

(5)条件允许时,宜适当放缓边坡或将其边坡点修整圆滑,以使边坡接近于自然地面形状,增进路容美观。

(6)路基防护应采用工程防护与植物防护相结合的措施,与景观相协调,恢复自然生态环境,防止水土流失。

(7)不同性质和景观要求的城市道路,宜运用道路空间尺度比例关系,调节并形成道路合适的空间氛围。

(8)应进行综合绿化处理,避免形式和内容上的单一化,将绿化视作引导视线、点缀风景以及改造环境的一种技术措施进行专门设计。道路两侧的绿化应满足道路视距及建筑限界的要求。有关城市道路景观与绿化的内容详见第9章。

六、纵断面设计图

纵断面设计的主要内容是根据道路等级、沿线自然条件和构造物控制高程等,确定路线合适的高程、各坡段的纵坡度和坡长,并设计竖曲线。基本要求是纵坡均匀平顺、起伏和缓、坡长和竖曲线长短适当、平面与纵面组合设计协调以及土石方工程填挖平衡。这些要求虽在道路规划阶段有所考虑,但需要在纵断面设计中具体加以实现。

1.城市道路纵断面设计要求

城市道路纵断面设计内容及纵断面图绘制方法与公路基本相同。由于城市道路所经地区的地形、地物以及地上、地下各种管线的影响,使得制约纵断面设计高程的控制点较多,如城市桥梁、铁路跨线桥、铁路道口、平面交叉口、滨河路防洪最高水位以及沿街建筑物地坪高程等;当设计纵坡小于最小纵坡或平坡时,还应在道路两侧做锯齿形街沟设计,以保证街沟排水顺畅。

城市道路纵断面设计的要求,除了最大纵坡、最小纵坡、最大坡长、最小坡长、合成坡度、平均纵坡、竖曲线最小半径和最小长度、平纵组合设计等要求以外,还应满足由城市道路特点所决定的具体要求。

(1)纵断面设计应参照城市规划控制高程并适应临街建筑立面布置以及沿路范围内地面水的排除。

(2)为保证行车安全、舒适,纵坡宜缓顺,起伏不宜频繁。

(3)山城道路及新建道路的纵断面设计应综合考虑土石方平衡、汽车运营经济效益等因素,合理确定路面设计高程及坡度、坡长。

(4)机动车与非机动车混合行驶的车行道,应按非机动车爬坡能力进行纵断面设计。

(5)纵断面设计应对沿线地形、地下管线、地质、水文、气候和排水综合考虑:

①路线经过水文地质条件不良地段时,应提高路基高程以保证路基稳定。当受规划高程限制不能提高时,应采取稳定路基以及防止内涝的工程措施。

②旧路改建在旧路面上加铺结构层时,不得影响沿线范围内的城市排水。

③沿河道路应根据路线位置确定路基高程。位于河堤顶的路基边缘应高于防洪水位0.5m。当岸边设置挡水设施时,不受此限。位于河岸外侧道路的高程应按一般道路考虑,符合规划控制高程要求,并应根据情况解决地面水及河堤渗水对路基稳定的影响。

④道路纵断面设计要妥善处理城市地下管线最小覆土深度的要求,车行道下和人行道下的管线应分别对待。

⑤道路最小纵坡宜大于或等于0.5%,困难时应大于或等于0.3%。遇特殊困难地区纵坡小于0.3%时,应设置锯齿形街沟(参见第8章)或采取其他排水措施。

⑥道路纵断面设计应与相交道路、街坊、广场和沿街建筑物的出入口有平顺的衔接。

确定道路中线设计高程时,为保证道路及两侧街坊地面水的排除,一般应使侧石顶面高程低于两侧街坊或建筑物前的地坪高程。车行道横坡度和人行道横坡度视面层类型在1%~2%之间选用,建筑物前地坪横坡度为0.5%~1.0%。根据横断面各组成部分宽度和横坡度可确定包括预留路面补强厚度在内的道路中线设计高程。

(6)山城道路应控制平均纵坡度。越岭路段的相对高差为200~500m时,平均坡度宜采用4.5%;相对高差大于500m时,宜采用4%,任意连续300m长度范围内的平均纵坡度不宜大于4.5%。

2.纵断面图的绘制

纵断面设计图是道路设计重要技术文件之一,也是纵断面设计的最终主要成果。

纵断面采用直角坐标,以横坐标表示桩号,纵坐标表示高程。为了明显地反映沿着中线地面起伏形状,通常横坐标比例尺采用1:500~1:1 000,纵坐标比例尺采用1:50~1:100。如图3-30所示。对于存在方案比选的纵断面设计,还应将各方案的设计情况同时展现在一张图纸之上,以便直观比较,如图3-33所示。

纵断面图是由位于坐标系内的图形和位于图形下的注解栏两部分内容组成。图形部分主要用来绘制地面线和纵坡设计线,另外,也用以标注竖曲线及其要素;沿线桥涵及人工构造物的位置、结构类型、孔数和孔径;与道路、铁路交叉的桩号及路名;沿线跨越的河流名称、桩号、常水位和最高洪水位;水准点位置、编号和高程;断链桩位置、桩号及长短链关系。

注解栏主要用来填写有关内容,自下而上分别填写:直线及平曲线;里程桩号;地面高程;设计高程;填、挖高度;坡度/坡长;土壤地质说明;设计排水沟沟底线及其坡度/坡长、高程、流水方向(视需要而标注)。

纵断面设计图应按规定采用标准图纸和统一格式,以便装订成册。

纵断面设计图的绘制,宜采用适合的道路 CAD 软件成图和输出。有关内容参见“道路工程 CAD”教材和相关图书、资料。

第四节　无障碍步道体系规划与设计

目前,我国大、中城市在新建市区道路时,都在逐步而切合实际地考虑残疾人以及老年人的交通问题,即无障碍步道体系规划与实施问题。主要工程措施是在人行道体系中设置可供盲人行走的行进盲道、判别走向的提示盲道、方便轮椅过街,上、下人行道的无障碍出入口(轮椅坡道)等设施。这些工程设施规模不大,也不复杂,但能够体现一个城市的文明程度和城市建设以人为本的现代社会人文关怀理念。

根据《无障碍设计规范》(GB 50763—2012)规定,在各级城市道路、主要城镇道路、步行街、旅游景点、城市景观带周边道路、城市立交桥人行道系统等地方,均应进行无障碍系统设计,具体地点是人行道、人行横道、人行天桥、人行地道、公交车站。

一、规划实施原则

1.分区域、分阶段规划实施

盲道和残疾人坡道的建设应该根据每个城市(镇)的具体情况,如经济能力、街道繁华程度等,有先有后,分区域、分阶段地规划实施,使所建设施能够起到实实在在的作用,而不仅仅是为城市装点“面子”。因此,规划设计前的调查研究工作非常重要,哪些区域先实施?实施到什么程度?下一步衔接道路是哪些等问题应有一个合理全面的规划,以指导工程的分阶段实施。

2.区域内贯通、区域外连续外延

一旦确定某个街区或几个街区要修建无障碍步道体系,就应该保证区域内无障碍步道的连通性以及向区域外延伸的连续性,不要造成系统的内部间断。现实情况就存在,同一条道路上,盲道时有时无,或者道路沿线交叉口处的坡道时有时无,这就会给残疾人以及老年人的交通带来对路况判断的不确定性,使残疾人以及老年人的交通反而更不方便,尤其是盲道的不连续问题,对盲人而言困扰更大。一个区域形成了无障碍步道系统以后,外延扩展也是一样,一定注意要保持设施的连续性。这其中包括盲道与人行天桥,坡道与人行横道的衔接问题,如图 3-34所示。

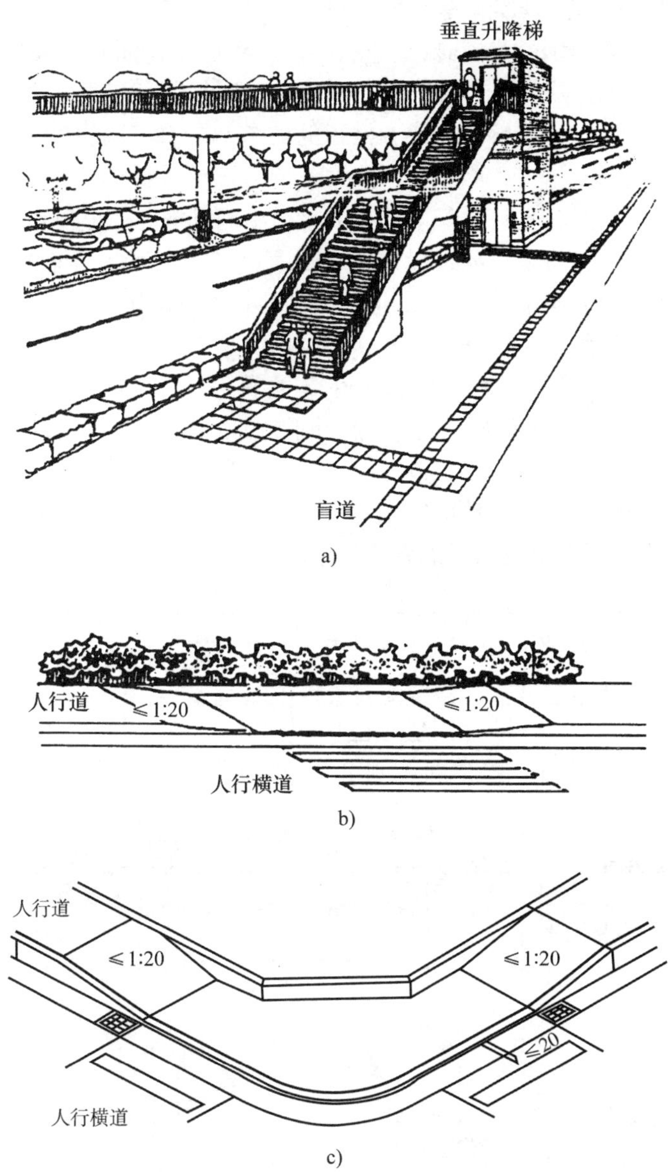

图 3-34　无障碍步道衔接

a)盲道与人行天桥的衔接;b)无障碍坡道与人行横道的衔接;c)交叉口坡道过渡

理想的无障碍步道体系应该遍及整个城市道路网络,但由于历史原因,我国绝大多数城市已建道路上都没有设置无障碍步道设施。因此应有计划、分阶段地实施无障碍步道体系,逐步完善。当前我国一些城市的公共交通车辆已经开始设置低踏板或零高度斜坡踏板,这与道路无障碍步道体系结合起来,无疑会为残疾人、老年人的出行营造更加良好的条件,也从一个侧面体现出城市建设的文明程度。

二、工程设计要点

所谓无障碍步道体系,主要包括两方面:一是供盲人通行的“盲道系统”;二是供轮椅通行的“坡道系统”。“盲道系统”其实就是在城市道路人行道系统中劈出一条适当宽度的带状范围,铺砌特殊的便于盲人辨别的步道砖(分直行导向砖和停步转向砖两种)并且在遇台阶的地方代替以适当坡道,从而形成一个特殊的人行道体系。“坡道系统”则是指在人行道所有的梯坎处均设置有足够宽度、轮椅能够自行或者推行的坡道地带,保证轮椅能够在人行道、人行横道系统内方便、自由地通行。

为了盲人步行方便与安全,盲道一般设在人行道中间部分。若路侧带较宽,并且在路侧带范围内设有绿化带,也可以将盲道靠近绿化带一侧设置。另外,为便于轮椅自行或推行的方便与安全,应在所有人行道方向上的台阶处、道路交叉口处设置坡道。有关坡道和盲道的布置分别如图 3-35~图 3-37 所示。

盲道砖分盲道行进砖(图 3-38)和提示盲道砖,也称停步转向砖(图 3-39)两类。盲道砖的材料和强度同人行道步砖。盲道如遇地下设施井盖或地面障碍物时应绕开布置,在转弯或方向发生变化时应设置提示盲道砖区,其范围应大于行进盲道的宽度。

总之,无障碍步道体系工程设计应特别注意贯彻“以人为本”的设计理念,设计者应真正从这些特殊人群的用路要求出发来考虑设计问题。

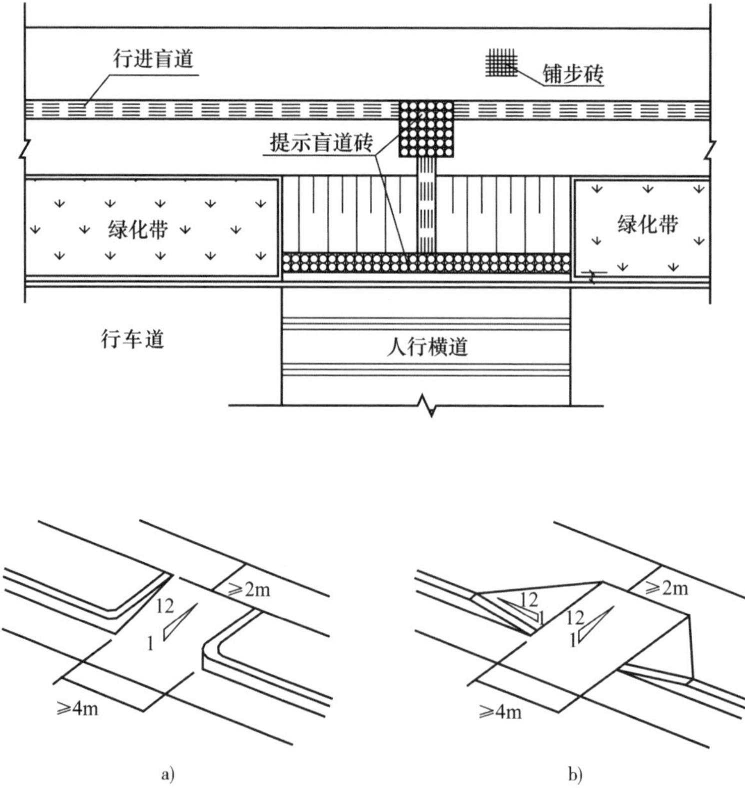

图 3-35　路段人行横道处坡道及盲道布置

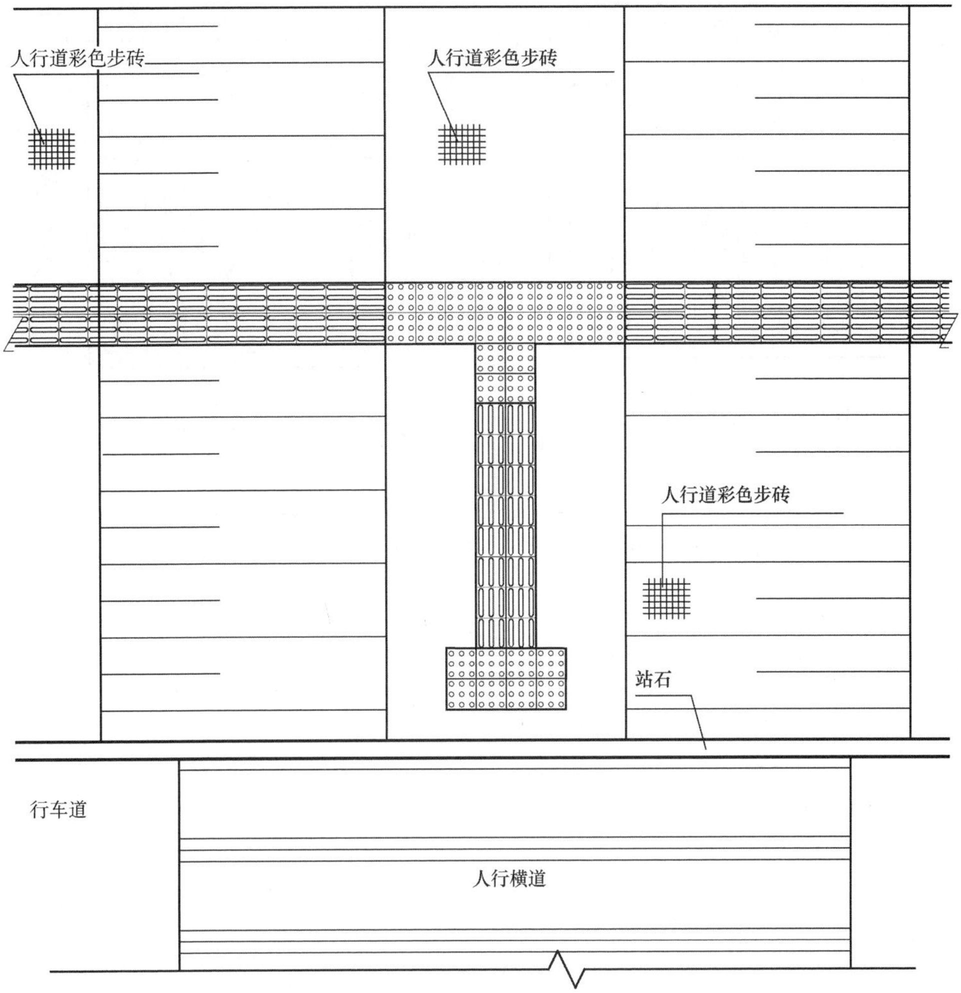

人行道彩色步砖
人行道彩色步砖
人行道彩色步砖
站石
行车道
人行横道

图 3-36　相交道口处人行横道处坡道及盲道布置

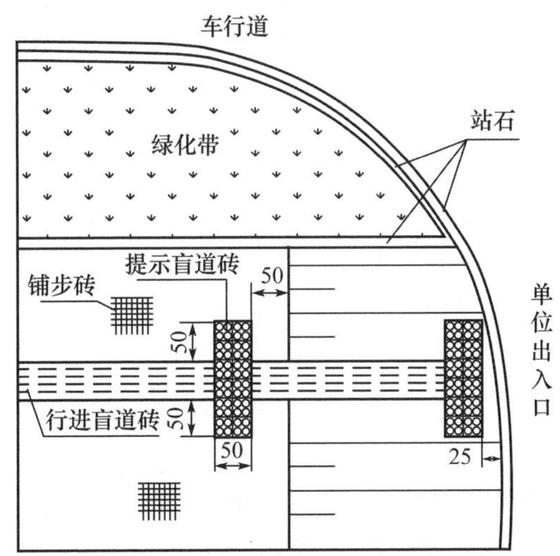

图 3-37　沿街单位出入口处坡道及盲道布置(尺寸单位:cm)

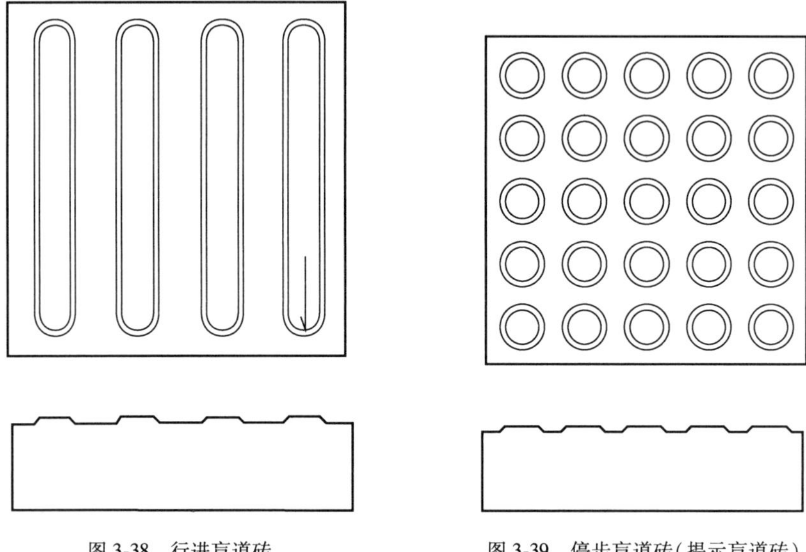

图 3-38　行进盲道砖

图 3-39　停步盲道砖(提示盲道砖)

第四章

城市快速路

城市快速路(expressway)是指在城市内修建的,设中央分隔带、全部控制出入、控制出入口间距及形式,具有单向2车道或以上的多车道,并设有配套的交通安全与管理设施的城市道路,其常见横断面形式如图4-1所示。

为了保证交通的迅速与安全,快速路两侧不应直接设置可能吸引大量车流、人流的大型公共建筑物的出入口。若根据城市综合规划确需设置大型公共建筑物,则快速路两侧或者一侧,应设置辅路,形成快速路系统,所有大型公共建筑物出入口与辅路相接,辅路承担快速路交通流的集散作用。根据需要,辅路设置又分为两座立交间间断的辅路和不间断、贯通立交的连续性辅路。辅路与快速路之间通过专门设置的进、出匝道相连接。

通常,快速路系统由快速路主路、快速路辅路、快速路出入口、匝道、立体交叉等组成,形成一个在城市内可供机动车辆快速通行的道路系统。为了保证主路机动车具有快速、连续的交通条件,快速路主路与辅路之间应设置分隔带,主路和辅路机动车的交流则通过适当的匝道出、入口实现主路和辅路的交通转换。

理论和实践已经证明,修建城市快速路系统,是解决大城市、特大城市机动车辆交通拥堵问题的重要措施之一。快速路的主路是供机动车辆“长距离、快速”通行的道路,具有单向2车道或多车道、连续交通流、全部控制出入、通行能力大等特点;快速路的辅路则是指集散主路快速机动车、同时供沿线街区慢速机动车、非机动车和行人交通的道路,设置于主路两侧或者一侧,单向或双向行驶交通。同时,快速路系统还应设有配套的交通安全与管理设施系统。快速路在城市道路网中的功能类似于高速公路在公路网中的功能,只是在道路规模、立交间距、匝道出入口间距等有所不同而已。

a)

b)

c)

图 4-1　城市快速路实景

a)地面整体式横断面;b)路堑整体式横断面;c)高架整体式横断面

1990 年颁布《城市道路设计规范》(CJJ 37—1990)时,我国城市快速路建设才刚刚起步,当时规范确定的快速路设计车速只有 60km/h、80km/h 两个级别,已经不能适应城市快速路发展的需要。因此,2009 年 10 月 1 日实施的《城市快速路设计规程》(CJJ 129—2009)对其进行了修订,增加设计车速 100km/h 级别,这样就为修建更高标准的城市快速路提供了技术保障。现行的《城市道路工程设计规范》(CJJ 37—2012)和《城市道路路线设计规范》(CJJ 193—

2012)也规定了100km/h等级。

中国大陆真正意义上的城市快速路大量出现还是21世纪90年代左右的事情。经过近三十多年的建设实践,已经积累了丰富的经验,但在通行能力分析、道路几何设计、地面与高架的选择、快速路与其他城市道路的关系等方面也还存在许多值得研究和进一步完善的问题。

第一节　通行能力及服务水平

一、通行能力

按照快速路规划、设计的初衷,其主路上应该保证交通流的快速和连续性,也就是说应该避免在一般城市道路上经常遇见的因信号灯控制通行或者行人、非机动车穿越道路而出现的间断流情况,所以描述快速路路段的通行能力的模型也就比一般道路显得简单一些。但是,由于快速路三种典型路段(基本路段、出入口路段、交织路段)的交通流特性明显不同,车辆之间相互干扰程度差别也很大,尤其是匝道出入口路段和交织路段交通流通常为紊流状态,因此,描述其通行能力的模型也不可能一样,应分别进行三种典型路段通行能力分析,然后通过适当的几何设计使得快速路全线的服务通行能力、服务水平趋于均衡。

目前,鉴于我国对快速路出入口路段、交织路段及互通式立体交叉匝道的通行能力认识还未达成一致,《城市道路快速路设计规程》(GJJ 129—2009)和《城市道路工程设计规范》(GJJ 37—2012)都还没有对快速路出入口路段、交织路段及互通式立体交叉的匝道通行能力进行规定,仅对快速路基本路段通行能力及服务水平做出了规定。

按照《城市道路工程设计规范》(GJJ 37—2012)的规定,快速路基本路段一条车道基本通行能力和设计通行能力可采用表4-1的数值。

快速路一条车道基本通行能力　　表4-1

设计速度(km/h)	100	80	60
基本通行能力(pcu/h)	2 200	2 100	1 800
设计通行能力(pcu/h)	2 000	1 750	1 400

由于匝道交通的复杂性,其通行能力的取值应该考虑以下两点:

(1)若当地有可靠的小客车车头时距观测值 t_i,可由式(4-1)计算一条匝道的基本通行能力:

$$N=\frac{3\ 600}{t_i}\qquad(\text{pcu/h})\tag{4-1}$$

式中:t_i——匝道上一条车道连续车流计算车头时距(s)。

(2)匝道通行能力通常还受制于匝道入口(合流)或出口(分流)的通行能力,而出、入口的通行能力又与快速路最右侧车道通行能力和本方向总通行能力密切相关,具体计算模型、研究方法详见第7章。

二、服务水平

服务水平是衡量道路提供车辆运行质量好坏的技术指标。我国《城市快速路设计规程》

(CJJ 129—2009)和《城市道路工程设计规范》(GJJ 37—2012)将道路服务水平分为四个等级：一级服务水平时，交通处于自由流状态，交通密度小，车辆变换车道很容易，行驶速度也很容易达到道路设计速度；二级服务水平时，交通处于稳定流状态，交通密度适当，车辆变换车道较一级水平难，但还可以比较自如地变换车道；三级服务水平时，交通处于稳定流下限，交通密度较大，变换车道困难，平均行车速度约为道路设计速度的 65%；四级服务水平时，交通运行处于不稳定状态。快速路基本路段服务水平分级见表 4-2。

快速路基本路段服务水平分级　　表 4-2

设计速度(km/h)	服务水平等级		密度[pcu/(km·ln)]	平均速度(km/h)	负荷度V/C	最大服务交通量[pcu/(h·ln)]
100	一级(自由流)		≤10	≥88	0.40	880
	二级(稳定流上段)		≤20	≥76	0.69	1 520
	三级(稳定流下段)		≤32	≥62	0.91	2 000
	四级	饱和流	≤42	≥53	≈1.00	2 200
		强制流	>42	<53	>1.00	—
80	一级(自由流)		≤10	≥72	0.34	720
	二级(稳定流上段)		≤20	≥64	0.61	1 280
	三级(稳定流下段)		≤32	≥55	0.83	1 750
	四级	饱和流	≤50	≥40	≈1.00	2 100
		强制流	>50	<40	>1.00	—
60	一级(自由流)		≤10	≥55	0.30	590
	二级(稳定流上段)		≤20	≥50	0.55	990
	三级(稳定流下段)		≤32	≥44	0.77	1 400
	四级	饱和流	≤57	≥30	≈1.00	1 800
		强制流	>57	<30	>1.00	—

按照《城市道路工程设计规范》(GJJ 37—2012)的规定，快速路基本路段服务水平分级应符合表 4-2 的规定，新建道路应按三级服务水平设计。

计算快速路基本路段通行能力时，按照《城市道路工程设计规范》(GJJ 37—2012)的要求，各种车辆类型换算系数应符合表 4-3 的规定。

车辆换算系数　　表 4-3

车辆类型	小客车	大型客车	大型货车	铰接车
换算系数	1.0	2.0	2.5	3.0

第二节　横断面设计

一、一般要求

城市快速路横断面设计应符合城市道路网规划。横断面布置应按地面快速路、高架快速路、路堑快速路和隧道快速路等情况分别布设，从而保证快速路与城市建设用地规划相协调。

城市快速路分为主路和辅路两部分，因此，横断面设计也包括主路横断面和辅路横断面。主路供快速机动车行驶，对向车流必须设置中央分隔带（或者双向道路分幅设计）分向行驶；辅路供慢速机动车、非机动车及行人通行，一般情况下宜布置在主路两侧，每侧辅路为单向交通，若因特殊要求也可单侧布置，此时辅路通常设为双向交通。在横断面上，主路和辅路之间必须设置隔离带（隔离栅），并控制主、辅路之间的道路开口。

主路横断面分为整体式和分离式两大类。整体式横断面采用相对规整的中央分隔带，把上、下行路幅分隔开来，车辆分幅单向行驶；分离式横断面则是因地制宜，对上、下行路幅分别设计，上、下行路幅可设置在不同平面位置和不同的高程之上。

常见的城市快速路横断面形式有：

（1）地面整体式横断面，也称地平整体式横断面。其组成包括快速机动车道、变速车道、集散车道、紧急停车带、中间分隔带、两侧分隔带、辅路（慢速机动车道、非机动车道和人行道或路肩）等部分，参见图 4-1a）。

（2）高架（地道或路堑）分离式横断面，其组成包括高架（地道）快速机动车道和地面辅路系统。其中快速机动车道由行车道、中间分隔带、两侧防撞栏（墙）以及紧急停车带、变速车道、集散车道等组成，地面辅路由机动车道、中间带（桥墩）、两侧带、非机动车道及人行道或路肩等部分组成，快速机动车道和辅路二者之间依靠上、下匝道相互联系，参见图 4-1b）、c）。

城市快速路红线宽度应根据交通发展要求的通行能力、地形条件、城市其他设施布置的要求、城市远期发展等因素综合考虑确定。最小值为 40m，城市中心区以 50～60m 为宜，城市外围 50～100m，高架路上、下匝道、变速车道、集散车道等应在其所处地段另外预留设置宽度。在快速路建设红线与建筑红线之间还应保留一定的距离，有条件的城市及对抗震设防有要求的城市，这一距离宜大于 5～10m。高架路桥梁边缘与建筑物距离应考虑两侧建筑物消防、维修以及高架路本身养护维修的需要，宜大于 4.5m。

城市快速路车行道的车道数一般应按交通发展预测的交通量与道路通行能力的关系来确定。但是，考虑占地以及宽桥结构的造价问题，高架路的双向车道数以 6～8 车道为宜，10 车道及其以上的宽桥高架路造价明显增加，同时也会增加结构设计、施工难度。4 车道高架路应设置紧急停车带。

二、车行道

1.车行道宽度

车行道宽度应考虑主路和辅路两部分。一条机动车车道宽度可采用表 4-4 的规定值。

一条机动车车道宽度 表 4-4

级　别	设计车速(km/h)	车道宽度(m)	
		大型客、货车或混行	小汽车
主路	100,80,60	3.75	3.50
辅路	40,30	3.50	3.50,3.25

主路车行道路面宽度为车行道宽度和路缘带宽度之和（拟设中央分隔双黄线的还应加上双黄线宽度），其中车行道数量应该根据交通发展预测交通量与通行能力两者匹配关系确定。

根据表 4-4 的规定,主路一条车道宽度一般应采用 3.75m,当城市中心区以小汽车为主时,可将车道宽设为 3.5m;也可按设计车型划分车道宽,即小车车道为 3.5m,大、小车混行车道为 3.75m;路缘带宽均为 0.5m,两侧防撞墙宽 0.5m。辅路由于车速较低,大小车混行一条车道宽为 3.50m,小汽车一条车道为 3.50m 或 3.25m。

经验表明,以行驶小车为主的 4 车道快速路,可设二条 3.5m 小车道、二条 3.75m 混行车道,另外应设置 2.50m 宽连续或不连续的右侧停车带;6 车道快速路可设 2 条 3.5m 小车道、4 条 3.75m 混行车道;8 车道快速路可设 4 条 3.5m 小车道、4 条 3.75m 混行车道。

2.集散车道

当快速路出、入(或高架路上、下匝道)口间距无法满足车辆交织以及加减速要求的规定时,应在主路右侧增设集散车道(参见图 4-2)。集散车道计算行车速度应与主路出、入口(或高架路上、下匝道口)的计算行车速度一致,宜采用分隔设施或标线与主路车行道分隔。地面整体式横断面一般不另设集散车道,以辅路代替。一条集散车道宽度应符合表 4-4 的规定。

3.变速车道

变速车道包括加速车道和减速车道,设在快速车道出、入口的衔接路段,与辅路或匝道相接,其衔接形式可分直接式和平行式(图 4-2)。变速车道宜为单车道,宽度采用 3.50m,自主线车道路缘带外侧算起。需要说明的是,为了辨识和安全,《道路交通标志和标线》(GB 5768—2009)规定变速车道标线宽度为 0.45m,而一般车行道分界线宽度是 0.10~0.15m,在路面宽度几何设计中应该考虑这一点,否则可能过多地缩减车行道实际宽度而不利于行车安全。

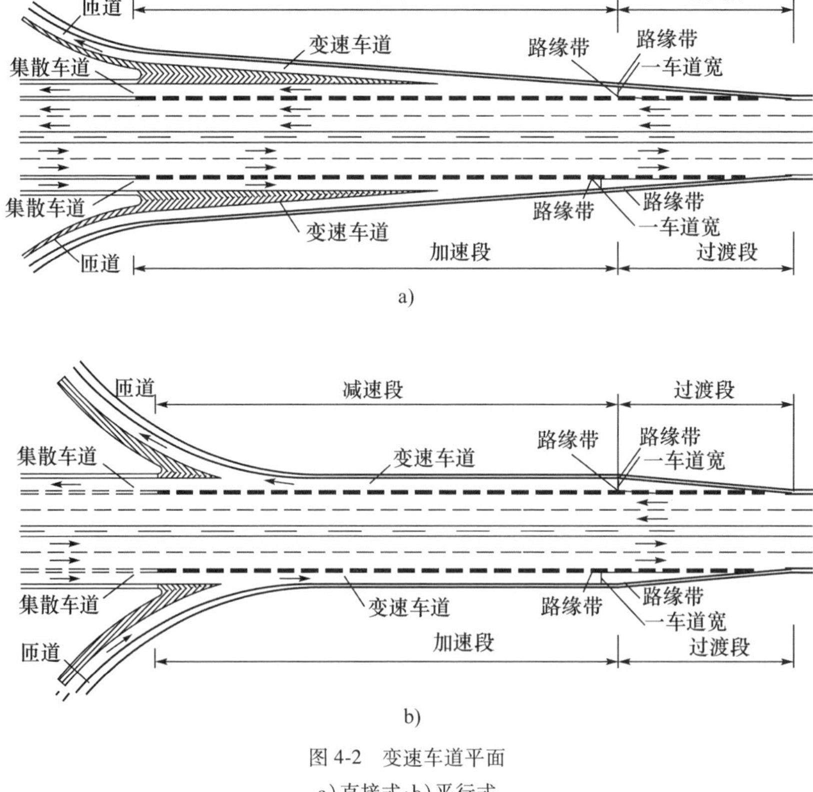

图 4-2 变速车道平面

a)直接式;b)平行式

变速车道的长度应满足设计车辆加、减速行程要求,包括过渡段长度和变速段长度。

4.停车带(右侧)

为保证快速路通行能力及行车安全,双向四车道快速路应在行车方向右侧设不小于2.5m宽、连续或不连续的停车带。不连续停车带沿道路右侧每间隔500m设一处。高架式四车道快速路一般采用连续停车带,地面整体式快速路可适当缩窄分隔主、辅路的两侧从而灵活设置停车带。

5.辅路

辅路是为解决快速路沿路两侧单位及街区机动车与快速路主路交通出入联系而设置的道路,同时承担沿线非机动车与行人交通,设计车速≤40km/h。

地面整体式快速路的辅路设在主路两侧带外侧,高架式快速路则设在高架路下地面层。辅路在城市中心区应连续设置,以保证地面交通的连续性;城市郊区则视交通流量、两侧城市化程度,以及用地、投资等条件,可连续设置也可间断设置,或者暂时不设置。

地面整体式快速路两侧的辅路宜采取单向交通,出、入口交通采取右进右出的交通组织方式。设于主路单侧的辅路可以采用双向交通。辅路横断面上,机动车与非机动车道之间用分隔带或路面画线分隔,具体尺寸应根据用地条件、交通量大小等因素综合确定。当仅供单向机动车、非机动车通行时辅路宽通常不小于8.5m;当机动车、非机动车交通量均较大时辅路宽度应根据交通量要求确定。

高架(地道或路堑)分离式横断面,主路高架(下穿)时,地面辅路可按交通量大小,参照城市道路设计规范要求分别确定机动车道、非机动车道、人行道的宽度。主、辅路整体断面可采用三幅或四幅式横断面布置,高架(隧道)主路机动车交通与地面辅路机动车交通,采用专门设置的上、下匝道以及相应的加、减速车道相互联系。

三、分车带

分车带按其在道路横断面上的位置分为中间带和两侧带。

1.中间带

快速路上、下行快速机动车道之间必须设中间带予以分隔。快速路的中间带由中央分隔带及行车方向两左侧路缘带组成。为保证快速路机动车的速度及行车安全,中间带宜大于3.0m,即中央分隔带大于2.0m,两侧路缘带各为0.5m。

位于市郊的快速路,用地条件允许或交通发展远期需要拓宽车道或作为轻轨交通备用地时,中间带可按6~7m设置。即5~6m为中央分隔带,两侧各0.5m路缘带。位于市中心区的快速路在用地条件受限时,中间带可适当缩窄,但对向车流必须以防撞墩(0.5m)或隔离栅(0.2m)加以分隔,其最小宽度为1.2~1.5m,即0.2~0.5m中央分隔墩(或隔离栅),两侧各设0.5m宽的路缘带。

高架路下的中间带需要根据高架路桥墩布设情况而定。桥墩集中在中央布置时,当其高架路上为4车道时,中间带约为6m,即中央分隔带(桥墩)为5m,两侧各为0.5m侧向余宽;当高架路为6车道时,中间带约为7m,即中央分隔带(桥墩)为6m,两侧各为0.5m侧向余宽。

当快速路为高架路段或立交桥段,为节约工程投资,桥上中间带可适当减窄。

中央分隔带两侧一般埋设混凝土路缘石,中间为绿化带。混凝土或天然石材立式缘石(站石)可采用各个城市习惯做法,为保证安全,外露高度最小值为18cm。大型跨河桥梁段可建成双桥,即上下行各设一座桥梁,利用左侧防撞墙作为中央分隔带。

快速路上中央分隔带,一般每1公里设置一道断口,断口处设置活动分隔设施,平时端口封闭,紧急情况时可以打开。位于市中心区的高架路则宜每0.5km设置分隔带断口。为了保证行车安全,按规划设计封闭的原平面交叉路口,或立交匝道出入口路段的中央分隔带都不得设置断口。

2.两侧带

两侧带是地面快速路主路与辅路的分界线,它由分隔带及其左、右路缘带组成。分隔带宽度不应小于1.5m,可根据用地条件增加宽度以作为绿化隔离设施,临主路一侧路缘带为0.5m,临辅路一侧为0.25m,即两侧带的最小宽度为2.25m。

根据交通组织需要确定两侧带的分隔带断口设置。为便于主路和辅路车辆转换交通,在市中心区,以不大于500m为限,市郊区可加大到800~1 000m。断口长度及形式根据主路加减速车道车辆交织要求设置。

两侧带遇市区人流集中处,特别是辅路设公交车站的路段,应在辅路侧设隔离栅,以避免行人交通对主路机动车的干扰,以确保交通安全。

四、路肩

郊区型地面整体式横断面,在不设辅路的情况下,机动车道路面边缘宜设硬路肩与土路肩。硬路肩宽度不小于2.50m,土路肩宽度不小于0.75m。路肩与路面的衔接方式与高速公路相同。

五、横断面布置

城市快速路的路段横断面布置形式分为地面整体式、地面分离式、高架(隧道、路堑)整体式和高架分离式等,以及由其派生出来的其他组合形式。应根据地形、地物条件因地制宜地选用。横断面布置应满足交通组织、行车安全及道路用地规划的要求。

1.地面整体式横断面

地面整体式横断面的主要特点是主路与辅路以及两侧建筑地坪基本位于同一高程(图4-3),是城市快速路最常用的横断面形式。适用于地势平坦的平原城市中规划红线较宽、横向交叉道路间距较大的城市外围与高等级公路相连接的地段或新建城区用地较富余的地段。地面整体式横断面为一般城市快速路首选断面,横断面布置组合中应考虑城市远期发展预留高架以及快速轨道交通线路的位置,为此其中间带及两侧带的布设应结合上述要求综合确定。

道路横断面一般采用多幅式,即主路双向机动车之间设置中间带进行分隔,主、辅路之间设两侧带并采取交通隔离设施。辅路上行驶慢速($V \leqslant 40$km/h)机动车、非机动车和行人。当辅路交通量较大并且用地有条件时,为确保行车安全,可以采取机动车、非机动车分行的分隔措施,当交通量较少并且用地受限时也可采取路面画线方式分隔。为了保证行人安全,应设置专门的人行道。

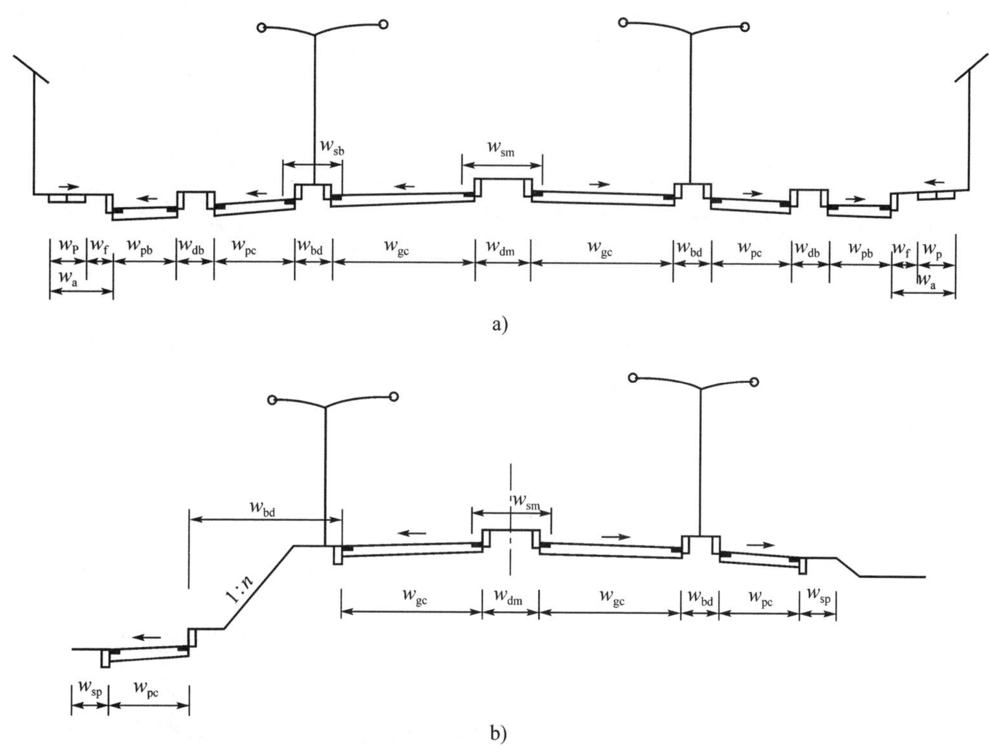

图 4-3 地面整体式横断面

a)城市型;b)市郊型

2.高架(路堑、隧道)整体式横断面

高架(路堑、隧道)整体式横断面的布置特点是快速交通流的上、下行在同一高架(路堑、隧道)层面上(图 4-4)。这种形式能够很好地实现主、辅路交通流分离,减少快、慢速车流之间的相互干扰,行车比较安全,其不足是横向占地比较宽。当横向占地受到用地规划限制时,整体高架可能难以实现,这时可以考虑高架分离式横断面(或双层高架),参见图 4-5。

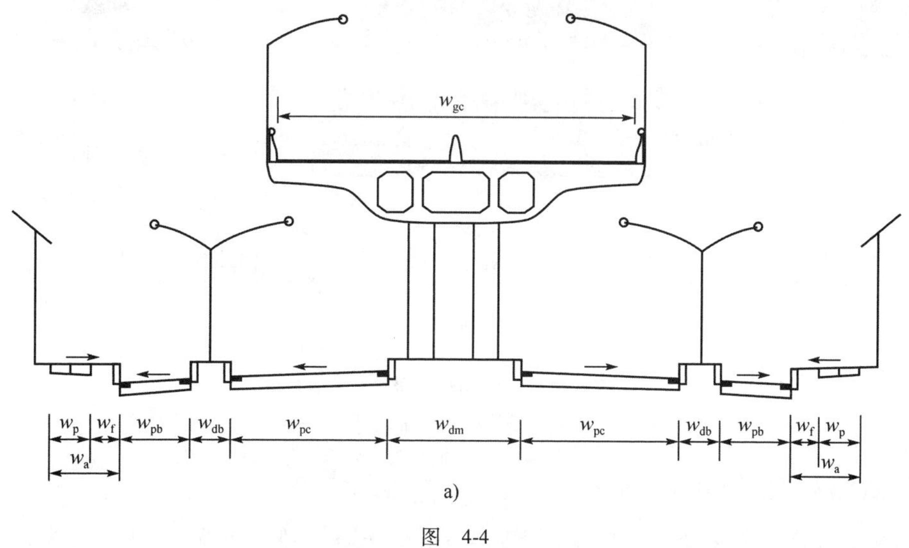

图 4-4

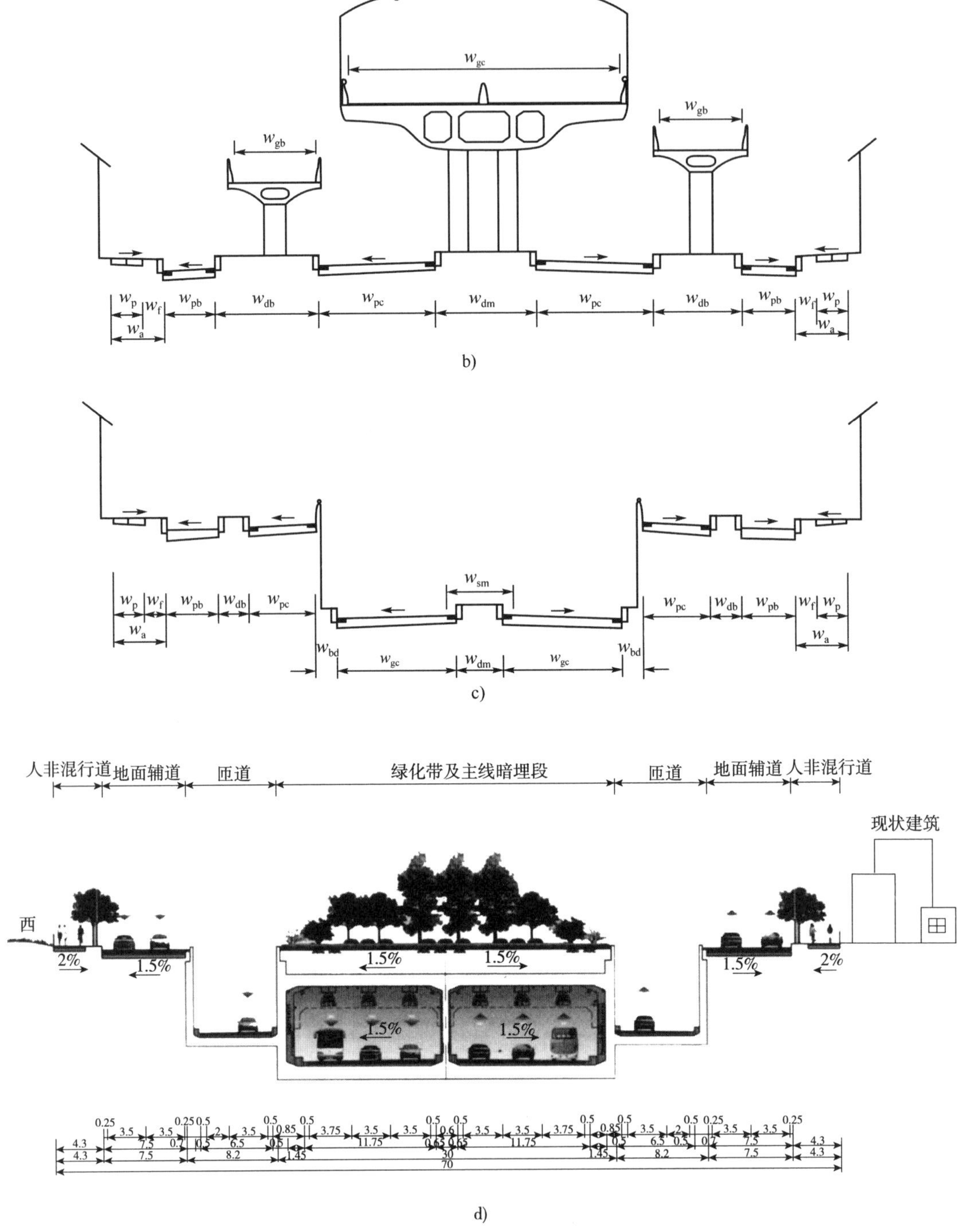

图 4-4 高架(路堑)整体式横断面

a)高架整体式-无匝道;b)高架整体式-有匝道;c)路堑整体式;d)隧道整体式

3.高架(路堑、隧道)分离式横断面

高架分离式横断面主要是指快速路主路上、下行交通流独立布置,包括双层式高架桥、分幅式高架桥、分幅式隧道等。双层式高架桥是将快速交通流上、下行在层次上分离，以减少高架道路的横向用地[图 4-5a)、b)]。一般适用特大城市或大城市地价昂贵的建筑密集区、用地拆迁受限制、红线宽度较窄、交通流量又大的快速路，这种高架建筑高度高，对街区景观影响大，快速交通流的集散问题比较难处理，因此应该慎用。

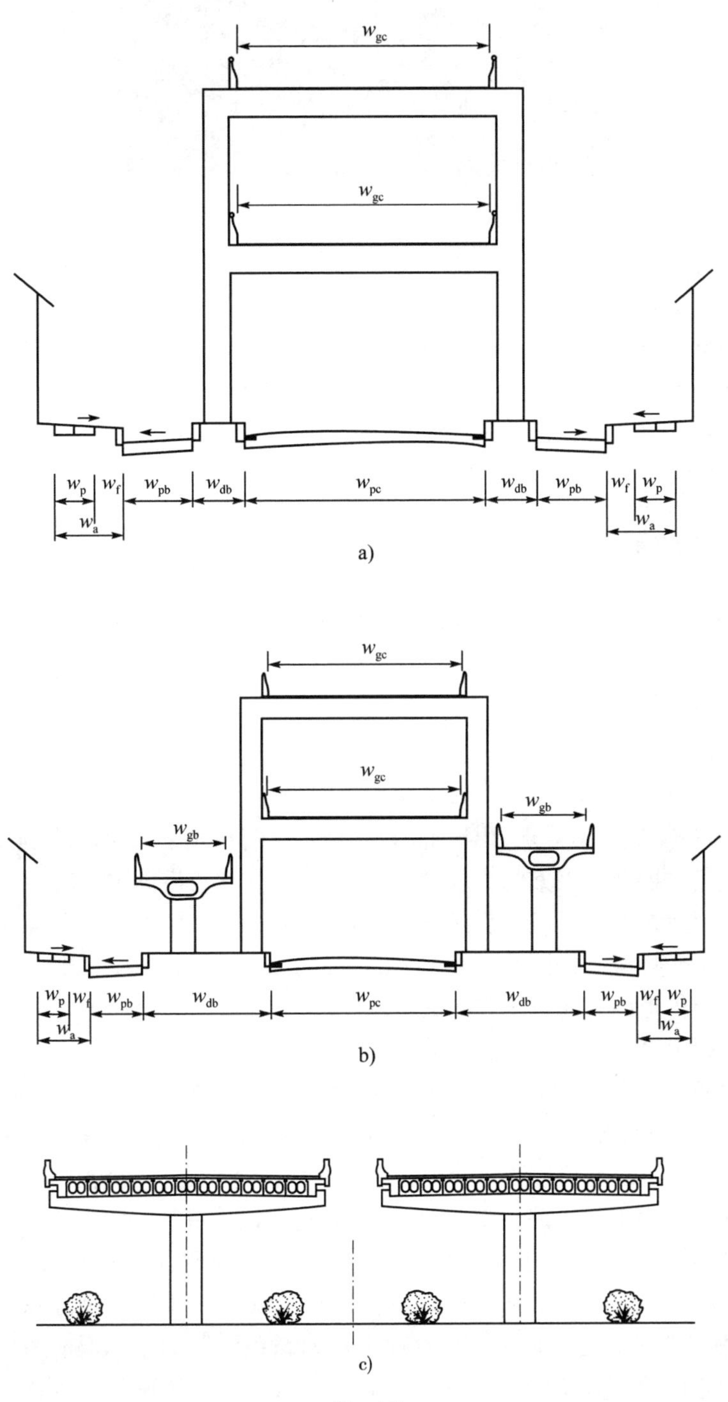

图 4-5

d)

图 4-5 高架分离式横断面

a)双层式高架(无匝道路段);b)双层式高架(有匝道路段);c)分幅式高架;d)分离式隧道

图 4-3~图 4-5 中各符号的含义如下:

注:W_{gc}——含路缘带的快速机动车道宽(m);

W_{pc}——含路缘带的机动车道或机动车、非机动车混行的车道宽(m);

W_{gb}——含路缘带的匝道机动车道宽(m);

W_{pb}——非机动车道路面宽(m),含路缘带宽度;

W_{dm}——中间分隔带宽度(m);

W_{sm}——中间分车带宽度(m),含路缘带宽度;

W_{db}——两侧分隔带宽度(m);

W_a——路侧带宽度(m),含人行道、设施带、绿化带宽度;

W_p——人行道宽度(m);

W_f——设施带宽度(m)。

分幅高架桥(图 4-5c)适用于高架桥过宽的情况,即将一座过宽的桥梁分解为两座相对较窄的桥梁,从而降低桥梁结构的难度,使得高架桥建设更为经济、合理。城市快速路是否采用高架形式,应按城市交通发展需求、用地范围及地形条件、互通立交设置、与地面道路连接方式以及与周围环境条件协调等因素的要求,经技术经济综合比较后确定。需要强调的是,城市发展到现阶段,应着重考虑环境评价及环保措施,因为高架路的噪声、废气污染问题已经日渐突出,对城市生活、工作环境已经开始产生很大的负面影响。另外,高架式道路断面布置时还应注意高架桥外侧与街道两旁建筑物之间的距离,应满足建筑防火及环保要求,匝道断面应注意匝道结构物与车行道之间满足侧向余宽的最低要求。

分离式隧道断面(图 4-5d)适用于山丘区路段且地下水位较低,主要布置在“穿山路段”。对于平原地区大城市大型建筑群密集并对城市景观要求高的地段,或重点文物保护区以及穿越江河、铁路站场等地段,也可以采用分离式隧道断面。特别是特大城市中心区道路建设用地趋于饱和的情况下,“地下快速路系统”的建设已经提上议事日程。

近年来,国内外一些特大城市由于土地开发强度过高,导致地面道路系统已经难以承担汽车交通负荷,都在着手研究、规划、建设“地下快速路系统”,即采用类似地铁网络的规划建设方式,区域性的实现“汽车交通地下化”。“地下快速路系统”与地上道路系统相互补充,从而扩大城市道路的总供给,满足城市发展的交通需求。隶属地下快速路系统的各条道路横断面,主要都是隧道式断面,“隧道-地面连接段”则会是典型的“路堑式断面”。为了隧道建设的可靠性和经济性,“地下快速路系统”地下道路宜采用分离式隧道断面。“地下快速路系统”由于其交通环境的特殊性,车辆交通规律以及与之相适应的道路几何设计技术标准还有待研究和制订,它也将成为城市道路几何设计需要研究的方向之一。作为《城市道路工程设计规范》(CJJ 037—2012)的补充,2015 年 3 月住房与建设部发布了《城市地下道路工程设计规范》(CJJ 221—2015)。

第三节 平 面 设 计

快速路属于城市道路当中级别最高的道路形式,机动车快车道形成一个相对独立和封闭的快速交通系统,平面几何设计主要是指快速路的“主路部分”,若“辅路”不与主路平行,则其平面设计按一般城市道路进行。快速路平面设计包括道路中线的线形设计和道路红线范围内的平面布置设计。

一、平面线形设计

与其他的道路一样,快速路平面线形也是由直线、圆曲线、缓和曲线三种几何线形组成,平面线形设计的原则、方法也完全相同。但是,由于快速路的特点,其直线、圆曲线、缓和曲线三种几何线形的控制标准与其他级别道路会有所不同,下面分别述之。

1.直线长度

快速路平面线形中最大直线长度为 20 倍设计车速,同向曲线间最小直线长度为 6 倍设计车速,反向曲线间最小直线长度为 2 倍设计车速,这些要求与高速公路平面线形要求一致。具体指标数值见表 4-5。

快速路直线长度(m) 表 4-5

设计车速(km/h)	100	80	60
最大直线长度	2 000	1 600	1 200
同向曲线间最小直线长度	600	480	360
反向曲线间最小直线长度	200	160	120

2.圆曲线半径

快速路圆曲线半径应采用大于或等于表 4-6 所列数值,最大半径不超过 10 000m。

圆曲线最小半径(m) 表 4-6

设计车速(km/h)	100	80	60
不设超高最小半径	1 600	1 000	600
设超高最小半径	400	250	150
设超高推荐半径	650	400	300
不设缓和曲线最小半径	3 000	2 000	1 000

3.缓和曲线

当快速路圆曲线半径小于表 4-6 所列不设缓和曲线最小半径时,应设置缓和曲线。缓和曲线采用回旋线。快速路缓和曲线长度应大于或等于表 4-7 数值以保证缓和曲线功能的发挥。

快速路缓和曲线最小长度(m) 表 4-7

设计车速(km/h)	100	80	60
缓和曲线最小长度	85	70	50

4.圆曲线超高与合成坡度

当快速路圆曲线半径小于表 4-6 所列不设超高最小半径时,应在圆曲线路段横断面上设置超高,最大超高横坡度及最大合成坡度如表 4-8 所示。

快速路圆曲线最大超高 表 4-8

设计车速(km/h)	100	80	60
最大超高(%)	6	5	4
最大合成坡度(%)	7	7	7

注:冰冻积雪地区最大超高宜为 3%。

5.平曲线长度

快速路平曲线或圆曲线长度应满足表 4-9 要求。

快速路平曲线或圆曲线长度(m) 表 4-9

设计车速(km/h)	100	80	60
平曲线最小长度	170	140	100
圆曲线最小长度	85	70	50

6.停车视距

快速路停车视距应满足表 4-10 要求。

快速路停车视距(m) 表 4-10

设计车速(km/h)	100	80	60
停车视距	160	110	75

由于快速路平面线形设计指标的高低,将对快速路“运行速度”起决定性作用,而“运行速度”高低及其“沿程速度差”又与交通安全密切关联。因此,在进行快速路平面线形设计时,还应考虑同一设计速度的快速路路段长度不宜小于 10km。另外,不同设计速度路段之间的技术指标应逐渐变化,确保快速路运行速度沿程速度差小于 20km/h。

采用“运行速度”连续性检验道路线形几何设计是否优劣的方法,已经成为高等级道路设计的发展趋势。城市快速路是城市道路的最高级别,也应当应用“运行速度理论”进行道路几何设计。有关“运行速度理论”的方法和应用可参考文献[34]、[35]。

二、平面布置设计

首先,快速路的平面线形应该符合规划线位;其次,需要结合水文、地质条件,在合理利用地形、地貌的基础上进行快速路平面布置。快速路平面布置设计应该综合考虑快速路与地物、景观、环境等因素相协调的问题,灵活运用各项技术指标。

快速路路段平面布置设计应该是在道路标准横断面设计时就有所考虑,然后结合沿线地形、地物情况,充分考虑快速路主路与辅路的连接关系以及非机动车、行人的交通路线,在红线控制的范围内，逐段布置与设计。设计中应特别注意的问题有：

（1）主路与辅路的衔接及其出入口处车道数的平衡。

（2）辅路与街区出入口道路的衔接。

（3）公交停靠站与人行道的衔接。

（4）中央分隔带、主辅路分隔带、机动车与非机动车分隔带及其断口设计。

（5）非机动车和行人过街的交通组织与设施设计。

第四节　纵断面设计

快速路纵断面设计总体上应符合城市竖向规划控制高程，与城市设计相协调，与环境景观相协调。当在某些地段出现矛盾时，应采取技术措施保证道路及附近区域地表水的正常排放。纵断面设计应综合考虑地上（下）建筑物、管线、水文、地质等条件，纵坡宜均匀、过渡缓顺，不宜突变。快速路的纵坡、坡长、竖曲线等技术指标要求分述如下。

一、纵坡

快速路的最大纵坡不应大于表 4-11 所列值。最小纵坡一般不小于 0.5%；干旱地区或特别困难地段可以不小于 0.3%。大、中桥梁及引桥最大纵坡不宜大于 4%，隧道纵坡不宜大于 3%，短于 500m 隧道可设 4%。

快速路最大纵坡　　表 4-11

设计车速（km/h）	100	80	60
一般最大纵坡（%）	3	4	5
极限最大纵坡（%）	4	5	6

注：1. 积雪、冰冻地区最大纵坡≤4%。

2. 3 000m 以上高原城市最大纵坡为表列数值减 1%。

二、坡长

快速路在纵断面设计时，除了控制最大纵坡以外，同时还要控制陡坡坡段最大坡长和道路坡段最小坡长。有关坡长的规定详见表 4-12。

快速路坡长（m）　　表 4-12

<table>
<tr><td colspan="2">设计车速（km/h）</td><td>100</td><td>80</td><td>60</td></tr>
<tr><td colspan="2">最小坡长</td><td>250</td><td>200</td><td>150</td></tr>
<tr><td rowspan="4">最大坡长</td><td>4%</td><td>700</td><td>—</td><td>—</td></tr>
<tr><td>5%</td><td>500</td><td>600</td><td>—</td></tr>
<tr><td>6%</td><td>—</td><td>400</td><td>400</td></tr>
<tr><td>7%</td><td>—</td><td>—</td><td>300</td></tr>
</table>

三、竖曲线

快速路纵断面上任何一个变坡点处都要求设置竖曲线,以保障行车的舒适性。竖曲线最小半径及最小长度应符合表4-13的规定。通常,工程设计中竖曲线半径应大于或等于一般最小半径。只有当条件困难时,竖曲线半径应大于或等于极限最小半径。值得注意的是,竖曲线半径和竖曲线长度需要同时满足表4-13的要求。

快速路竖曲线半径及长度(m) 表4-13

计算行车速度(km/h)		100	80	60
凸形竖曲线	一般最小半径	10 000	4500	2 000
	极限最小半径	6 500	3 000	1 400
凹形竖曲线	一般最小半径	4 500	3 000	1 500
	极限最小半径	3 000	2 000	1 000
竖曲线最小长度		85	70	50

第五节　出入口设计

快速路主路和辅路之间交通流的转换,是通过出入口来实现的。出入口在位置、间距及端部的几何设计上,应保证主线的直行交通流不受过大的干扰,主线车辆能稳定、安全、迅速地实现分、合流。

根据城市快速路的性质,其出入口分为两类,一类是与立交匝道相连接的出入口(A型),另一类是与平行辅路相连接的出入口(B型),如图4-6所示。对于B型的主、辅路出入口处,在主路上必须设置变速车道,辅路上也宜增设一条车道,从而保证快速路出入口的畅通。我国早期修建的快速路,B型出入口有些没有按照上述要求设计,或多或少都存在一些安全隐患,在条件允许时建议进行改造。

一、出入口位置

出入口一般情况下应设在主线车行道的右侧。出入口位置应明显且易于识别,因此,在设置快速路出入口时应注意如下几点:

(1)若位于主线的平、竖曲线路段,则出入口处及其附近的平曲线、竖曲线尽可能采用大的半径,以保证良好的行车视距。

(2)由于道路上的跨线桥等构造物可能会遮挡驾驶员的视线,因此,一般情况下将出口设置在道路跨线桥等构造物之前;当根据其他要求需要设置在跨线桥以后的地方时,离跨线桥的距离应大于150m。其目的是尽可能减少道路跨线桥等构造物对驶离车辆驾驶员视线的干扰,以利行车安全。

(3)入口宜设在主线的下坡路段,以便于重型车辆利用下坡加速,反之亦然。另外,为了保证合流安全,需要保证汇流车辆在汇入主线之前保持充分的视距,如图4-7所示。

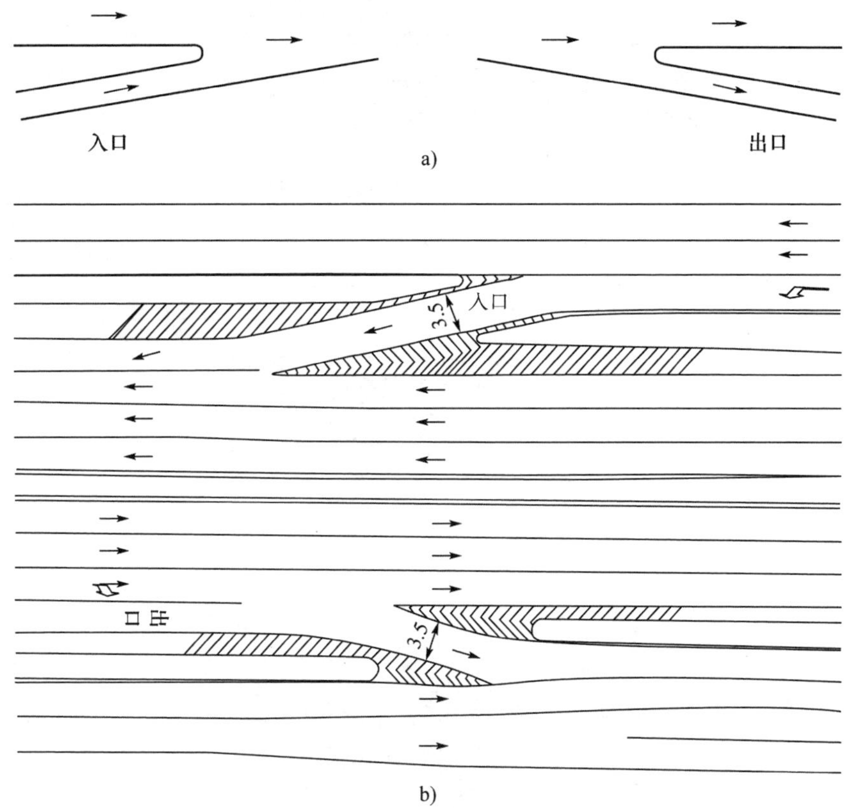

图 4-6 出入口类型

a) A 型出入口;b) B 型出入口

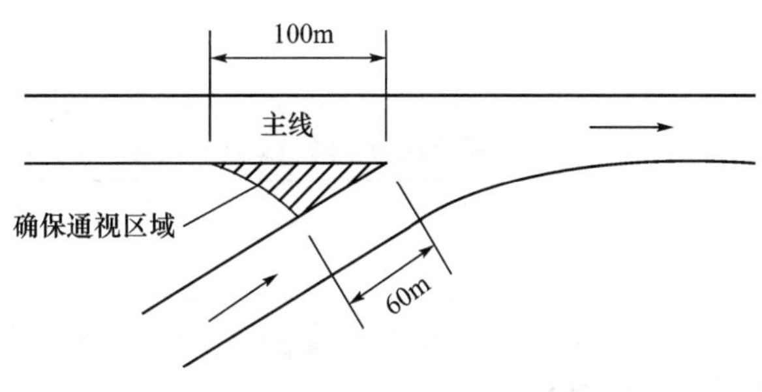

图 4-7 入口处的通视区域

(4)主线出口(主线分流处),宜给误行车辆提供返回主线的富余空间,即设置行车道偏置值,并用圆弧连接主线和匝道路面边缘,如图 4-8 所示。偏置值和楔形端部鼻端半径规定如表 4-14所示。

分流点处偏置值与端部半径(单位:m) 表 4-14

分流方式	主线偏置值 C_1	匝道偏置值 C_2	鼻端半径 r
驶离主线	≥3.0	0.6~1.0	0.6~1.0
主线相互分岔	1.80		0.6~1.0

楔型端端部后的过渡段长度 Z_1、Z_2,可根据表 4-15 的渐变率计算。

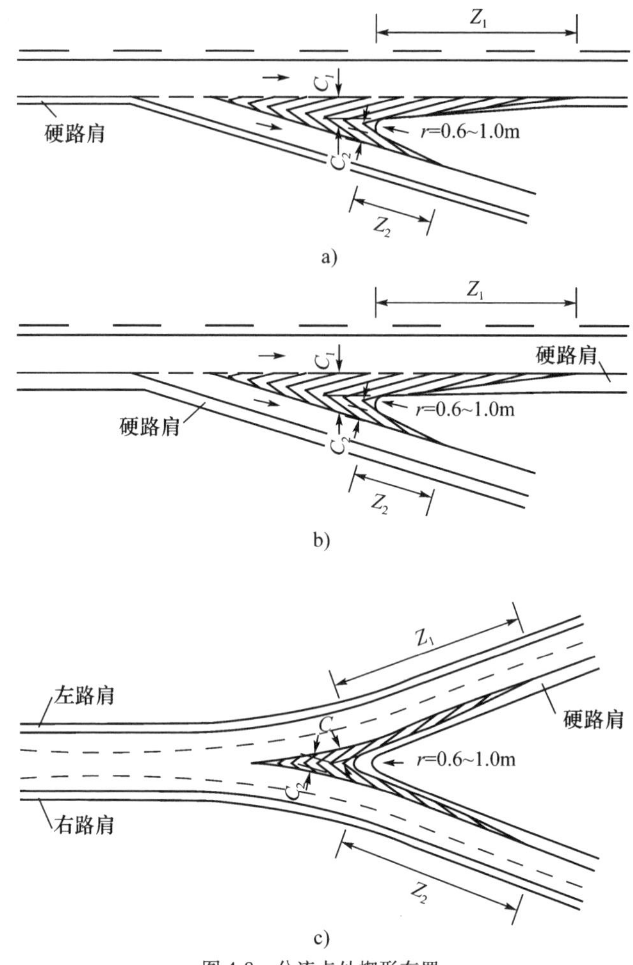

图 4-8 分流点处楔形布置

a)驶出匝道出口硬路肩较窄时;b)驶出匝道出口硬路肩较宽时;c)主线分流时

分流点处楔型端的渐变率 表 4-15

设计速度(km/h)	120	100	80	60	≤40
渐变率	1/12	1/11	1/10	1/8	1/7

当主线硬路肩宽度能满足停车宽度要求时,偏置宽度可采用硬路肩宽度。渐变段部分硬路肩应铺成与车行道路面相同的结构。

(5)B 型出入口应用缘石等与其他道路明显地区别开来,以便能明显确认其存在位置。同时,出入口形式也应明确,即出口和入口不要混淆,其几何设计应能防止辅路车辆通过出口进入主路,或主路的车通过入口进入辅路。主路、辅路之间出入口的几何设计,需要在主路出口后、入口前的辅路上设置独立的转换车道,其长度应满足车辆转换需要。

二、出入口间距

对于一条快速路而言,倘若出入口设置得过于频繁,肯定会影响到主线交通流的连续性和通畅性。因此,出入口间距的考虑,应能保证主线交通不过于受分合流交通的干扰,同时还应为分合流交通的加、减速及转换车道提供安全、可靠的道路几何条件。这样才能最大程度地发挥快速路的功能。

出入口间距指两出入口端部之间的距离。出入口间距组成类型有以下四类:出—出、出—入、入—入、入—出,见图 4-9。

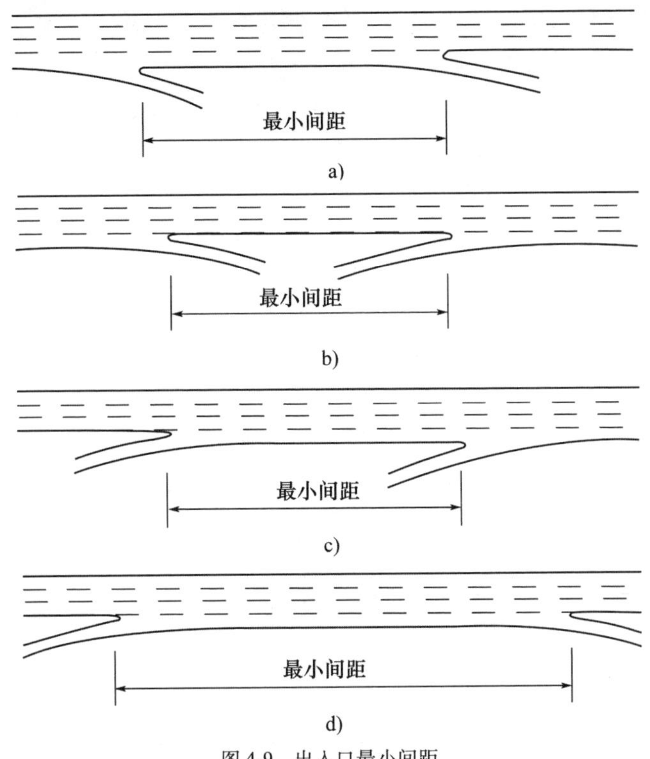

图 4-9 出入口最小间距

根据交通流流入、流出主路的交通特征,车辆通过出入口时,都存在一个加速、减速、交织运行的过程,这个过程表现出非常明显的交通紊流状态。整体上看,快速路主路交通流就是由一系列的稳态交通段和紊流交通段组成。那么出入口最小间距的的确定,理论上就应该保证相邻两个紊流交通段落不要重叠。实践表明,只有采用了较大出入口间距的快速路,其运行速度才有可能达到设计速度。

出入口间距由变速车道长度、交织距离(出入类型存在交织问题)及安全距离组成。《城市快速路设计规程》(CJJ 193—2012)规定,主线上出入口的最小间距应满足表 4-16 的要求。

出入口最小间距(m) 表 4-16

项目		匝道组合			
		出—出	出—入	入—入	入—出
主线设计车速(km/h)	100	760	260	760	1 270
	80	610	210	610	1 020
	60	460	160	460	760

三、辅助车道

在快速路出入口段落,车辆交通的分、合流频繁,交通紊流产生。辅助车道的设置其实就是减小紊流影响的道路及设计措施。通过设置适当长度的辅助车道,使得“保证基本车道数”

和“分合流点车道数平衡”两者不产生矛盾。所谓“保证基本车道数”是指道路在全长或较长路段内必须保持的车道数;“分合流点车道数平衡”则是指在分合流点处主路车道数与匝道车道数应该保证的基本关系,这一关系主要来源于共同的经验,参见图 4-10 和式(4-2)。道路相邻两段路的基本车道数每次增减不得多于一条,变化点宜距互通式立体交叉 0.5~1.0km,并设渐变率不大于 1/50 的过渡段。

$$N_C \geqslant N_F + N_E - 1 \tag{4-2}$$

式中:N_C——分流前或合流后的主线车道数;

N_F——分流后或合流前的主线车道数;

N_E——匝道车道数。

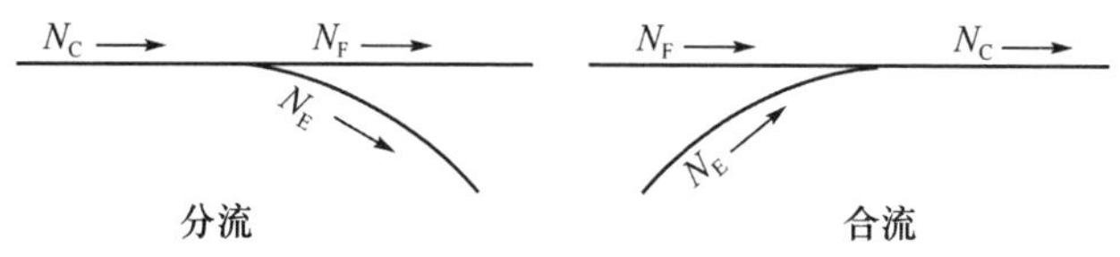

图 4-10　车道数平衡

在分、合流点处,既要保持车道数平衡,又要保证基本车道数,可通过在分流点前与合流点后的正线上增设辅助车道的办法来解决,如图 4-11 所示。

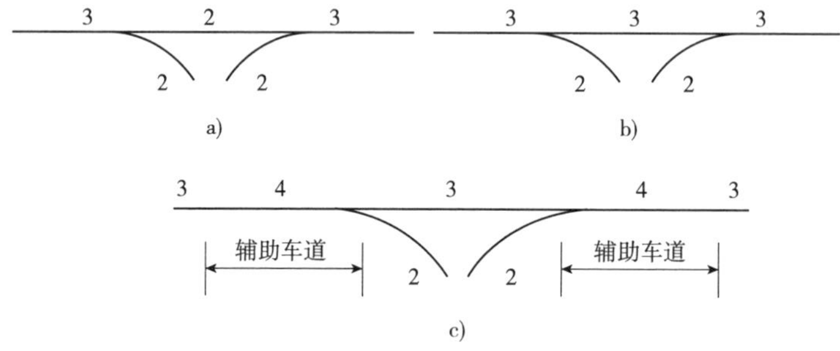

图 4-11　分、合流处车道数的平衡

a)车道数平衡但基本车道数不连续;b)基本车道数连续但车道数不平衡;c)车道数平衡且基本车道数连续

辅助车道的长度在主路分流端宜大于 1 000m,最小为 600m;在主路合流端应大于 600m。

第六节　高架快速路设计

高架快速路是指高架桥连续跨越两条以上横向道路,并由沟通高架桥与地面交通的上、下匝道所组成的道路系统。高架快速路适用于用地受限制的市区,可充分利用城市昂贵的土地资源,尤其适用于地下水位高,地下设有大量公用管线设施以及横向道路密集,交通较为繁忙的地段。

按照道路用地范围和交通运行特征,高架快速路的形式主要有单层整体式高架道路(图 4-4)和分离式高架道路(图 4-5)两类布置形式。分离式高架可以采取双向分幅形式,也可以是双层高架形式,应根据道路的用地范围和交通运行特征论证选用。设计速度规定为高架快速路主线 60~100km/h,匝道 40km/h,特殊困难地段匝道可采用 30km/h。

高架快速路一般建在城市中心，其下还有地面辅路或者与之平行的地面干线道路。为避免地震灾害发生时高架路倒塌，妨碍地面道路疏通和救灾，高架桥梁结构应按国家规定工程所在地区的设防烈度，进行抗震设防。

一、横断面设计

1.设计原则

(1)高架快速路横断面设计应在城市规划的红线宽度范围内进行。横断面布置应按高架道路的形式、计算行车速度、匝道布置、高架桥墩布置、设计年限的机动车道与地面道路非机动车道交通量和人流量、交通特性、交通组织、交通设施、地上杆线、地下管线、绿化、地形等因素综合分析、统一安排，以保障车辆和人行交通的安全、通畅，高架路与地上、地下建筑(设施)协调。

(2)交叉口范围有上、下匝道布置的路段，有条件时，应在匝道外侧设地面车辆右转车道，以避免分流车辆交织引起交叉口交通堵塞和安全事故。

2.横断面布置

高架快速路的横断面形式有单层整体高架无匝道(图4-4a)和单层整体高架有匝道(图4-4b)路段，双层式高架无匝道(图4-5a)和双层式高架有匝道(图4-5b)路段，双向分幅式高架(图4-5c)等类型。它们对快速路规划红线、地形地物的适应性是不相同的，因此仍然需要本着因地制宜的原则进行高架路的横断面布置与设计。

高架快速路宜单向两车道以上，一条小型汽车专用车道3.5m宽，其余车道3.75m宽。一车道匝道宽度除保证一条宽3.5m的机动车道外，还应设置2.5m宽的紧急停车带；二车道匝道的机动车道宽均为3.5m，不设紧急停车带。由于高架快速路一般在建成后难以再拓宽，因此应充分论证横断面的宽度。如若是交通功能规划或者投资因素限制，需要分期修建的，不宜在横断面上分期建设，而应在纵向路段考虑分段落、分期建设。

高架快速路中央分隔带可采用0.5m宽的中央防撞墩，以减少桥梁构造，降低工程造价。

高架快速路主线左、右侧路缘带宽度采用0.5m，匝道左、右侧路缘带宽度采用0.25m。高架道路和匝道两侧应设置路侧防撞栏，其承载能力还应考虑其上可能设置的照明、交通标志、声屏障等设施的需要。

高架快速路主线和匝道的横坡宜采用直线坡度。路拱设计坡度采用2%，严寒积雪地区路拱设计坡度可采用1.5%。

地面部分道路的横断面设计应符合《城市道路工程设计规范》(CJJ 37—2012)的有关规定，参考第三章内容。

二、平面及纵断面设计

高架路的平面设计(包括平面线形设计)和纵断面设计原则上同一般地面式快速路。

平面位置应按城市总体规划道路网布设，其线形应与地形、地质、水文等相结合。平面设计时在布置桥墩、桥台时需要较多考虑墩(台)位置、尺寸对地面交通及地面设施的影响，以免造成不必要的建设冲突，同时还要考虑桥梁结构受力安全以及桥梁建筑景观问题。

高架快速路与相邻建筑物的最小间距是平面设计时需要特别关注的问题，它包括以下几方面的要求:维修高架桥或建筑物所需空间;防止冬季撒盐、平时洒水损害所需要的空间;预防火灾及消防救援所需空间;曲线段视距要求空间以及环境保护所需要的空间等。

高架快速路纵断面设计,在保证桥下通车净空的基础上应设计成视觉连续、平顺圆滑的线形,不得在短距离内频繁起伏。纵断面设计关键在于桥梁高程和纵坡及坡长问题:桥梁高程既涉及工程造价又涉及高架路与城市景观的协调;纵坡及坡长涉及桥上排水、行车平顺性以及上、下桥接线(匝道)的工程量问题。

因此,高架快速路的平面及纵断面设计除了要考虑道路本身的交通功能以外,还应综合考虑多方面因素,灵活运用规范指标和设计手法,才能设计好这样一种特殊的桥式"路"——高架快速路。

三、匝道设计

1.原则与规定

(1)匝道布置应最大限度地满足高架快速路在道路网中担负的交通要求,提高高架快速路的利用率,使行驶高架快速路的交通通行时间最短,充分发挥每一条匝道的功能,达到高架快速路和地面道路系统相协调,切实疏解市内交通、集散对外交通、分流过境交通的目的。

(2)匝道的设置位置应符合交通现状和规划路网中的主要流向。

(3)匝道间距应合理,一方面要确保快速道路的畅通,减少因匝道出、入引起的交织、合流、分流区段的影响范围;另一方面应注意匝道间距不宜过大,致使匝道与地面道路衔接处的流量过于集中而阻塞交通。

(4)注意用地与建筑拆迁条件,因地制宜,近、远期结合,预留好续建匝道接口或条件。

(5)匝道布置应尽量避免在主要横向道路交叉口前衔接,注意邻近地区路网的交通组织作用,因地制宜设立辅助车道,疏解交通。

(6)在保证主线设计标准前提下,匝道布置形式(对称、错位、定向等)应因地制宜尽量减少拆迁,充分利用现有路幅宽度提高环境设施带宽度。

(7)根据实际情况及实施的可能性来选择匝道位置。

2.匝道形式

高架快速路匝道的布置形式一般有五种,见图4-12。

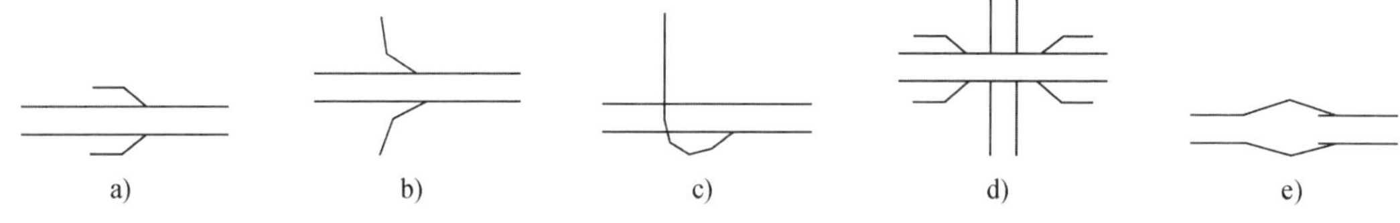

图4-12 高架快速路匝道布置形式

如图4-12a)所示,匝道与高架桥平行布置,上、下匝道的交通可通过地面道路交叉口来集散。其优点是能较好地沟通高架桥与地面道路间的联系,工程投资较省;缺点是会增加地面道路交叉口的交通压力。在地面道路交叉口交通量未饱和的情况下,采用该类匝道布置方式较为合理,否则将会造成地面交通阻塞。

如图4-12b)、c)所示,上、下匝道直接布置在横向道路上,这种布置形式需要有较完善的道路网。其优点是利用附近路网来集散上、下匝道的交通,以减少主要道路地面交叉口的交通压力;缺点是除右转(或左转)交通较便捷外,其余直行和左转(或右转)的交通需增加绕行距离。当地面道路交叉口交通量较大时,且附近路网较完善的情况下,采用该类匝道布置方式较合理。

如图4-12d)所示,上、下匝道对称跨越横向道路交叉口的布置形式,不仅可满足高架桥与地面道路间的交通联系,并且地面交叉口的直行交通亦可利用匝道跨越交叉口。优点是能减轻地面交叉口的交通压力,较适合地面交叉口交通量较大的情况;缺点是高架主线桥,两侧有匝道桥,在交叉口范围内桥面相当宽,在地面范围设墩等占地大,景观也不理想。

如图4-12e)所示,上、下匝道布置在上、下行高架道路的中间。其优点是用地少,适用在高楼林立,用地紧张的路段;缺点是车辆需采用左进左出的交通运行方式,从交通运行角度看不够理想,且高架桥结构布置较复杂。因此,除特殊困难的情况外,该类匝道布置方式不宜采用。

3.匝道最小间距

高架快速路驶入、驶出匝道的连接区段是典型的交通紊流区段,是高架快速路通行能力可能不足的控制路段。一般说来,发生交通拥堵时,高架快速路会比地面快速路引发交通安全事故的概率要大,并且事故的危害也要大。因此,对于高架快速路匝道出入口间距的控制应当比地面快速路要更加严格一些。

当交通量达到饱和或超饱和时,将出现驶入匝道上的车辆因无法在主线车流中找到可穿插(合流)空挡而排队阻塞,在驶出匝道上的车辆因地面道路的原因导致匝道交通受阻而影响主线车流驶出。因此,在交通拥挤及阻塞情况下,合流、分流或交织区段可能会形成车辆排队现象,这种排队待行的影响很大,短则近百米,长则几公里。理论上,合理的匝道出入口最小间距应该能够保证高架快速路的设计通行能力,可以根据当地积累的经验结合全线交通仿真的方法合理确定。

高架快速路与一般地面快速路一样,由基本路段、交织区和匝道连接点三种不同类型的路段组成。基本路段是指不受驶入、驶出匝道的合流、分流及交织流影响的路段。交织区是指一条或多条车流沿着高架道路一定长度,穿过彼此车行路线的路段,交织路段一般由合流区和紧接着的分流区组成。匝道连接点是指驶入及驶出匝道与高架道路的连接点,由于汇集了合流或分流车辆,因而形成的连接点是一个交通紊流区。

在稳定车流状态下,驶入、驶出匝道各种不同组合情况下,保证匝道间互不干扰的最小间距应符合相关设计规范的要求,参见表4-16,同时采用成熟的交通仿真技术予以验证。

为了使高架道路具有较好的服务水平,应尽可能提高高架道路基本路段的比例。匝道间距应尽可能大于表4-16中数值。

4.上、下匝道坡脚距交叉口停车线的距离

高架路平行式匝道的起坡点(上匝道)与终坡点(下匝道)在地面道路的位置对交叉口的交通影响较大。图4-12a)、d)、e)匝道进出高架道路的车流均需通过地面道路交叉口来集散。因此,匝道坡脚至交叉口停车线应在同一交叉口交通信号系统管理之下。如若匝道坡脚距交叉口停车线的距离设计不当,则可能会因地面信号交叉口导致的待行车辆排队蔓延至匝道上,甚至影响到高架桥上。

上、下匝道坡脚距交叉口停车线的最小距离见表4-17。

匝道坡脚距交叉口停车线的最小距离 表 4-17

匝道	下匝道	上匝道
一般最小距离(m)	140	100
极限最小距离(m)	100	50

城市快速路的建设,在我国大城市里可谓方兴未艾。就快速路工程设计所涉及的内容,应该说介于一般城市道路和高速公路之间,更接近于高速公路系统,或者说“城市快速路系统”是一个“缩小版的高速公路系统”,其几何设计理论和方法与高速公路相比较,并没有多少更新的东西。与高速公路系统不同主要体现在两点:一是城市快速路系统一般不收费,这样在设计时可以减少收费系统的几何设计;二是城市快速路主路匝道出入口的设置要频繁许多,而要保证快速路通行能力的一致性和均匀性,道路几何设计会更加复杂一些;三是城市快速路为“高架路”或者“隧道”断面形式时,其几何设计需要考虑一些特殊要求。一个城市要规划、设计好城市快速路系统、充分发挥其快速交通功能,需要设计人员在城市交通分析上多下工夫,首先使快速路网络功能完整、通行能力需求明确、与城市其他道路网的衔接合理,然后才是每条快速路的几何设计问题。在每一条(或每一段)快速路几何设计过程中,需要特别处理好道路与城市规划与城市设计的关系。也只有这样,具体设计时才能做到有据可依、有的放矢。

第五章

道路平面交叉

平面交叉口是城市道路网节点形式最多的一种，包括无信号控制平面交叉口、有信号控制平面交叉口、环行平面交叉口和高架路下的平面交叉口等几种类型，它们对道路网的交通状况影响很大。因此，平面交叉口是城市道路设计的重点内容之一。

平面交叉口几何设计是在交叉口规划用地的基础上进行的。为了保证平面交叉口设计能够合理、顺利地开展，《城市道路交叉口规划规范》(GB 50647—2011)规定，平面交叉口规划范围应包括构成该平面交叉口各条道路的相交部分和进口道、出口道及其向外延伸 10~20m 的路段所围成的空间，见图 5-1。该规划范围也就是平面交叉口设计用地空间。

为了便于工程设计，《城市道路交叉口规划规范》(GB 50647—2011)和《城市道路交叉口设计规程》(CJJ 152—2010)均有规定，即平面交叉口应按交通组织方式分类，并应符合下列要求：

A 类：信号控制平面交叉口

平 A1 类：交通信号控制，进口道展宽交叉口

平 A2 类：交通信号控制，进口道不展宽交叉口

B 类：无信号控制平面交叉口

平 B1 类：干路中心隔离封闭、支路只准右转通行的交叉口(简称右转交叉口)

平 B2 类：减速让行或停车让行标志管制交叉口(简称让行交叉口)

平 B3 类：全无管制交叉口

C 类:环形平面交叉口

平 C 类:环形交叉口

平面交叉口的选用类型,应符合表 5-1 的规定。

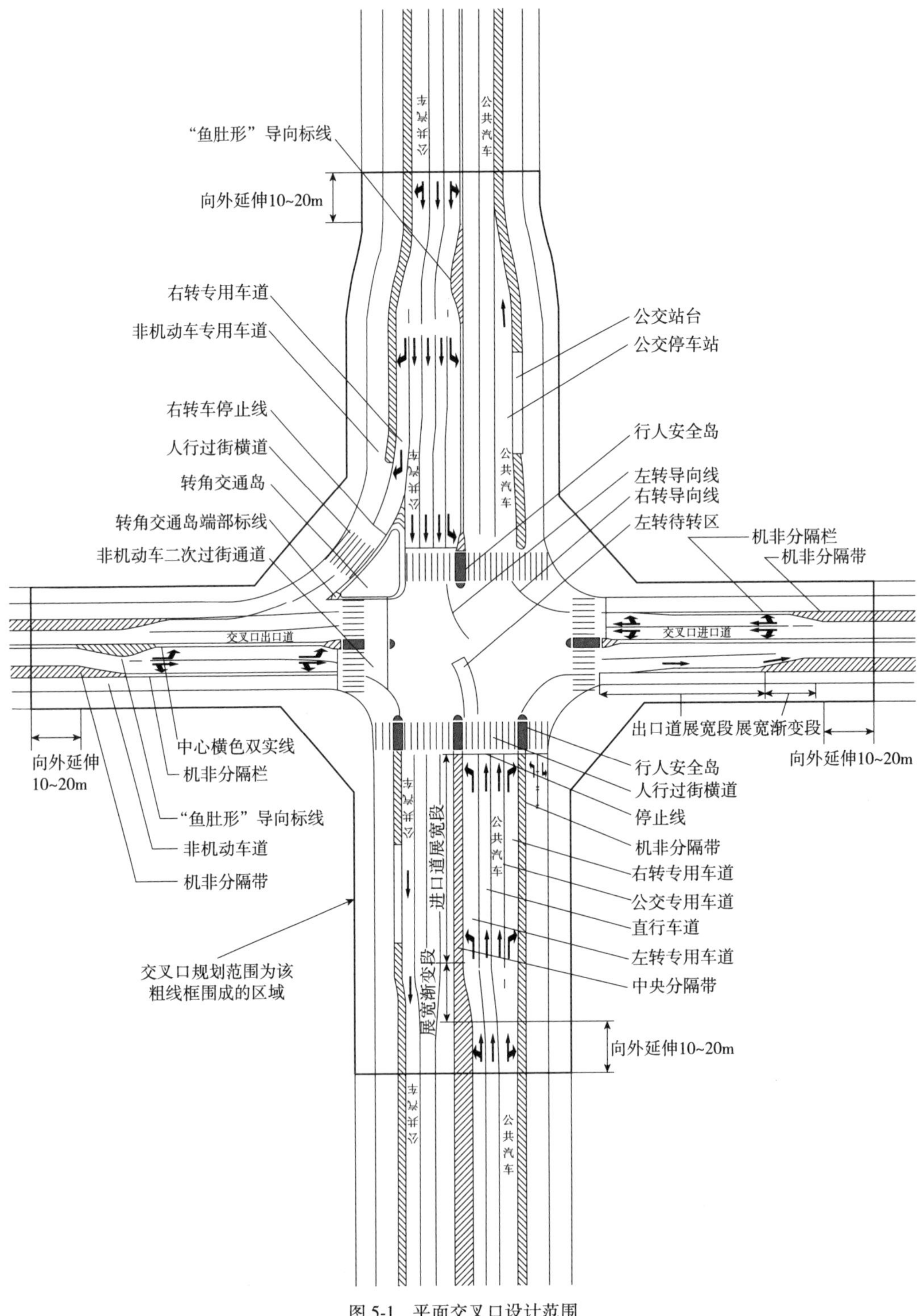

图 5-1　平面交叉口设计范围

平面交叉口选型　　表 5-1

平面交叉口类型	选　型	
	推荐形式	可用形式
主干路—主干路	平 A1 类	—
主干路—次干路	平 A1 类	—
主干路—支路	平 B1 类	平 A1 类
次干路—次干路	平 A1 类	—
次干路—支路	平 B2 类	平 A1 类或平 B1 类
支路—支路	平 B2 类或平 B3 类	平 C 类或平 A2 类

注:1.人口在 50 万人以上的大城市,主干路与主干路相交,经交通预测分析,需要设置立体交叉时,参见第六章。

2.人口在 50 万人以上的大城市,次干路与次干路相交,因景观需要,采用环形交叉口,应充分论证。

无信号管制的全无管制交叉口通常适用于路口高峰小时流量在 500pcu/h 以内的道路交叉;有信号管制的平面交叉通常适用于高峰小时流量在 800~3 000pcu/h 的干路交叉或干路、支路交叉口;实施分流渠化并配以信号管制的干路交叉口,其高峰小时流量可达 3 000~6 000 pcu/h,甚至更高;环形平面交叉适用多路交叉,且高峰小时流量在 2 700pcu/h 以内的交叉口。高架路下的平面交叉口由于高架桥的存在,具有一定的特殊性,其通行能力视路口车道的布置情况和交通管制情况而定。

城市道路交叉口交通负荷量达到饱和状态时的设计年限应与相交道路的设计年限相适应,当相交道路等级不一致时宜按等级高的道路设计年限取值。

第一节　无信号控制的平面交叉口

一、平面交叉几何类型及设计原则

(1)根据几何形状,平面交叉口类型有十字形、X 形、T 形、错位交叉、Y 形、多路交叉及畸形交叉等(图 5-2)。交叉口的选型应根据相交道路等级、性质、设计小时交通量、交通性质及组成和交通组织措施以及平面交叉口的规划用地空间等确定。

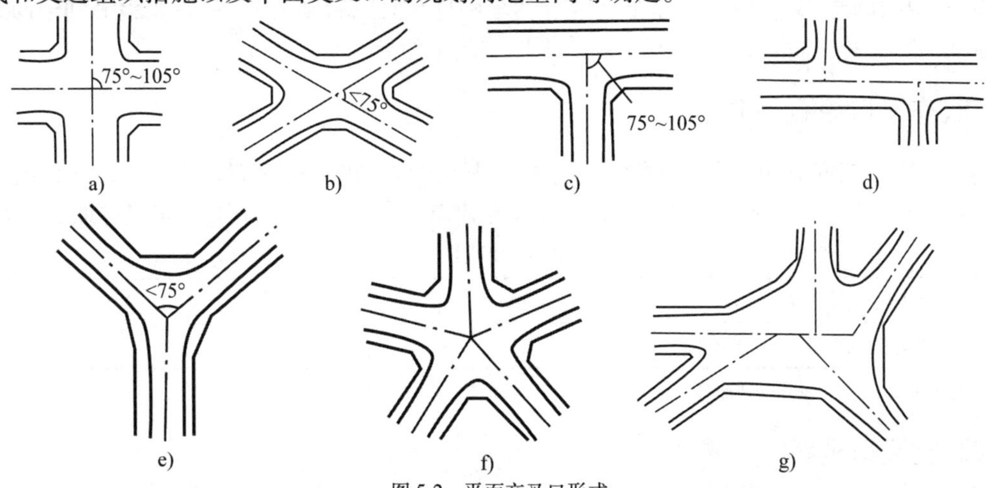

图 5-2　平面交叉口形式

a)十字形交叉口;b)X 形交叉口;c)T 形交叉口;d)错位交叉口;e)Y 形交叉口;f)多路交叉口;g)畸形交叉口

(2)新建平面交叉口不得出现超过4岔的多路交叉口、错位交叉口、畸形交叉口以及交角小于70°(特殊困难时为45°)的斜交交叉口。已有的错位交叉口、多路交叉口、畸形交叉口等应加强交通组织与管理,并尽可能加以改造成为简洁的十字交叉口或T形交叉口。

(3)平面交叉口间距应根据城市规模、路网规划、道路类型及其在城市中的区域位置而定;城市干线道路交叉口间距通常为800~1 500m,且间距宜大致相等;各类交叉口最小间距应能满足转向车辆变换车道所需最短长度、红灯期间待行车辆最大排队长度,以及交叉口进、出口车道总长度的基本要求,且不宜小于150m。

(4)交叉口附近设置公交停靠站应根据公交线路走向、道路类型、交叉口交通状况,结合站点类别、规模、用地条件合理确定,保证乘客安全,方便候乘、换乘、过街,有利于公交车安全停靠、顺利驶出,且不影响交叉口的通行能力。

(5)当交叉口范围内有轨道交通线路时,应做好轨道交通与地面道路公共交通的换乘设计。

(6)地块及建筑物机动车出入口不得设在交叉口范围内,且不宜设置在主干路上,宜经支路或专为集散车辆用的地块内部道路与次干路相通,且宜采取“右进右出”的交通组织方式。

(7)桥梁、隧道两端接线附近不宜设置平面交叉。

二、交叉口道路平面线形与纵断面

(1)平面交叉路线宜采用直线并尽量正交,当必须斜交时,交叉角不宜小于45°。平面线形当需要采用曲线时,其曲线半径不宜小于不设超高的最小圆曲线半径。

(2)路段上平曲线的起、终点宜设在交叉口范围以外。

(3)两条道路相交,主要道路的纵断面宜保持不变,次要道路的纵坡度应作相应的调整,以适应主要道路。

(4)交叉口进口道的纵坡度,宜小于或等于2.5%,困难情况下应小于或等于3%,以避免交叉口处转弯车辆存在“急弯陡坡”行车线形。山区城市道路等特殊情况,在保证行车安全的条件下,道路纵坡可适当增加。

(5)桥梁(隧道)引道处应尽量避免设置平面交叉。

需要说明的是,交叉口各道路平面线形与纵断面设计的合适与否,会直接影响到平面交叉口竖向设计(也称立面设计),尤其是道路纵坡坡向的组合。

三、交叉口缘石平曲线

平面交叉口转角处缘石宜为圆曲线或复曲线,其转弯半径应满足机动车和非机动车的行驶要求,可按表5-2选定。当平面交叉口为非机动车专用路交叉口时,路缘石转弯半径可取5~10m。

路缘石转弯半径 表5-2

右转弯设计速度(km/h)	30	25	20	15
无非机动车道路缘石推荐半径(m)	25	20	15	10

注:有非机动车道时,推荐转弯半径可减去非机动车道及机非分隔带的宽度。

四、交叉口视距

平面交叉口视距要求是通过视距三角形来实现的。视距三角形范围内(图5-3),不得有任何高出路面1.2m的妨碍驾驶人视线的障碍物。十字形交叉口视距三角形见图5-3a),X形交叉口见图5-3b)。交叉口视距三角形要求的停车视距应符合表5-3的规定。

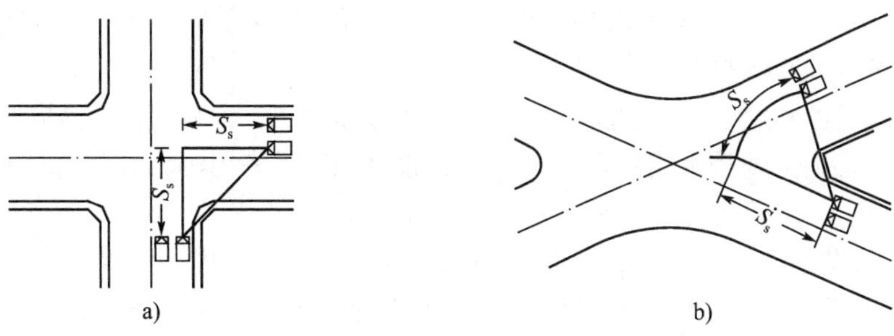

图5-3 交叉口视距三角形

a)十字形交叉口;b)X形交叉口

交叉口视距三角形要求的停车视距 表5-3

交叉口直行车设计速度(km/h)	60	50	45	40	35	30	25	20	15	10
安全停车视距 S_s(m)	75	60	50	40	35	30	25	20	15	10

五、交叉口的设计与布置

交叉口的设计与布置应充分考虑交通问题,尤其是人、车、路三者的关系,一般情况下,应符合下列要求:

(1)交叉口进口道应采用交通标志和标线,指明各类车道,以利车辆安全候驶与行驶。

(2)交叉口进口车道宽度,一般可采用3.25m,困难情况可用3m。一条进口车道的最小宽度可取2.80m。转角导流交通岛右侧右转专用车道应按设计速度及转弯半径大小设置车道加宽。

(3)人行横道应尽量沿人行道延伸方向设置,减少行人绕行距离。

(4)停止线在人行横道线后至少1m处,并应与相交道路中心线平行。停止线位置应靠近交叉口,使交叉口的公共区域不致过大。

(5)人行横道与缘石交接处应按《城市道路和建筑物无障碍设计规范》(JGJ 50—2001)要求,设置缘石开口坡道,为残疾人提供行动方便(图3-33~图3-36)。

(6)交叉口的照明应符合国家现行行业标准《城市道路照明设计标准》(CJJ 45—2015)的有关规定。

(7)交叉口附近设公交车站时,公交车站离交叉口缘石切点的距离不应小于50m,以减少对进出交叉口车辆交通的影响。公交停靠站应设置在交叉口的出口道。改建交叉口在出口道布设公交停靠站确有困难时,可将直行或右转公交线路的停靠站设在进口道。

六、交叉口竖向(立面)设计

1.竖向(立面)设计要求

平面交叉口竖向设计(也称立面设计)基本要求是:转弯车辆行车稳定,交叉口区域排水顺畅,工程数量小。竖向(立面)设计的实质就是交叉口公共面的高程设计,需要协调好排水顺畅和转弯车辆行车稳定性之间的矛盾,同时尽可能减小工程数量。因此,宜满足如下要求:

(1)平面交叉相交道路公共面的立面形式及其引道横坡,应根据两相交道路的功能、等级、平纵线形、周边地形等因素而定。采用"主路优先"交通管理方式的交叉口,应使主要道路的纵、横断面贯穿交叉口,而调整次要道路的纵、横断面以适应主要道路;当调整纵断面有困难时,可同时调整两条道路的横断面。

(2)同等级道路相交叉时,两相交叉道路纵坡可保持不变,而调整它们的横坡。

(3)交叉范围内路面排水流畅是竖向(立面)设计的主要考虑因素,因此,相交道路纵断面设计时,至少保证一条道路的纵坡流水方向指向交叉口以外。

交叉口立面设计形式主要取决于相交道路的等级、交通量、横断面形状、纵坡的大小和方向以及周围地形等。以十字形交叉口为例,按其所处地形及相交道路纵坡方向,可划分为六类设计等高线的基本形式,并分别按相交道路的等级情况绘制,如图5-4所示。

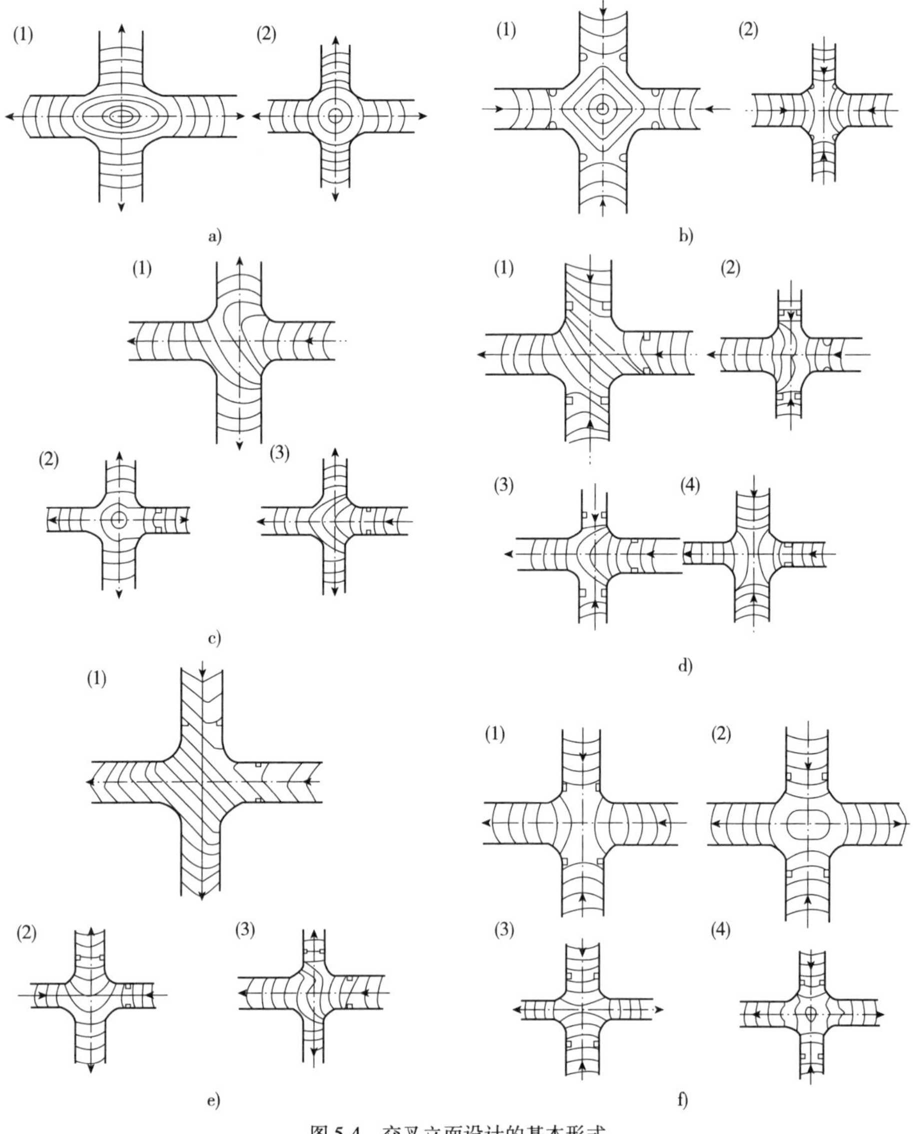

图5-4 交叉立面设计的基本形式

a)在凸形地形处交叉口的竖向设计;b)在凹形地形处交叉口的竖向设计;c)在分水线地形上的交叉口竖向设计;d)在谷地地形上的交叉口竖向设计;e)在斜坡地形上的交叉口竖向设计;f)在马鞍形地形上的交叉口竖向设计

2.立面设计方法

交叉口竖向(立面)设计主要是在遵从道路线形设计的基础上,结合交叉口周边环境条件合理确定交叉口公共面高程,使得交通平稳、排水顺畅、工程量最小。设计方法通常有方格网法、设计等高线法以及方格网设计等高线法三种。

方格网法是在交叉口范围内以相交道路中心线(路脊线)为坐标基线打方格网,方格网主要方向一般平行于道路中线,方格可以是正方形、长方形,也可以是菱形(斜交道路)。然后设计、计算网格结点的高程,其与原地面高程之差即为施工高度。这种方法的优点是便于施工放样,但设计成果不能直观地反映交叉口设计后的立面状况。

设计等高线法是在交叉口范围内选定路脊线和高程计算线网,根据交叉口范围内的已知高程勾绘交叉口的设计等高线,最后确定施工特征点的设计高程。这种方法的优点在于能清晰地反映出交叉口的立面设计形状,但等高线上的高程点在施工放样时不如方格网法方便。

方格网设计等高线法就是把以上两种方法结合起来,既可以直观地反映出交叉口的立面设计状况,又能方便施工放样,是目前平面交叉口竖向设计的常用方法。它同时适用于停车场、广场等大型区域公共面的规划、设计。

对于小型交叉口,多采用方格网法或设计等高线法,其中混凝土路面宜采用方格网法,方格大小可直接采用路面板块大小,而沥青路面宜采用设计等高线法;对于大型和复杂的交叉口、广场及场地平整的立面设计,通常都采用方格网设计等高线法。下面以方格网设计等高线法为例来介绍交叉口立面设计的方法和步骤。

(1)收集资料

①测量资料:交叉口的控制高程和控制坐标;收集或实测 1∶500~1∶200 的大比例地形图,详细标注附近地坪及建筑物高程。

②道路资料:相交道路的等级、宽度、半径、纵坡、横坡等平纵横设计或规划资料。

③交通资料:交通量及交通组成。

④排水资料:排水方式及地下、地上排水管渠的位置和尺寸。

(2)绘制交叉口平面图

按比例绘出道路中心线、车行道、人行道及分隔带的宽度,转角缘石曲线和交通岛等。以相交道路中心线为坐标基线打方格网,方格的大小一般采用 $5\times5 \sim 10\times10\text{m}^2$,水泥混凝土路面的方格网应结合交叉口路面分块设置,并量测方格点的地面高程。

(3)确定交叉口的设计范围

交叉口的设计范围一般为转角缘石曲线的切点以外 5~10m(相当于一个方格的距离),主要用于交叉口与路段的高程或横坡的过渡处理。

(4)确定立面设计形式和等高距

根据相交道路的等级、纵坡方向、地形情况以及排水要求等,参照图 5-4 确定需采用的立面设计形式。根据纵坡度的大小和精度要求选定等高距 h,一般 $h = 0.05 \sim 0.20\text{m}$,纵坡较大时取大值,纵坡较小时取小值。

(5)勾绘设计等高线

①路段设计等高线的计算和勾绘

当道路的纵坡、横断面形式及路拱横坡确定以后,可按照所需要的等高距 h,计算路段设计等高线的水平距离。

如图5-5所示,图中 i_1 和 i_3 分别为车行道中心线和边线的设计纵坡(%),通常情况下,$i_1 = i_3$;i_2 为车行道路拱横坡度(%);B 为车行道宽度(m);h_1 为车行道的路拱高度(m)。

中心线上相邻等高线的水平距离 l_1 为

$$l_1 = \frac{h}{i_1} \qquad (\text{m}) \tag{5-1}$$

设置路拱以后,等高线在车行道边线上的位置沿纵向上坡方向偏移的水平距离 l_2 为

$$l_2 = \frac{h_1}{i_3} = \frac{B}{2} \cdot \frac{i_2}{i_3} \qquad (\text{m}) \tag{5-2}$$

计算出 l_1 和 l_2 位置后,由 l_1 定出中心线上其余等高线的位置,再由 l_2 定出沿边线上相应等高线的位置,最后连接相应等高点,即得到路段设计等高线图。当路拱为抛物线时,等高线应勾绘为曲线,直线型路拱则勾绘为折线等高线。

②交叉口设计等高线的计算和勾绘

a.选定路脊线和控制高程

选定路脊线时,既要考虑行车平顺,又要考虑整个交叉口的均衡美观。路脊线通常是车行道的中心线,也即是路拱中心线。对于斜交过大的T形(或Y形)交叉口,其道路中心线不宜作为路脊线,应加以调整。如图5-6,AB'所示,调整路脊线的起点 A 一般为转角曲线切点断面处,而 B' 的位置原则上应选在双向车流的中间位置。

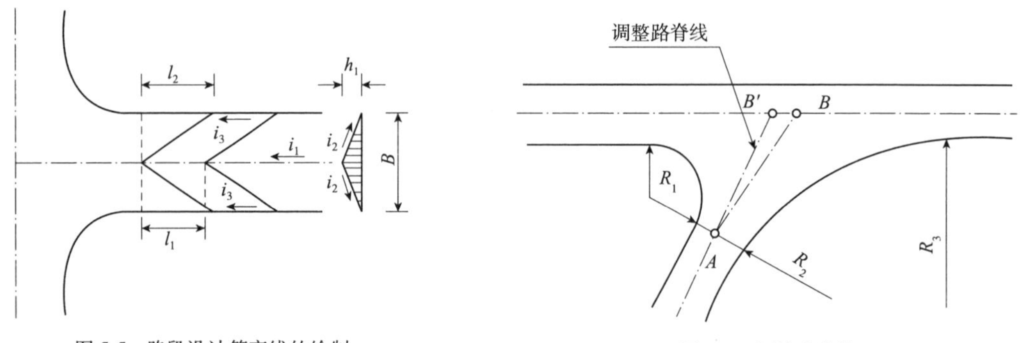

图5-5 路段设计等高线的绘制

图5-6 调整路脊线

交叉口的控制高程应以整个道路系统的规划高程为依据,并综合考虑相交道路的纵坡、交叉口周围的地形和建筑物的布置等来确定。在定控制高程时,不宜使相交道路的纵坡相差太大,以利于竖向设计。

b.确定高程计算线网

由于交叉口公共面较大,仅凭路脊线上的设计高程尚不足以反映交叉口的立面形态,依靠它来勾绘交叉口的等高线比较困难,需要增加一些高程计算的辅助线,即高程计算线。高程计算线设置的依据是它所在的位置就是该断面的路拱位置,而标准的路拱横断面是与车辆行驶方向垂直的。所以,应尽量使高程计算线与路拱横断面的方向一致,即高程计算线位置应与行车方向垂直。高程计算线网确定方法主要有方格网法、圆心法、等分法和平行线法四种,其中等分法或圆心法高程计算线网比较符合转弯行车要求。下面对四种高程计算线网方法分别作简要介绍。

方格网法:

如图5-7所示,方格网法高程计算线网就是依据某种规律,在交叉口平面图打上方格,然

后根据路脊线交叉点 A 的控制高程 h_A，按路拱横坡可求出缘石曲线切点横断面上的三点高程。

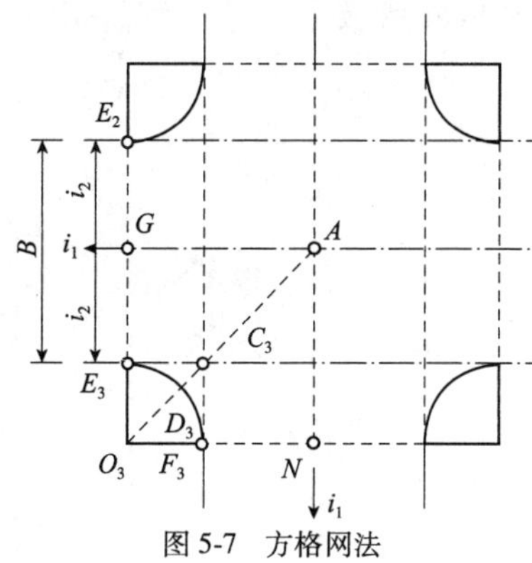

图 5-7 方格网法

$$h_G = h_A - AG \cdot i_1 \tag{5-3}$$

$$h_{E_3}(\text{或 } h_{E_2}) = h_G - \frac{B}{2} \cdot i_2 \tag{5-4}$$

同理，可求得在其他三个切点横断面上的三点高程。

由 E_3 或 F_3 的高程可推算出车行道边线延长线交叉点 C_3 的高程，如不相等取平均值，即

$$h_{C_3} = \frac{(h_{E_3} + R \cdot i_1) + (h_{F_3} + R \cdot i_1)}{2} \tag{5-5}$$

过 C_3 的 A、O_3 连线与转角曲线相交于 D_3，则 D_3 点的高程为

$$h_{D_3} = h_A - \frac{h_A - h_{C_3}}{AC_3} \cdot AD_3 \tag{5-6}$$

转角曲线 E_3F_3 和路脊线 AG、AN 上所需其他各点高程，可根据已算出的特征点高程，用补插法求得。

同理，可推算出其余所需各点的设计高程。

圆心法：

如图 5-8 所示，将路脊线等分为若干份，并与转角曲线的圆心连成直线（圆心到转角路缘曲线可以不画线或者画成虚线），这些直线就形成高程计算线网。

等分法：

如图 5-9 所示，将路脊线等分为若干份，相应地把路缘曲线也等分为相同份数，连接对应点，即得等分法高程计算线网。

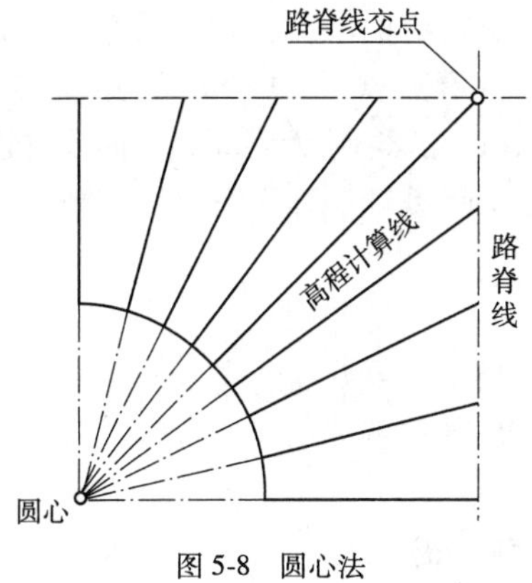

图 5-8 圆心法

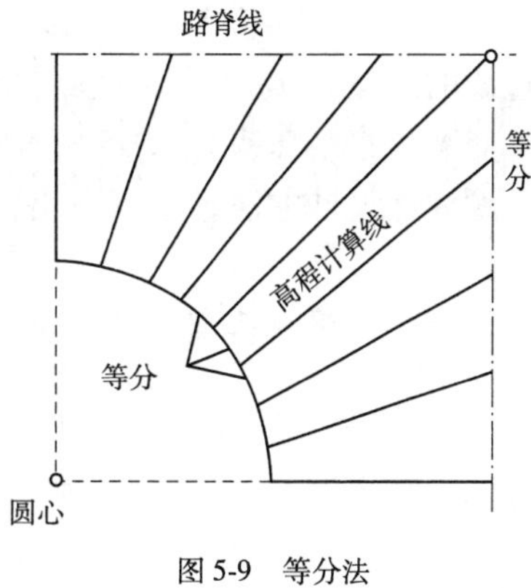

图 5-9 等分法

平行线法：

如图 5-10 所示，先把路脊线的交叉点与各缘石曲线的圆心连成直线，然后按施工要求在路脊线上分若干点，过这些点作该直线的平行线交于车行道边线，即得平行线法高程计算线网。

对于主要道路与次要道路相交的情况，由于主要道路在交叉口的横坡不变，这时次要道路应在主要道路的车行道边线处衔接，路脊线的交点 A 应移到主要道路车行道边线的 A' 处，如

图 5-11 所示。此时,无论采用哪一种高程计算线网,都必须以位移后的交点 A' 为准。

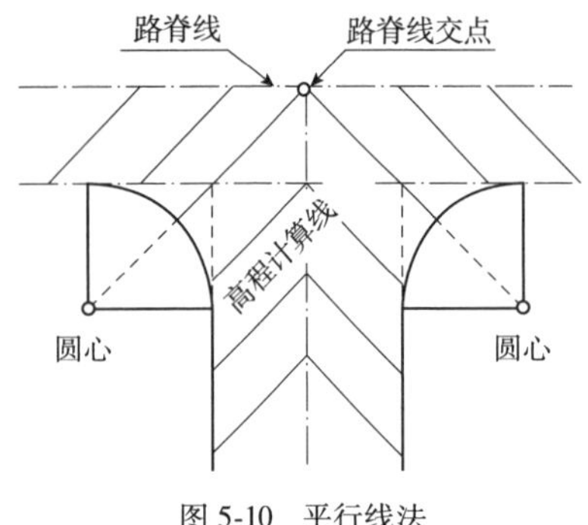

图 5-10　平行线法

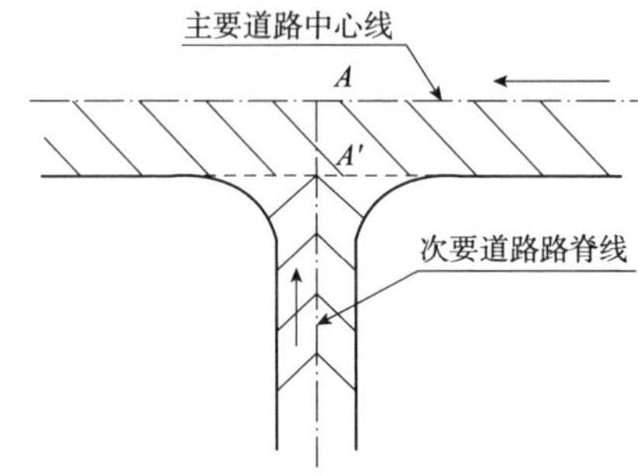

图 5-11　路脊线交叉点位移

c.计算高程计算线网的高程

高程计算线网确定以后,就可按路拱坡度及等高距的要求算出高程计算线上的高程,应注意的是,这时的路拱坡度需根据高程计算线两端的高差确定,可以采用直线路拱也可采用曲线路拱。

d.勾绘和调整等高线

把各等高点连接起来,就得初步的设计等高线图。对疏密不匀的等高线可进行适当调整,使坡度变化均匀。然后检查各方向坡度是否满足行车和排水要求,然后再进行调整,直到设计等高线图满足行车平顺和路面排水通畅的要求。最后合理地布置雨水口的位置和高程。

(6)计算施工高度,确定工程量

根据设计等高线图,用线性内插法(直线路拱)或曲线内插法(曲线路拱)计算方格网各节点上的设计高程,其与原地面高程的差值即为施工高度。然后,依据各方格网节点施工高度估算工程数量。

【例 5-1】 已知某正交的十字形交叉口(图 5-12)位于斜坡地形上。相交道路车行道的中心线及边线的纵坡 i_1、i_3 均为 3%,路拱横坡 i_2 为 2%,车行道宽度 B 为 15m,转角曲线半径 R 为 10m。交叉口控制高程为 2.05m,若等高距 h 采用 0.10m,试绘制交叉口的立面设计图。

本例题立面设计方法是采用方格网设计等高线法,立面设计图示如图 5-4e)所示。主要步骤如下:

解　1)路段上设计等高线的绘制

$$l_1=\frac{h}{i_1}=\frac{0.01}{0.03}=3.33(\mathrm{m})$$

$$l_2=\frac{B}{2}\cdot\frac{i_2}{i_3}=\frac{15}{2}\times\frac{0.02}{0.03}=5.00(\mathrm{m})$$

2)交叉口上设计等高线的绘制

(1)根据交叉口控制高程计算 F_3、N、F_4 三点高程:

$$h_{\mathrm{N}}=h_{\mathrm{A}}-AN\cdot i_1=2.05-17.5\times0.03=1.52(\mathrm{m})$$

$$h_{\mathrm{F_3}}=h_{\mathrm{F_4}}=h_{\mathrm{N}}-B/2\cdot i_2=1.52-15/2\times0.02=1.37(\mathrm{m})$$

同理,可求得其余道口切点横断面的三点高程分别为:

$$h_{\mathrm{M}}=2.58\mathrm{m}\qquad h_{\mathrm{E_4}}=h_{\mathrm{E_1}}=2.43\mathrm{m}$$

$$h_K = 2.58\text{m} \qquad h_{F_1} = h_{F_2} = 2.43\text{m}$$

$$h_G = 1.52\text{m} \qquad h_{E_2} = h_{E_3} = 1.37\text{m}$$

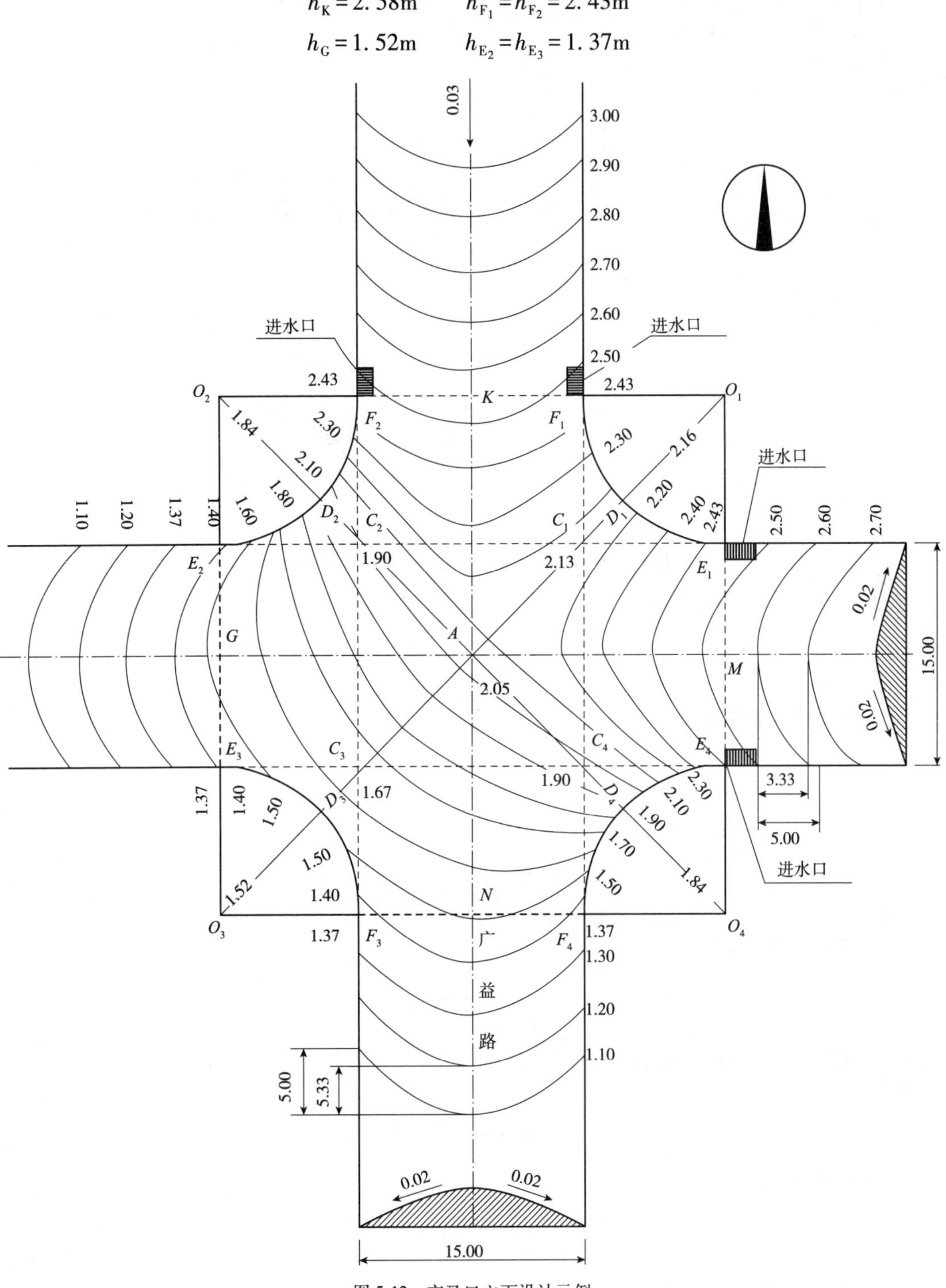

图 5-12　交叉口立面设计示例

(2)根据 A、F_4、E_4点高程,求 C_4、D_4等点的设计高程:

$$h_{C_4} = \frac{(h_{F_4} + R \cdot i_1) + (h_{E_4} - R \cdot i_1)}{2}$$

$$=\frac{(1.37+10\times0.03)+(2.43-10\times0.03)}{2}$$

$$=1.90(\mathrm{m})$$

$$h_{D_4}=h_A-\frac{h_A-h_{C_4}}{AC_4}\cdot AD_4$$

$$=2.05-\frac{2.05-1.90}{\sqrt{7.5^2+7.5^2}}\times(\sqrt{(7.5+10)^2+(7.5+10)^2}-10)$$

$$=1.84(\mathrm{m})$$

同理,可得:

$h_{C_1}=2.13\mathrm{m}$ $h_{C_2}=1.90\mathrm{m}$ $h_{C_3}=1.67\mathrm{m}$

$h_{D_1}=2.16\mathrm{m}$ $h_{D_2}=1.84\mathrm{m}$ $h_{D_3}=1.52\mathrm{m}$

(3)根据 F_4、D_4、E_4点高程,求转角曲线上各等高点的高程

本例采用平均分配法确定。

F_4D_4及 D_4E_4的弧长为:

$$L=2\pi R\times1/8=2\times\pi\times10\times1/8=7.85(\mathrm{m})$$

F_4D_4间应有设计等高线为:

$$\frac{1.84-1.37}{0.10}\approx5\text{ 根}$$

等高线的平均间距为:

$$\frac{7.85}{5}=1.57(\mathrm{m})$$

E_4D_4间应有设计等高线为:

$$\frac{2.43-1.84}{0.10}\approx6\text{ 根}$$

等高线的平均间距为:

$$\frac{7.85}{6}=1.31(\mathrm{m})$$

F_3D_3及 D_3E_3间应有设计等高线为:

$$\frac{1.52-1.37}{0.10}\approx2\text{ 根}$$

等高线的平均间距为:

$$\frac{7.85}{2}=3.93(\mathrm{m})$$

F_2D_2及 D_2E_2分别与 D_4E_4及 F_4D_4相同。

E_1D_1及 D_1F_1间应有设计等高线为:

$$\frac{2.42+2.16}{0.10}\approx3\text{ 根}$$

等高线的平均间距为：

$$\frac{7.85}{3}=2.62(\text{m})$$

(4)根据 A、M、K、G、N 各点高程，可分别求出路脊线 AM、AK、AG、AN 上的等高点。对路脊线上的高程点位置，也可以根据待定等高线高程、A 点高程以及纵坡 i_1 来确定。比如南端高程为 1.70m 的等高点距 A 点在路脊线上的距离为(2.05−1.70)/0.03=11.67(m)。

(5)按所选定的立面设计形式，将对应等高点连接起来，即得初步立面设计图。

(6)根据交叉口等高线中间应疏一些，边缘应密一些，且疏与密过渡应均匀的原则，对初定立面设计图进行调整，即得图 5-12 所示的交叉口立面设计图。

交叉口竖向设计等高线形状分以直代曲的“折线形”和圆滑过渡的“曲线形”两种。其中，“折线形”用于水泥混凝土路面，“曲线形”用于沥青路面。这是因为按照目前的施工工艺，水泥混凝土路面每块面板的表面通常只能做成一个平面，即路面为由若干块平面板组合成的“折曲面”，而不是一个圆滑过渡的曲面；沥青路面则不然，只要高程控制得当，完全能够做成非常圆滑的“曲面”。图 5-13、图 5-14 分别为水泥混凝土路面交叉口和沥青混凝土路面交叉口竖向设计成果图示例。

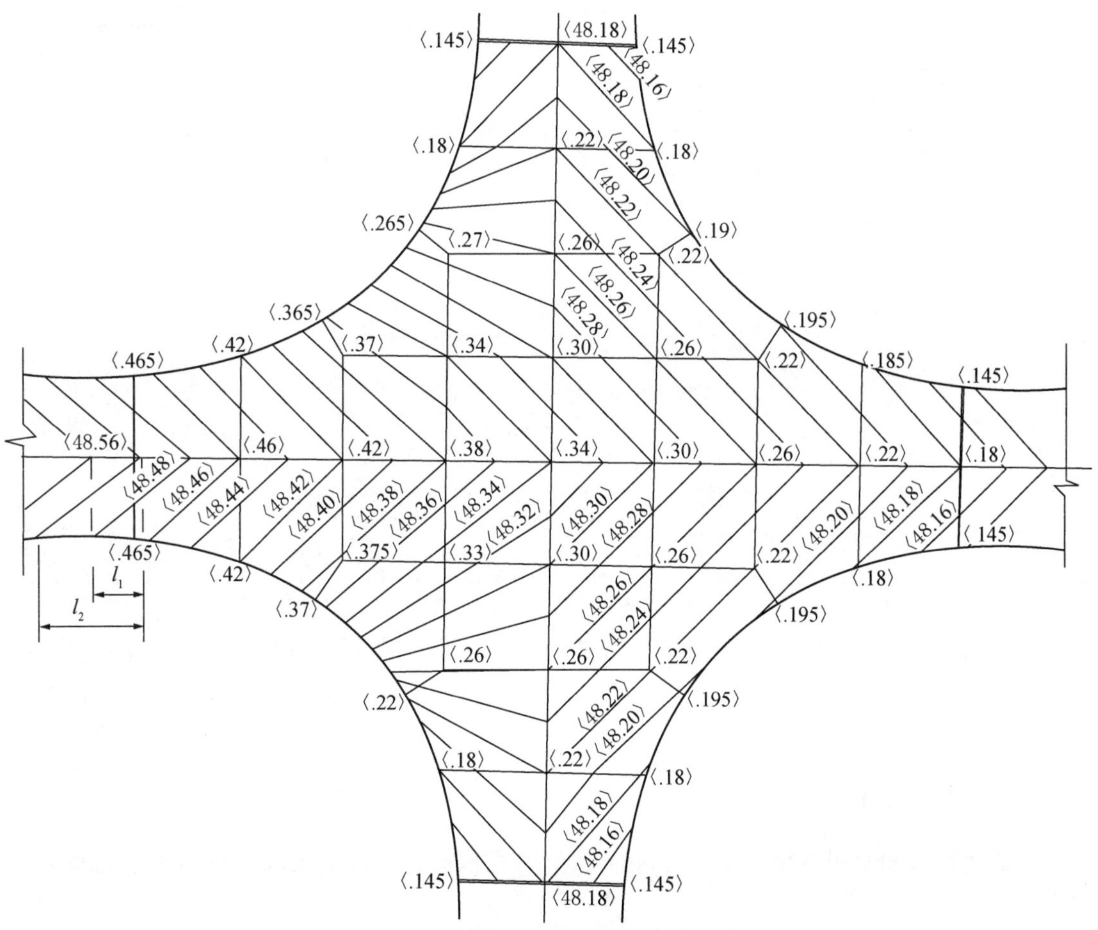

图 5-13　水泥混凝土路面交叉口竖向设计

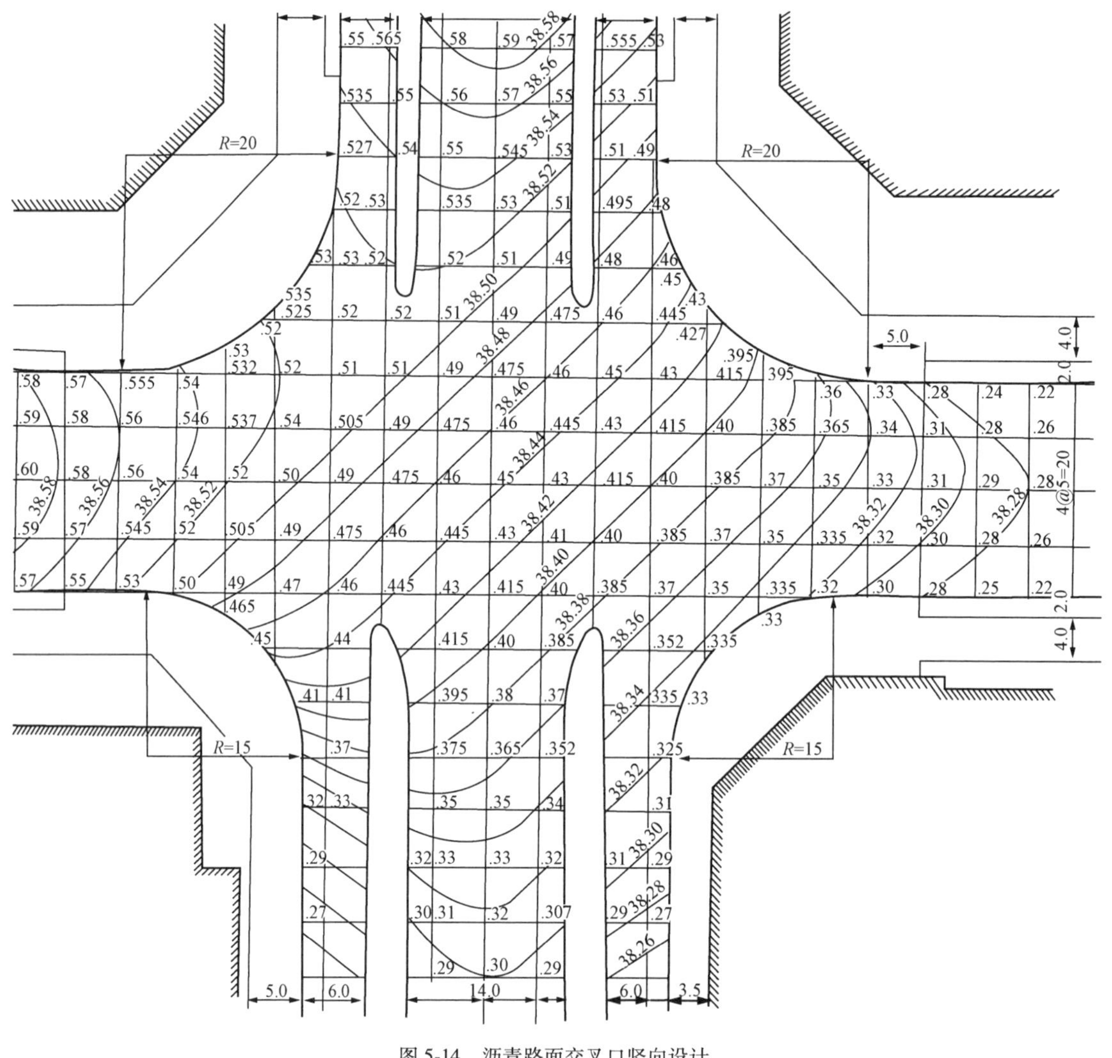

图 5-14　沥青路面交叉口竖向设计

第二节　信号控制平面交叉口

一般来说,城市中占地面积较大或交通流量较大的道路交叉口,都会采取信号灯控制。其目的在于增进交叉口的行车安全,提高交叉口的通行能力。信号平面交叉口的设计除了上述一般简单交叉口的内容以外,还有与信号灯配时相适应的增设车道、路口渠化及行人交通组织等问题。

一、平面交叉口拓宽渠化

交通流量大和使用多相位信号控制的交叉口,宜依据信号控制要求进行车道拓宽和渠化(图 5-15)。

交叉口拓宽渠化设计原则如下:

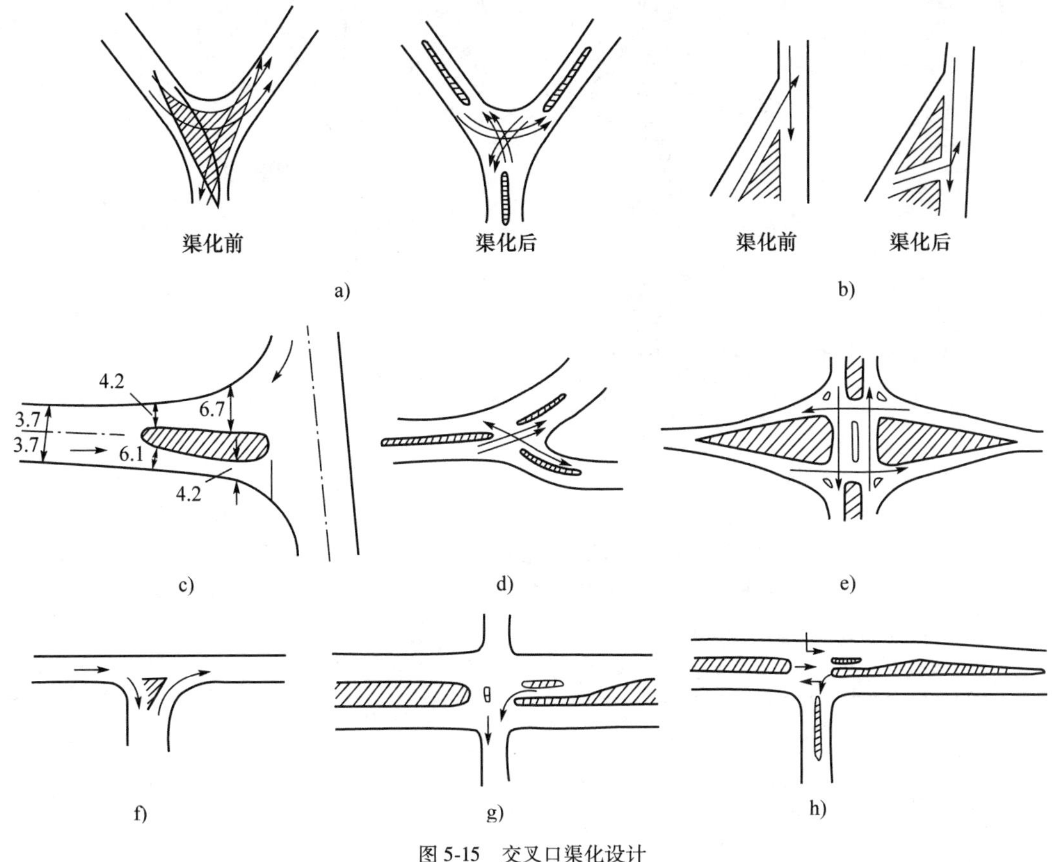

图 5-15 交叉口渠化设计

(1)应根据交通流量及流向,增设交叉口进口道的候驶(待行)车道数。

(2)进、出口道分隔带或交通标志、标线应根据渠化要求布置。做到导向清晰,避免分流、合流集中于一点,造成相互干扰。

(3)无汇合和交织的穿越车流,应以直角或接近直角相交叉,汇合和交织交通流的交叉角应尽可能小。

经验表明:两相位控制的交叉口,高峰小时一个信号周期进入某进口道的左转车辆多于3pcu 或 4pcu(小交叉口为 3pcu、大交叉口为 4pcu)时,该路口应增设左转专用车道;高峰小时一个信号周期进入某一进口道的右转车辆多于 4pcu 时,该路口宜增设右转专用车道;采用多相位信号控制的交叉口,根据交通流放行控制思路均应增设专用转向车道,同时考虑"超前候驶(待行)车道"的布置。此外,设置公交专用道的平面交叉口,其信号相位及配时还应与公交优先运行要求相适应。

根据交叉口形状、交通量、交通流向和用地条件设置交通岛(图 5-16)。根据主要交通功能,交通岛分为分隔岛、安全岛、中心岛(环岛)和导流岛几种。有些情况下,一个岛可能具有多种功能,比如设在交叉口中央的环岛,它既是导流岛又可能是安全岛。

为了能够实现交通岛的基本功能,交通岛面积不宜小于 $7.0m^2$,并且不应设在道路竖曲线顶部。交通岛通常是采用路缘石围砌成一个岛状台地,若面积过小,也可用路面斑马标线表示。转角交通岛兼作行人过街安全岛时,面积(包括岛端尖角标线部分)不宜小于 $20m^2$。进口道车道宽度及左、右转专用车道的设置应满足本章第一节之五所述要求。

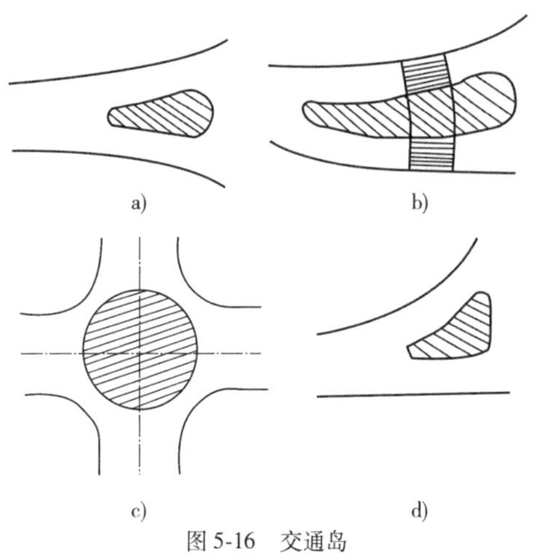

图 5-16　交通岛

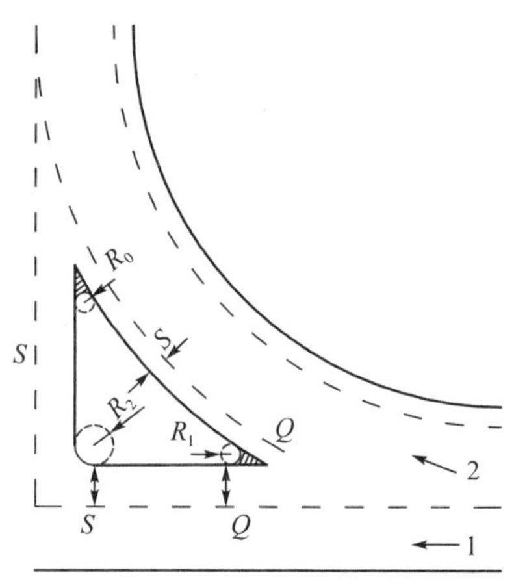

图 5-17　偏移距、内移距及端部曲线半径最小值
1-主干路;2-导流路

导流岛之间导流车道的宽度应适当,以避免因过宽而引起多辆车并行、抢道。当需设右转专用车道而布设转角交通岛时,右转专用车道曲线半径应大于 25m,并应按设计车速及曲线半径大小设置车道加宽,加宽后的车道宽度应符合表 5-4 的规定。

右转专用车道加宽后的宽度(单位:m)　　表 5-4

曲线半径(m)	设 计 车 辆	
	大型车	小型车
25~30	5.0	4.0
>30	4.5	3.75

导流岛端部应醒目,并在外形上能诱导车辆前进方向,必要时可兼作行人过街安全岛。导流岛的偏移距、内移距及端部圆曲线半径(图 5-17)最小值可按表 5-5 取用。导流岛各部分要素(图 5-18)最小值可按表 5-6 取用。

导流岛偏移距、内移距、端部曲线半径最小值　　表 5-5

设计速度(km/h)	偏移距 S(m)	内移距 Q(m)	R_0(m)	R_1(m)	R_2(m)
≥50	0.50	0.75	0.5	0.5~1.0	0.5~1.5
<50	0.25	0.50			

导流岛各要素的最小值(m)　　表 5-6

图示	a)			b)			c)	
要素	W_a	L_a	R_a	W_b	L_b	R_b	W_c	L_c
最小值(m)	3.0	5.0	0.5	3.0	(b+3)	1.0	(D+3)	5.0

二、交叉口进口专用车道设置

信号控制平面交叉口都存在红灯车辆候驶(待行)问题。为了提高交叉口的通行能力,交叉口处的车道布置不宜与路段一样,而应根据具体情况论证后布设。

进口道专用左转车道的设置,可采用以下方法:

(1)在直行车道中分出一条专用左转车道。

(2)压缩较宽的中央分隔带,新辟一条专用左转车道,但缩窄后的中央分隔带的宽度至少大于0.5m,其端部宜为半圆形。

(3)进口道中线向左侧偏移,新增一条专用左转车道。

(4)加宽进口道,以便新增一条或两条专用左转车道。

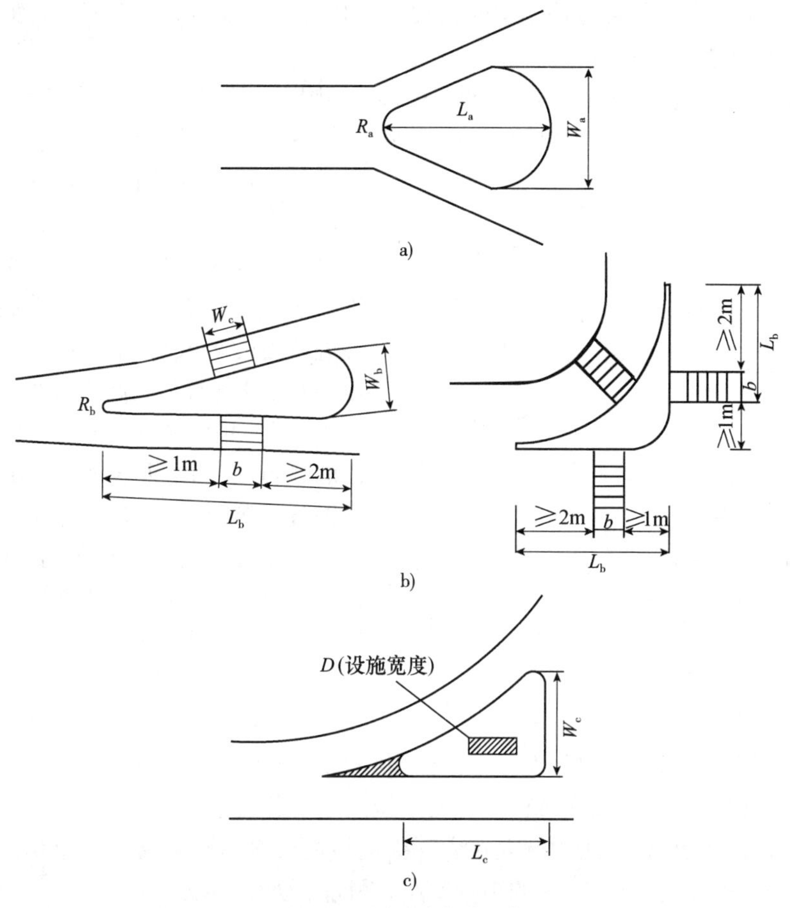

图5-18 导流岛各部分要素

a)只分隔交通流时;b)兼作安全岛时;c)设置设施时

采用压缩中央分隔带和进口道中线偏移的方法形成专用左转车道时,其长度 L_z 应保证左转车不受相邻停候车队长度的影响,见图5-19。

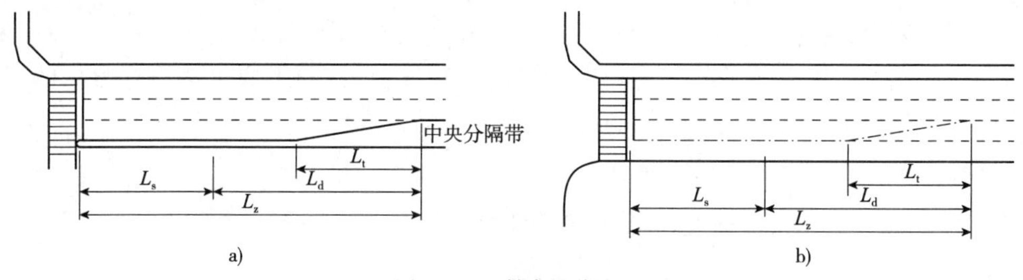

图5-19 左转专用道设置

a)压缩中央分隔带;b)中线偏移

L_t-变换车道所需的渐变段长度(m);L_d-减速车道长度(m);L_s-候驶车辆所需的滞留长度(m);L_z-专用左转车道最小长度(m)

进口道设置专用右转车道,可以采用以下方法:

(1)在直行车道中分出一条专用右转车道(现有直行车道至少有两条或通过压缩中央分隔带、中线偏移等措施增加左转车道,从而保证直行车道至少有两条)。

(2)加宽进口道,新增一条或者两条右转专用车道,其长度 L_y 应保证右转车不受相邻直行候驶(待行)车队长度的影响,经调查计算确定(图 5-20)。

(3)交叉口进口道设右转专用车道时,右侧横向相交道路的出口道应设加速车道,加速车道的长度 L'_y 应经调查计算确定。

《城市道路交叉口规划规范》(GB 50647—2011)规定:总体规划阶段,除支路外,进口道规划车道数应按上游路段规划车道数的 2 倍进行用地预留;出口道规划车道数应与上游各个路段进口道同时流入时的最多进口车道数匹配。这就在用地上保证了信号控制交叉口在设计阶段增设左、右转专用候驶(待行)车道的条件。经验表明,信号控制平面交叉口各进口道的车道数,不应小于上游路段车道数+2,出口道的车道数不宜小于道路路段直行车道数,并且出口道的车道宜布置在进口道的直行车道的延线上。当出口道经调整中央分隔带和人行道宽度也不能保证与进口道有相等的直行车道数时,应预先减少进口道的直行车道数,并应考虑设置平缓的渐变段(长度大于 100m)。

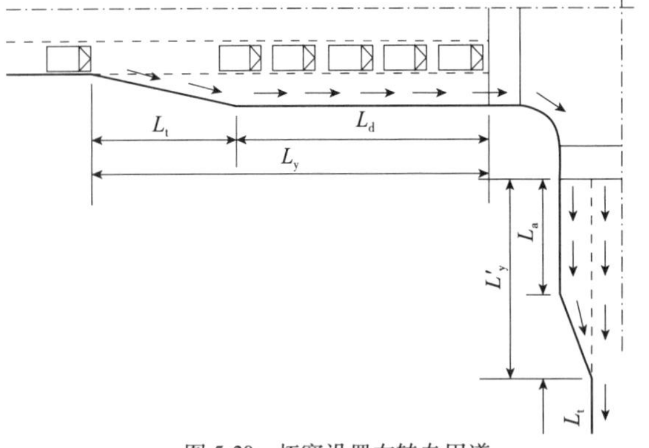

图 5-20 拓宽设置右转专用道

L_t-渐变段长度(m);L_d-相邻候驶车队长度(m);L_a-车辆加速所需距离(m);L_y-拓宽右转专用车道长度(m);L'_y-拓宽加速车道长度(m)

三、行人交通组织

在信号控制交叉口处,众多行人会在此汇集、转向、过街,其交通行为同样受到信号控制,因此需要特别考虑行人交通组织。行人交通组织的主要任务包括两个方面:一是合理组织行人在人行道上行走;二是合理组织行人在人行横道线内安全过街。从而整个信号控制交叉口的交通实现使人、车分流,相互之间的干扰最小,保证交通畅通、安全。

人行道通常对称布置在车行道两侧,一般情况下由路段延伸而来。交叉口内相邻道路的人行道互相连通,并将转角处人行道适当加宽,以适应行人交通流集中和转向的需要。在人行道上除必要的道路标志、交通信号、照明及栏杆等外,不允许布置其他设施,确保人行道的有效宽度。

为使行人安全、有序地过街(横穿车行道),应在交叉路口路面适当位置设置人行横道,以路面斑马线示出。交叉范围的人行道与人行横道相互连通,共同组成可达任意方向的步行道网。人行过街横道的位置、宽度对过街行人交通组织至关重要。

1.行人过街设施布设应遵循下列原则

(1)应保障行人安全、便捷过街;宜优先选用平面过街方式;同一交叉口的过街方式应协调一致。

(2)行人过街设施的位置,应与交叉口周围公交站、轨道车站、大型公共建筑等人流集散点紧密结合,并应在过街设施附近设置必要的交通引导设施和交通安全设施。

(3)尽量不将可能吸引大量行人交通流的公共建筑出入口设在交叉口上。

2.人行横道的设置应考虑以下方面的要求

(1)应设置在驾驶员容易看见的位置。宜与本方向道路车行道垂直,平行于被交道路路段路缘石的延长线并适当后退,在右转车辆易与行人发生冲突的交叉口,宜后退 3~4m,保证交叉口两个相邻人行横道间的转角部分长度不应小于 6m。

为了保证交通安全,人行横道两侧沿路缘石 30~120m 范围内,应设置分隔栏等隔离设施,主干路取上限,支路取下限。

在设置信号灯控制或设置停车标志的交叉口,应在路面上标绘停车线,指明停车位置。此时人行横道一般可布置在停车线之前至少 1m 处(图 5-21)。

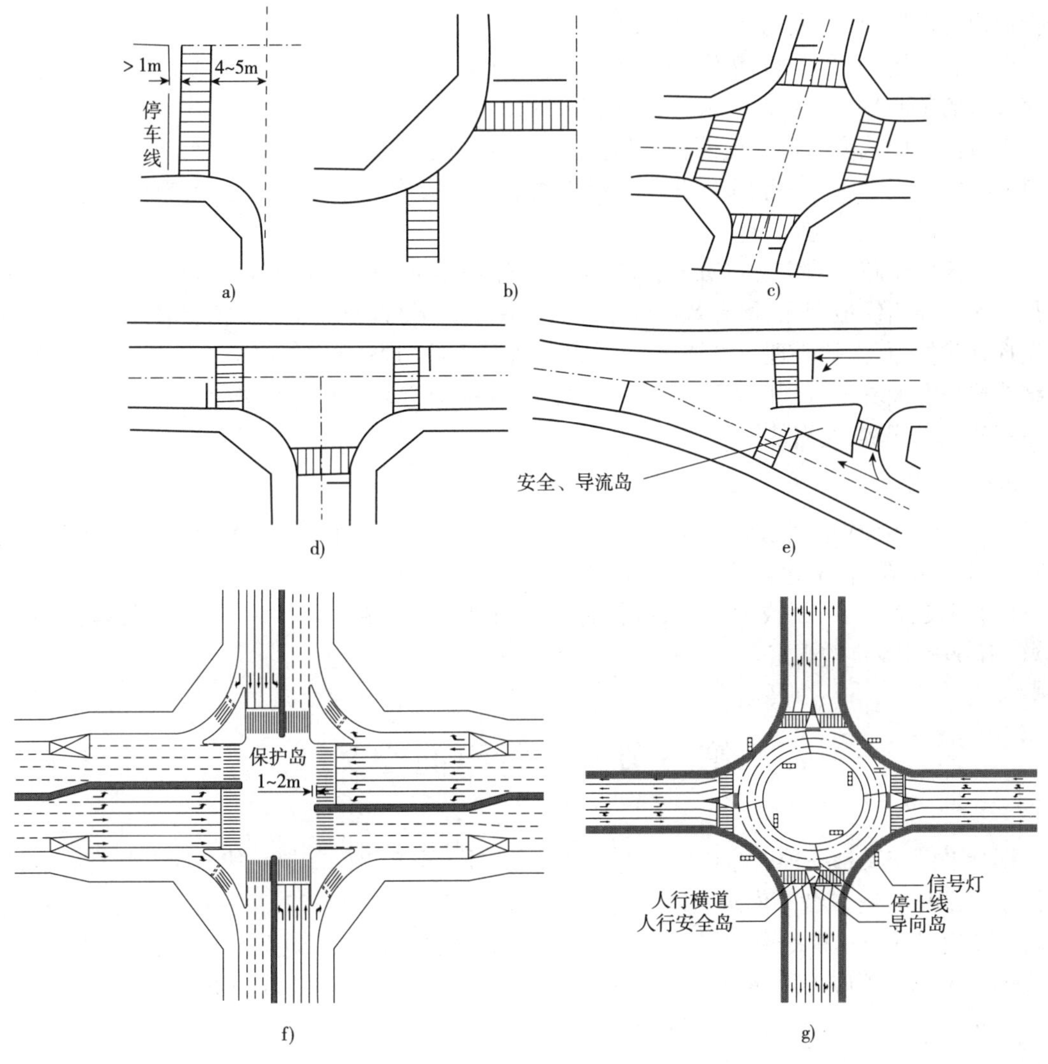

图 5-21 交叉口人行横道的布置

a)停车线与人行横道;b)相邻人行横道;c)十字路口;d)丁字路口;e)Y 字形路口;f)渠化十字路口;g)渠化环形路口(灯控)

(2)人行横道尽量靠近交叉口,以缩小交叉口的面积,使车辆尽快通过交叉口,减少车辆在交叉口内的通行时间。有中央分隔带的道路,人行横道应设置在距分隔带端部 1~2m 处。信号控制交叉口还常常采用"超前候驶(待行)区"的方式来减少车辆通行时间(图 5-21f)。

(3)人行横道宽度应根据过街行人数量、行人信号时间等确定,顺延干路的人行横道宽度不宜小于5m,顺延支路的人行横道宽度不宜小于3m,宜以1m为单位增减。

(4)当人行横道长度大于16m时,为保证行人过街安全,建议在人行横道中央设置行人二次过街的安全岛(图5-21f),其宽度不应小于2.0m,困难情况下不得小于1.5m。可通过减窄转角交通岛、利用转角曲线范围内的扩展空间、缩减进出口车道宽度等措施设置行人二次过街安全岛。因条件限制宽度不够时,安全岛两侧人行横道可错开设置。安全岛两端的保护岛应设反光装置。

(5)无信号管制及让行管制交叉口必须设置条纹状人行横道,并在人行横道线上游设置“让行人先行”禁令标志。当右转车无信号控制时,应在右转专用车道上游设置减速让行线,人行道边应设置“让行人先行”禁令标志。

(6)环形交叉口的人行横道宜设置在交通岛上游,并采用定时信号或按钮信号控制。环形交叉口的中心岛上不得设置人行道(图5-21g)。

人行横道的宽度与过街行人流量和行人过街时的信号显示时间有关,所以应结合每个交叉口的实际情况设置。一般应比路段人行道宽些,考虑到便于驾驶人在远处辨认,其最小宽度为3m,一般最大值不超过8m。

当市区主干路上的交叉口宽阔、人流量大、车流量大时,可考虑设置人行天桥或人行地道,这是行人交通组织最彻底、最有效的办法。为了使人行天桥(地道)的功能能够得到最大限度的发挥,即过街行人从心理上能够接受,在规划人行天桥(地道)位置时应充分考虑行人流向,在结构选型方面真正做到以人为本。由于人行天桥(地道)选址、选型不当,而弃之不用或基本不用的不乏实例,这点值得注意。

3.行人立体过街设施设置应满足以下要求

(1)人行天桥或地道的梯道或坡道占用人行道宽度时,应局部拓宽人行道,保持人行道原有宽度;条件受限时,应保证原有人行道40%的宽度,且不得小于3m。

(2)当设置人行天桥或地道时,应符合现行行业标准《城市人行天桥与人行地道技术规范》(CJJ 69—1995)的规定。

第三节　环行平面交叉

环行平面交叉是一种以路口中心岛为导向岛,进入交叉口的车辆一律逆时针绕行,无需信号控制、实现“右进右出”、依次交织运行的平面交叉口形式(图5-22)。一般城市的多路交汇或转弯交通量比较均衡的路口采用环形平面交叉。对斜坡较大的地形及桥头引道,当纵坡大于或等于3%时,不应采用环形交叉。环形平面交叉口基本要素与要求如下。

1.中心岛

中心岛的形状应根据交通特性采用圆形、椭圆形或卵形,最小半径(或当量半径)应满足环道计算行车速度和最小交织长度的要求。当采用椭圆形或卵形时,要优先考虑主要道路的交通流特性。中心岛最小半径的计算公式如下:

$$R_{\mathrm{d}}=\frac{V^2}{127(\mu\pm i)}-\frac{b_i}{2} \tag{5-7}$$

式中：μ——横向力系数，取0.14~0.18；

i——路面横坡，取1.5%~2.0%；

b_i——环道内侧车道宽，一般情况可取5.5m（大型车、含车道加宽）。

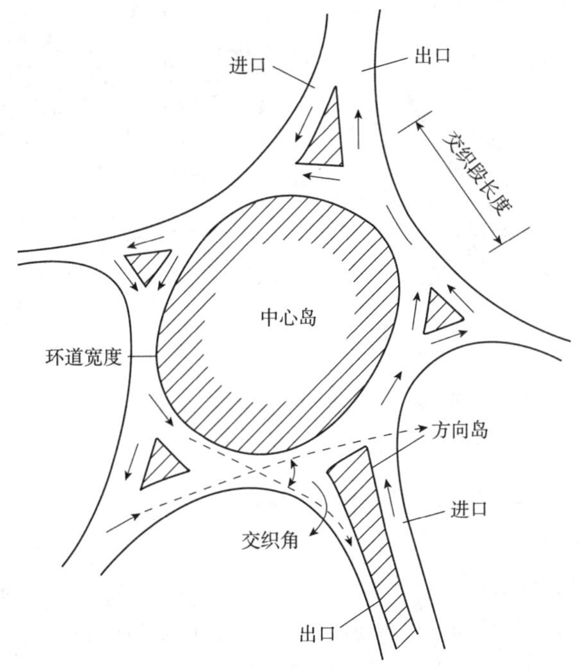

图5-22 环行平面交叉口

中心岛最小半径与相应的环道设计速度应符合表5-7的规定。

环道设计速度与中心岛最小半径 表5-7

环道设计速度(km/h)	20	25	30	35	40
中心岛最小半径(m)	20	25	35	50	65

2.交织长度

最小交织长度（图5-23）不应小于以环道计算行车速度行驶4s的距离，其取值参见表5-8的规定。行驶铰接车时，其最小交织长度不应小于30m。

最小交织长度 表5-8

环道计算车速(km/h)	50	45	40	35	30	25	20
最小交织长度(m)	60	50	45	40	35	30	25

满足相邻两条道路交角间的交织段长度对应的中心岛圆弧半径 R_2 可由下式确定：

$$R_2 = \frac{360 l_g}{2\pi\omega} \tag{5-8}$$

式中：ω——相邻两条相交道路间的交角，°；

l_g——最小交织长度，m。

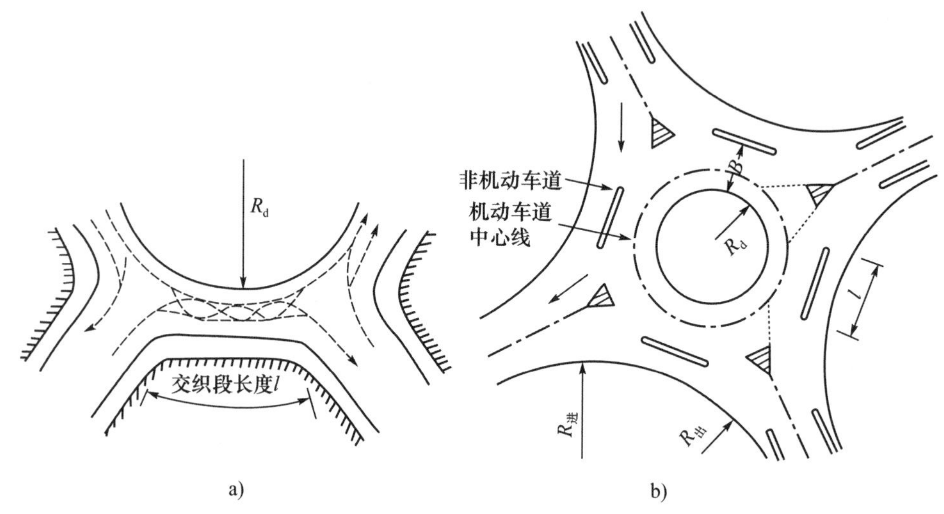

图 5-23　环行平面交叉口交织长度

3.环道的车道数、宽度和布置

(1)根据交通流的情况,环道可布置为机动车与非机动车混行或分行两种形式,分行时所设分隔带宽度不应小于 0.5~1m。

(2)环道的机动车道宜为 2~3 条,大型环形平面交叉环道数可采用 4 条。最内侧车道作绕环用,最外侧为右转车道,中间为交织车道。每条车道宽度应考虑弯道加宽。非机动车车行道宽度不应小于交汇道路中的最大非机动车行道宽度,也不宜超过 6m。

(3)中心岛上不应布置人行道。环道外侧人行道宽度不应小于交汇道路中的最大人行道宽度。

(4)环道外缘石不宜设计成反向曲线。出口缘石半径应大于或等于进口缘石半径,进口缘石半径的要求同一般平面交叉口。

(5)环道纵坡度不宜大于 2%,横坡宜采用双向坡。

(6)环道应满足绕行车辆的停车视距要求。

(7)环道上每条车道宽度为正常车道宽度加上弯道上车道加宽的宽度。环道上车道加宽值应符合表 5-9 的规定。

环道上车道加宽值　　表 5-9

中心岛半径(m)		10<R≤15	15<R≤20	20<R≤30	30<R≤40	40<R≤50	50<R≤60
车型	小型车	0.80	0.70	0.60	0.50	0.40	0.40
	大型车	3.00	2.40	1.80	1.30	1.00	0.90

特别应该指出的是,中心岛上不宜建造小公园,一是有碍视线,二是公园游人频繁穿越环道极不安全影响车辆交通。对于特别大型的环岛若需要建成临时休憩场所的,可采用地下通道进行连接。另外,中心岛及进口端交通导向岛的绿化不得妨碍车辆驾驶人员行车视线。为了减小人车相互干扰,环形交叉口在同地下设施相配合或地形有利的情况下,宜设置行人立体过街设施(地下通道、天桥)。

由于环形交叉口自身特点限制,其通行能力有限。我国一些大城市原来建设的一些位于市区内的环形交叉口,已经明显不能适应现代交通需求。为了缓解交通矛盾,在原来环形交叉口的基础上，通过交通调查和分析，全部或部分象限又增设灯控措施，从而缓解了部分环形交叉口的交通堵塞状况，如图 5-21g）所示。这种在环形交叉口上增设灯控的做法，其实是不得已的选择或者说是权宜之计，不宜提倡。因为灯控路口的通行能力远大于环形交叉口，早为人们共知，而环形交叉口加灯控通常比单纯灯控路口的占地面积要大许多，很不经济。

第四节　高架路下的平面交叉

高架路下的平面交叉是随着城市高架路的修建而出现的一种新的交叉口形式。这种平面交叉口其实是"菱形立交"的一种特殊形式，即高架路与被交道路存在互通关系，否则就是"分离式立交"了。由于受高架桥墩、柱的影响，通视条件较差，特别是高架路与被交道路斜交时，这种影响更大。因此，应通过交通组织和交通标志、标线布设或重新设计桥下的平面交叉口，以确保行车视距、通行能力和行车安全，同时要考虑行人过街的安全问题，如图 5-24 所示。

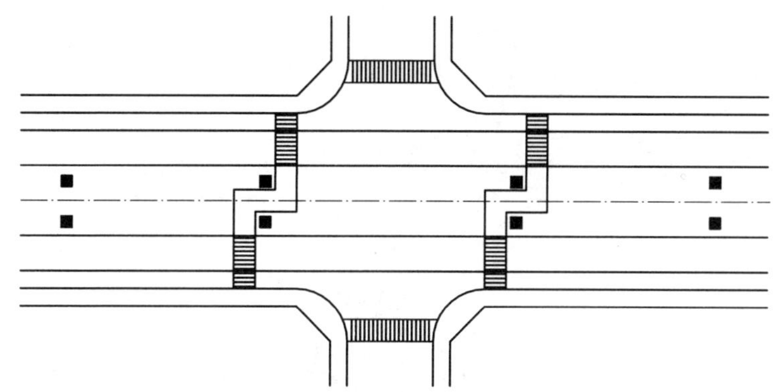

图 5-24　高架路下人行过街横道布置示意

由于设有高架路上、下匝道，交叉口处应根据上、下匝道交通量情况对相关进出口道路进行拓宽。在设计这种"桥下平面交叉口"时，特别应注意通过适当拓宽顺桥向路口来设置足够条数的候驶车道，为交叉口信号灯配时设计提供必要的道路空间。

另外，高架路在交叉口处有上、下匝道时，应根据上、下车流交通量情况对相关进出口道路进行拓宽。下匝道落地点距交叉口停车线距离应大于红灯时路口排队车辆长度与下匝道车辆变换车道所需交织长度（≥100m）之和，以避免平面交叉口候驶车辆排队延至桥上，进而影响高架路上的交通秩序，甚至造成桥上堵车。

国外一种称为"SPI"（single point interchange）的"单点立交"便是一种高架路下（或下穿道上）平面交叉口的特殊形式。具体介绍如下：

菱形立交（图 5-25）在相交道路的次要道路上存在两处平面交叉口，两者间距通常在 100m 左右。当主要方向道路架设高架以后，就会形成"高架路下的平面交叉"。由于"菱形立交"两平交口距离很近，所以其通行能力的相互牵连性很强。若采取信号灯控制，则应考虑联动配时方式，但是即使如此，被跨越道路上直行、左转和主要道路左转车产生二次停车的情况仍然不可避免，从而降低了此"菱形立交"的通行能力。菱形立交虽然比长条苜蓿叶形立交占地要小些,但其占地规模仍然不可小视。由于上面的原因,使得菱形立交在实际应用中受到限制。在菱形立交形式基础上发展起来的单点菱形立交(SPI),如图 5-26 所示。

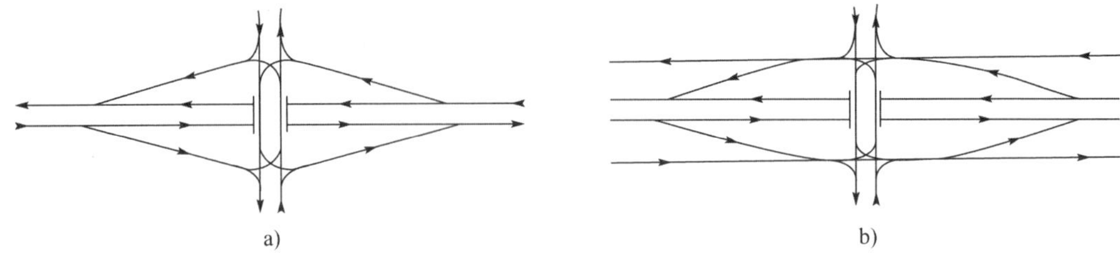

图 5-25　菱形立交简图

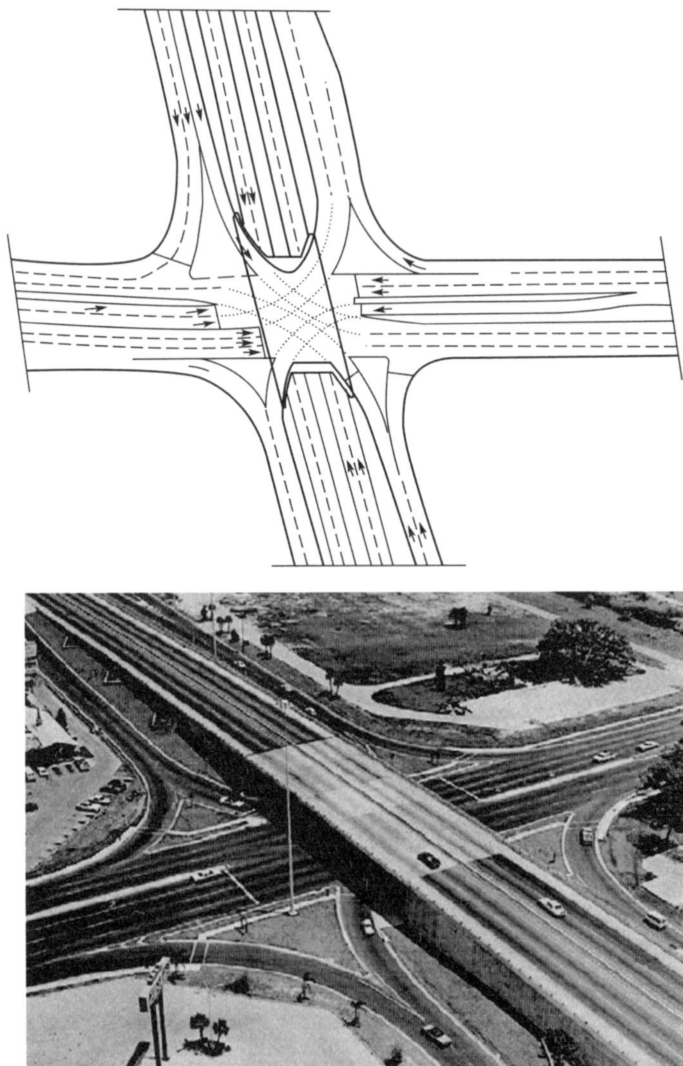

a)

图　5-26

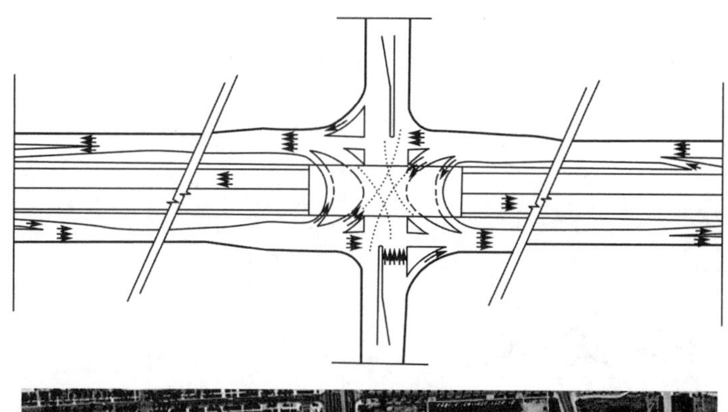

b)

图 5-26 单点立交(SPI)

a)上跨式;b)下穿式

在 SPI 中,左转车辆不再经外张式右转匝道绕行过两处平面交叉口实现左转,而是经过几乎平行于高架路直行车道的收敛式匝道、像常规平交口一样直接驶入左转候驶车道,在信号灯的控制下实现左转,这样与菱形立交相比就可缩短左转行程,增大左转车道的通行能力。不仅左转车如此,由于将两处平交口并为一处平交口,被跨越道路直行方向的直行车受干扰的程度也会大大降低,因而通过量也会有所增大。SPI 的特征可以归纳为如下几点:

(1)SPI 占地比一般菱形立交或苜蓿叶形立交及其变形的其他形式立交要少,因此可以降低建造成本。

(2)相交道路的主要方向没有交通障碍,没有冲突点,通行能力与菱形立交或苜蓿叶形立交相近;其左转车辆在次要方向道路中部的“平交口”上由信号灯控制实现左转。

(3)相交道路的次要方向的直、左、右车辆的行车条件与常规的灯控平交口相似,但该相位的绿灯灯时可以适当加长,从而可以提高交叉口该方向的通行能力。

(4)受地形和相交道路的条件限制,SPI 分上跨式(图 5-26a)和下穿式(图 5-26b)两种。下穿式的平交口为一异形桥梁,结构上有一定难度;上跨式的跨线桥则相对要长一些,另外视需要可以增设 U 形回转车道供调头车辆专用。两者各有利弊,可视具体情况采用合适形式。

总之,高架路下的平面交叉口是一类比较特殊的路口,应做比较深入的交通调查和分析,需要考虑行人、非机动车穿越交叉口问题,因此,高架路的桥梁结构形式,尤其是下部结构的设计,应该与桥下交叉口交通组织及其几何设计协同考虑。

第六章

道路立体交叉

道路立体交叉是指利用桥、隧、涵等跨线构造物,使相交道路的交通流在不同高程层面实现连续、无冲突点(或者少冲突点)相互交错的道路交叉口形式,简称立体交叉或者立交。立交是城市快速路和主干路的重要组成部分,是城市主干道路系统中的交通咽喉部位。立交的交通功能、工程效益有赖于立交的精心规划与设计。

与平面交叉口相比,立交需要更大的建设用地。《城市道路交叉口规划规范》(GB 50647—2011)规定:立体交叉规划范围应包括相交道路中心线投影平面交点至相交道路各进出口变速车道渐变段及其向外延伸 10~20m 的主线路段间所共同围成的空间(图 6-1)。交叉口的规划范围可根据所需交通设施及其管线的要求适当扩大。

采用立体交叉,可使道路各方向车流在不同高程的层面上单向行驶,消除或减少冲突点,增加交叉口行车安全;机动车车流可以连续运行,提高道路交叉口的通行能力;节约运行时间和燃料消耗,行车平稳舒适;控制相交道路车辆的出入,可以减少交叉口对高一等级道路的交通干扰。

按交通功能划分,立交分互通式立交和分离式立交两大类。若空间分离相交道路的车辆通过专门设立的匝道互相联系、道路各方向的车辆可以互相之间连续交流(转向)的称为互通式立交。反之,没有匝道联系、空间分离相交道路的车辆不能互相来往(转向)的,则称为分离式立交。其中互通式立交的交通功能相对完善,主线、匝道线形及桥梁(隧道)结构比较复杂,是立交的高级形式。根据相交道路等级、立交区位、直行及转向(主要是左转)车流行驶特征、非机动车对机动车干扰等情况，互通式立交叉分为枢纽互通立交（大流量快速路之间交叉）和一般互通立交。本章将重点介绍互通式立交。

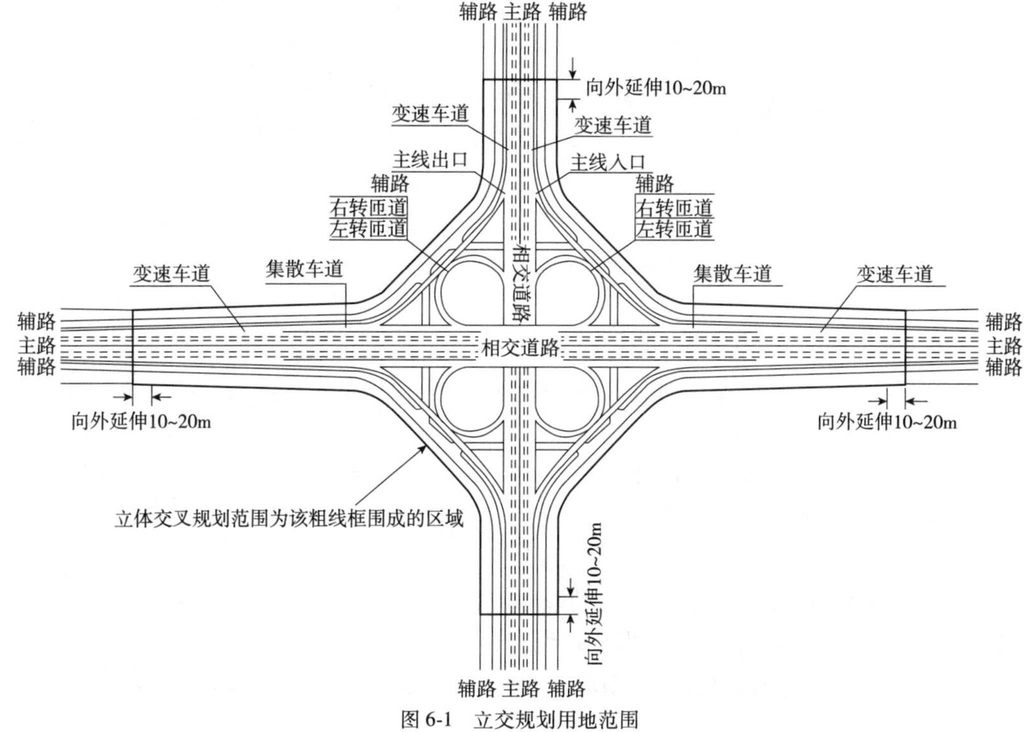

图 6-1　立交规划用地范围

第一节　互通式立交基本形式及交通组织分析

一、互通式立体交叉按几何形状分类

互通式立体交叉依据平面几何形态及行驶方式可分为苜蓿叶形、喇叭形、迂回式、定向式、组合式、菱形和环形立交等多种形式。

1.苜蓿叶形立体交叉（图 6-2）

（1）完全苜蓿叶形立体交叉

完全苜蓿叶形立体交叉适用于十字交叉口，主线采用桥梁（或隧道）分离，然后在交叉点四个象限内均分别设有环形左转匝道和直接右转匝道。完全苜蓿叶形立体交叉能够保证相交道路直、左、右交通流，实现无冲突点连续通行，是道路与道路互通式立体交叉的最早应用的形式，见图 6-2a）。

交通组织路线：除直行车流仍在原干路的直行车道上行驶外，转弯车辆需在所设的专用匝道上行驶。右转车辆在右侧专用匝道上行驶至相交道路；左转车辆通过跨线桥驶过相交道路后，右转弯绕行 270°进入相交道路。

（2）三枝苜蓿叶形立体交叉

三枝苜蓿叶形立体交叉的行车方式，与完全苜蓿叶形立体交叉相同。

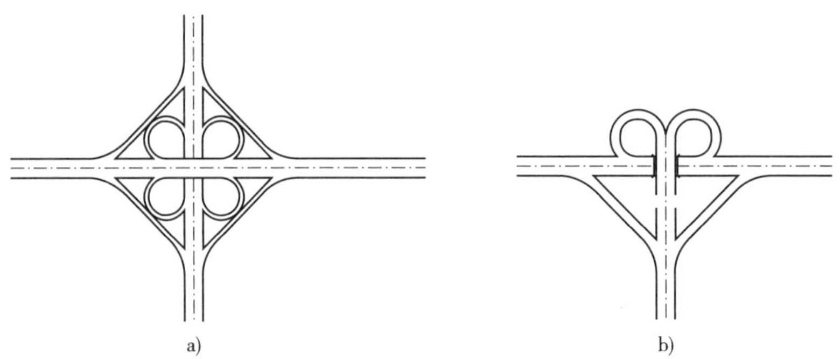

图 6-2 苜蓿叶形立体交叉

2.喇叭形立体交叉(图 6-3)

喇叭形立体交叉是用一个内环匝道(转向约 270°)和一个外环匝道及两条右转匝道来实现的全互通式立体交叉,适用于三岔路口。

喇叭形立体交叉各转弯方向设独立匝道,匝道上无冲突和交织,行车干扰小,安全性高,转弯车流一律从主线右侧出入,方向明确。喇叭形立交根据匝道平面布置形式,分为右喇叭和左喇叭两种。

(1)图 6-3a)为右喇叭立交,内环匝道是车辆由次干路驶入主干路时所用,设置在下层;高速车辆由主干路驶入次干路时,外环半径较大,有利于交通安全和逐步减速。

(2)图 6-3b)为左喇叭立交,车辆由主干路左转进入次干路时,半径较小,车速较高,存在冲出环形匝道的危险。

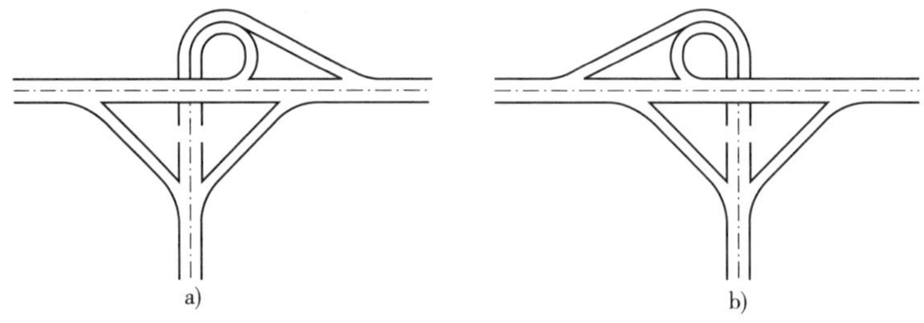

图 6-3 喇叭形立体交叉

3.迂回式立体交叉(图 6-4)

迂回式立体交叉是环形立交的一种变形形式,它的特点是左转匝道顺主路延长、绕行。

(1)双隧道远引式

图 6-4a)主干路的线位及宽度不变,次干路分成两幅路形式,并距主线两侧适当位置,在次要道路两幅车道之间,设置半圆形调头匝道。在两路相交处设置隧道。所有转向车流在远引匝道上通过交织完成转向。

(2)双跨线匝道桥远引式(一)

图 6-4b)相交道路的直行车辆仍在原干路上快速行驶;右转车辆均在最外侧的右转匝道上行驶。由于右转车辆有专用匝道,与双隧道远引式相比不再有交织段,左转车辆的行驶路线与图 6-4a)相同。

(3)双跨线桥远引式(二)

图 6-4c)直行车辆在原车道上行驶;右转车辆在右转匝道上行驶;左转车辆行驶路线同图 6-4b)。此种远引方式行车路线明确,远引的两个环形匝道半径可适当增大,安全感及舒适感均优于图 6-4a)、图 6-4b)所示方式。

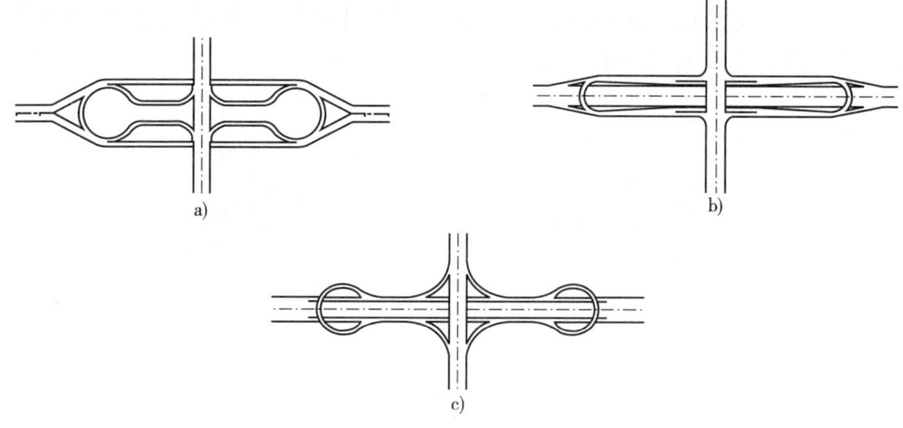

图 6-4 迂回式立体交叉

4.定向式立体交叉(图 6-5)

定向式立交每个方向的车辆均行驶在顺适的专用单向行驶的车行道上,与其他方向的车行道相交时,均采用空间分离方式,路线清晰而便捷,车辆行驶安全快速。

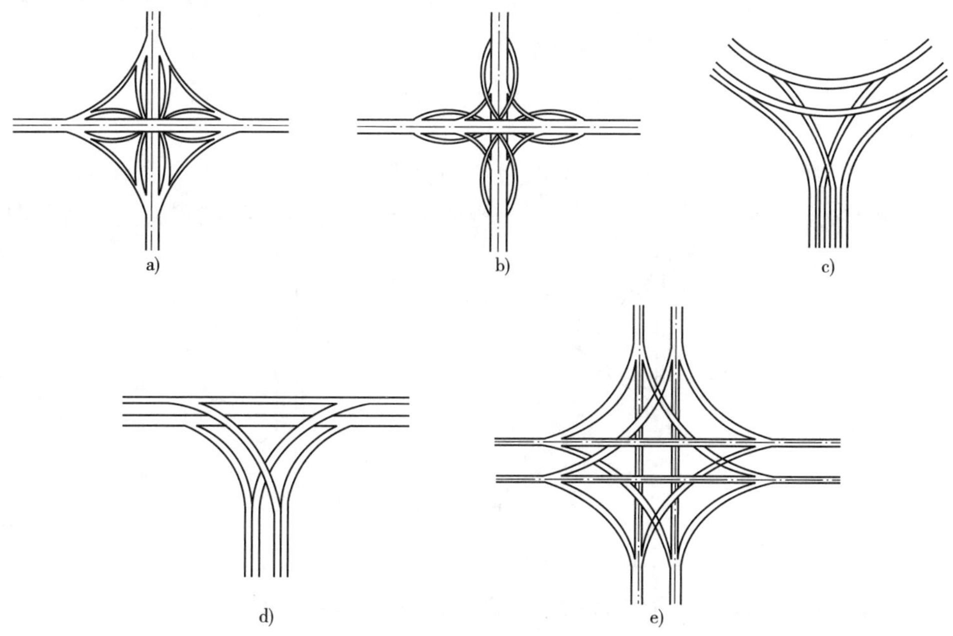

图 6-5 定向式立体交叉

定向式立体交叉的种类、形式很多,图 6-5 所示为常见形式。

(1)图 6-5a)、b)所示为四层定向式立体交叉形式;

(2)图 6-5c)所示为 Y 型路口的三层定向式立体交叉形式,左转车流左出左进,右转车流右出右进。

(3)图 6-5d)、e)所示为二层定向式立体交叉形式,二层定向式立体交叉路线短,走向明确,左转车流左出左进,右转车流右出右进,每条匝道都直接引入指定方向的交通流。

5.组合式立体交叉(图 6-6)

组合式立体交叉是根据各转向交通行驶要求,选用上述标准立交形式的某些部位,进行组合。最常见的为苜蓿叶形加定向式立交。

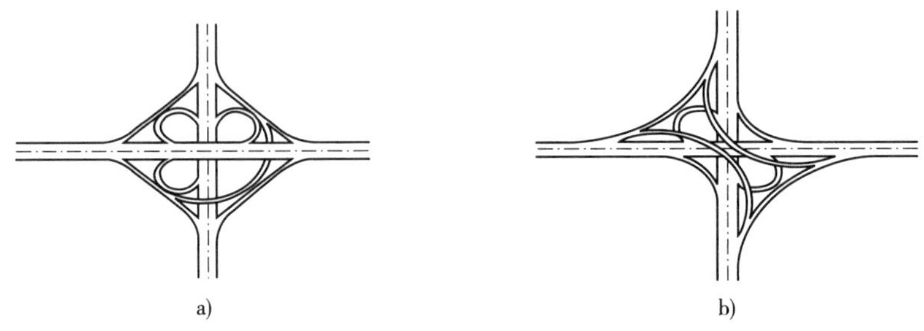

图 6-6　组合式立体交叉

6.菱形立体交叉(图 6-7)

菱形立体交叉,是将十字形平面交叉路口中的主要道路采取上跨或者下穿的方式,与平交路口分离,次要道路则与四条匝道相接,仍为平面交叉,这样形成的立交整体上可满足所有转向要求。

(1)图 6-7a)所示两层菱形立体交叉保证主要干路的直行交通快速行驶;右转车辆方便快捷;主要道路的左转车辆需随右转车辆行至次干路的平交路口进行左转。次干路的左转车辆则是驶过交叉路口,利用另一平交路口实现左转。这种立交的两个平交路口共存在 6 个冲突点。

(2)图 6-7b)所示三层菱形立体交叉的两条相交道路的直行车流均在原干路上直接通过交叉口,不受干扰。各向左、右转车流占一层,组成平交路口,存在 4 个冲突点,完成各向转向。

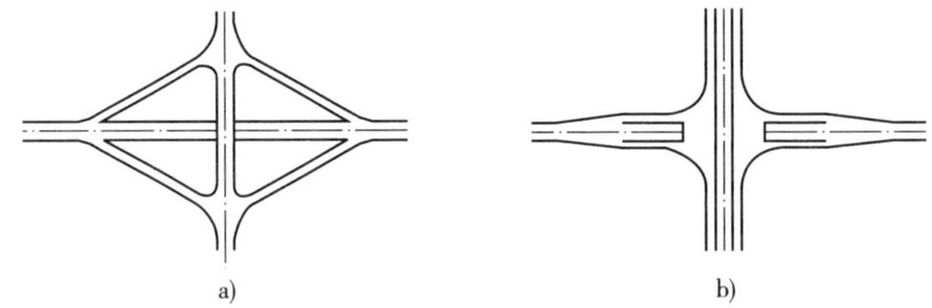

图 6-7　菱形立体交叉

7.部分苜蓿叶形立体交叉(图 6-8)

部分苜蓿叶形立体交叉是指全苜蓿叶形立交缺少一条或一条以上匝道的立交。

部分苜蓿叶形立体交叉保证直行交通快速行驶,主干路上只有分流与合流,无冲突点。但限制某些转向车辆行驶。若提供其转向功能,需在相交道路上设平交路口。

(1)图 6-8a)所示为在二、四象限布置环形匝道供主干路的车辆左转,各右转车辆在专用匝道上行驶,次干路的左转车辆通过交叉口,与对向的直行车辆交叉后与次干路的右转车辆合流完成左转。

(2)图 6-8b)所示为缺少二、三象限的环形匝道,因此限制了两个方向上车辆的左转,属部分互通式立交。

(3)图 6-8c)所示为主干路上的左、右转车辆均驶过交叉点至环形匝道,利用环形匝道行至相交道路,左转车辆与次干路的直行车辆合流完成左转;右转车辆与次干路的直行车辆平交一次,实现右转。次干路的右转车流利用右转匝道通过,不允许次干路的车辆左转。

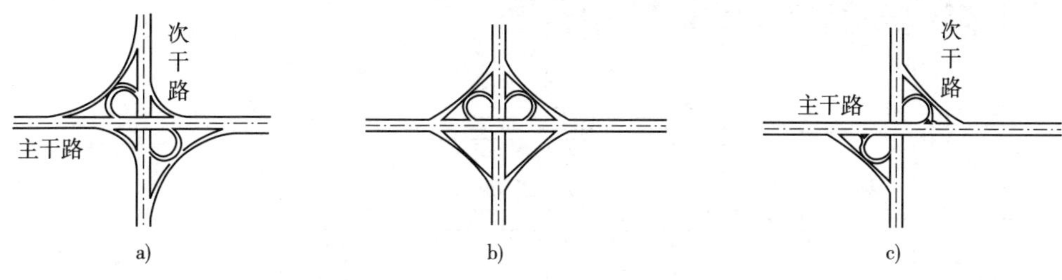

图 6-8 部分苜蓿叶形立体交叉

8.环形立体交叉(图 6-9)

环形立体交叉是由环道和上跨或下穿的主干路组成的。环形立体交叉分两层式、三层式、四层式等。

(1)两层式环形立体交叉

确保主干路直行交通快速通过交叉口,不受其他方向交通影响,其他方向交通均驶入平面环形匝道,适时择机驶出路口,机动车、非机动车处于混行状态。

两层式环形立体交叉包括三肢环形立交(图 6-9a)、四肢环形立交(图 6-9b)和多肢环形立交(图 6-9c)等。两层环形立交一般用于城市主要干路与次要道路相交的情况。

(2)三层式环形立体交叉

图 6-9d)所示相交道路均为主要干路时,将两条主干路分别置于平面环交路口的上层或下层,确保其直行车辆的快速通行,所有转向交通需要绕行平面环形匝道,可以用于特大及大城市的主干路之间的交叉。机动车、非机动车仍然处于混行状态。

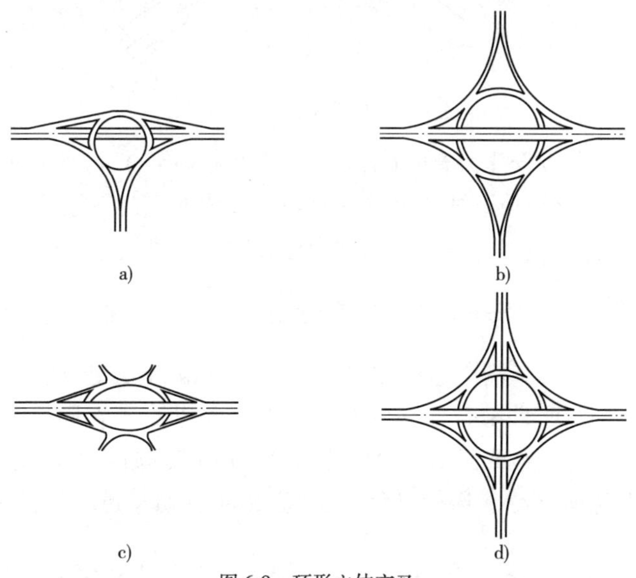

图 6-9 环形立体交叉

(3)四层式环形立体交叉

图6-9d)所示的相交道路直行车分离的环形立交,由于机动车、非机动车混行,还没有解决行人、非机动车的慢行交通问题,为此便产生了四层式环形立交(图6-10)。四层式环形立交单独设立一个层面供非机动车、行人通过,实现了机动车、非机动车分行,解决了交叉口处机动车和非机动车(行人)之间通行的相互干扰,对环形匝道通行能力的提高有一定的帮助,同时也提高了环形立交的交通安全性。

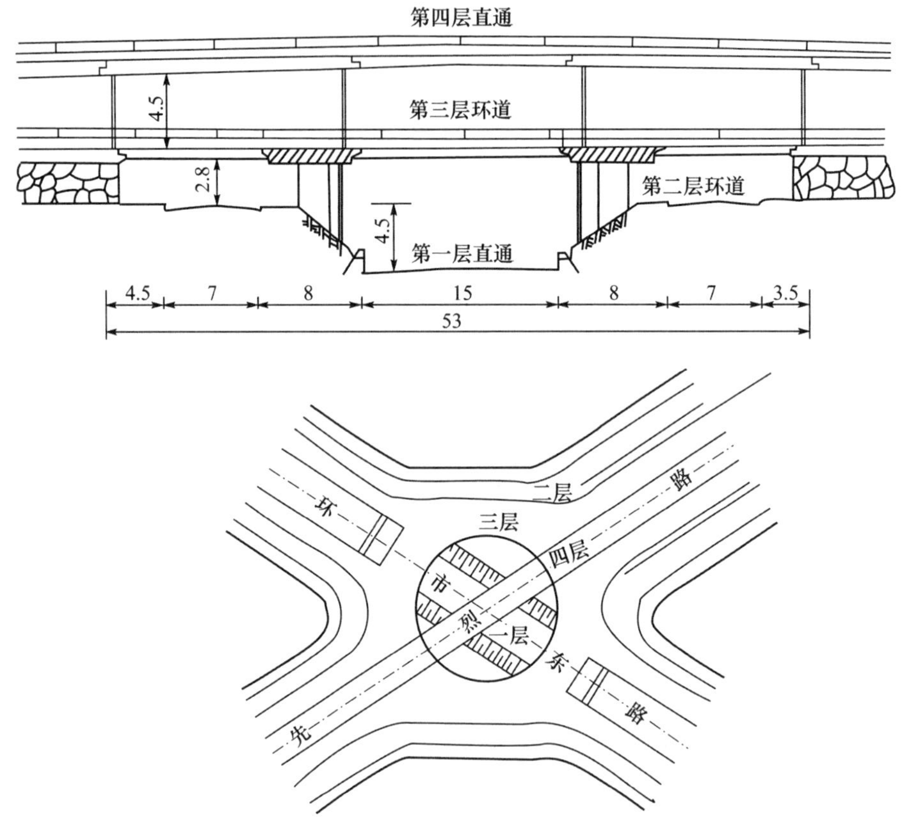

图6-10　广州区庄立交示意图

由于环形匝道机动车通行能力有限(通常小于3 000pcu/h),因此环形立交不适宜大城市城区交通量大的交叉口,比较典型的案例是北京市二环线西直门三层环行立交建成不久,由于交通拥堵严重不得不拆除、重建。这一点在立交选型时要特别注意。

二、互通式立交按道路车辆交通组成分类

互通式立体交叉依据其车辆交通组成又可分“机、非混行立交”(机动车与非机动车在同一道路上,混合行驶)和“机、非分行立交”(机动车与非机动车不在同一道路上,分离行驶)两大类。凡在通行机动车的主路或匝道上允许非机动车(行人)通行的立交均称为机、非混行立交;反之,不允许非机动车(行人)通行,但增设独立的非机动车道系统的则称为机、非分行立交(图6-11)。

常见的机、非分行立交形式有以下两种:

(1)机动车道系统为苜蓿叶形立交,如图 6-11a)所示。非机动车道系统为环形平面交叉,其竖向高程一般布设在立交的中间层位,平面位置视具体条件确定。

(2)机动车道系统为环形立交,如图 6-10 和图 6-11b)所示。非机动车道系统为环形平面交叉,其平面位置及竖向高程,视具体条件确定。

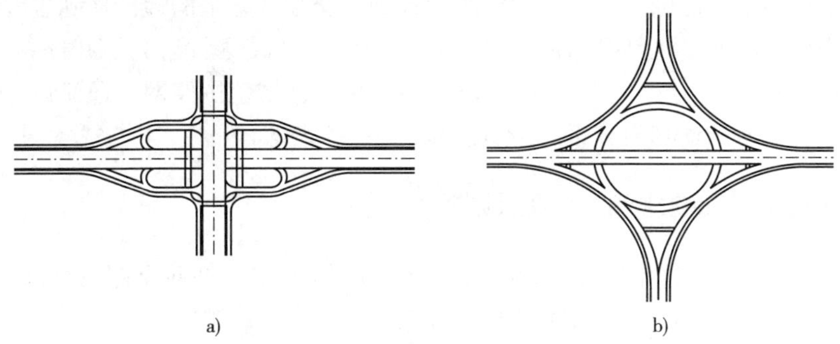

图 6-11 机动车与非机动车分行立体交叉

在市区干道交叉口采取机、非分行式苜蓿叶形立交和环形立交,解决了机动车和非机动车(行人)混行矛盾,比较典型的案例是北京建国门三层苜蓿叶立交(图 6-12)和广州区庄四层环形立交(图 6-10)。

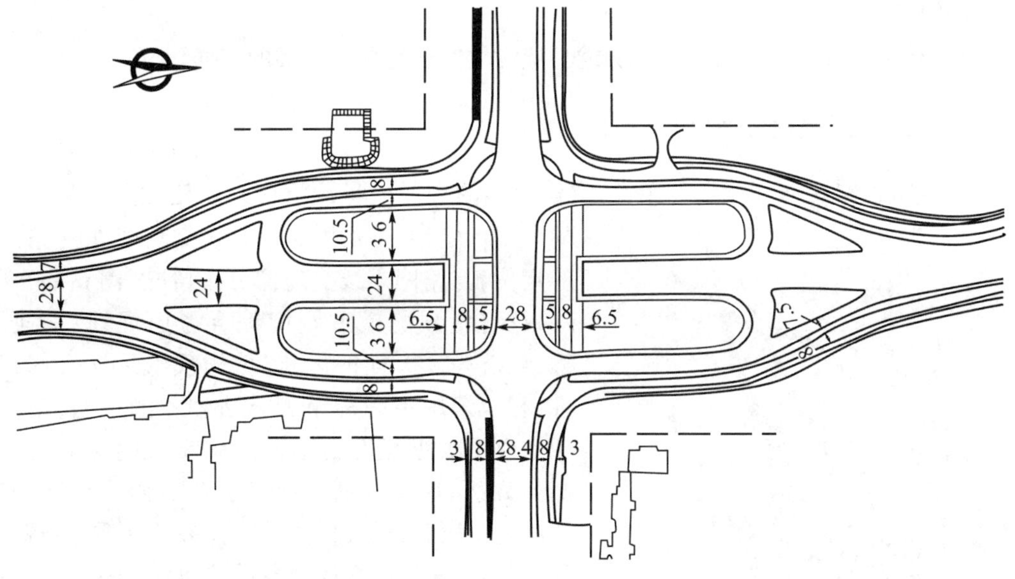

图 6-12 北京建国门立交示意图(尺寸单位:m)

另外,城市中的定向立交或者大型立交,若存在非机动车和行人的交通问题,通常都会采取机、非分行的方式,一是为了提高立交的总体通行能力,二是增加立交的交通安全性。“分行方式”可以在立交用地范围地面独立设置非机动车和行人道路交通系统,也可以采用地下通道、地上天桥等结构物衔接地面道路,保证非机动车、行人交通与机动车完全分离。需要关注和处理机动车、非机动车(行人)交通相互干扰问题,是城市道路立交有别于公路立交的一大特点。

第二节　交通流量预测与分析

交通流量预测是论证确定立交交通组织设计和立交设计方案的理论基础。因此,合理、准确的预测立交设计交通量及其交通流向对于立交设计至关重要。需要说明的是,城市道路交叉口流量、流向的预测一定会涉及交叉口周边,甚至更广区域范围路网交通流量、流向的问题,所以在进行立交交通量预测与分析时,不宜局限于一座立交。

一、立交交通流量预测的一般原则

(1)立体交叉处的交通流量、流向预测,应依据道路网规划,在对全路网交通流量、流向预测的基础上确定该交叉口的远景交通流量、流向。

(2)立体交叉处的交通流量、流向预测,应考虑立体交叉建成后由于周围路网的影响而产生的交通量转移。

(3)平交路口改建为立交,其交通流量、流向预测,应对原路网交通流量进行调查,并分析该交叉口近、远期交通状况。

(4)立体交叉处的交通流量、流向预测,应同时考虑预测结果与附近道路规划的通行能力相协调的问题。

(5)立体交叉处的交通流量、流向预测,应为立交选型提供可靠的依据。

二、立交的交通流量预测

鉴于城市道路交通规律的复杂性,立体交叉的交通流量预测应采用定性和定量相结合的方法。定性方面主要考虑立交功能在道路网中的定位,与路网干线交通流分布情况(图 6-13)保持一致;定量预测模型则应综合考虑规划、交通、政策、经济等多方面的影响,依据现状及立交修建条件,相应采用不同的预测方法和预测模型,最好有两个以上模型相互比对。立体交叉的交通流量预测与分析,应该分别进行交通流量预测前分析和交通流量预测后分析,根据设计任务的性质,在现有资料的基础上,认识交通现象的规律性,采用各种分析方法并进行比较,综合运用各种手段以提高预测结果的准确度。具体方法可以参考交通工程学的相关教材和著作。

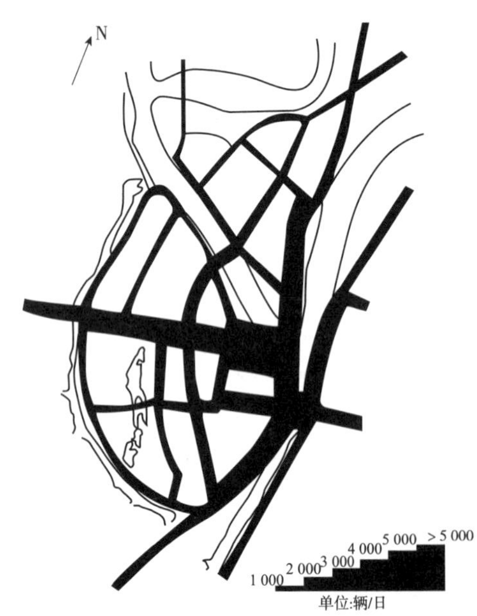

图 6-13　路网干线交流分布

立交的交通流量预测主要成果为该路口将来某个时间点的流量、流向图,如图 6-14 所示,对于非机动车或者行人交通也可以通过预测分析得到类似的成果。它们是立交方案设计的主要交通依据。

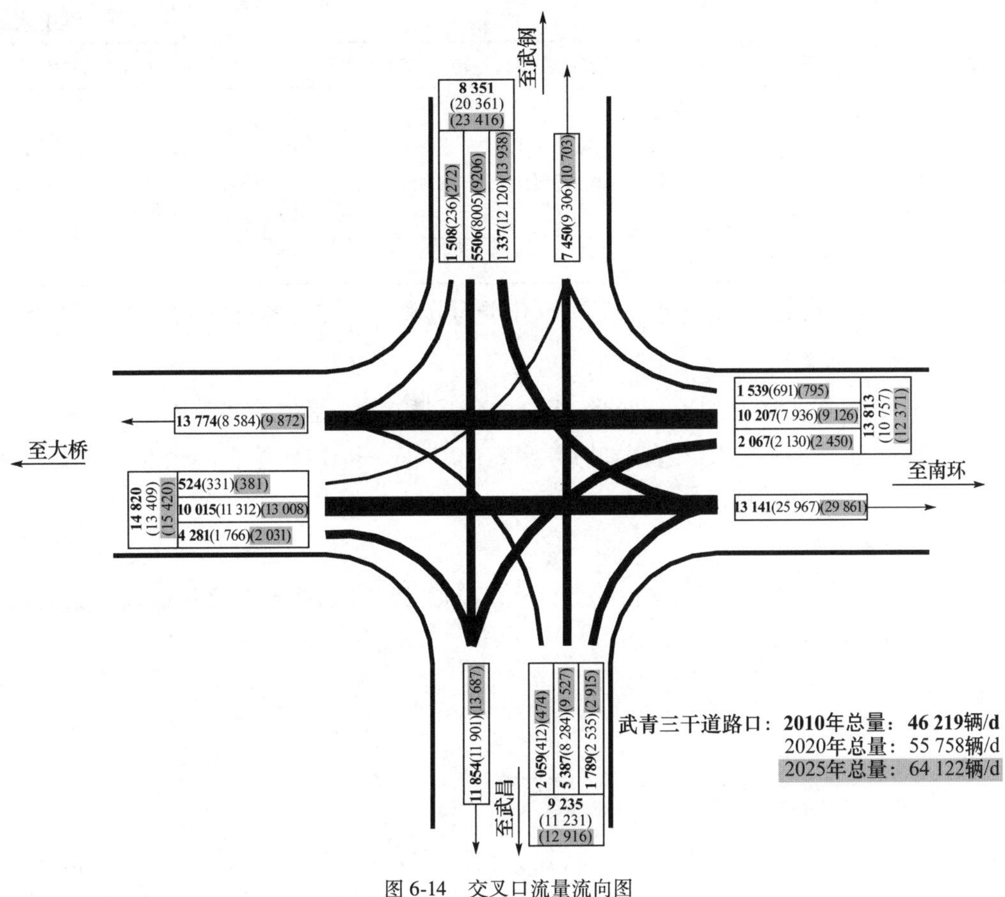

图 6-14　交叉口流量流向图

第三节　立交的选型

一、城市道路立交分类

为便于规划、设计，根据相交道路等级、直行及转向（主要是左转）车流行驶特征、非机动车对机动车的干扰等因素，《城市道路交叉口规划规范》（GB 50647—2011）、《城市道路交叉口设计规程》（CJJ 152—2010）对城市道路立体交叉进行了分类，如表 6-1 所示。

城市道路立交的类型划分及功能特征　　表 6-1

立交类型	主线直行车流行驶特征	转向（主要指左转）车流行驶特征	非机动车及行人干扰情况
立 A_1	快速或按设计速度连续行驶	经定向匝道或经集散、变速车道行驶	机、非分行，无干扰；车辆与行人无干扰
立 A_2	快速或按设计速度连续行驶	一般经定向匝道或经集散、变速车道行驶，或部分左转车减速行驶	机、非分行，无干扰；车辆与行人无干扰

续上表

立交类型	主线直行车流行驶特征	转向(主要指左转)车流行驶特征	非机动车及行人干扰情况
立 B	快速或按设计速度连续行驶,次要主线受转向车流交织干扰或受平面交叉口左转车冲突影响,为间断流	减速交织行驶,或受平面交叉口影响减速交织行驶,为间断流	机、非分行或混行,有干扰;主线车辆与行人无干扰
立 C	快速或按设计速度连续行驶	—	—

其中,A 类为枢纽立交、B 类为一般立交、C 类为分离式立交。各类立交应满足下列要求:

1. A 类:枢纽立交

立 A_1类:主要形式为全定向、喇叭形、组合式全互通立交。宜在城市外围区域采用。

立 A_2类:主要形式为喇叭形、苜蓿叶形、半定向、定向—半定向组合的全互通立交。宜在城市外围与中心区之间区域采用。

2. B 类:一般立交

立 B 类:主要形式为喇叭形、苜蓿叶形、环形、菱形、迂回式、组合式全互通或半互通立交。宜在城市中心区域采用。

3. C 类:分离式立交

立 C 类:分离式立交。

二、立体交叉选型原则

(1)立交选型取决于相交道路的性质、任务和远景交通规划,设计小时交通流量、流向等多方面因素,选定的类型应确保行车安全畅通和车流的连续,满足交通功能的需要。选型应力求简洁。

(2)立交选型必须与当地条件相适应,选型时要充分考虑地区规划,结合地形、地质条件,可以提供的用地范围,周围建筑出入口及设施分布状况等条件,因地制宜地布置立交主线及匝道。

(3)立交选型要注意远近期结合,全面考虑。既要考虑近期交通要求,减少投资费用,又要考虑远期交通发展的需要。

(4)立交选型和匝道布设要注意分清主次,首先应满足主要道路的交通要求,然后考虑次要道路,处理好相交道路的关系,选型要与路线设计、构造物设计、总体布局及环境相配合。

(5)立体交叉处非机动车(行人)流量大、机动车与非机动车(行人)互相干扰严重,预计可能造成交通阻塞、影响立交正常运行时,应采用“机、非分行式”立体交叉。

(6)立交选型应根据具体情况综合分析,进行技术、经济和环境效益的比较后确定。

三、立交适用条件

城市道路立交类型选择,应根据交叉结点在城市道路网中的地位、作用、相交道路的等级,并应结合城市性质、规模、交通需求及立交结点所在区域用地条件等,按表 6-2 选定。立交方案设计应进行方案评价工作,推荐采用综合评价层次分析法(AHP),参照《城市道路交叉口设计规程》(CJJ 152—2010)附录 A 进行,以保证所选立交设计方案的可行性与合理性。

城市道路立交类型选择 表 6-2

立体交叉类型	选型	
	推荐形式	可用形式
快速路—高速公路	立 A_1类	—
快速路—快速路(一级公路)	立 A_1类	—
快速路—主干路	立 B 类	立 A_2类、立 C 类
快速路—次干路	立 C 类	立 B 类
快速路—支路	—	立 C 类
主干路—高速公路	立 B 类	立 A_2类、立 C 类
主干路—主干路	—	立 B 类
主干路—次干路	—	立 B 类
次干路—高速公路		立 C 类
支路—高速公路	—	立 C 类

注:主干路与高速公路相交,经分析论证,可选立 A_1。

第四节 立交主线横断面

一、主线横断面组成

立交主线横断面由车行道、路缘带、分车带、路侧带、集散车道、变速车道以及防撞设施等部分组成。车行道总宽度(车道数)应能满足设计交通量要求,车道宽度、路缘带宽度同路段;分车带中的分隔设施、路侧带等宽度与路段相比可适当减窄,以减小立交主线的横向占地范围。变速车道、集散车道每条车道宽采用 3.5m。

二、主线横断面布置

一般情况下,主线横断面车行道布置与路段相同。设集散车道时,集散车道布置在主线机动车道右侧,为安全起见,主线车道与集散车道之间宜设分车带。主线变速车道路段的横断面随变速车道平面设计形式而定。

第五节 立交主线的平纵线形

一、主线平面线形

立交主线为相交道路的一部分。其主要平面线形技术要求与路段相同,不应在立交范围内突然改变技术标准。所不同的是,在进、出立交的主线路段,为了保证驾驶人员对立交处可能频繁出现交通号志识别的要求,其行车视距宜大于或等于 1.25 倍的停车视距,也即所谓的"识别视距"。

二、主线纵断面线形

机动车道最大纵坡应符合表 6-3 的规定。

机动车道最大纵坡度 表 6-3

设计速度(km/h)	100	80	60	50	40
最大纵坡度推荐(%)	3	4	5	5.5	6
最大纵坡度限制(%)	5	6	7		8

注:1.机动车最大纵坡应采用小于或等于最大纵坡度推荐值;受地形条件或特殊情况限制时,方可采用最大纵坡限制值。

2.山区城市设计速度为 40km/h 的道路,经技术经济论证,最大纵坡可增加 1%。

3.越岭路线连续上坡(或下坡)路段,地形相对高差为 200~500m 时,平均纵坡不应大于 5.5%;地形相对高差大于 500m 时,平均纵坡不应大于 5%,且连续 3km 路段的平均纵坡不应大于 5.5%。

4.海拔 3 000m 以上高原城市道路的最大纵坡推荐值可按表列值减小 1%,最大纵坡折减后若小于 4%,则仍采用 4%。

5.冰冻积雪地区快速路最大纵坡不得超过 4%,其他道路不得超过 6%。

机动车道纵坡长度应符合下列规定:

(1)道路纵坡最小长度应符合表 6-4 规定,且应大于相邻两个竖曲线切线长度之和。

纵坡坡段最小长度 表 6-4

设计速度(km/h)	100	80	60	50	40	30	20
坡段最小长度(m)	250	200	150	140	110	85	60

(2)当道路纵坡大于表 6-5 所列推荐值时,可按表 6-5 的规定限制坡长。当道路纵坡超过 5%,坡长超过表 6-5 的规定时,应设纵坡缓和段。缓和段的纵坡不应大于 3%,其长度应符合表 6-4 最小坡长的规定。

纵坡限制坡长 表 6-5

设计速度(km/h)	100			80			60			50			40	
纵坡度(%)	4	4.5	5	5	5.5	6	6	6.5	7	6	6.5	7	6.5	7
纵坡限制坡长(m)	700	600	500	600	500	400	400	350	300	350	300	250	300	250

三、非机动车道线形

1.平面线形

(1)非机动车道与主线平行布置时,其平面线形与主线一致。

(2)独立布置的非机动车道平面线形由直线和圆曲线组成,其缘石圆曲线最小半径为 5m。兼有辅道功能的非机动车道,其圆曲线最小半径采用机动车道技术指标最小值。

2.纵断面线形

(1)非机动车道纵坡度宜小于 2.5%,最大纵坡度为 3.5%,大于或等于 2.5%时,应按表 6-6 规定控制坡长。

(2)非机动车道变坡点处应设竖曲线,竖曲线最小半径为 500m。

非机动车道限制坡长(m) 表6-6

坡度(%)	自 行 车	三轮车、板车
3.5	150	—
3	200	100
2.5	300	150

第六节 立 交 匝 道

一、互通式立交匝道基本形式

1.按车流方向分右转匝道和左转匝道

(1)右转匝道(图6-15)

右转匝道是指为了实现右转弯,从主线行车道驶离的匝道形式。考虑到右转车分流安全,绝大多数右转匝道都是按照右转车辆从主线右侧驶离主线的形式来实现的。图6-15示意了三种常用右转匝道布置情况。

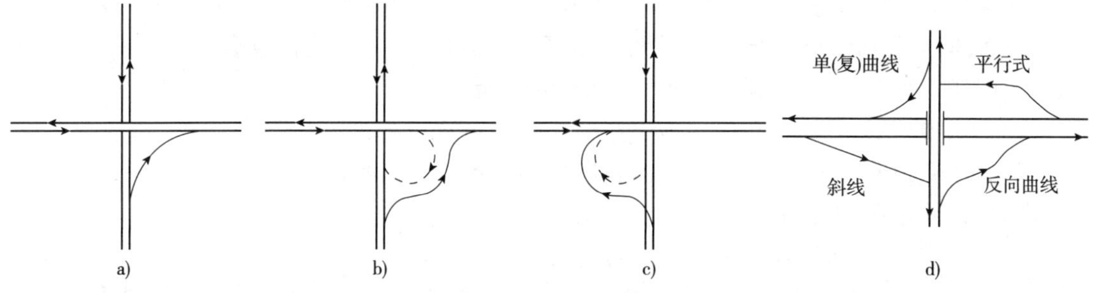

图6-15 立交右转匝道

①定向右转匝道(图6-15a):直接实施右转,便捷自然,是右转弯匝道首选的形式;

②半定向右转匝道(迂回定向匝道)(图6-15b):为减少占地,沿左转环圈匝道迂回实现右转,交通流线稍显不顺畅;

③右转环圈匝道(图6-15c):并入左转环圈匝道,实现右转。通常是在用地条件极端受限时比选的方案之一。

图6-15d)示出了右转匝道的常用的布置状况,供设计时参考。

(2)左转匝道(图6-16)

左转匝道一般可根据匝道的交通量大小、服务水平高低,依次选用左转环圈匝道、半定向匝道和定向匝道三种形式。

①左转环圈匝道(图6-16a):为了实现左转行驶,从主线车行道右侧驶离主线后,大约向右转270°构成环型左转弯的匝道,是苜蓿叶形立交典型左转匝道布置形式。

②半定向匝道(迂回定向匝道)(图6-16b):为了实现左转行驶,从主线车行道右侧驶离主线后,向左前进方向大致不变,跨过(穿越)相应道路,"迂回"左转弯的匝道形式。

③定向匝道(图 6-16c、d):为了实现左转行驶,从主线车行道右侧(左侧)驶离主线(一般驶出偏离角度较小),且在交叉点之前,在干道上“直接”左转的匝道形式。

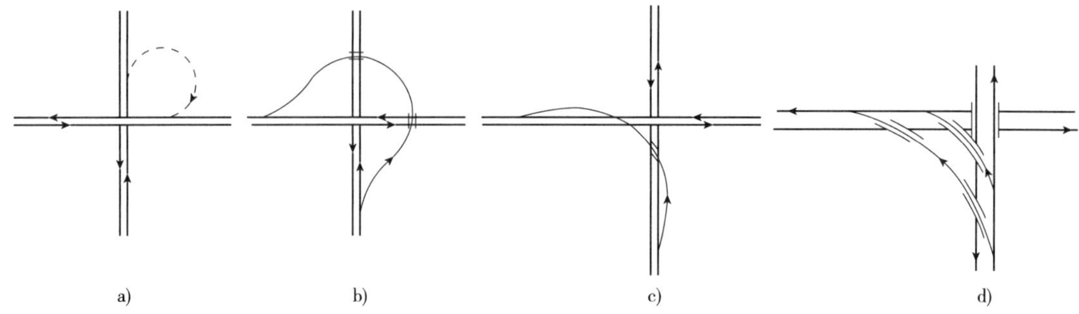

图 6-16　立交左转匝道

a)左转环圈匝道;b)半定向匝道;c)定向(半直接)匝道;d)定向(直接)匝道

2.按线形特征分定向匝道、半定向匝道、左转环形匝道、右转环形匝道

所谓定向匝道,其实是一种对其转向车流流线的定性描述,也有称其为“直接匝道”的,其含义是转向车流能够按照其转向方向,快速、捷径地变换行车方向。

严格意义上的左转定向应该是“左出左进”形式,即匝道设计保证左转车流从主线的左侧(快速车道)驶离主线,然后从被交道路主线左侧(快速车道)驶入主线[图 6-16d)]。由于车辆是“快速分流”和“快速合流”,因此对这种匝道的几何线形要求很高,否则难以实现车辆的快速安全转向。几何线形标准高,意味着匝道规模相对增大,工程造价也会随之上涨,半定向(或称定向变形)左转匝道也就应运而生,如图 6-17 所示。

(1)在次要道路左侧车道驶入(右出左进),如图 6-17a)所示。

(2)在主要道路左侧车道驶出(左出右进),如图 6-17b)所示。

(3)迂回式定向(右出右进),如图 6-17c)所示。

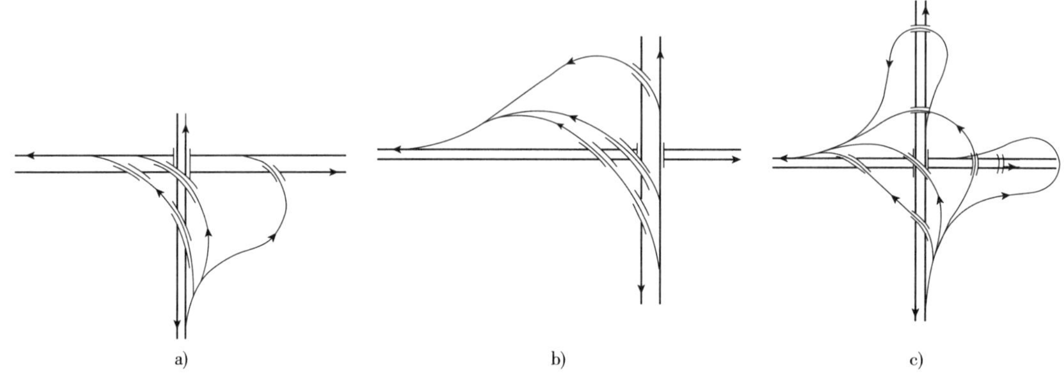

图 6-17　定向变形匝道

a)右出左进式左转匝道;b)左出右进式左转匝道;c)右出右进式左转匝道

需要说明的是,左转匝道根据其出入口分、合流特征,可以分“左出左进”“左出右进”“右出左近”和“右出右进”四种类型,除“右出右进”以外,其他“定向”“半定向”都存在左侧车道驶入(出)的情况,这类匝道在快速路上应该慎重采用,主要是“左侧”分、合流匝道出(入)口段落几何设计比较复杂,也不太符合一般驾驶人员“转弯减速行驶”的驾驶习惯。

3.喇叭型立交环型匝道

作为市郊、远郊收费道路的互通式立交,通常多采用喇叭型互通式立交,其环型匝道可分为进口匝道(A 型),出口匝道(B 型),见图 6-18。考虑行车安全,环型匝道设计车速应不大于 40km/h。

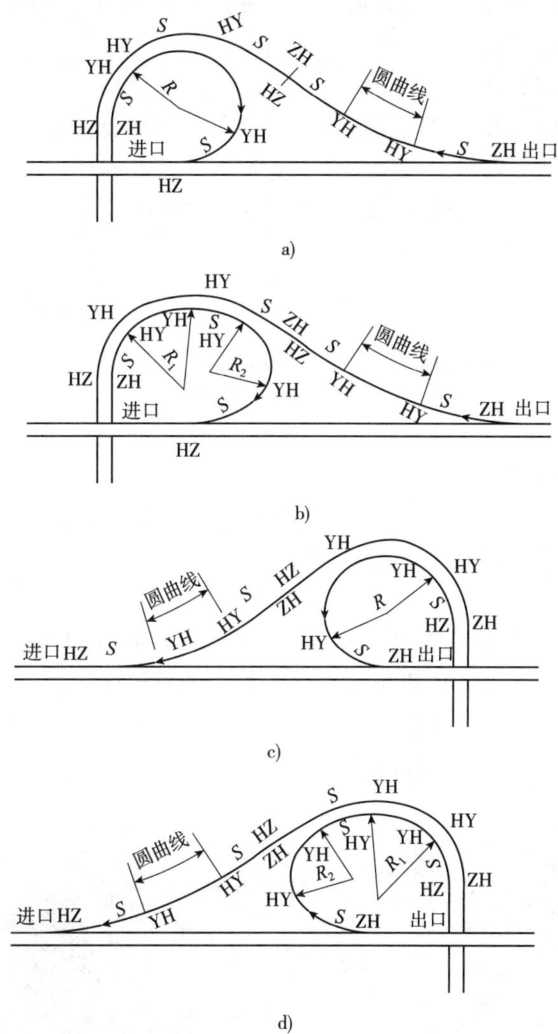

图 6-18 喇叭型立交环型匝道

a)进口匝道单圆线形;b)进口匝道卵型线;c)出口匝道单圆线形;d)出口匝道卵型线

(1)进口匝道尽量采用单圆线形,环圈匝道单圆半径一般宜采用 60~40m。

当受场地限制半径小于 40m 的推荐下限值时,环圈匝道常采用卵型线,大圆和小圆半径之比应在 1.5 以下。

(2)出口匝道采用卵形线,线形美观顺适,大圆和小圆半径之比应在 2~2.5 以下,环型匝道半径大于 60m 也可采用单圆线形。

4.立交的环道

作为市区受用地制约的交叉口,尤其是五岔和五岔以上的交叉,采用环型互通式立交有一定优势,是一种可选用的形式,但应慎重分析环道通行能力是否适应设计交通量以及该交叉口交通特点。

立交的环道是互通式立交匝道的特殊形式,其设计基本要素如下:

(1)环道车速

在市区用地受限时以及综合考虑交通、安全、通行能力,控制环道设计车速在20~40km/h(高架环道)。

(2)中心岛的形状和尺寸

中心岛形状应根据地形和交通流特性,采用圆形、长圆形、椭圆形等,其尺寸应满足最小交织长度和环道计算行车速度要求。具体取值参见表6-7。

环道最小交织长度和中心岛最小半径 表6-7

环道计算行车速度(km/h)	35	30	25	20
横向力系数 u	0.18	0.18	0.16	0.14
最小交织长度(m)	40~45	35~40	30	25
中心岛最小半径(m)	50	35	25	20

(3)环道车道数和路面宽度

环道一般采用三条车道,即左转、交织、右转各一条车道,环道交通量特别大时交织车道可设置两条车道。车道宽度必须按照弯道加宽值予以加宽。

(4)环道进出口设计

环道出口车道半径 R_1 应大于进口车道半径 R_2(图6-19),入口车速和环道车速一致,出口车速略高于环道车速,但不应过高,否则带来的大半径会导致交织长度缩短,从而对交通不利。环道最外侧缘石不应设计成反向曲线,如图6-19a)所示。合理路面边缘应做成同向曲线,或者同向"曲、直、曲"组合线形,如图6-19b)所示。

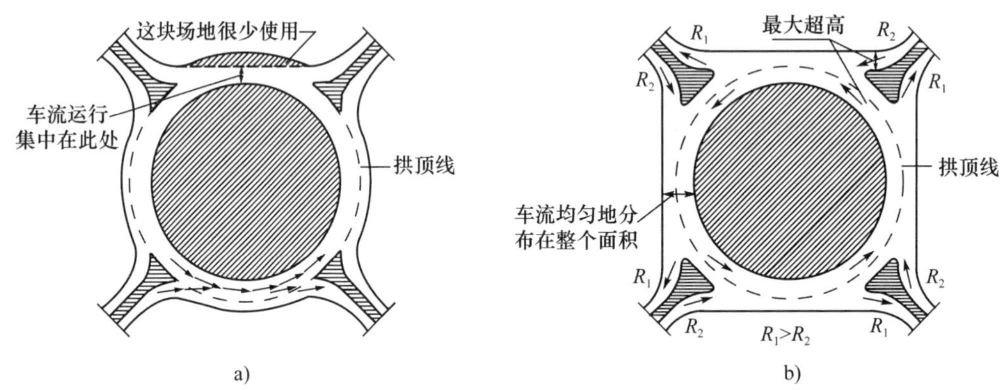

图6-19 环道交织路段的形状

二、互通式立交匝道横断面设计

匝道横断面由车道、路缘带、硬路肩(紧急停车带)和防撞墙(防护栏)组成。采用填路堤时,宜设置安全防护栏,防护栏设于土路肩上。

匝道横断面布置见表6-8。

匝道横断面布置(m) 表 6-8

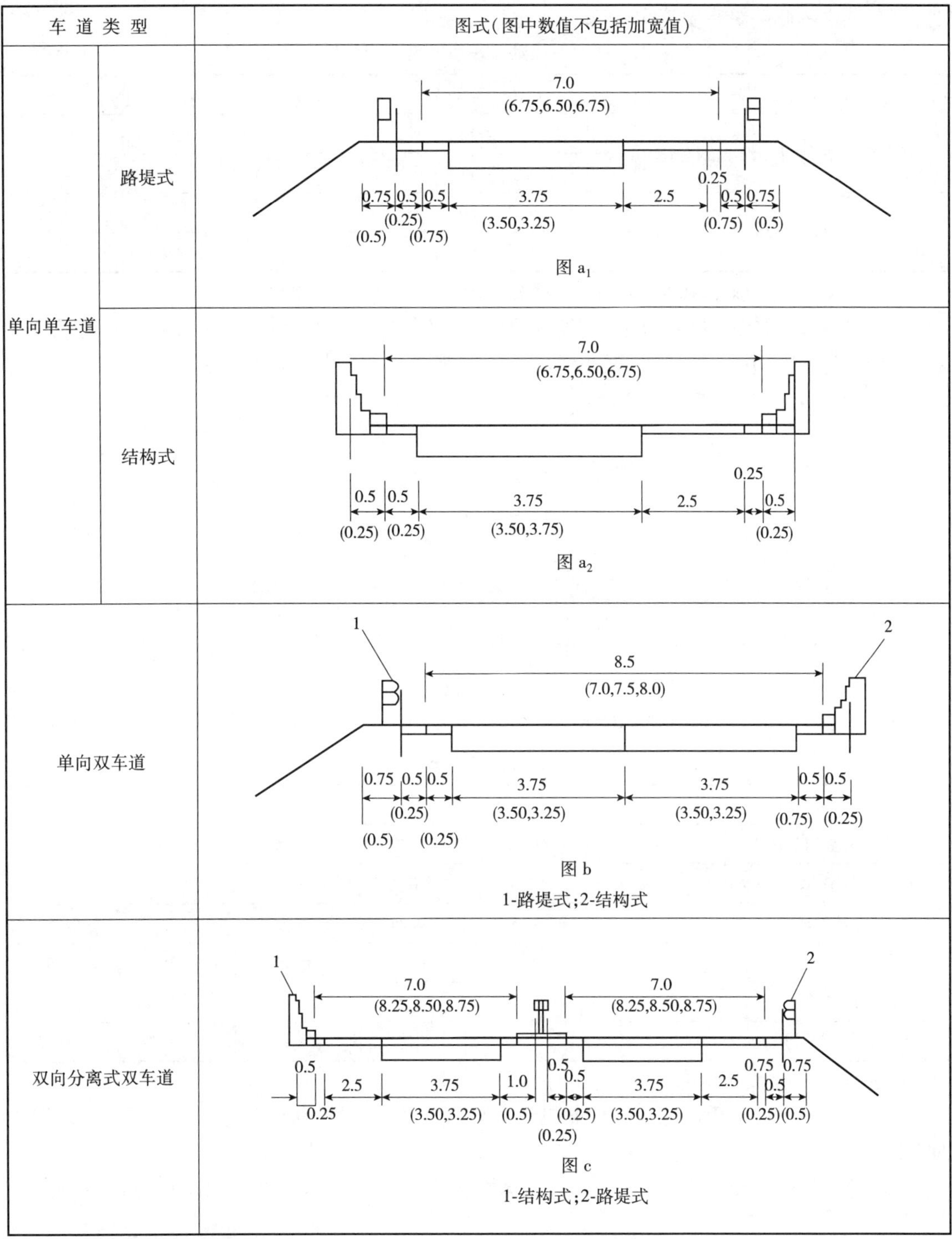

车道类型		图式(图中数值不包括加宽值)
单向单车道	路堤式	图 a_1
	结构式	图 a_2
单向双车道		图 b 1-路堤式;2-结构式
双向分离式双车道		图 c 1-结构式;2-路堤式

注:路堤式多用于路面通过边坡边沟排水,结构式多用于路面有侧缘石街沟排水。

匝道横断面形式,车辆单向行驶的应采用单幅式断面,双向行驶的应采用双幅式断面。在匝道范围内,路、桥同宽,困难路段,中央分车带可采用分隔物(钢护栏和水泥混凝土护栏)。车行道宽应根据车道数、设计车型及设计速度确定,机动车每条车道宽度应符合表 6-9 所列数值。单车道匝道必须设停车带,停车带含一侧路缘带宽度应为 2.75m;当为小型汽车专用匝道时,停车带含一侧路缘带宽度可为 2.0m。

机动车车道宽度 表 6-9

车型及行驶状态	设计速度(km/h)	车道宽度(m)
大型汽车或大小型汽车混行	≥60	3.75
	<60	3.5(3.25)
小型汽车专用道	≥60	3.5
	<60	3.25(3.0)

注:括号内数值为设计速度不超过 40km/h 时,或在困难情况下可采用的最小宽度值。

匝道横断面组成(图 6-20)中,分隔带、路缘带、侧向净宽、安全带、分车带最小宽度及匝道建筑限界应符合表 6-10 的要求,最小净高 h 值应符合第一章表 1-16 的规定。

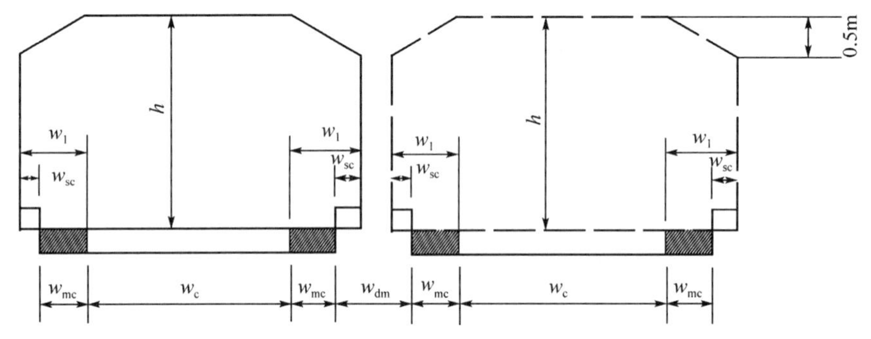

图 6-20 匝道横断面组成

w_c-车行道宽度(m);w_{mc}-机动车道路缘带宽度(m);w_1-侧向净宽(m);w_{dm}-中间分隔带宽度(m);w_{sc}-安全带宽度(m)

分车带最小宽度 表 6-10

分车带类别	中间带			两侧带		
设计速度 V(km/h)	80~70	60~50	≤40	80~70	60~50	≤40
分隔带最小宽度 W_{dm}(m)	1.5	1.5	1.5	1.5	1.5	1.5
路缘带最小宽度 W_{mc}(m)	0.5	0.5	0.25	0.5	0.5	0.25
安全带最小宽度 W_{sc}(m)	0.5	0.25	0.25	0.25	0.25	0.25
最小侧向净宽 W_{lc}(m)	1	0.75	0.5	0.75	0.75	0.5
分车带最小宽度 W_{sm}(m)	2.5	2.5	2	—	—	—

注:分车带由分隔带及两侧路缘带组成。

机、非混行匝道车行道宽应增加非机动车车道宽度,一般机动车道与非机动车道应采用物理分隔。

通常情况下,立交匝道采用单车道,特殊情况下可以采用双车道。双车道匝道设置条件如下:

(1)在交通量超过 1 250pcu/h 时。

(2)在单车道匝道和匝道出入口能满足通行能力要求,如果有下列情况一般也要采用双车道匝道,但须采用画线方式控制出入口为车道,尤其是合流处宜保持一条车道与主线车道合流。

①匝道长度大于 300m,为了提高“快车”超车机会;

②预计匝道上由于在匝道和街道连接处的管制(如信号灯控制)形成车辆排队,提供附加储备车道。

③匝道设置在陡坡上,或采用陡坡的极限值。

(3)左转环圈匝道宜采用单向单车道,最小宽度6.25m。必须设置双车道时,每条车道应另考虑车道加宽值(环圈匝道通常平曲线半径不大,需要设置加宽)。

三、互通式立交匝道平面线形设计

互通式立交匝道平面线形设计,应根据相交道路的等级和重要程度所确定的互通式立体交叉的等级,依据预测的交通量流向主次、地形、用地条件、地下管网设置等因素来确定立交匝道类型及其曲线半径,使其适应行驶速度的变化,保证车辆能连续安全地在立交中运行。

匝道的圆曲线最小半径指未加宽前内侧机动车道中心线的半径,其值应根据匝道计算行车速度选用大于表6-11所列限值。

匝道圆曲线最小半径(单位:m) 表6-11

项目	匝道设计速度(km/h)								
	80	70	60	50	40	35	30	25	20
冰雪地区	—	—	240	150	90	70	50	35	25
不设超高最小半径	420	300	200	130	80	60	45	30	20
$i=0.02$	315	230	160	105	65	50	35	25	20
$i=0.04$	280	205	145	95	60	45	35	25	15
$i=0.06$	255	185	130	90	55	40	30	25	15

匝道平面线形中,直线与圆曲线或大半径圆曲线与小半径圆曲线之间应设缓和曲线,缓和曲线采用回旋曲线,回旋曲线的基本公式为:

$$R \cdot L = A^2 \tag{6-1}$$

式中:A——回旋曲线的参数;

R——回旋曲线各点曲线半径(圆曲线);

L——回旋曲线长。

按照《城市道路交叉口设计规程》(CJJ 152—2010)规定,缓和曲线最小长度和回旋线参数应分别大于等于表6-12、表6-13所列值。

匝道缓和曲线最小长度 表6-12

匝道设计速度 v(km/h)	80	70	60	50	40	35	30	25	20
缓和曲线最小长度(m)	75	70	60	50	45	40	35	25	20

回旋线参数一般以 $A \leqslant 1.5R$ 为宜,并不小于表6-13所列值。

匝道回旋线参数 表6-13

匝道设计速度 v(km/h)	80	70	60	50	40	35	30	25	20
回旋线参数 A(m)	135	110	90	70	50	40	35	25	20

反向曲线间的两个回旋线,其参数宜相等,不相等时其比值应小于1.5。回旋线的长度还应满足超高过渡的需要。

匝道行车视距一般仅考虑停车视距,匝道两端出入口的行车视距则宜考虑"判别视距",即1.25倍的停车视距。按照《城市道路交叉口设计规程》(CJJ 152—2010)规定,匝道停车视距不应小于表6-14所列值。匝道平曲线内侧宜采用视距包络线作为视距界限。

匝道停车视距 表6-14

匝道设车速度(km/h)	80	70	60	50	40	35	30	25	20
停车视距(m)	110	90	70	55	40	35	30	25	20

四、互通式立交匝道纵断面设计

按照《城市道路交叉口设计规程》(CJJ 152—2010)规定,互通式立交匝道最大纵坡不应大于表6-15所列值,最小竖曲线半径及竖曲线长度应符合表6-16的要求。

匝道最大纵坡(%) 表6-15

匝道设计速度(km/h)	80	70	60	50	≤40
一般地区	5	5.5	6	7	8
积雪冰冻地区	4	4	4	4	4

匝道竖曲线的最小半径及长度 表6-16

匝道计算行车速度(km/h)			80	70	60	50	40	35	30	25	20
竖曲线最小半径(m)	凸形	一般值	4 500	3 000	1 800	1 200	600	450	400	250	150
		极限值	3 000	2 000	1 200	800	400	300	250	150	100
	凹形	一般值	2 700	2 025	1 500	1 050	675	525	375	255	165
		极限值	1 800	1 350	1 000	700	450	350	250	170	110
竖曲线最小长度(m)		一般值	105	90	75	60	55	45	40	30	30
		极限值	70	60	50	40	35	30	25	20	20

注:用$L=R\cdot\omega$,按竖曲线半径计算竖曲线最小长度小于表列数值时应采用本表最小长度。

在设计匝道纵断面线形时,由于设计高程往往会受到许多条件限制,所以应注意以下事项,以便设计出便于车辆行驶及安全的匝道纵断面。

(1)匝道纵断面线形应平缓,避免不顺适的急剧变化,且宜满足最小坡长要求。当设计条件特别困难时,可以不受最小坡长限制。为优化匝道上车辆经常变速行驶的行车条件,断背纵坡线(两同向竖曲线间隔一短直线段)一般应避免,特别是在凹形地带,两凹形竖曲线的整体外观视觉极差,在有中央分隔带、开阔的双幅路断面,这种影响更为显著。

(2)匝道驶入主线附近的纵断面线形,要与主线有一定长度的平行坡段,以充分保证主线上的视距,使车辆能自然顺适地驶入主线,同时亦有利于分、合流"异形段"的高程协调。

(3)匝道及其端部纵坡处,应采用较大的竖曲线半径,以保证有足够的行车视距。对凸形竖曲线和在立交桥下的凹形竖曲线应校核行车视距。验算时物高宜为0.1m;目高在凸形竖曲线上宜为1.2m(小车驾驶员视线高度),在凹形竖曲线上宜采用2.2m(大车驾驶员视线高度)。

五、立交匝道超高与横坡

在设计速度下,由于匝道平曲线半径过小引起的车辆离心力不能由道路横坡和正常轮胎摩阻力所平衡时,平曲线段必须设置超高横坡。各地区最大超高横坡度的取值应根据当地气候、地形、地区性质和交通特点来确定。按照《城市道路交叉口设计规程》(CJJ 152—2010)规定,一般地区最大超高不超过6%,积雪冰冻地区不超过3.5%。

设计超高横坡度根据容许最大超高横坡度、最大横向摩阻力系数、平曲线半径和设计速度确定,按式(6-2)计算:

$$i=\frac{V^2}{127R}-\mu \tag{6-2}$$

式中:i——设计超高横坡度,%;

R——平曲线半径,m;

μ——横向摩阻力系数,可按表6-17取用;

V——设计速度,km/h。

最大容许横向摩阻力系数　　表6-17

匝道设计速度(km/h)	80	70	60	50	45	40	35	30	25	20
横向摩阻力系数μ_{max}	0.14	0.15	0.16	0.17	0.175	0.18	0.18	0.18	0.18	0.18

坡道上的平曲线设置超高,必须考虑纵坡对实际超高的不利影响。合成坡度一般最大不超过8%,冰雪地区不应超过6%。合成坡度按式(6-3)计算:

$$i_H=\sqrt{i_h^2+i_z^2} \tag{6-3}$$

式中:i_H——合成坡度,%;

i_h——超高横坡,%;

i_z——纵坡,%。

正常路拱与全超高路段之间应设置超高缓和段,缓和段长度可按式(6-4)计算:

$$L_\varepsilon=\frac{b\times\Delta i}{\varepsilon} \tag{6-4}$$

式中:L_ε——超高缓和段长度,m,不少于2s的设计速度行驶距离;

b——超高旋转轴至路面边缘的宽度,m;

Δi——超高横坡度与正常路拱坡度的代数差,%;

ε——超高渐变率,超高旋转轴与路面边缘之间相对升降的比率,可按表6-18取值。

超高渐变率　　表6-18

匝道设计速度(km/h)	20	30	40	50	60	70	80
超高渐变率ε(中)	1/100	1/125	1/150	1/160	1/175	1/185	1/200
超高渐变率ε(边)	1/50	1/75	1/100	1/115	1/125	1/135	1/150

超高设置方式可根据地形状况、车道数、景观要求、排水需要在图6-21中选择。

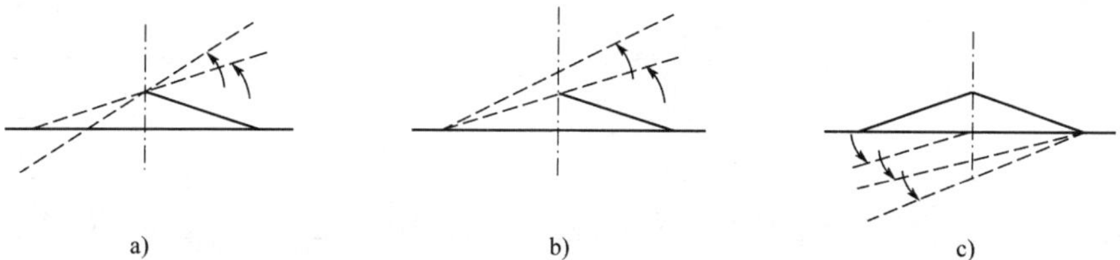

图6-21　超高设置方式

a)车道绕中心线旋转;b)车道绕内侧边缘线旋转;c)车道绕外侧边缘线旋转

六、匝道端部出入口设计

匝道端部是匝道两端邻近主线出入口部分的统称,包括匝道渐变段、变速车道、匝道端点。匝道端部可以根据端部变速车道的外形分为平行式和直接式两大类。也可根据端部变速车道车道数分成单车道型和多车道型。

1.匝道端部出入口设计要点

(1)枢纽互通立交匝道的出入口,宜设置在主线车行道右侧。受条件限制的特殊情况,出入口只能设置在主线车行道左侧时,应把左侧出入口按主线车道分流或合流的形式设计,具体要求按“辅助车道”的设置要求进行。一般互通式立交匝道出入口也应设在主线车行道右侧,除特殊情况或在相交次要道路且其出入口交通量较小的条件下,才可将匝道出入口设置在次要道路左侧。

(2)出入口端部位置的设置应该明显、易于识别,为此需要注意以下几点:

①一般情况下宜将出口设置在跨线桥等构造物前,困难地段可把变速车道大部设置在跨线桥前。当设置在跨线桥后时,则距跨线桥距离宜大于150m。

②一般情况下宜将出口设置在凸形竖曲线上坡道上,当设置在凸形竖曲线下坡道处时,应将凸形竖曲线设置得长些以增大视距使驾驶员能看清出口端部变速车道渐变段的起点和匝道平曲线的方向。

③入口端部宜设在主线下坡路段,以利用下坡便于重型车辆加速,并在入口端点应保持充分的视距,参见图4-7,以便匝道上汇流车辆能调整车速汇入主线车流间隙中。

(3)在减速车道终点,应设置缓和曲线,使分流点处具有较大的曲率半径,并使曲率变化适应行驶速度的变化,如图6-22所示。分流点的曲率半径与回旋线参数规定如表6-19所示。

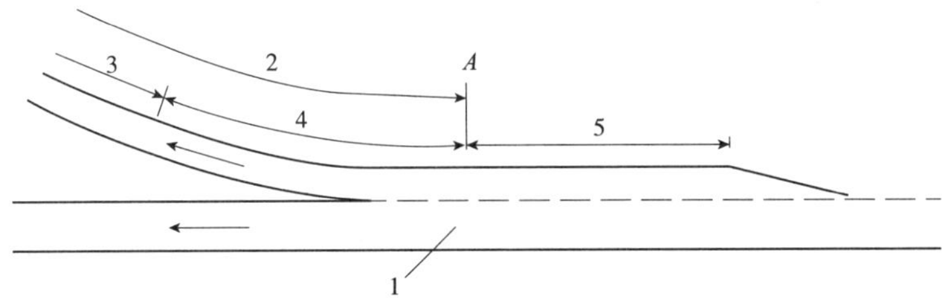

图6-22 匝道出口端部缓和曲线

1-主线;2-匝道;3-圆曲线;4-回旋线;5-减速车道;A-匝道起点

分流点的曲率半径与回旋线参数 表6-19

主线设计速度(km/h)	分流点的行驶速度(km/h)	分流点的最小曲半径(m)	回旋参数A(m)	
			一般值	低限值
120	80	250	110	100
	60	150	70	65
100	55	120	60	55
80	50	100	50	45
60	≤40	70	35	30

(4)立 A_1类主线与驶出匝道的出口分流点处,当需给误行驶出主线车辆提供返回余地时,车行道边缘宜进行"偏置"设计,并用圆弧连接主线和匝道路面的边缘。偏置值和楔形端部鼻端半径规定见第四章第五节。若此处为高架结构段,则可不设偏置加宽。

楔形端端部后的过渡长度 Z_1、Z_2根据表 4-15 的渐变率计算。

当主线硬路肩宽度能满足停车宽度要求时,偏置宽度可采用该硬路肩宽度,渐变段部分硬路肩应铺成与行车道路面相同的结构。同时,端部路段从前端起用缘石围上 10~15m 长,使其轮廓醒目便于识别。

(5)立交范围内相邻匝道出入口之间的最小净距组合情况见图 6-23,最小净距值应符合表 6-20 的规定。

相邻匝道口最小净距(m) 表 6-20

距离 L(m)	干道设计速度(km/h)					
	120	100	80	60	50	40
极限值	165	140	110	80	70	55
一般值	330	280	220	160	140	110

匝道出入口之间最小净距数值除按表 6-20 采用外,还应考虑以下各项因素:

①干道的驶出或驶入紧挨着的情况(图 6-23b)

应考虑变速道长度及标志之间距离,根据所需距离最长的条件取用。

②驶入的前面有驶出的情况(图 6-23d)

应根据交织的交通量计算其交织所需长度,并取其长者来决定距离采用值。

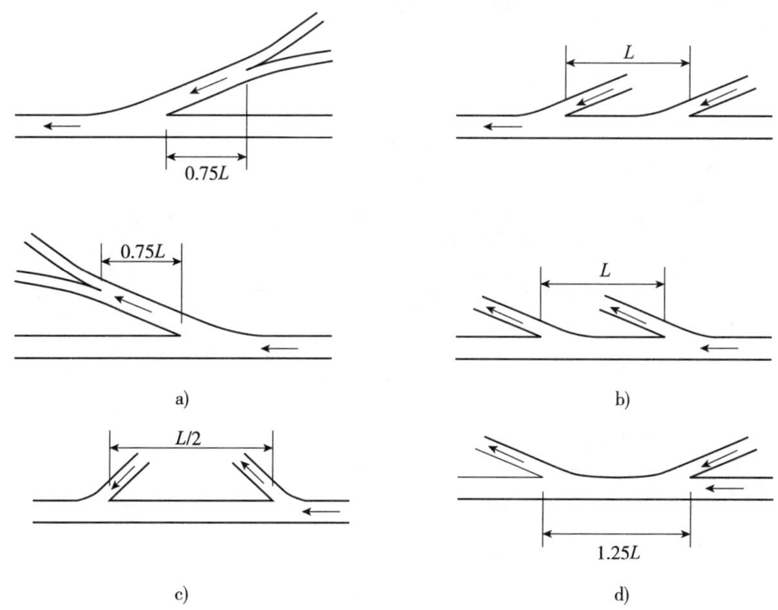

图 6-23 匝道口最小净距

a)干道分岔与匝道分岔紧挨;b)干道上连续驶出或驶入;c)干道先驶出后驶入;d)干道上先驶入后驶出

2.单车道出入口

单车道出入口分单车道直接式出入口(图 6-24、图 6-26)和单车道平行式出入口(图 6-25、图 6-27)两类。

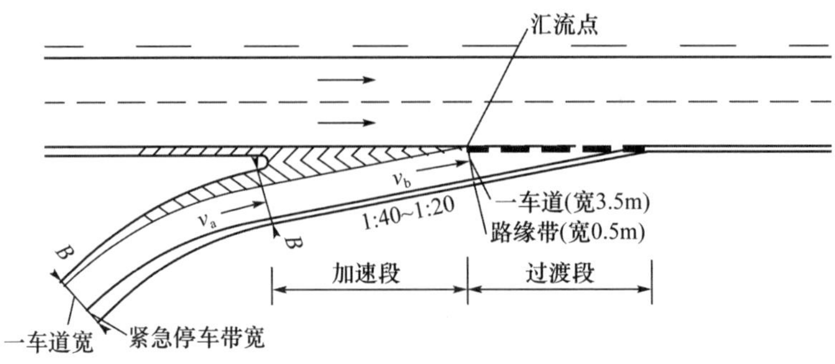

图 6-24 单车道直接式入口

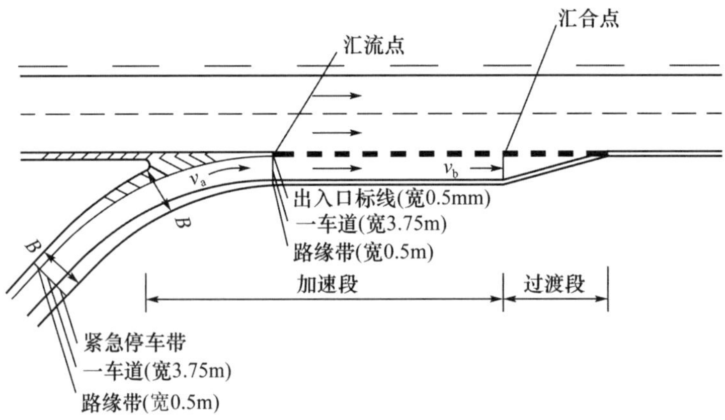

图 6-25 单车道平行式入口

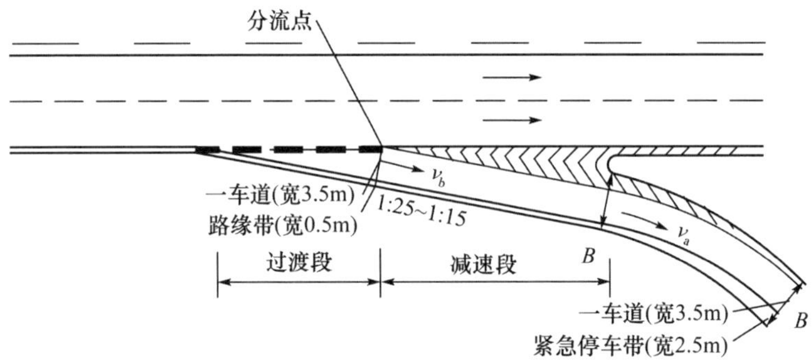

图 6-26 单车道直接式出口

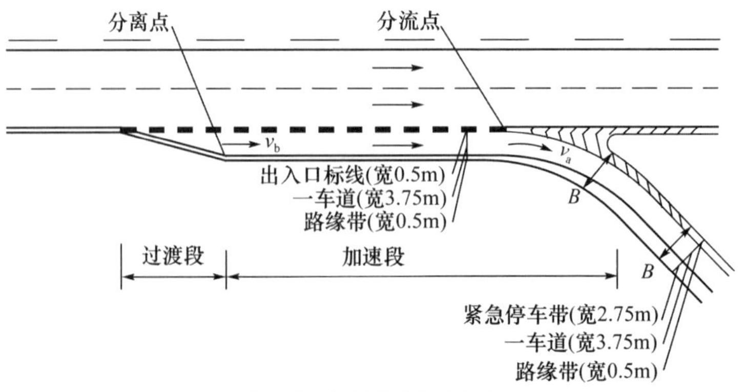

图 6-27 单车道平行式出口

(1)单车道直接式入口是按 1 : 40~1 : 20(纵横比)均匀的渐变率和主线连接,汇合点设定在主线直行车道右侧边缘 3.5m(一条车道)处,汇合点后方为加速段,汇合点前方为过渡段。

(2)单车道平行式入口是在汇流点处起,提供一条附加平行车道,使车辆因汇合点处开始加速到接近主线车速。在附加变速车道末端设置过渡渐变段。有较长的插入区段,有利于车辆驶入。

(3)直接式出口线形符合行车轨迹,其出口是按 1 : 25~1 : 15(纵横比)均匀的渐变率和主线相接,分离角通常为 3°~5°,有利于主线大交通量车辆快速、平稳驶出。

(4)平行式出口线形其渐变段及减速车道线形特征明显,能为驾驶员提供醒目的出口区域,可以防止主线车辆误驶出主线。

3. 多车道出入口

多车道出入口除和单车道出入口一样,根据平面形式分平行式和直接式两类外,还可以功能分类:一类是按主线出入口进行设计,适应于互通式立交匝道的出入口设计;另一类按主线岔口分流(合流)进行设计,适应于高等级道路(快速路、主干路)枢纽立交主线的定向分流(合流)出入口设计。

(1)按出入口形式设计

①双车道直接式出入口,和单车道一样布置,第二条变速车道加在第一条变速车道右侧,按经验内侧车道加速段长是单车道规定值的 80%(图 6-28、图 6-29)。

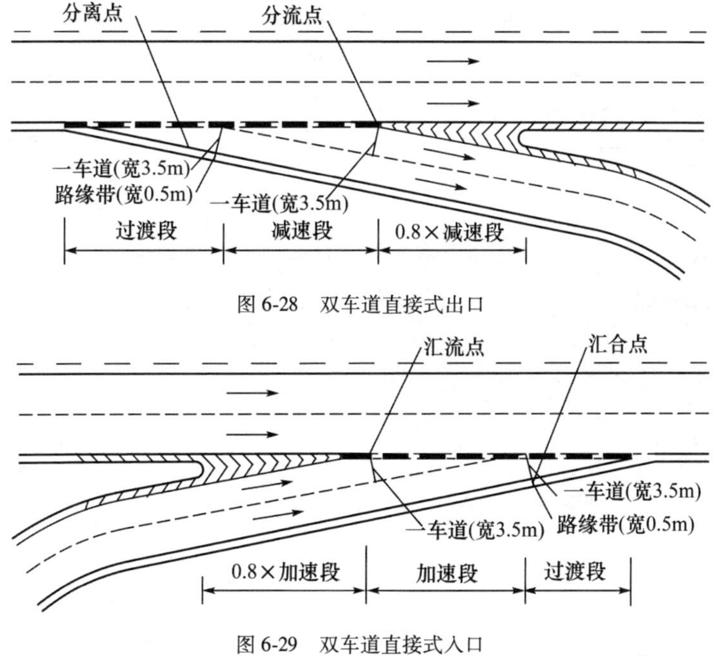

图 6-28 双车道直接式出口

图 6-29 双车道直接式入口

②双车道平行式出入口,和单车道一样布置,第二条车道加在第一条车道右侧,右侧变速车道较左侧第一车道短一个渐变段长度(图 6-30、图 6-31)。

(2)按增设辅助车道的双车道出入口设计

一般位于枢纽立交的定向匝道,当出入口交通量很大时,双车道出入口,必须在下行方向按车道数平衡、基本车道数连续,增设辅助车道(图 6-32~图 6-35)。

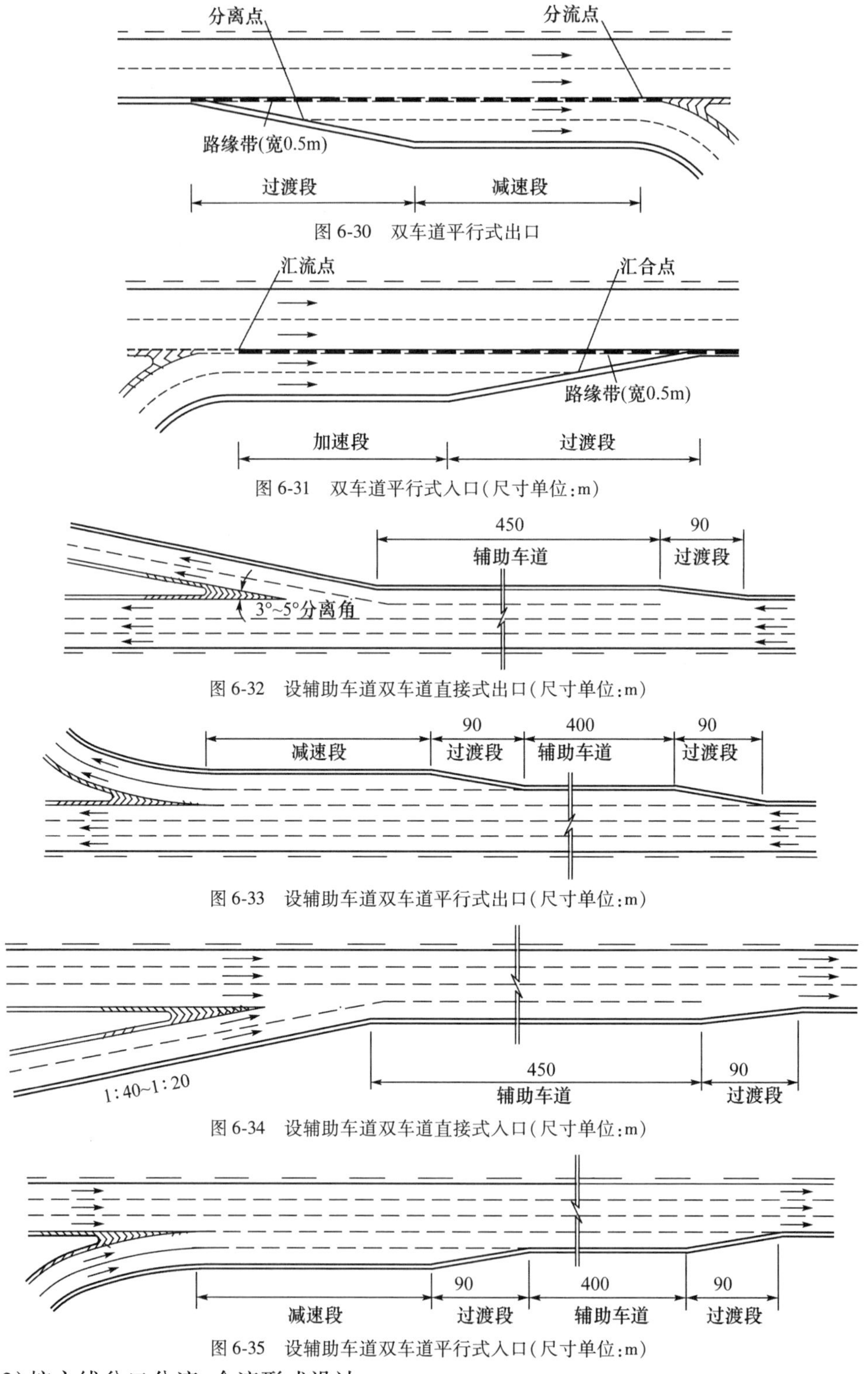

图 6-30　双车道平行式出口

图 6-31　双车道平行式入口(尺寸单位:m)

图 6-32　设辅助车道双车道直接式出口(尺寸单位:m)

图 6-33　设辅助车道双车道平行式出口(尺寸单位:m)

图 6-34　设辅助车道双车道直接式入口(尺寸单位:m)

图 6-35　设辅助车道双车道平行式入口(尺寸单位:m)

(3)按主线岔口分流、合流形式设计

①枢纽立交处,为了能够在与主线车速基本相同行驶条件下,实现大交通量的分、合流和路线的转换,道路分岔端部须按主线分岔方式保证主线基本车道数连续和主线车道数的平衡,

必要时需增设辅助车道。典型的双车道岔口分流、合流端部设计见图6-36。其中,相对较次要分岔流向应靠右侧进出。

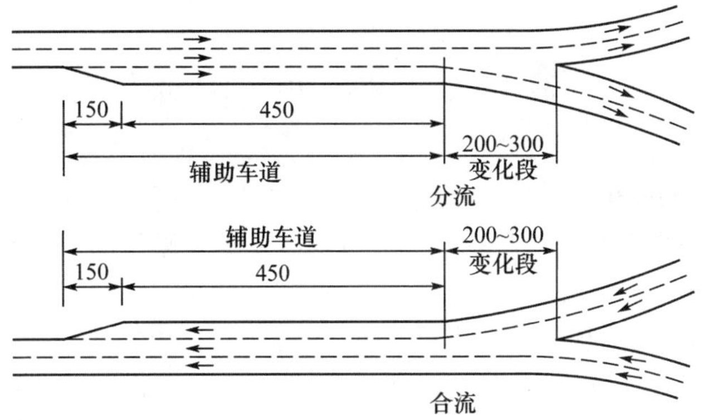

图6-36 双车道岔口分流与合流(尺寸单位:m)

②高速公路或城市快速路在起讫点处一般分成两条定向多车道,与类似高等级道路相衔接。大交通量的分、合流或路线间交通流转换,期间车速基本保持不变。多车道岔口分流、合流端部可按图6-37所示方式对主线进行分岔设计。

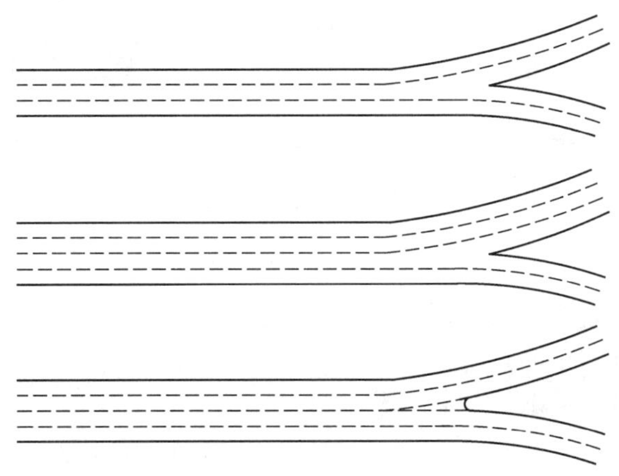

图6-37 多车道岔口分流与合流

③特大型互通式枢纽立交的主线岔口,除了按车道数平衡原则进行设计外,还应按树枝状分岔,以每两个流向分别进行分流、合流设计(图6-38)。对于这类树枝状主线岔口的设计,需

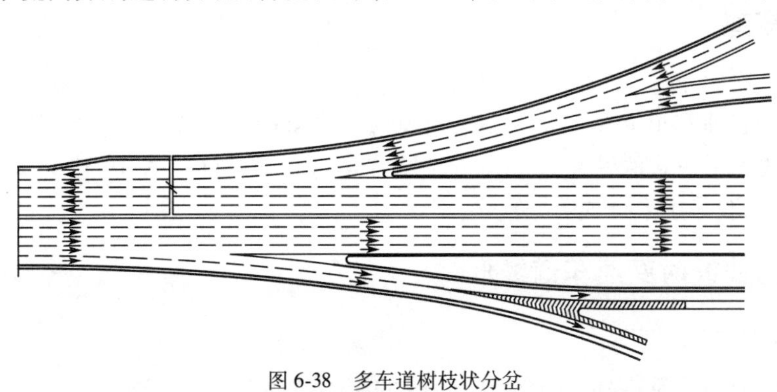

图6-38 多车道树枝状分岔

要验算沿纵向相邻岔口之间的合理间距,确保在短距离内完成“分流、交织、合流”交通流的连续与通畅。

第七节 辅 助 车 道

为适应交通需求的变化,适应车辆变速、交织以及出入运行,在立交主线上可以通过设置相应的辅助车道进行调节,从而满足基本车道数连续及车道平衡的设计原则。辅助车道的宽度应与直行车道相同。

基本车道数的连续与平衡要求在快速路中已经述及,见图 4-10。

为了使车辆行驶顺畅,辅助车道长度(包括渐变段)在分流端为 1 000m,最小为 600m,在合流端为 600m。辅助车道过渡段渐变率应大于等于 1/50。渐变段长一般可用 200m。当前一个互通式立体交叉的加速车道末端至下一个互通式立体交叉(立交枢纽)的减速车道的起点之间的距离小于等于 500m 时,必须设辅助车道(图 6-39),将两者连接起来。倘若交通量大,交织运行交通量比例高,即使两者间距达 2 000m 也宜考虑设置连续的辅助车道。关于辅助车道设置情况,见图 6-32~图 6-36。

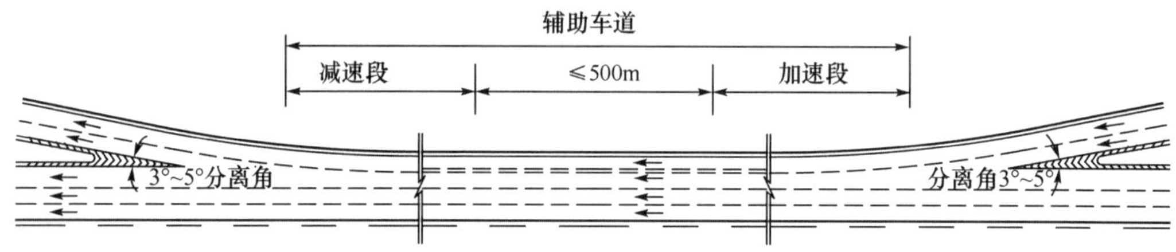

图 6-39 连续辅助车道

需要说明的是,由于辅助车道的设置可能增加不小的工程量,尤其是高架路,因此需要慎重论证后采用。通常辅助车道只用于枢纽立交和一般互通式立交主要道路上及其分合流处,对于次要道路及其分合流处则不一定设置。

第八节 变速车道、交织路段和集散车道

一、变速车道

变速车道也称加、减速车道。因为车辆在互通式立交匝道出入口附近都存在变速(加、减速)的需求,设置变速车道就是顺应和满足车辆加、减速行驶的需要。按行车轨迹划分,变速车道分为直接式和平行式两种,参见图 4-2。城市互通立交设计过程中,减速车道一般采用直接式,加速车道一般采用平行式。

二、主线为曲线时变速车道线形

1.平行式变速车道

与主线线形为直线时一样,主线为曲线时的平行式变速车道线形一般与主线曲线平行。

平行式变速车道同匝道曲线连接(图 6-40):

当两曲线为同向时,可用卵形回旋线或复合形回旋线连接;当主线圆曲线半径 R_1>1 500m 时,可视 $R_1\approx\infty$ 而直接作回旋线的起点。

当为反向时,可采用 S 形回旋线连接;当主线圆曲线半径 R_1>2 000m 时可视 $R_1\approx\infty$ 而直接作为回旋线的起点。

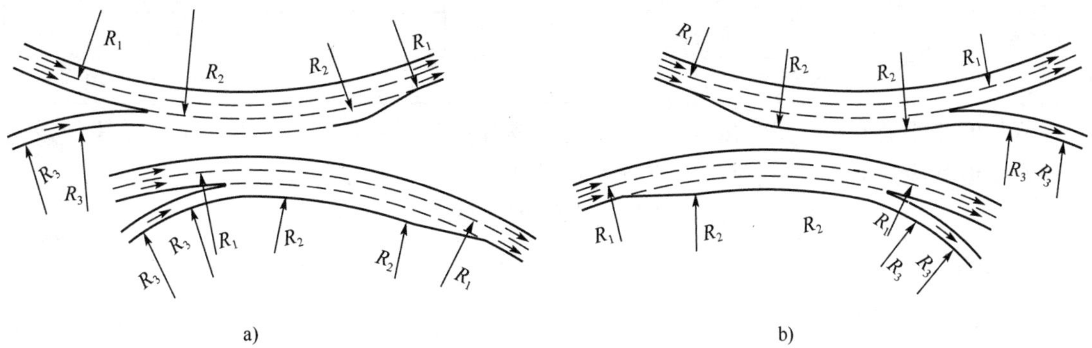

图 6-40 曲线上的平行式匝道

2.直接式变速车道

由于弯道上主线与直接式变速车道的曲率差很小,因此直接式变速车道线形一般可采用与主线为直线时相同的宽度渐变率顺主线线性变宽接出或接入,也可按图 6-41 所示内切圆曲线法接入或接出主线。当主线位于回旋线范围内时,变速车道亦可采用同一参数的回旋线。但宽度渐变率应符合表 6-21 的规定。直接式变速车道与匝道曲线连接,可按平行式变速车道的连接方式处理。

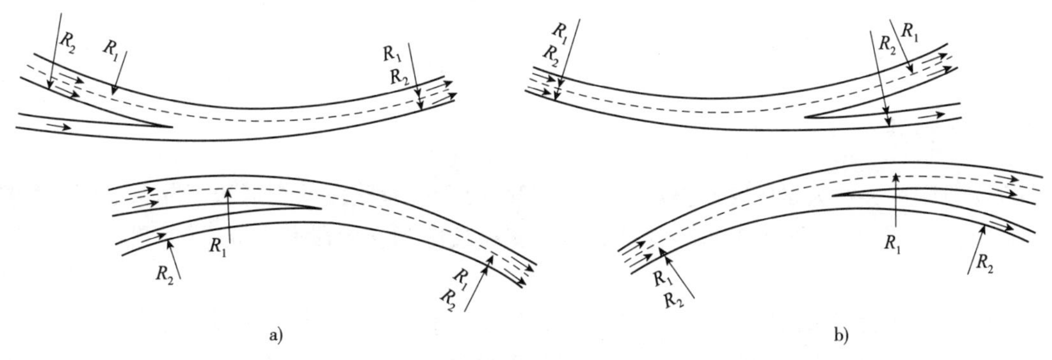

图 6-41 曲线上的平行式匝道

变速车道长度为加速或减速车道长度与渐变段长度之和,应根据主线设计速度采用大于表 6-21 所列长度。

变速车道长度及出、入口渐变率 表 6-21

主线计算行车速度(km/h)		120	100	80	60	50	40
除宽度缓和部分外的减速车道规定长度(m)	一车道	100	90	80	70	50	30
	二车道	150	130	110	90	—	—
除宽度缓和部分外的加速车道规定长度(m)	一车道	200	180	160	120	90	50
	二车道	300	260	220	160	—	—

续上表

主线计算行车速度(km/h)		120	100	80	60	50	40
宽度缓和路段长度(m)	一车道	70	60	50	45	40	40
出口角度	一车道	1/25		1/20	1/15		
	二车道						
入口角度	一车道	1/40		1/30	1/20		
	二车道						

有坡度路段的变速车道长度还需考虑上、下坡对变速车道长度的影响。下坡路段的减速车道和上坡路段的加速车道,其长度应按表 6-22 列数值中修正系数予以修正。

变速车道长的修正系数 表 6-22

路段坡度	$0<i\leqslant 2$	$2<i\leqslant 3$	$3<i\leqslant 4$	$4<i\leqslant 6$
下坡减速车道修正系数	1.00	1.10	1.20	1.30
上坡加速车道修正系数	1.00	1.20	1.30	1.40

变速车道宜设一条车道,宽度为单车道宽,其位置自主线的路缘带外侧算起。变速车道外侧应另加路缘带(与高速公路相接时为紧急停车带),见图 6-42。

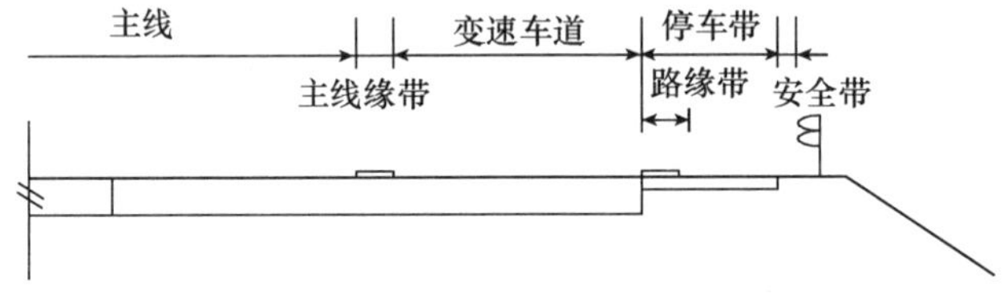

图 6-42 变速车道处断面

三、交织路段

立交范围内存在大量的交织路段,见图 6-43。由于交织路段的交通流线相互交织的特殊性,其通行能力会大大降低,所以应保证必需的交织长度和交织段车道数,同时需设置适当的诱导标志。

交织长度和交织车道数是交织路段设计的关键要素。目前还没有完整的数学模型能够解释和解决这一问题。大多数国家都是参照美国道路通行能力手册(HMC)介绍的经验法来解决交织路段的设计问题。

1.交织长度

交织长度由其交织路段的全交织交通量以及交通流的性质决定,见图 6-44。

交织段长度可用图及表来求解。图 6-45 中的曲线 A、B、C 表示交织路段长度与全交织交通量的关系。表 6-23 给出了曲线 A、B、C 的交通流运用特性,连接设施相互间产生的交织,一般适用曲线 B,如果地形等条件允许,也可适用曲线 A、苜蓿叶形等立体交叉产生的交织,基本上适用曲线 B,不得已时也可用曲线 C。一般道路上产生的行车交织,基本上适用于曲线 C。交织影响系数 K 表示交织交通量在交织路段阻碍交通程度的大小,$1.0\leqslant K\leqslant 3.0$。

根据相应的适用条件,利用 A、B、C 曲线图,可求出与全交织交通量相适应的交织长度。

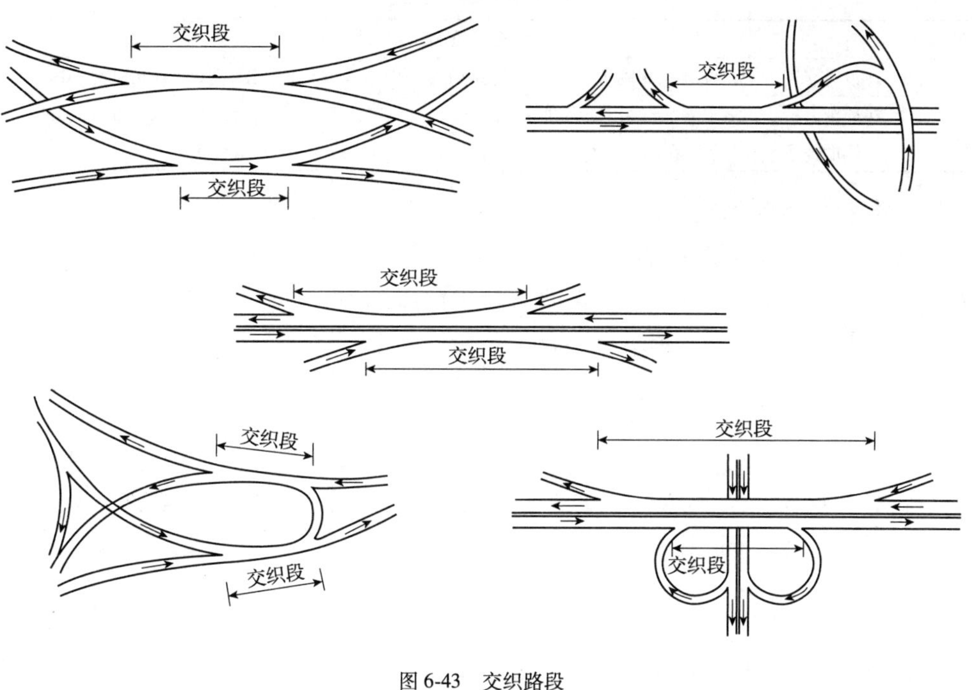

图 6-43 交织路段

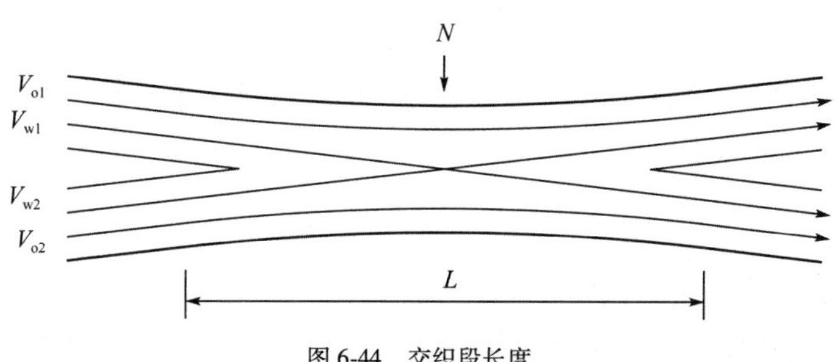

图 6-44 交织段长度

L-交织段长；N-交织路段宽（以车道数表示）

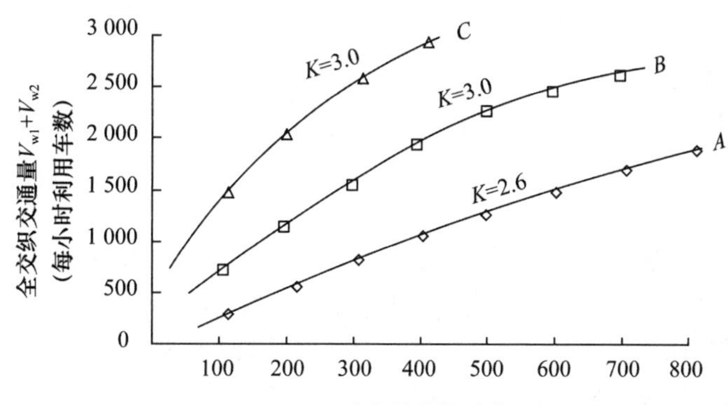

图 6-45 行车交织基本图（交织路段长与全交织交通量的关系）

K-交织影响系数

交织路段的交通流　　表 6-23

曲线名称	交通量的运用特性
A	在没有交通的自由交通状态附近,交通流对交织的影响很小,如果车道数适当,车速可达到 70~80km/h
B	在交织路段上的驾驶员,比自由交通状态下的驾驶员,受其他车辆影响较大,车速保持 60~70km/h
C	车辆的速度变化很大,是一种不太好的交通状态,只能保持 45~55km/h 运行速度

2.交织路段宽度(车道数)

宽度 N(以车道数表示)用式(6-5)~式(6-7)计算。

在图 6-44 上若设:V_{01}、V_{02}为不交织交通量(辆/时);SV 为每一条车道上的运行交通量。则不发生交织的交通流所需车道数 N_1 为:

$$N_1=\frac{V_{01}+V_{02}}{SV} \tag{6-5}$$

如果交通流相同,有交织的交通流比没有交织的交通流所需要的宽度大,若设 V_{w1}为较大的交织交通量(辆/时);V_{w2}为较小的交织交通量(辆/时);K 为交织影响系数,$1.0 \leqslant K \leqslant 3.0$。则交织车流所需的附加车道数 N_2 为:

$$N_2=\frac{V_{w1}+KV_{w2}}{SV} \tag{6-6}$$

从式(6-5)和式(6-6)求得交织路段的全部车道数 N:

$$N=\frac{V_{w1}+K\cdot V_{w2}+V_{01}+V_{02}}{SV} \tag{6-7}$$

其中:交织影响系数 K 表示交织交通量在交织路段阻碍交通程度的系数。

这样求得的值为全部车道数。除整数项的车道数外,小数部分的车道数可按下述原则处理。

(1)不需要增加车道的情况:

①道路的服务水平高(低交通量);

②不产生交织的交通量占多数;

③小数部分的数值小。

(2)须增加一个车道的情况:

①交通量接近于通行能力;

②交织的交通量比率高;

③小数部分数值大。

四、集散车道

在枢纽立交中交织路段长度得不到保证,或立交多个匝道出入口端部间距较近,不能满足车辆交织要求,对主线交通干扰较大,有下列情况之一时,可考虑设置集散车道:

(1)通过主线车道的交通量大,直行快速车和转向慢速车需要分离;

(2)两个以上出口分流岛端部靠得很近;

(3)三个以上出入口分流岛端部靠得近;

(4)所需交织长度得不到保证;

(5)因交通标志密集而不能用标志诱导。

集散车道的宽度可以是单车道也可以是双车道，取决于交通量的大小，每条车道宽取 3.5m。从行车安全角度出发考虑，主线车道与集散车道之间应设分隔带，且分隔带应有足够宽度。其最小宽度应足以设置集散道路的路肩宽度（等于主线的路肩宽度），并足以设置适当的护栏以防车辆跨越。集散车道，特别是运用于一座以上互通式立交的集散车道的交通标志设置应给予高度重视，否则由于司机对前方路线判断失误造成集散路段交通紊流，反而给交通带来负面影响。

在互通式立交内使用集散车道，可以将交织点移出主线车道，并将多出入口形成单一出入口，所有主线出口都在互通立交之前，从而保持统一的出口形式，例如图 6-46 所示苜蓿叶形互通式立交就是典型实例，即用集散车道将交织车流和主线车流分离，保证主线车道大交通量的正常运行。

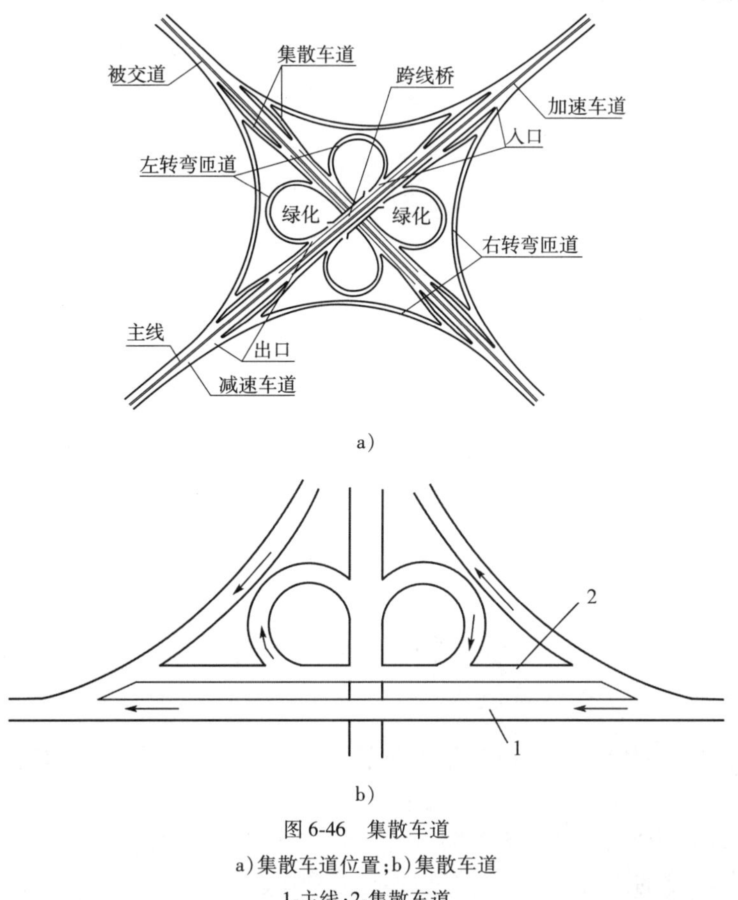

图 6-46 集散车道

a）集散车道位置；b）集散车道

1-主线；2-集散车道

倘若不设置集散车道，苜蓿叶形互通式立交的左转环道在靠近外侧直行车道处构成交织段，在直行车道中产生相当大的加速和减速交织，对主线干扰很大，也不安全。使用集散车道后，可将多出口形成单一出口，即主线上左转、右转车流从同一出口分流，并将交织段转移到集散道路上，这样就比较好的解决了上述问题。苜蓿叶互通立交的第二出口（环道出口）往往许多情况是隐蔽在凸形竖曲线之后，视距不易保证，采用单出口设计，出口出现在上坡道上，因而视距得到充分保证。

设置集散型车道后，交织运行转移至集散车道，集散车道车速较主线低，交织运行在减速状态下进行，故集散车道宽度仅取决于通行能力需求。但出入口处应按辅助道路的车道平衡原则设置才能保证交通畅通有序。

第七章
道路通行能力

第一节　概　　述

通行能力的研究主体包括机动车、非机动车和行人；需要对通行能力加以讨论的道路交通设施包括道路基本路段、交叉口、高等级道路的进出口及匝道等。

通行能力的单位为当量标准车辆数（或行人数）/单位时间。机动车道通行能力多以小客车为标准车型，其他车型的车辆按规定的车型换算系数折算为当量小客车（pcu，即 passenger car unit）数。当然，若道路上通行的主要是某一其他车型的车辆，也可以该车型车辆作为标准车型；非机动车道通行能力多以自行车作为标准车型，其他非机动车按其与自行车的车型换算关系折算为当量自行车数。单位时间一般均以小时（h）表示。我国《城市道路工程设计规范》（CJJ 37—2012）要求交通量换算采用小客车为标准车型，各种车辆的换算系数见表 7-1。

车辆换算系数　　表 7-1

车辆类型	小客车	大型客车	大型货车	铰接车
换算系数	1.0	2.0	2.5	3.0

《城市道路交通规划设计规范》（GB 50220—1995）给出了以自行车为标准车型的非机动车换算系数如表 7-2。

非机动车换算系数　　表 7-2

车　种	换算系数	车　种	换算系数
自行车	1	人力板车或畜力车	5
三轮车	3		

有关车辆之间的换算关系问题是一个很复杂的问题，它与车辆几何尺寸、车辆机动性能、车辆动力性能、行车速度、驾驶技术、道路条件、气候条件以及交通条件等多种因素相关。因此，车种换算系数是因时、因地动态变化的，不宜把它看作是一成不变的。

第二节　路段机动车道通行能力

城市道路网中有许多交叉口，当交叉口间距较大时，两交叉口之间路段上的交通流不受交叉口影响，可视为连续流（美国“道路通行能力手册”认为，一般当信号距离超过 1 英里，在两信号间的路段上存在连续流，即不受交叉口影响）。若两交叉口间距较小，则路段通行能力将受到交叉口影响，路段上的交通流出现周期性间断，即为间断流。因此，路段通行能力可分为不受交叉口影响和受交叉口影响两种情况讨论。

一、不受交叉口影响的路段通行能力

1.一条机动车道的可能通行能力

在一条机动车道上同向连续行驶的车流中，前后相邻两车车头之间的距离，称为车头间隔，用距离表示车头间隔的称为车头间距（m），用时间表示时则称为车头时距（s）。一条机动车道的路段可能通行能力可用车头间距或车头时距两种算法确定。

（1）按车头间距计算

假设机动车在路段一条车道上无阻碍无延滞地以匀速 v（km/h）连续不断地行驶，前后相邻两车间保持安全行驶所必需的最小纵向间距为 L（即安全车头间距，m），则理论上可能达到的通行能力为：

$$N_p = \frac{1\ 000v}{L} \qquad (\text{pcu/h}) \tag{7-1}$$

由式（7-1）可见，一条车道的可能通行能力取决于行驶速度和车头间距的比值。

由图 7-1 可知，安全车头间距 $L=l'+S_{停}$。

停车视距 $S_{停}$ 由三项距离组成：驾驶员在反应时间内汽车所行驶的距离（可称之为反应距离），其大小为 $\frac{v}{3.6}t$；汽车的制动距离 $S_{制}=\frac{v^2}{254(\varphi \pm i)}$；两车停下来以后，后车车头与前车车尾间的安全距离 l_0。

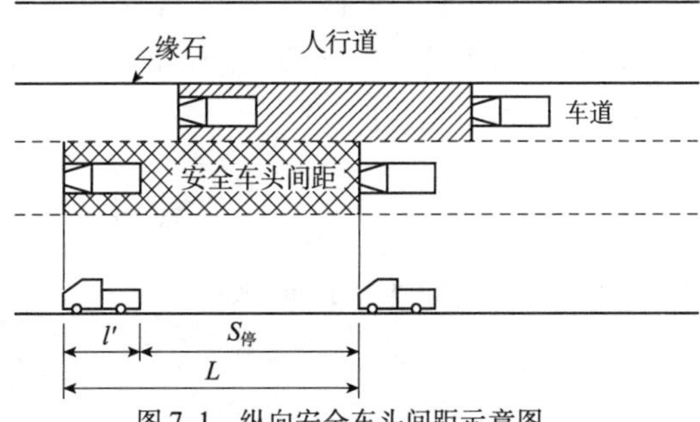

图 7-1　纵向安全车头间距示意图

$$S_{停}=\frac{v}{3.6}t+\frac{v^2}{254(\varphi\pm i)}+l_0 \quad (m) \quad (7\text{-}2)$$

因此,最小的纵向安全车头间距 L 为:

$$L=l'+\frac{v}{3.6}t+\frac{v^2}{254(\varphi\pm i)}+l_0 \quad (m) \quad (7\text{-}3)$$

所以,一条车道的可能通行能力为:

$$N_p=\frac{1\,000v}{L}=\frac{1\,000v}{l'+\frac{v}{3.6}t+\frac{v^2}{254(\varphi\pm i)}+l_0} \quad (pcu/h) \quad (7\text{-}4)$$

式中:l'——车身长度,m,小客车为5m,载货汽车为12m,铰接车为18m;

t——驾驶员的反应时间,s,一般可取1.2s;

φ——汽车轮胎与路面间的纵向摩擦系数,见表7-3;

i——道路纵坡,汽车上坡时取"+",下坡时取"-";

l_0——两车停下来以后,后车车头与前车车尾间的安全距离,可取3~5m。

轮胎与路面间的纵向摩擦系数 φ 值 表7-3

路面状况	纵向摩擦系数 φ 值	路面状况	纵向摩擦系数 φ 值
干燥、清洁	0.5~0.7	结冰	0.1~0.2
潮湿、泥泞	0.3~0.4		

根据式(7-4),取 $l'=6m, t=1.2s, l_0=5m, i=0$,可算得不同 φ 值时的 N_p,见表7-4。

可能通行能力计算表 表7-4

v(km/h)		15	20	30	40	60	80
N_p(pcu/h)	$\varphi=0.1$	603	598	531	458	347	275
	$\varphi=0.3$	791	872	914	882	766	657
	$\varphi=0.5$	844	960	1 068	1 083	1 011	908

由表7-4可知,通行能力起初随车速的增大而增大,但当车速增大到某一数值以后,通行能力反而随之减小。这是因为通行能力与车速和纵向安全车头间距有关,当车速超过某一数值以后,纵向安全车头间距的增长率要比车速的增长率大,故通行能力反而下降。

从上面的推导中可以看出,前后两车在运动中彼此保持安全车头间距 L,但在后车制动停车的同时,前车也已走了一段制动距离,式(7-4)对此未作考虑。因此,L 值偏大,即是偏安全的。若考虑前车的制动距离,设前车的制动距离为 $S_{制_1}$,后车的制动距离为 $S_{制_2}$,则最小的纵向安全车头间距 L 为:

$$L=l'+\frac{v}{3.6}t+S_{制_2}+l_0-S_{制_1} \quad (m) \quad (7\text{-}5)$$

若前后两车的制动性能相同,则 $S_{制_2}=S_{制_1}$,故有:

$$L=l'+\frac{v}{3.6}t+l_0$$

所以

$$N_p=\frac{1\ 000v}{L}=\frac{1\ 000v}{l'+\frac{v}{3.6}t+l_0}\qquad(\text{pcu/h})\tag{7-6}$$

(2)按车头时距计算

假设一条车道上的连续车流各车之间均以最小安全车头间距匀速行驶时，相邻各车通过道路某一断面时的车头时距为 t_i(s)，则理论上一条车道的可能通行能力为：

$$N_p=\frac{3\ 600}{t_i}\qquad(\text{pcu/h})\tag{7-7}$$

由图 7-1 及前面的分析可知：

$$t_i=\frac{L}{v'}=t+\frac{S_{制}+l_0+l'}{v'}\qquad(\text{s})\tag{7-8}$$

所以

$$N_p=\frac{3\ 600}{t_i}=\frac{3\ 600}{t+\frac{S_{制}+l_0+l'}{v'}}\qquad(\text{pcu/h})\tag{7-9}$$

式中：v'——车速，m/s，如车速为 v(km/h)，则 $v'=\frac{v}{3.6}$；

$S_{制}$——汽车的制动距离，由前有 $S_{制}=\frac{v^2}{254(\varphi\pm i)}$；

其余符号意义同式(7-4)。

目前我国道路通行能力计算采用的是车头时距方法。

2.一条机动车道的设计通行能力

若按可能通行能力进行道路设计，则将来道路会始终处于繁忙紧张的交通状态，这对于道路使用和管理是很不利的。对不同类别和等级的道路，应当有不同的服务水平要求，如对于低等级的城市支路，主要应满足大容量交通需求；而对于高等级的城市快速路，其使用者追求的主要是快速，对容量则不能作过高要求。因此，考虑用道路分类系数对可能通行能力加以修正，得到一条机动车道的路段设计通行能力 N_m，即：

$$N_m=\alpha_c\cdot N_p\qquad(\text{pcu/h})\tag{7-10}$$

式中：α_c——机动车道的道路分类系数，见表 7-5。

机动车道的道路分类系数 α_c　　表 7-5

道路分类	快速路	主干路	次干路	支路
α_c	0.75	0.80	0.85	0.90

注：《城市道路工程设计规范》(CJJ 37—2012)中，道路分类系数统一采用 0.8。

3.路段设计通行能力

当同一方向道路断面上车道数不止一条时，不同位置车道上的车辆所受到的纵横向干扰是不一样的(如路边障碍、非机动车交通、超车、公共汽车进出车站等)。一般来说，靠近道路中线的车道所受到的影响最小，而靠近道路边缘的车道所受到的影响最大。这种由于车道位置不同导致通行能力上的差异可用一个车道序号修正系数 α 反映，车道序号从靠近道路中线的车道向道路边缘依次为 1，2，3，…，见表 7-6。

车道序号修正系数 α_i　　表 7-6

车道序号	1	2	3	4	5
α_i	1.00	0.80~0.89	0.65~0.68	0.50~0.65	0.40~0.50

不受平交口影响的路段(一个方向)设计通行能力为:

$$N_m = \alpha_c \cdot N_p \sum_{i=1}^{n} \alpha_i \quad (\text{pcu/h}) \tag{7-11}$$

式中:n——规划设计道路一个方向的车道条数。

从表 7-6 可见,当一个方向车道数达到 4~5 条时,通行能力将折减 50%以上。因此,一条道路设计过多的车道对提高通行能力的效果并不大,且会增加交通组织管理难度和加大投资。因此,城市主干路以不超过 8~10 车道(双向)、一般道路以不超过 4~6 车道(双向)为宜。如仍不能满足交通需求,则应从调整交通组织、修建平行道路及改善道路网结构等方面加以解决,以减轻该道路的交通负荷。对于全封闭的高等级道路(如城市快速路),行驶车辆所受到的纵、横向干扰明显少于一般道路,则根据交通需求,车道条数可适当增加。

二、受交叉口影响的路段设计通行能力

由于城市道路上的诸多平面交叉口,使得路段通行能力受到很大影响,特别是当平面交叉口间距较小时,其影响更为显著。据观测统计分析,在城市道路上的车辆出行总耗时中,受平面交叉口影响的延误时间占 30%左右。在有交通管制的平交路口,车辆遇红灯要减速、停车,然后再启动、加速;即使碰巧遇绿灯或是在无交通管制平交口,车辆也要减速通过。因此,由于平交口的影响,车辆在路段上的实际行程时间要比没有平交口的路段的行程时间多,其实际平均车速也大为降低,通行能力也会受到影响。平面交叉口对路段通行能力的影响可用平交口通行能力影响系数 $\alpha_{交}$ 表示:

$$\alpha_{交} = \frac{\text{平交口之间无阻的行程时间}}{\text{平交口之间实际的行程时间}} \tag{7-12}$$

$\alpha_{交}$ 的计算又可根据有无交通管制的情况分别考虑。

(1)当平交口有信号灯管制时(图 7-2)

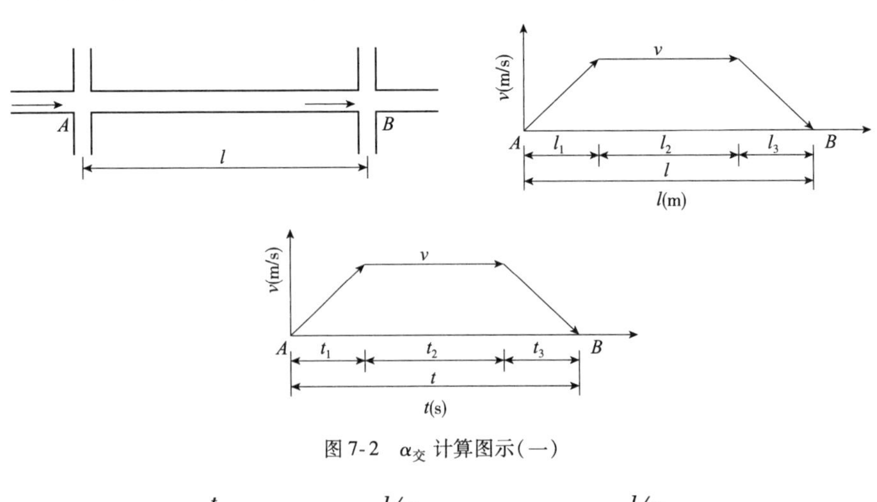

图 7-2　$\alpha_{交}$ 计算图示(一)

$$\alpha_{交} = \frac{t_{AB}}{t_1 + t_2 + t_3 + \Delta} = \frac{l/v}{v/a + l_2/v + v/b + \Delta} = \frac{l/v}{l/v + v/(2a) + v/(2b) + \Delta} \tag{7-13}$$

式中：l——两平交口间的距离，m；

v——路段行车速度，m/s；

a——车辆启动平均加速度，m/s^2，小型车可取0.60～0.67m/s^2，中型车可取0.49～0.53m/s^2，大型车可取0.42～0.46m/s^2，铰接公交车可取0.43～0.49m/s^2；

b——车辆制动平均减速度，m/s^2，小型车可取1.66m/s^2，大型车可取1.30m/s^2；

Δ——车辆在交叉口处的停候时间，s，一般可取红灯时间的一半。

注意，式(7-13)中的a、b在计算时均用正值，不考虑加、减速物理意义上的正负号问题。

由式(7-13)可知，当汽车在不同平交口间距的路段上行驶时，若a、b及Δ不变，则平交口间距l越小，$\alpha_{交}$值也越小，即对通行能力的折减越大；反之，若平交口间距l越大，$\alpha_{交}$值也越大，即对通行能力的折减越小。所以，为提高道路通行能力，平交口间距不宜太小。另外，从式(7-13)还可知，车速越大，平交口对通行能力的折减也越大。因此，对于城市快速路必须考虑减少或取消平交口，修建立体交叉，并严格控制出入口，以提高道路通行能力。

(2)当平交口无信号灯控制时(图7-3)

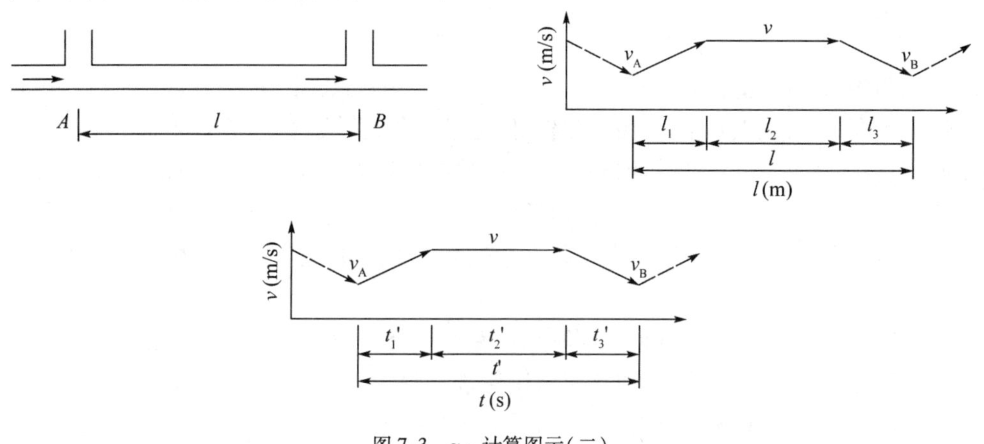

图7-3 $\alpha_{交}$计算图示(二)

设车辆到达平交口A和B时的速度分别是v_A和v_B，则：

$$\alpha_{交}=\frac{t_{AB}}{t'_1+t'_2+t'_3}=\frac{l/v}{\frac{v-v_A}{a}+\frac{l'_2}{v}+\frac{v-v_B}{b}}$$

上式经整理得：

$$\alpha_{交}=\frac{l/v}{\frac{l}{v}+\frac{v}{2a}\left(1-\frac{v_A}{v}\right)^2+\frac{v}{2b}\left(1-\frac{v_B}{v}\right)^2}$$

令
$$\beta_1=\left(1-\frac{v_A}{v}\right)^2,\qquad \beta_2=\left(1-\frac{v_B}{v}\right)^2$$

则：

$$\alpha_{交}=\frac{l/v}{\frac{l}{v}+\beta_1\frac{v}{2a}+\beta_2\frac{v}{2b}} \tag{7-14}$$

将式(7-13)和式(7-14)合二为一得平交口折减系数的通用计算式：

$$\alpha_{交}=\frac{l/v}{\frac{l}{v}+\beta_1\frac{v}{2a}+\beta_2\frac{v}{2b}+\Delta} \tag{7-15}$$

式中:Δ——车辆在交叉口处的停候时间,s,当 v_A(或 v_B)= 0 时,Δ 为红灯时间的一半,当 v_A(或 v_B)$\neq 0$ 时,$\Delta = 0$;

其余符号意义同前。

则受平交口影响的路段设计通行能力为:

$$N_m=\alpha_c\cdot\alpha_{交}\cdot N_p\sum_{i=1}^{n}\alpha_i \tag{7-16}$$

第三节　平面交叉口通行能力

一、简述

两条或两条以上的道路在同一高程上相交时,称为平面交叉,形成平面交叉口。来自相交道路上的车流在平交路口向着不同的道路方向运动,形成分流、合流及交叉的交通流线。在通常的交通、车行道条件(和信号设计条件下)下,各进口道所能通过交叉口的最大小时流率之和即为该平交口的通行能力。交通条件包括每条进口道的流量及流向分布;车行道条件包括各进口道的几何特征,如车道数、车道宽度、坡度及车道功能等;信号条件包括信号相位、配时等。

平交路口通行能力的大小将影响和制约道路基本路段设施效益的使用和发挥,因此,对平交路口进行科学合理的规划、设计和交通组织管理,对提高道路通行能力是十分重要的。

平交路口从交通组织管理形式上划分,可分为三大类:信号控制交叉口、环形交叉口和无信号控制交叉口。从相交道路之间的平面几何线形关系上划分,可分为:十字形交叉、T 形交叉、Y 形交叉、错位交叉、多路交叉和畸形交叉等形式。平交路口通行能力的分析一般从平交路口交通组织管理形式着手,针对不同交通组织管理形式分别讨论各种不同类型平交口应具有的通行能力。

二、信号灯管制平面交叉口设计通行能力

平交口信号是由红、黄、绿三色信号灯组成,随信号灯色的变换使车辆通行权由一个方向(或车道)转移给另一个方向(或车道)。三种灯色轮流显示一周的时间称为信号周期。到达交叉口的车辆按色灯显示所代表的运行规则实施交通。

1.信号灯管制十字形交叉口设计通行能力

1)停止线法

所谓停止线法即以进口道处的停止线为基准面,凡是通过该断面的车辆就认为已通过交叉口。《城市道路设计规范》(CJJ 37—90)规定,信号管制平交口通行能力按进口道车道布置类型根据“停止线法”计算(目前该规范已经被新规范取代,新规范没有提及“停止线法”,但关于信号灯管制交叉口通行能力的分析、评价,目前国内尚无更成熟的研究成果)。

如图 7-4 所示,十字形交叉口设计通行能力为各进口道设计通行能力之和。进口道设计通行能力为各车道设计通行能力之和。

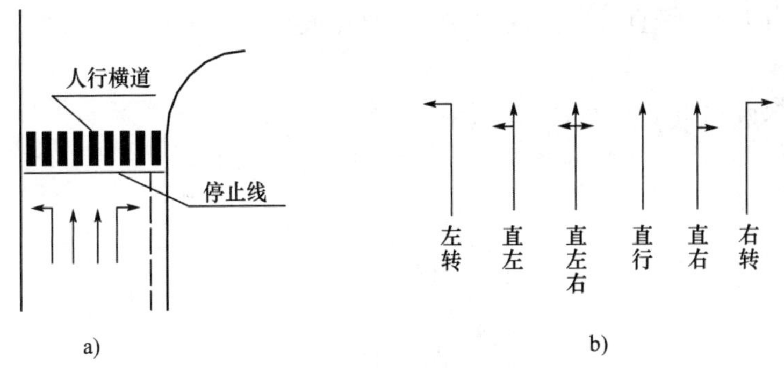

图 7-4 停止线及候驶车道示意图

a)停止线;b)候驶车道

(1)直行车道

$$N_s=\frac{3\,600}{t_c}\left(\frac{t_g-t_1}{t_{is}}+1\right)\varphi_s \tag{7-17}$$

式中:N_s——一条直行车道的设计通行能力,pcu/h;

t_c——信号周期性,s;

t_g——信号周期内的绿灯时间,s;

t_1——变为绿灯后第一辆车启动并通过停止线的时间,s,可采用 2.3s;

t_{is}——直行或右行车通过停止线的平均间隔时间,s/pcu;

φ_s——直行车道通行能力折减系数,可采用 0.9,φ_s 主要反映了车辆通过的不均匀性以及非机动车和行人对机动车行驶的干扰。

(2)直右车道

$$N_{sr}=N_s \tag{7-18}$$

式中:N_{sr}——一条直右车道的设计通行能力,pcu/h。

根据实测结果,右转弯车辆通过停止线的时间间隔与直行车大致相等,因此直右混用车道的通行能力可以认为与直行专用道相同。

(3)直左车道

$$N_{sl}=N_s\left(1-\frac{\beta'_1}{2}\right) \tag{7-19}$$

式中:N_{sl}——一条直左车道的设计通行能力,pcu/h;

β'_1——直左车道中左转车所占比例。

$$\beta'_1=\frac{\beta_1}{(1+k\beta_1-\beta_r)/n_s-\beta_1/2} \tag{7-20}$$

式中:β_1——本面进口道左转车所占比例;

k——无量纲参数,当本面进口道无右转专用车道时,$k=1.5$,当本面进口道有右转专用车道时,$k=0.5$。

(4)直左右车道

$$N_{slr}=N_{sl} \tag{7-21}$$

式中:N_{slr}——一条直左右车道的设计通行能力,pcu/h。

根据实测资料,在直左或直左右混行车道中,由于其中左转车驶入交叉口所产生的影响(一辆左转车相当于 1.5 辆直行车),因此在计算直左或直左右车道通行能力时,按左转车混入比例 β'_1 予以折减。

(5)进口道设有专用左转和专用右转车道(图 7-5a)

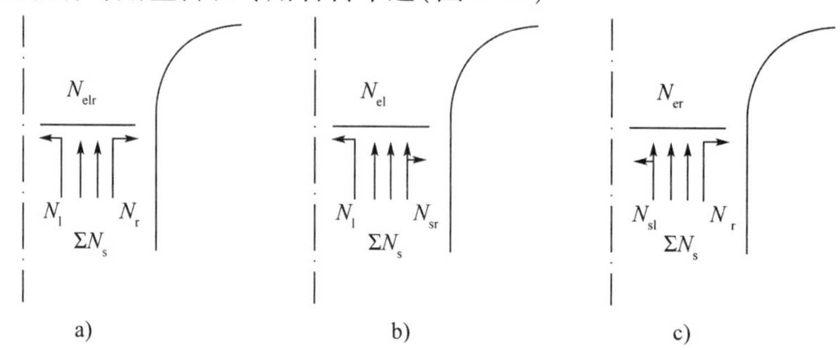

图 7-5 常见候驶车道布置图

此时,进口道设计通行能力为:

$$N_{elr}=\sum N_s+N_{elr}\cdot\beta_l+N_{elr}\cdot\beta_r=\frac{\sum N_s}{1-\beta_l-\beta_r} \tag{7-22}$$

式中:N_{elr}——设有专用左转和专用右转车道时,本面进口道设计通行能力,pcu/h;

$\sum N_s$——本面直行车道设计通行能力之和,pcu/h;

β_l——左转车占本面进口道车辆的比例;

β_r——右转车占本面进口道车辆的比例。

其中,$N_{elr}\cdot\beta_l$ 和 $N_{elr}\cdot\beta_r$ 分别为专用左转车道和专用右转车道的设计通行能力 N_l 和 N_r。

(6)进口道设有专用左转车道而未设专用右转车道(图 7-5b)

此时,进口道设计通行能力为:

$$N_{el}=\frac{\sum N_s+N_{sr}}{1-\beta_l} \tag{7-23}$$

(7)进口道设有专用右转车道而未设专用左转车道(图 7-5c)

此时,进口道设计通行能力为:

$$N_{er}=\frac{\sum N_s+N_{sl}}{1-\beta_r} \tag{7-24}$$

有了上述一系列公式后,就可以计算在各种车道类型组合下的进口道设计通行能力。同时,由于本面进口道的左转车与对面进口道的直行车是在同一个相位时间内通过交叉口的,所以必然产生相互干扰和影响,因此需考虑通行能力的折减。我国《城市道路设计规范》(CJJ 37—90)规定,在一个信号周期内,对面到达的左转车超过 3~4pcu 时,应折减本面各种直行车道(包括直行、直左、直右及直左右车道)的设计通行能力。折减后的本面进口道设计通行能力由式(7-25)计算:

$$N'_e=N_e-n_s(N_{le}-N'_{le}) \tag{7-25}$$

式中:N'_e——折减后的本面进口道设计通行能力,pcu/h;

N_e——本面进口道设计通行能力,pcu/h;

n_s——本面各种直行车道条数；

N_{le}——本面进口道左转车设计通行能力，pcu/h；

N'_{le}——不必折减本面各种直行车道设计通行能力的对面左转车数，pcu/h，小交叉口时为 $3n$，大交叉口时为 $4n$，n 为每小时信号周期数，$n=3\ 600/t_c$。

式(7-25)的条件是 $N_{le}>N'_{le}$。

【例 7-1】 计算如图 7-6 所示十字形交叉口的设计通行能力。已知绿灯时间为 55s，黄灯时间为 5s，左、右转车辆各占本面进口道交通量的 15%，$t_1=2.3$s，$t_{is}=2.5$s，$\varphi_s=0.9$。

解 (1)计算北面进口道设计通行能力(此面无右转专用车道)

$$t_c=(55+5)\times 2=120(\text{s})$$

$$N_{sr}=N_s=\frac{3\ 600}{t_c}\left(\frac{t_g-t_1}{t_{is}}+1\right)\varphi_s=\frac{3\ 600}{120}\times\left(\frac{55-2.3}{2.5}+1\right)\times 0.9=596(\text{pcu/h})$$

$$N_{sl}=N_s\left(\frac{1-\beta'_1}{2}\right)$$

由式(7-20)有：

$$\beta'_1=\frac{0.15}{(1+1.5\times 0.15-0.15)/2-0.15/2}=0.324$$

则 $$N_{sl}=596\times\left(1-\frac{0.324}{2}\right)=499(\text{pcu/h})$$

因此，北进口道设计通行能力为：

$$N_e=N_{sr}+N_{sl}=596+499=1\ 095(\text{pcu/h})$$

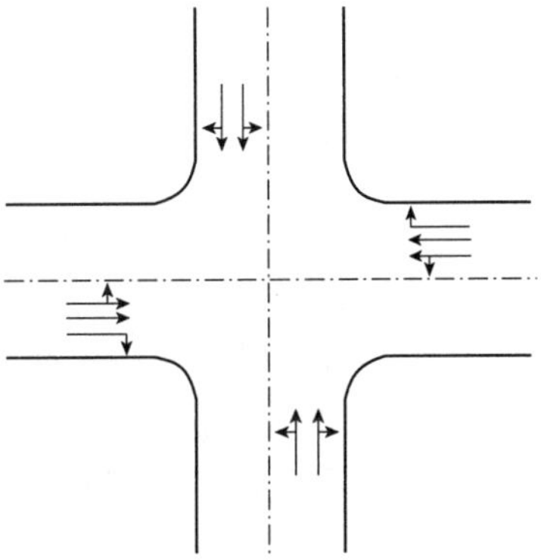

图 7-6 十字形交叉口交通示意图

其中，左转车：

$$N_{le}=N_e\cdot\beta_1=1\ 095\times 0.15=164(\text{pcu/h})$$

(2)计算南面进口道设计通行能力(无右转专用车道)因南、北对称，故其设计通行能力与北面进口道一样。

又因为 $$N'_{le}=\frac{3\ 600}{120}\times 4=120(\text{pcu/h})$$

即 $N_{le}>N'_{le}$，所以，南、北面进口道设计通行能力均应折减，由式(7-25)可得，折减后的南、北面进口道设计通行能力各为：

$$N'_e=1\ 095-2\times(164-120)=1\ 007(\text{pcu/h})$$

(3)计算西面进口道设计通行能力(此面有右转专用车道)与北、南面一样，$N_s=596$(pcu/h)

$$N_{sl}=N_s\left(1-\frac{\beta'_1}{2}\right)$$

$$\beta'_1=\frac{0.15}{(1+0.5\times 0.15-0.15)/2-0.15/2}=0.387$$

所以 $$N_{sl}=596\times\left(1-\frac{0.387}{2}\right)=480(\text{pcu/h})$$

西进口道设计通行能力：

$$N_e=\frac{N_s+N_{sl}}{1-\beta_r}=\frac{596+480}{1-0.15}=1\ 265(\text{pcu/h})$$

(4)计算东面进口道设计通行能力(有右转专用车道)

因东、西对称，故东面进口道设计通行能力与西面进口道设计通行能力相同。

又因为 $$N_{le}=1\ 265\times0.15=189(\text{pcu/h})>N'_{le}=120(\text{pcu/h})$$

应对东、西面进口道设计通行能力作折减，折减后的东、西面进口道设计通行能力各为：

$$N'_e=1\ 265-2\times(189-120)=1\ 127(\text{pcu/h})$$

(5)计算图 7-6 所示十字形交叉口总的设计通行能力

$$N=2\times1\ 007+2\times1\ 127=4\ 268(\text{pcu/h})$$

2)《城市道路交叉口规划规范》(GB 50647—2011)中介绍的方法

$$\text{CAP}=\sum_i \text{CAP}_i=\sum_i S_i\ \lambda_i \tag{7-26}$$

式中：CAP——信号控制交叉口进口道通行能力，pcu/h；

CAP_i——第 i 条进口车道的通行能力，pcu/h；

S_i——第 i 条进口车道的规划饱和流量，pcu/h；

λ_i——第 i 条进口车道所属信号相位的绿信比。

(1)信号控制交叉口规划饱和流量的确定应符合以下规定：

①规划饱和流量应采用实测数据；当无实测数据时，应按下列规定计算确定：

a.在城市总体规划或分区规划阶段，规划饱和流量可按表 7-7 的规定选取；

b.在控制性详细规划和交通工程规划阶段，规划饱和流量应结合进口车道宽度、进口道纵坡及重车率、转弯车道的转弯半径等因素，对基本饱和流量进行修正后确定。

②信号交叉口基本饱和流量宜按表 7-7 的规定确定。

信号交叉口基本饱和流量(pcu/h)　　表 7-7

车　道	S_b	车　道	S_b
直行车道(S_{bt})	1 550-1 650-1 750	右转车道(S_{br})	1 350-1 450-1 550
左转车道(S_{bl})	1 450-1 550-1 650		

③各种进口车道饱和流量的进口道纵坡及重车率修正系数，当重车率不大于 0.5 时，可按式(7-27)计算：

$$f_g=1-(G+HV) \tag{7-27}$$

式中：f_g——进口车道饱和流量的进口道纵坡及重车率修正系数；

G——进口道纵坡，下坡时取 0；

HV——换算成标准车后的重车率。

④各种进口车道饱和流量的车道宽度修正系数可按表 7-8 的规定选取。

各种进口车道饱和流量的车道宽度修正系数 f_t　　表 7-8

车道宽度(m)	f_t	车道宽度(m)	f_t
2.70	0.88	2.90	0.96
2.80	0.92	3.00	1.00

续上表

车道宽度(m)	f_t	车道宽度(m)	f_t
3.25	1.08	3.75	1.17
3.50	1.14	4.00	1.18

⑤左、右转弯车道饱和流量的转弯半径修正系数可按表 7-9 选取。

左、右转弯车道饱和流量的转弯半径修正系数 f_Z 表 7-9

转弯半径(m)	10	15	20	25	30	35	40
f_Z	0.90	0.95	0.97	1.00	1.00	1.05	1.10

⑥各种车道规划饱和流量修正计算应符合以下规定：

a.直行车道经车道宽度、纵坡及重车率修正后的规划饱和流量 S_t 按式(7-28)计算：

$$S_t = S_{bt} \times f_t \times f_g \tag{7-28}$$

b.左转车道经车道宽度、纵坡、重车率及转弯半径修正后的规划饱和流量 S_l 按式(7-29)计算：

$$S_l = S_{bl} \times \mathrm{Min}[f_Z, f_t] \times f_g \tag{7-29}$$

c. 右转车道经车道宽度、纵坡、重车率及转弯半径修正后的规划饱和流量 S_r 按式(7-30)计算：

$$S_r = S_{br} \times \mathrm{Min}[f_Z, f_t] \times f_g \tag{7-30}$$

(2)信号控制交叉口进口车道信号相位绿信比应按以下规定确定：

①改建或治理交叉口规划,有现状各交通流向的交通量数据时,各进口车道所属信号相位绿信比可按各相位通车车道中最大交通量的比例确定;无现状各交通流向的交通量数据时,按新建交叉口规划有关规定确定。

②新建交叉口规划,在没有交通量数据的情况下,信号相位绿信比宜按交叉口规划进口车道数确定,也可按表 7-10 的规定选取。

信号相位绿信比 表 7-10

进口车道数	预估左转交通量	信号相位数	进口车道相位绿信比	
			同等级道路交叉口	主、次道路交叉口
2 条	很少(<90pcu/h)	2	0.45	主路相位 0.51
				次路相位 0.39
≥3 条	稍多(>90pcu/h)	4	0.21	主路相位 0.24
				次路相位 0.18

2.信号灯管制 T 形交叉口设计通行能力

计算图示见图 7-7 及图 7-8。T 形交叉口设计通行能力为各进口道设计通行能力之和。

根据车道类型及组合情况,应用前面已建立的十字形交叉口各车道设计通行能力的计算公式,即可得到各进口道设计通行能力。

(1)对于图 7-7 所示类型

①A 进口道的设计通行能力按式(7-17)计算;

②B 进口道为直右车道,其设计通行能力按式(7-18)计算;

③C 进口道为直左车道，其设计通行能力按式(7-19)计算。

④当 C 进口道每个信号周期的左转车超过 3~4pcu 时，应折减 B 进口道的设计通行能力，用式(7-25)计算。

(2)对于图 7-8 所示类型

①A 进口道的设计通行能力按式(7-17)计算；

②B 进口道的设计通行能力按式(7-24)计算，式中 N_{sl} 为 0；

③C 进口道的直行车辆不受红灯信号控制，通行能力有较大提高，但交叉口的设计通行能力应受交通特性制约，如直行车道的车流与对向车流大致相等时，则 C 进口道的设计通行能力可采用 B 进口道的数值；

④当 C 进口道每个信号周期的左转车超过 3~4pcu 时，应折减 B 进口道的设计通行能力，用式(7-25)计算。

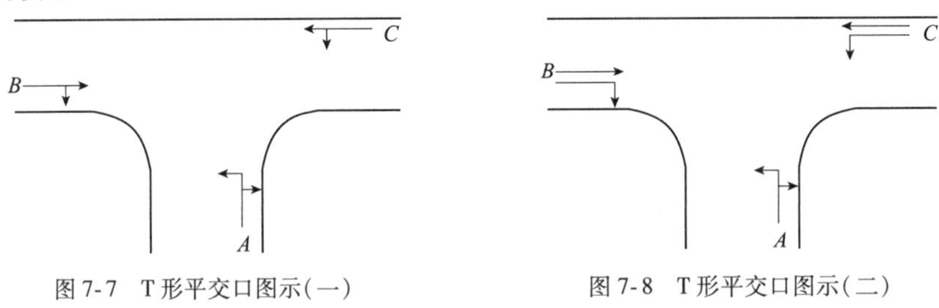

图 7-7　T 形平交口图示(一)　　图 7-8　T 形平交口图示(二)

三、无信号控制的平面交叉口设计通行能力

无信号控制的平面交叉口分为三类：支路只准右转通行的交叉口；减速让行或停车让行标志管制交叉口；全无管制交叉口。

1. 支路只准右转通行的交叉口

此类交叉口即支路与主路相交，支路车辆只能右转，视主路车流的安全车辆间隙(车头间距或车头时距)汇入主路车流。根据交通流理论，支路汇入主路的流量可以用车流汇入理论计算分析。

次要道路上的车流要安全汇入主路车流，与主路车流间隔大小及欲汇入车流的长度有关，理论上的计算是一个积分过程。假设车辆到达服从泊松分布，车头间隔服从负指数分布，则有：

$$N_Z = Q\frac{e^{-q\alpha}}{1-e^{-q\beta}} \qquad (\text{pcu/h}) \tag{7-31}$$

式中：N_Z——每小时次要道路上能汇入主路车流的车辆数；

Q——主路原有的交通量；

q——主路原有的交通流率，$q=\dfrac{Q}{3\,600}$；

α——安全汇入所需的最小可插车间隙，s；

β——次要道路上车辆连续汇入主要道路的跟驰车头时距，s。

【例 7-2】 某无信号控制的交叉口，次要道路与主路相交，次要道路上的车辆欲汇入主要道路车流，需要主路车流出现大于或等于 6s 的安全汇入最小可插车间隙。如果主要道路的单向交通量为 1 000(veh/h)，车辆到达服从泊松分布。次要道路车流平均跟驰车头时距为 5s，则次要道路上每小时可汇入主要道路车流的车辆是多少？

解 由题意有：$Q=1\ 000(\text{veh/h})$

$$q=\frac{Q}{3\ 600}=\frac{1\ 000}{3\ 600}=\frac{1}{3.6}$$

$\alpha=6(\text{s})$，$\beta=5(\text{s})$；代入式(7-31)，则可算得：$N_Z=251(\text{veh})$

即在题目所给定的条件下，次要道路每小时可以有 251 辆车汇入主路车流。

2.减速让行或停车让行标志管制交叉口。

根据《城市道路交叉口规划规范》(GB 50647—2011)，对让行标志交叉口通行能力可按下列规定确定：

(1)减速让行交叉口的基本通行能力应为 1 100~1 580pcu/h；

(2)停车让行交叉口的基本通行能力应为 970~1 560pcu/h。

则让行标志交叉口的实际通行能力可按下式计算：

$$C=C_0\cdot f \tag{7-32}$$

式中：C——让行标志交叉口实际通行能力；

C_0——让行标志交叉口基本通行能力；

f——考虑各种干扰因素的折减系数，可取 0.6~1.0。

对于全无管制交叉口则应符合安全视距三角限界的要求，在改建、治理规划中，对安全视距三角限界不能改善的交叉口，应改为停车让行标志交叉口或采取限速措施。

四、平面环形交叉口通行能力

环形平面交叉口按其中心岛(也称作环岛)的尺寸大小分为常规环形交叉和微型环形交叉，我国城市道路上主要采用的是常规环形交叉口，其中心岛半径大于或等于 20m。下面介绍常规环形交叉口通行能力的计算方法。

1.基本假设

其计算图示见图 7-9。

(1)直行和左转弯车辆入环绕行，即入环—环行—交织—出环；右转弯车辆不入环绕行，而是通过右转专用车道驶入或驶出环交口。

(2)各进口道左转车、直行车、右转车交通量各自相等。

(3)各进口道的左转车与右转车占进口道交通量比例相等。

(4)没有考虑行人和非机动车的影响。

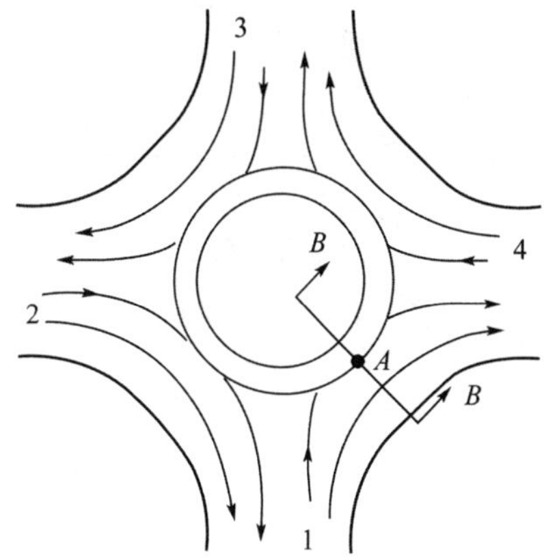

图 7-9 环形交叉口通行能力计算图示

2.公式建立

设 N_{is}、N_{il}、N_{ir} 分别表示 i 从 1~4 的进口道方向的直行、左转和右转交通量。在前述假设的基础上，环形交叉口的通行能力将取决于通过交织断面(图 7-9 中的 B-B 断面)A 点的最大理论值及右转车的流量大小。

$$N_A=N_{1s}+N_{1l}+N_{2s}+N_{2l}+N_{3l}$$

第 4 条进口道的车辆通常不会经过 A 点,除非在此环形交叉口掉头的车辆,而这种情况是极少的,可忽略不计。根据前面的假设,则上式可写为:

$$N_A = 2N_s + 3N_l$$

式中:N_A——各进口道右转车交通量;

N_s——各进口道直行车交通量;

N_l——各进口道左转车交通量。

又因为整个环交的通行能力可表示为:

$$N_{环} = 4(N_r + N_s + N_l)$$

比较上面两式,可知:

$$N_{环} = 2N_A - 2N_l + 4N_r = 2N_A + 2N_r = 2N_A + 0.5N_R$$

N_R 为整个环交交通量中的右转交通量,令 P 为右转交通量占整个环交交通量的百分比,即:

$$N_R = N_{环} \cdot P$$

于是可得到:

$$N_{环} = \frac{2N_A}{1-0.5P} \tag{7-33}$$

设通过 A 点的车流为均匀流,车头时距为 t_i(s),则 A 点的通行能力为:

$$N_A = \frac{3\,600}{t_i} \quad (\text{pcu/h})$$

因此,式(7-33)可有:

$$N_{环} = \frac{7\,200}{t_i(1-0.5P)} \quad (\text{pcu/h})$$

对 $N_{环}$ 还需考虑以下两个影响因素:

①交织段长度影响。所谓交织段长度(图 7-10),是指环交所提供给进环和出环的两辆车在环道上行驶时互相交织、交换一次车道位置所具有的里程长度。大交织段长度的通过量比小交织段长度的通过量要大。根据观测统计分析,可得到与交织段长度相关的影响系数 A:

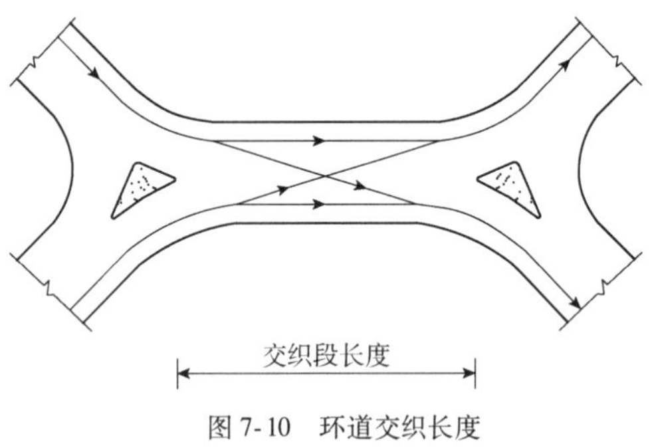

图 7-10 环道交织长度

$$A = \frac{3l}{2l+30}$$

式中:l——交织段长度,m,其取值范围为 30~60m,当 l 大于 60m 时,按此式计算的 A 值,只能作为参考。

②车辆分布不均匀影响。由于环道上的车流实际上是不均匀连续的,故应考虑其影响。车辆分布不均匀影响用一个影响系数 β 表示。根据经验,β 值可在 0.75~0.85 选用。当大型车较多时,β 可取小些,反之则可取大些。

综合考虑上述两因素,则环形交叉口的设计通行能力为:

$$N_{环} = \frac{7\,200}{t_i(1-0.5P)} \cdot \frac{3l}{2l+30} \cdot \beta \quad (\text{pcu/h}) \tag{7-34}$$

第四节 立体交叉口通行能力

立体交叉口的通行能力对于立交不同部分是不一样的。在主线上当上游来车方向一定距离内无交叉口时,主线交通可视为连续车流,按前述路段机动车道通行能力计算。而交叉口处则按匝道车流汇入主线(合流)和主线车流驶离主线(分流)进入匝道分别计算合流处和分流处的通行能力。

一、合流部分的通行能力

合流部分的通行能力与主线车道数、车道通行能力、匝道出入口的通行能力等因素有关,并应能保证所要求的服务水平。根据主线与匝道不同的组合形式,可分以下几种情况讨论。

(1)单车道匝道车流汇入双车道主线车流(图 7-11a)

若主线外侧车道的服务交通量为 N_i,匝道服务交通量为 N_r,主线上游的服务交通量为 N_f,则有以下关系式:

$$N_i = 136+0.345N_f-0.115N_r \tag{7-35}$$

匝道驶入主线的服务交通量(N_r)与主线道路外侧车道服务交通量(N_i)之和,不应大于主线道路相应服务水平时一条车道的通行能力(N_D),这是分析合流部分通行能力的依据,即:

$$N_D \geqslant N_r+N_i \tag{7-36}$$

从以上两式可得到:

$$N_D \geqslant 136+0.345N_f+0.885N_r$$

或

$$N_r \leqslant 1.13N_D-0.39N_f-154 \tag{7-37a}$$

上式中的 N_r 是合流后匝道所能允许的服务交通量,根据合流要求匝道的通行能力不能大于此值的原则,可将由上式确定之值作为合流部分匝道的设计通行能力,即:

$$N_{rd} = 1.13N_D-0.39N_f-154 \tag{7-37b}$$

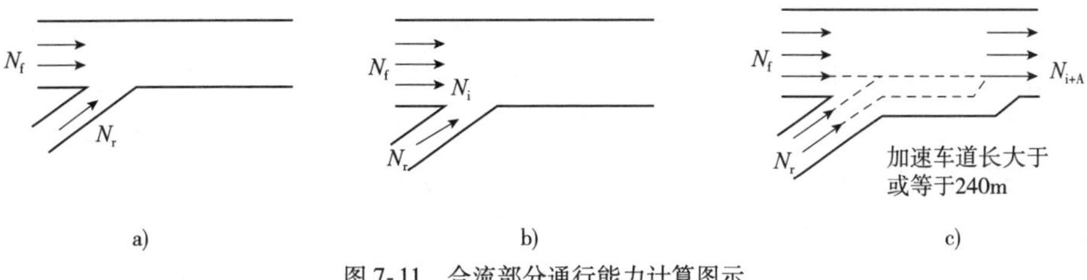

图 7-11 合流部分通行能力计算图示

(2)单车道匝道车流汇入三车道主线车流(图 7-11b)

对于此类组合形式有以下计算模型:

$$N_i = 0.244N_f-120 \tag{7-38}$$

与单车道匝道车流汇入双车道主线车流相同,应满足条件[式(7-36)],于是可得到:

$$N_D \geqslant N_r + N_i = 0.244N_f - 120 + N_r$$

即:

$$N_{rd} = N_D - 0.244N_f + 120 \tag{7-39}$$

式中各符号意义同前。

(3)双车道匝道车流汇入三车道主线车流(图 7-11c)

如图 7-11c)所示,设在加速段内主线外侧车道服务交通量为 N_{i+A},则有以下关系式:

$$N_{i+A} = -205 + 0.287N_f + 0.575N_r \tag{7-40}$$

在此组合形式时,应有关系式:

$$N_D \geqslant N_{i+A} \tag{7-41}$$

因此,可得到:

$$N_{rd} = 1.739N_D - 0.499N_f + 357 \tag{7-42}$$

二、分流部分的通行能力

如图 7-12 所示,立体交叉口分流部分能力分析可以采用与前面合流部分通行能力同样的方法,现分别讨论如下。

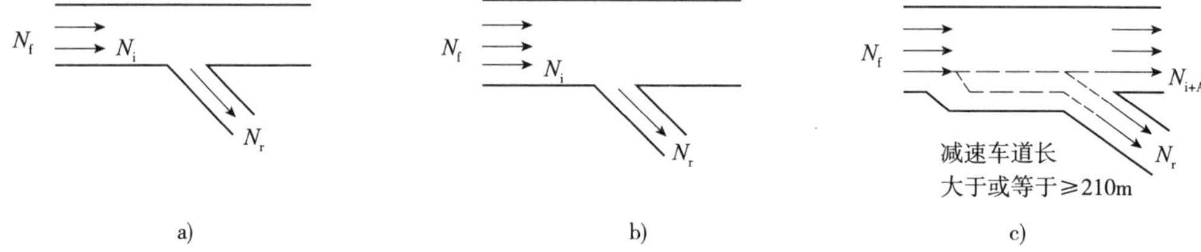

图 7-12　分流部分的通行能力计算图示

(1)单车道匝道车流驶离双车道主线车流(图 7-12a)

对于图示形式,有以下关系式:

$$N_i = 165 + 0.345N_f + 0.52N_r \tag{7-43}$$

以不降低主线服务水平作为控制条件,则有:

$$N_D \geqslant N_i \tag{7-44}$$

将两式联立,即得:

$$N_r \leqslant 1.92N_D - 0.66N_f - 317 \tag{7-45}$$

与合流部分的讨论相同,则其设计通行能力为:

$$N_{rd} = 1.92N_D - 0.66N_f - 317 \tag{7-46}$$

(2)单车道匝道车流驶离三车道主线车流(图 7-12b)

在此组合形式下,有以下关系式:

$$N_i = 96 + 0.231N_f + 0.473N_r \tag{7-47}$$

同理,应有条件:

$$N_D \geqslant N_i = 96 + 0.231N_f + 0.473N_r$$

于是,可得到:

$$N_{rd} = 2.11N_D - 0.188N_f - 203 \tag{7-48}$$

(3)双车道匝道车流驶离三车道主线车流(图7-12c)

如图7-12c)所示,设在减速段内主线外侧车道服务交通量为N_{i+A},在此组合形式下,有以下关系式:

$$N_{i+A}=-158+0.035N_f+0.567N_r \tag{7-49}$$

根据控制条件$N_D \geqslant N_{i+A}$,则有:

$$N_{rd}=1.761N_D-0.062N_f+279 \tag{7-50}$$

三、交织区段通行能力

交织区段通行能力与交织区段的长度、计算行车速度、交织交通量等因素有关。其计算方法见第六章第八节。

立体交叉中如有平面交叉存在时,其通行能力的计算方法与平面交叉通行能力的计算方法一样。

第五节　非机动车道、人行道通行能力

一、非机动车道通行能力

目前,我国城市道路上的非机动车绝大部分是自行车(约占城市非机动车总量的95%以上),自行车交通是我国城市交通的重要组成部分。尽管我国的私人小汽车及城市其他客运交通发展很快,并且我国城市居民自行车拥有量也日趋饱和(平均不到两人就有一辆自行车),但从自行车交通的特点及我国实际国力、国情考虑,在今后一定时期内自行车交通仍将占有重要地位,在短距离出行中,自行车交通仍将占有相当大的比例。因此有必要对自行车交通加以研究。我国《城市道路交通规划设计规范》(GB 50220—1995)中对自行车交通与公共交通的比例要求见表7-11。

不同规模城市的居民使用自行车与公共交通出行量的比值　　表7-11

城市规模		自行车出行量与公共交通出行量之比
大城市	>100万人	1:1~3:1
	≤100万人	3:1~9:1
中等城市		9:1~16:1
小城市		不控制

1.一条自行车道的路段可能通行能力

一条自行车道宽1m,当不受平面交叉口影响时,一条自行车道的路段可能通行能力可按式(7-51)计算:

$$N_{pb}=\frac{3\,600N_{bt}}{t_i(w_{pb}-0.5)} \quad [\mathrm{veh/(h \cdot m)}] \tag{7-51}$$

式中:t_i——连续车流通过观测断面的时间段,s;

N_{bt}——在 t_i 时间段内通过观测断面的自行车辆数,veh;

w_{pb}——自行车道路面宽度,m。

《城市道路工程设计规范》(CJJ 37—2012)对于一条自行车道路段可能通行能力推荐值:有分隔设施时为 1 600~1 800veh/h;无分隔设施时为 1 400~1 600veh/h。

2.一条自行车道的路段设计通行能力

一条自行车道的路段设计通行能力可按式(7-52)计算:

$$N_b = \alpha_b \cdot N_{pb} \quad [\text{veh}/(\text{h} \cdot \text{m})] \tag{7-52}$$

式中:α_b——自行车道的道路分类系数,对于快速路和主干路,α_b 取 0.80,对于次干路和支路,α_b 取 0.90。

当相邻平面交叉口间距较短时,自行车道通行能力将受到较大影响,应对自行车道通行能力予以折减,《城市道路工程设计规范》(CJJ 37—2012)对于受交叉口影响的一条自行车道路段设计通行能力推荐值为:有分隔设施时为1 000~1 200veh/h;无分隔设施时为 800~1 000veh/h。

在自行车流中若混有一定数量的其他非机动车(如人力三轮车、平板车等),应按自行车与其他非机动车的换算关系将其他非机动车交通量换算为自行车交通量。二者的换算关系见表 7-2。当这部分非机动车流量与总的非机动车流量之比大于 30%时,每条自行车道的设计通行能力应乘以折减系数 0.4~0.7。

二、人行道通行能力

人行道是城市道路上的重要组成部分,它的主要功能是担负行人步行交通,路面以下可用来敷设地下管线。

人行道的通行能力与行人的密度及步行速度有关。影响行人密度及步行速度的因素有人行道的性质(如商业性道路、车站码头附近道路等)、形式(如人行横道、人行天桥和人行地道等)及道路的等级(主干路、次干路或支路等)。这里不作详细的理论分析,一般常用的设计标准见表 7-12。

人行设施基本通行能力和设计通行能力 表 7-12

人行设施类型	基本通行能力	设计通行能力
人行道,人/(h·m)	2 400	1 800~2 100
人行横道,人/(h·m)	2 700	2 000~2 400
人行天桥,人/(h·m)	2 400	1 800~2 000
人行地道,人/(h·m)	2 400	1 440~1 640
车站码头的人行天桥、人行地道,人/(h·m)	1 850	1 400

第八章

城市道路雨水排水系统设计

第一节　概　　述

一、排水系统的体制

城市排水系统包括城市污(废)水排水系统和城市雨(雪)水排水系统两大类。城市道路雨水排水系统是城市雨水排水系统的一个主要组成部分。城市雨、污水是采用一个管渠系统排除,还是采用两个或两个以上各自独立的管渠系统来排除,通常称为排水体制,又称排水制度。排水体制分为合流制和分流制两种基本方式。

1.合流制排水系统

合流制排水系统是将生活污水、工业污(废)水与自然降水(雨、雪)合流,采用同一个管渠系统排除的方式。最早开始出现的合流制排水系统,是将拟排除的混合雨、污水不经处理直接就近排入水体,国内外许多老城市早期几乎都是采用这种合流制排水系统。由于污水未经无害化处理就地排放,使得受纳水体(江、河、湖、海等)遭受严重污染,已经对环境、生态造成了极大的破坏,所以已经禁止使用这类合流制排水系统。现在,常采用的合流制是“截流式合流制”排水系统(图8-1),即在沿受纳水体(江、河、湖、海等)岸边建造一条截流干管,干管上设置若干处溢流井,同时在截流干管的下游末端设置污水处理厂,污水处理厂的规模与城市污水量匹配。晴天,所有污水都排送至污水厂,经处理后排入受纳水体;雨天,随降雨量的增加,雨水径流也增加,当混合雨、污水量超过截流干管的输水能力后,就有部分混合雨、污水量通过溢流井溢出,直接排入受纳水体。

截流式合流制排水系统与早期的合流制方式相比较,已经改进了一大步,但仍有部分混合污水未处理直接排放,成为受纳水体的污染源。因此,为了减少污染影响,应采取截流、调蓄和处理相结合的措施,提高截流倍数,加强降雨初期的污染防治。国内外在改造老城市的合流制排水系统时,或者是规模不大的城镇,可以从经济、技术综合比较的角度论证采用这种排水方式。

2.分流制排水系统

分流制排水系统是将生活污水、工业污(废)水和雨水分别在两个或两个以上各自独立的管渠内排除的系统(图8-2)。排除生活污水、工业污(废)水的系统称污水排水系统;排除雨水的系统称雨水排水系统。

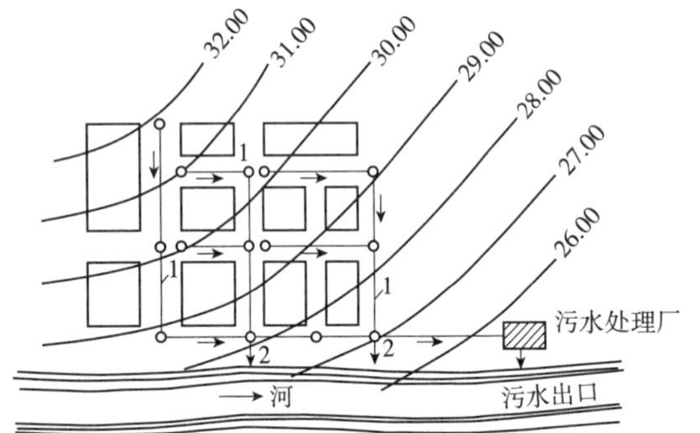

图8-1 截流式合流制排水系统
1-合流管渠;2-溢流井

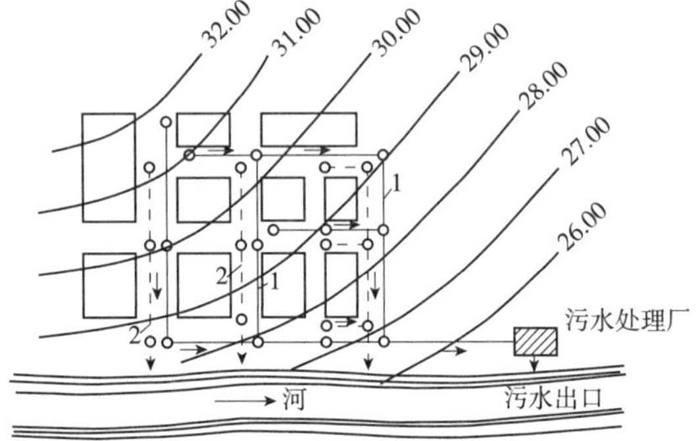

图8-2 分流制排水系统
1-污水管道;2-雨水管道

根据雨水排除方式,分流制排水系统又分为"完全分流制"和"不完全分流制"两种。在城市中,完全分流制排水系统应具有两套或两套以上独立的污水排水系统和雨水排水系统,现代城市建成区都需要采用这种完全分流制排水系统。不完全分流制是指具有独立的污水排水系统而暂时未建完整的雨水排水系统,主要是在建设中的城镇或开发区采用。雨水沿天然地面、街道边沟、水渠等原有渠道系统排泄,或者为了补充原有渠道系统输水能力的不足而修建部分雨水管道,待城市进一步发展再修建雨水管道系统转变成完全分流制排水系统。采用分流制,有利于环境卫生的保护,有利于污水的综合利用,便于从废水中回收有用物质,可以做到清浊分流,降低需要处置的废水量。完全分流制排水方式是现代社会发展的需要和必然。

排水体制的选择是城市排水系统规划、设计中的首要问题。它影响排水系统的设计、施工、维护和管理,对城市规划和环境保护也影响深远,同时也影响排水系统工程的总投资、初期投资和运行管理费用。一般应根据城市总体规划、环境保护的要求、污(废)水利用处理情况、原有排水设施、水环境容量、地形、气候等条件,从全局出发,在满足环境保护的前提下,通过技术、经济比较,综合考虑确定。由于合流制对水体污染严重,危害环境,所以新建的排水系统一般应采用分流制,近期资金不足的可以考虑"不完全分流制"方式。同一城镇的不同地区可以采用不同的排水制度,也可根据当地具体条件,采取分期修建,逐步完善"完全分流制"排水系统。

城市道路雨水排水系统是城市雨水排水系统的主干部分，城市街区的雨水排水系统属于支系统，一般情况下都会汇入城市雨水排水系统当中。城市道路雨水排水系统设计是城市道路设计的一个重要组成部分，其目的是确保在最不利降雨（雪）季节将城市道路区域范围内的地面雨、雪水迅速排除，使得最大降雨（雪）条件下不至于过度影响道路上车辆和行人的正常交通，避免路基、路面结构因长时间浸水而产生过早损坏。同时，可以改善城市道路及其周边区域的环境卫生状况。

本章着重讲述城市道路雨水管道排水系统的布置与设计。有关工业废水与生活污水的处理和排除，可参阅《排水工程》教材和相关参考文献。

二、城市道路雨水排水系统的类型

根据构造特点，城市道路雨水排水系统可分为下列三大类：

1.明沟系统

由敷设于地表相互匹配、衔接的大、小明沟（盖板沟）形成的排水系统称为明沟系统。与公路地面排水系统类似，明沟系统即采用明沟排水，在街坊出入口、人行横道处增设一些盖板、涵管等构造物。明沟可设在路面的两边或一边，也可在车行道的中间。当道路处于农田区时，明沟要处理好与农田排灌沟渠的关系。

明沟的排水断面尺寸，可按照汇水面积经水力计算确定。一般也可根据当地实际经验来安排。明沟通常采用梯形断面，底宽不小于 0.3m，边坡视土质及护面材料而不同，用砖石铺砌或混凝土块护面时，一般用 1∶0.75～1∶1 的边坡。有些城市或者部分区域也采用石砌或砖砌并加盖板的矩形明沟。

2.暗管系统

由街沟、雨水口、连接支管、主干管、检查井、出水口等部分组成的埋置在地下的排水系统称做暗管系统。道路上及其相邻地区的地面水依靠道路设计的纵横坡度，流向车行道两侧的街沟，然后顺街沟的纵坡流入沿街沟设置的雨水口，经由设在地下的与雨水井相连的连接支管，通过检查井将雨水接入到主干管，再排入附近的受纳水体（江、河、湖、海），如图 8-3 所示。

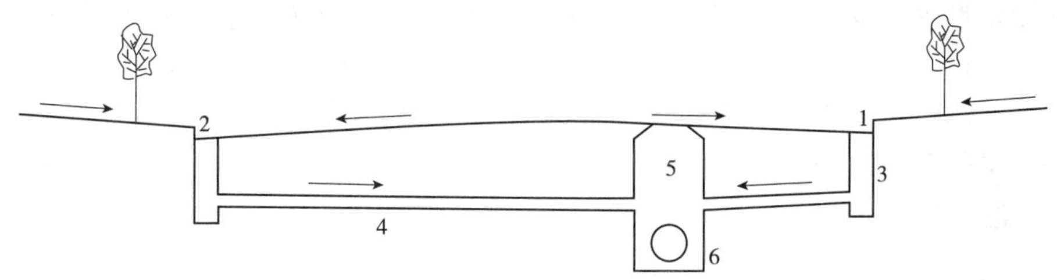

图 8-3　暗管排水示意图

1-街沟；2-进水孔；3-雨水口；4-连管；5-检查井；6-雨水干管

3.混合式系统

由明沟和暗管合理结合形成的一种排水系统。

城市中排除雨水可用暗管，也可用明沟。只要一个完整的排水系统（从上游收集地表水到下游出水口之间）中既有暗管又有明沟设施，就形成混合式系统。在一个城市或者一个排水区域中，不一定只采用单一的某种排水系统来排除雨水。通常，在城市市区和建筑密度较大、交通频繁区域,为了交通安全和建设方便均采用暗管雨水排水系统;在城市郊区或者公园、绿地区域则可以采用明沟系统,或者根据地形、地貌及建筑物分布特点采用暗管和明沟相结合的混合式排水系统。暗管系统造价相对较高,但对地面交通影响小;明沟系统造价相对低一些,但对地上的交通影响较大。混合式系统则可以因地制宜,把两者的优势充分发挥出来,是工程实践中经常采用的排水系统。

从排水系统表面上看,暗管式、明沟式、混合式存在明显差异,但从它们的水力特性来看,三者同属“明渠均匀流”,因此设计理论及方法是一致的。以下主要讲述暗管式排水系统。

第二节　雨水暗管排水系统规划与布置

一、雨水管渠系统布置的原则

雨水管渠系统的规划布置,要求拟排水区域的最大降雨雨水能及时、顺畅地排除到江、河、湖、海等受纳水体。一般应遵循以下原则:

1.充分利用地形,就近排入水体

规划排水管线时,首先按地形划分排水区域,再进行管线布置。根据地面高程和受纳水体水位,划分自排区和强排区。自排区的雨水是利用重力流自行排入受纳水体;强排区需设雨水泵站提升所汇集的雨水,然后排入受纳水体。

根据分散和直接的原则,排水管线多采用正交式布置,使雨水管渠尽量以最短的距离以重力流形式排入附近的江、河流、湖泊、池塘等受纳水体当中。只有当受纳水体位水位较高、位置较远且地形比较平坦或地形不利的情况下,才需要设置雨水泵站。

一般情况下,当地形坡度较大时,雨水干管宜布置在地形低处或溪谷线上;当地形平坦时,雨水干管宜布置在排水流域的中间,以便尽可能扩大重力流排除雨水的范围。

2.尽量避免设置雨水泵站

由于暴雨形成的径流量大,雨水泵站的投资也很大,且雨水泵站在一年中运转时间短、利用率低,所以排除雨水应尽可能依靠重力流。但在一些地势平坦、区域较大或受潮汐影响的城市,在必须设置雨水泵站的情况下,应通过合理规划布置排水管线,把需要通过排水泵站排除的雨水径流量降低到最小限度。

3.结合城市规划布置雨水管道

通常,应根据排水区域建筑物的分布、道路走向及街坊内部的地形地貌、出水口位置等布置道路两旁的雨水干管系统。干管两侧应根据用地需要,每隔一定距离设置足够的预留管道和接户井,以便收集来自道路两侧的雨水。

城市道路雨水暗管系统,除了要排除道路红线范围内的地表雨水以外,还需要承担排除道路两侧用地内雨水汇集支管系统中雨水的功能。道路两侧用地内形成的雨水量可能比道路红线范围内的雨水量更大,从而导致排水干管直径不断增加,排水工程规模越来越大。正因为如此,现在的观点认为,道路两侧建设用地雨水汇集系统的设计,应该引入“海绵城市”的理念。也就是说并不是一定要将道路两侧用地上的降雨统统排除,而是应该通过地下渗透、地表土层吸纳、人造湿地(水体)等措施,拦蓄一部分降水,这样即能补充一部分地下水,又能延缓地表水形成径流,可以大大减小"干管"的排水压力。

雨水干管的平面和竖向布置应考虑与其他地下构筑物(包括各种管线及地下建筑物等)在相互交叉处的高程协调,排水管道与其他各种管线(构筑物)在竖向布置上要求的最小净距应满足有关规范要求。在有湿地、池塘、坑洼的地带,可考虑设置雨水调蓄区。另外,在有连通条件的地方,可以考虑两个管道系统之间的连接,借以调节和充分发挥两个系统的排水能力。

4.合理布置出水口

雨水出口的布置有分散(图 8-4)和集中(图 8-5)两种布置形式。

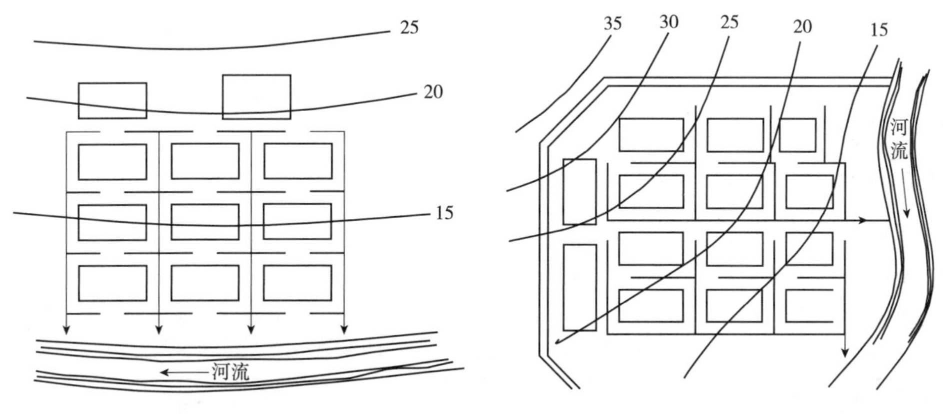

图 8-4 出水口分散布置示意图

图 8-5 出水口集中布置示意图

当出水口的水体离流域很近时,水体的水位变化不大,洪水位低于流域地面高程,出水口的建筑费用有限时,宜采用分散出水口,以便雨水就近排放,可缩短干线管道、减小管径。反之,则可采用集中出水口。

5.其他

靠近山麓建设的城市中心区、居住区、工业区,除了应设雨水管道以外,还应该考虑在设计地区周围或超过设计区设置排洪沟,以拦截从分水岭以内排泄下来的洪水,使之就近或直接排入水体,避免洪水对"设计地区"可能造成的损害。

二、暗管排水系统及其构造物的布设

1.雨水管道的布设

城市道路的雨水排水干管应平行于道路的中心线或规划红线布设。雨水干管一般设置在街道中间或一侧,并宜设在机动车道以外。《室外排水设计规范》(GB 50014)规定,当道路红线宽度大于 40m 时,宜在道路两侧布置排水管道,即形成双线雨排系统。

由于雨水管道施工及检修对交通干扰很大,因此,雨水干管应尽可能不布置在主要交通干道的机动车道下,而宜布置在非机动车道、绿化带或较宽的人行道下,并注意与行道树、杆柱、侧石等保持一定的横向距离。此外,雨水干管还应尽可能避免或减少与河流、铁路以及其他城市地下管线的交叉,以免造成施工困难;必须交叉时,应尽量正交,并保证相互之间有一定的竖向间隙。

雨水管道与其他地下管渠、建筑物、构筑物等相互间的位置关系属于"管线综合"内容,应符合下列要求：

(1)敷设和检修管道时，不应该相互影响。

(2)排水管道损坏时，不应影响附近建筑物、构筑物的基础，不应污染生活饮用水。雨水管道离开房屋及其他管道的最小水平净距和最小垂直净距要求参见表 8-1。

排水管道与其他管线(构筑物)的最小净距 表 8-1

名　称	水平净距(m)	垂直净距(m)	名　称	水平净距(m)	垂直净距(m)
建筑物	见注③		乔木	见注⑤	
给水管	见注④	0.15	地上柱杆(中心)	1.5	
排水管	1.5	0.15	道路侧石边缘	1.5	
			铁路	见注⑥	轨底 1.2
煤气管 低压	1.0		电车路轨	2.0	1.0
煤气管 中压	1.5	0.15	架空管架基础	2.0	0.25
煤气管 高压	2.0		油管	1.5	0.15
煤气管 特高压	5.0		压缩空气管	1.5	0.25
			氧气管	1.5	0.25
热力管沟	1.5	0.15	乙炔管	1.5	0.55
电力电缆	1.0	0.5	电车电缆		0.5
通信电缆	1.0	直埋 0.5	明渠渠底		0.15
		穿管 0.15	涵洞基础底		

注：1.表列数字除注明外，水平净距均指外壁净距，垂直净距系指下面管道的外顶与上面管道基础底间净距。

2.采取充分措施(如结构措施)后，表列数字可以减少。

3.与建筑物水平净距：管道埋深浅于建筑物基础时，一般不小于 2.5m(压力管不小于 5.0m)；管道埋深深于建筑物基础时，按计算确定，但不小于 3.0m。

4.与给水管水平净距：给水管管径小于或等于 200mm 时，不小于 1.5m；给水管管径大于 200mm 时，不小于 3m。与生活给水管道交叉时，污水管道、合流管道在生活给水管道下面的垂直净距不应小于 0.4m。当不能避免需在生活给水管道上面穿越时，必须予以巩固。加固长度不应小于生活给水管道的外径加 4m。

5.与乔木中心距离不小于 1.5m；如遇高大乔木时，则不小于 2.0m。

6.穿越铁路时应尽量垂直通过。沿单行铁路敷设时应距路堤坡脚或路堑坡顶不小于 5m。

雨水管道与其他管线出现平面交叉时，其他管线布设一般可用倒虹管的办法。如果雨水管和污水管相交，通常将污水管用倒虹管方式穿过雨水管的下方；如果污水管的管径较小，也可在交汇处加建窨井，将污水管改用生铁管穿越而过；当雨水管与给水管相交时，可以把给水管向上做成弯头，用铁管穿过雨水窨井(图 8-6)。

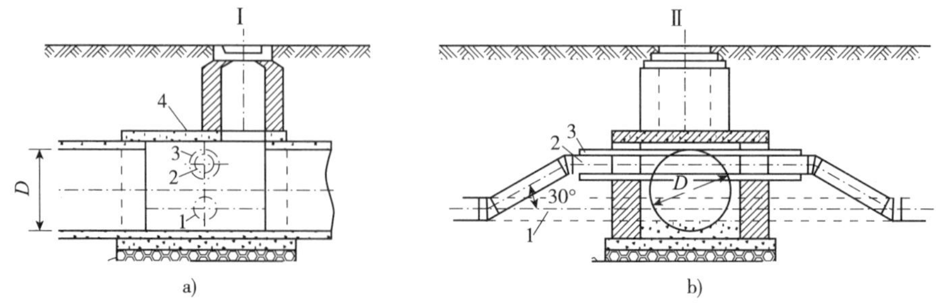

图 8-6　雨水管和给水管线相交(上穿式)

a)正面；b)侧面

1-未搬迁前给水管位置；2-搬迁后给水管位置；3-钢套管；4-钢筋混凝土盖板

由于雨水在管道内是靠本身重力流动的,即作为"重力流管道",所以雨水管道应该布置成由上游向下游单向倾斜的形式。而道路根据地形、地物情况不可能总是单向纵坡,可能上坡也可能下坡,这样就会出现雨水管道的埋深问题,需要在雨水管纵向布置(纵断面设计)时慎重考虑。

雨水管道的纵断面设计应尽量与街道地形相适应,即管道纵坡尽可能与街道纵坡取得一致。这样,不致使管道埋设过深,可节省沟槽土方量。因此,在城市道路纵断面设计时,应同时考虑雨水的排除问题,为合理迅速地排除雨水创造条件。单从排除雨水的要求来说,道路的纵坡最好在 0.3%~4%范围内。道路过陡,则需要设置跌水井等特殊构筑物,增加基建费用;道路过于平坦,将增加埋设管道时沟槽开挖的土方量。另外,在改扩建老城区的道路时,如果车行道过于平坦,道路纵坡排除路面雨水有困难时,应使道路街沟的纵坡大于 0.3%,设计成锯齿形街沟,以保证街沟排水顺畅。

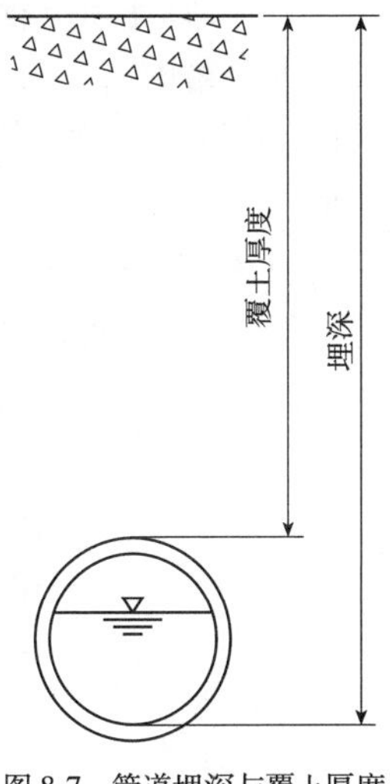

图 8-7 管道埋深与覆土厚度

城市道路雨水管道设计当中,计算工程数量时通常会遇到"管道埋深"和"覆土厚(深)度"两个概念:管道埋深指管道内壁底到地面的深度;覆土厚度指管道外壁顶部到地面的距离,如图 8-7 所示。管道埋深对整个管道系统的造价和施工影响很大,管道埋深越大,施工越困难,工程造价越高。显然,在满足排水要求的前提下,管道埋深越小越好。但是,从管道承受荷载的能力角度来看,管道的覆土厚度有最小限值,称为"最小覆土厚度",在设计时是需要保证的。

最小覆土厚度一般根据雨水管可能承受的外部荷载、管材强度、当地冻深以及临街建筑内排水支管的衔接要求等条件确定,一般不小于 0.7m。在管道保证不受外部荷载损坏时,最小覆土厚度可适当减小。至于北方冰冻地区,覆土厚度确定时,需要验算防冻要求。

除考虑管道的最小埋深外,还应该考虑雨水管道的最大埋深。管道的最大埋深取决于土壤性质、地下水位及施工方法等。在干燥土壤中埋设雨水管一般不超过 7~8m;在地下水位较高、流沙严重、挖掘困难的地层中通常不超过 5m。设计过程当中,当遇到管道埋深超过最大埋深的情况时,可以考虑设置雨水泵站等,采取分段接力排水方式,以减少管道埋深。

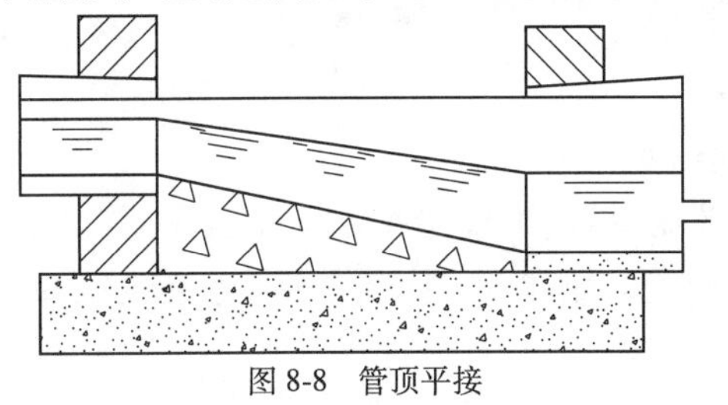
图 8-8 管顶平接

不同直径的管道在检查井内衔接时,应使上、下游管段的管顶等高,即"管顶平接"(图 8-8),这样可以避免在上游管中形成回水,可能造成泥沙淤积在上游管道端部而影响积水。

2.雨水口和检查井的布设

雨水口和检查井是道路雨水排水管道系统上频繁出现的排水结构物,它们布设的合理与否将直接影响到排水系统功能的发挥,因此需要认真考量。

(1)雨水口

雨水口是雨水管道或者合流管道上收集雨水的地上构筑物,分"平式雨水口""立式雨水口"和"联合式雨水口"三种类型,它们的几何尺寸和构造情况基本实现标准化。因此,道路雨排系统设计时,关键是要处理好"在哪设? 设多少?"的问题。

地面上、道路上的雨水首先进入雨水口,再经过雨水口下的雨水井连接管流入雨水排水干线管道。道路雨水口一般设在街道街沟上、交叉口处,以防止雨水漫过道路或造成道路及低洼地带积水,妨碍交通。此外,在有地面硬化处理的广场、街区等承雨面区域的适当位置,也会设置适量的雨水口,汇集地表雨水至排水干管。

雨水口的布设数量,理论上应按汇水面积所产生的流量及雨水口的进水能力确定,实际设计时通常根据各地的经验来配置。在道路纵断面凹形竖曲线底部、街道低洼点、汇水点及人行横道斑马线上游,应设置雨水口。需要注意的是,雨水口应避免设在临街建筑物的门口、停车站、分水点及其他地下管道顶部。

布置道路雨水口时,首先应确定街沟纵断面上低洼积水点和交叉口竖向规划上必须设的雨水口(图 8-9)。然后根据道路纵横坡度、街道宽度、路面种类、周围地形及排水情况,选择雨水口形式及布设方式。根据当地暴雨强度、雨水口的排水能力等因素,确定雨水口的数量、位置与间距,间距一般为 25~50m。纵坡较大时,水的流速大,街沟上的雨水不能充分通过雨水口落入雨水井,会从雨水口的雨水篦上即行越过;纵坡过小时,水的流速小,在街沟上往往形成积水。此时,均应适当缩小雨水口的间距,具体的数值可由计算确定。

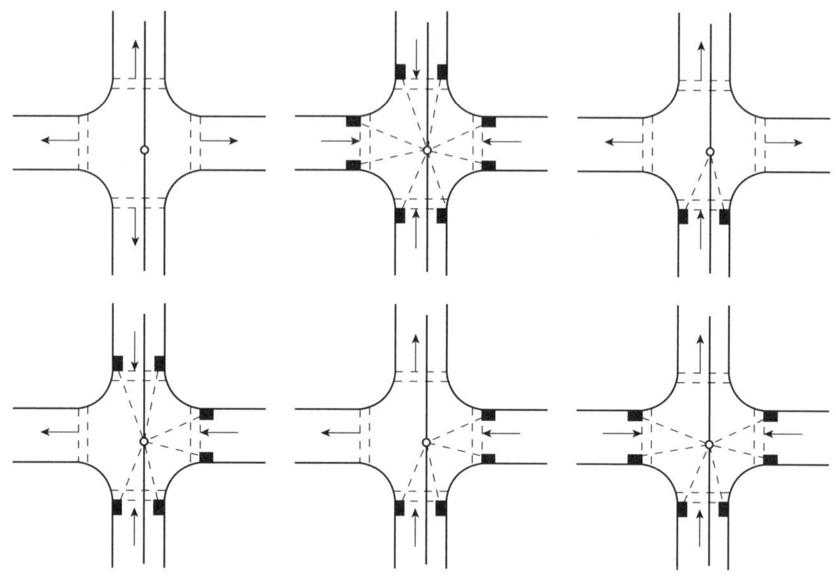

图 8-9 交叉口雨水口布置

在交叉口处应根据路面雨水径流情况及方向布置雨水口,可按图 8-9 所示各图示进行,让来自街道的雨水在交叉口前人行横道上游就被截住而流入雨水口,不让过多雨水在交叉口区域漫流,以免妨碍车辆和过街行人交通。

当需要设置雨水口的地方雨水量很大,一个“标准”雨水口难以胜任汇集要求时,雨水口可以串联,一般不超过三个并应加大雨水井出口连接管管径。通常,雨水口连接管最小管径为 ϕ200mm,坡度不小于 1%,长度不超过 25m,覆土厚度不小于 0.7m。

雨水口的泄水能力按式(8-1)计算:

$$Q=\omega C\sqrt{2ghk} \tag{8-1}$$

式中:Q——雨水口排泄的流量,10^3L/s;

ω——雨水口进水面积,m^2;

C——孔口系数,圆角孔用 0.8,方角孔用 0.6;

g——重力加速度，$g=9.80\text{m/s}^2$；

h——雨水口上允许贮存的水头，一般认为街沟的水深不宜大于侧石高度的2/3，一般采用 $h=0.02 \sim 0.06\text{m}$；

k——孔口阻塞系数，一般 $k=2/3$。

由式(8-1)知，当由降雨强度算出需要排泄的流量，并规定了允许积水深度后，就可计算每个雨水口所需的进水面积，从而确定进水箅的数量。

在直线路段设置进水口的最大间距可按式(8-2)计算：

$$L=\gamma \frac{Q}{q} \tag{8-2}$$

式中：L——雨水口的最大间距，m；

γ——雨水口的漏水率，γ 值与雨水井盖的形式和进水面积、街沟的流量及纵横坡、进水孔口的阻塞情况等因素有关，估算时可采用 $\gamma=0.60 \sim 0.70$；

Q——街沟的最大允许流量，L/s，根据街沟的过水断面积按水力学有关公式计算；

q——街沟单位长度(m)的汇水流量，L/s，根据降雨强度及汇水面积计算。

街沟的过水断面积如图8-10所示。为了不影响车行道上的车辆交通和行人过街，水面宽度 B 和水深 h 宜加以控制，一般宜控制 $B \leqslant 0.5\text{m}$，h 不大于侧石高度的2/3；街沟横坡 i 值在不影响车辆和行人交通的情况下，宜尽量采用大的横坡。

通常，雨水口的间距一般为25～50m。

在交叉口处雨水口的排水能力应加大，避免积水影响交叉口的交通。在加大井盖进水面积的同时，也可适当缩小雨水口的间距。

雨水口的构造包括进水箅、井身和连接管三部分(图8-11)。根据进水箅布置的不同，雨水口可分为平式、立式和联合式三种。

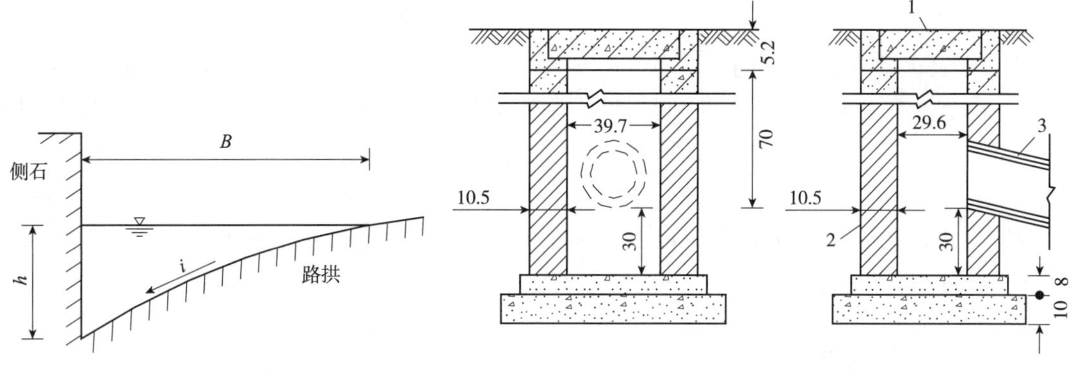

图8-10 街沟过水断面积计算图示

图8-11 雨水口(尺寸单位:cm)
1-进水箅;2-井身;3-连接管

①平式雨水口(图8-12)：雨水口的盖平铺在道路边沟上，雨水沿边沟进入雨水口，进水箅宜稍低于边沟或邻近地面约3cm。平式雨水口的盖子易被车辆压坏，设计中需注意结构受力与施工问题。

②立式雨水口(图8-13)：雨水口设置在人行道上便于清捞淤泥和垃圾，在道路侧石处，设置带格栅的进水口，雨水由格栅流入雨水口。这种雨水口，因为雨水沿边沟流来时需要转90°

角度才能流入雨水口,以致水流不太顺畅,进水较慢,所以间距不宜过长,在严重积水区不宜采用。

③联合式雨水口(图 8-14):在水平和垂直方向上均布置有雨水篦子。适用于径流集中且有杂物堵塞处。

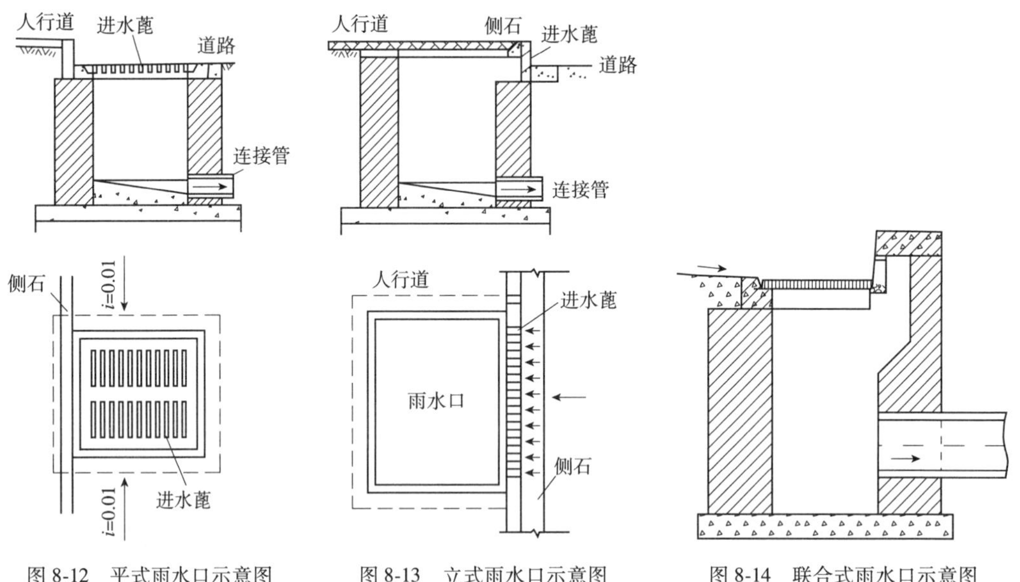

图 8-12　平式雨水口示意图　　图 8-13　立式雨水口示意图　　图 8-14　联合式雨水口示意图

雨水口的雨水井分为有沉泥槽和无沉泥槽两种。有沉泥槽的优点是可截留雨水所夹带的泥砂和杂物,阻止它们进入管道而造成淤塞;缺点是影响环境卫生,增加养护工作量。无沉泥槽的缺点是可能会出现连接管的堵塞。实践中一般是有沉泥槽和无沉泥槽的雨水口相间布设,如有沉泥槽的雨水口接着布置 1~3 个无沉泥槽的雨水口。

(2)检查井

检查井又名窨井,是设在主干管上的一种井状构造物。为了对排水干线管道进行检查和疏捞,干管系统上必须设置检查井,同时检查井还起连接沟管的作用(图 8-15)。相邻两个检查井之间的管道应在同一直线上,便于检查和疏通。检查井一般设置在管道容易沉积污物以及经常需要检查的地方,如管道改变方向处、改变坡度处、改变高程处、改变断面尺寸处和多管交汇处、跌水处,直线管段上每隔一定距离都应布设检查井。检查井在直线管段上的最大间距根据《室外排水设计规范》(GB 50014)规定按表 8-2 选用。

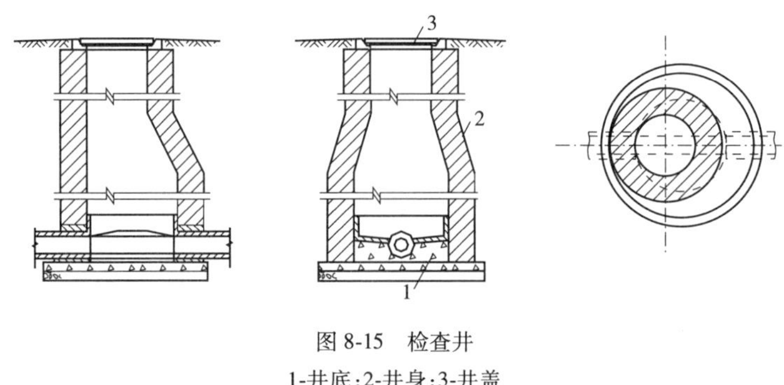

图 8-15　检查井

1-井底;2-井身;3-井盖

雨水(合流)管道检查井最大间距　　表8-2

管径或暗渠净高(mm)	最大间距(m)	管径或暗渠净高(mm)	最大间距(m)
200~400	50	1 100~1 500	120
500~700	70	1 600~2 000	120
800~1 000	90		

检查井各部分尺寸应考虑便于养护和检修,爬梯和脚窝的尺寸、位置便于上下安全,检修室(井室)高度在管道埋深许可时宜为1.8m,由管底算起。位于车行道的检查井,应采用具有足够承载力和稳定性良好的井盖与井座。位于路面上的井盖,顶面高程与路面持平;位于绿化带内的井盖,顶面高程不应低于地面。检查井与管渠接口处,应采取防止不均匀沉降的措施。

从上面雨水口(井)、检查井布设的介绍可以看出,雨水口(井)、检查井构造物倘若设在道路当中,一定存在如何将这些构造物与路基路面结构物很好地结合起来的问题。现实情况表明:道路当中,特别是机动车车道上的检查井部位很容易出现井盖周边路面结构的破损,进而影响行车安全。究其原因,主要是检查井构造物与其周边路基路面构造物结合的施工方式存在一定矛盾造成的:即路基路面强调“压实度”,而检查井构造物(包括埋置深度较浅的管道)的设置又不容许检查井周边或者管道顶部采用“重型压实机具”,导致检查井周边或者管道顶部的路基路面存在一些或多或少的结构缺陷;而一旦采用了“重型压实机具”则极有可能损坏检查井结构或者管道结构。雨水口(井)其实也存在类似问题。因此,在大量存在检查井、雨水口(井)的路面地段,需要对“井”周边或者“浅埋管道顶部”的路基路面结构采取特殊的、有针对性的加强处理措施,这也是城市道路工程设计当中一个比较特别的方面,需要设计人员认真对待。

第三节　锯齿形街沟设计

一、设置锯齿形街沟的目的

建设在地形平坦地区的城市道路,为了减少土石方量及与周围地形、地物平顺衔接,纵坡往往很小甚至没有。这样对车辆行驶虽然有利,但对排水却不利。尽管道路路面设置了路拱横坡,用以排除路面雨、雪水,但是由于纵坡很小,降水积累的雨、雪水很难沿道路纵向排出,造成排水不畅,产生积水,既影响交通,又对路基路面的稳定性造成危害。因此,应采取有效措施保证纵坡平缓路段的排水通畅,其中锯齿形街沟设计就是解决路面排水的一种有效方法。

二、锯齿形街沟设计

早期《城市道路设计规范》(CJJ 37—90)规定:道路中线纵坡度小于0.3%时,可在道路两侧车行道边缘1~3m宽度范围内设置锯齿形街沟。现在《城市道路工程设计规范》(CJJ 37—2012)虽然没有明确条文规定,但是遇到“平坡路段”情况时,“锯齿形街沟”仍然是一个有效方法。设计时,保持缘石顶面线与道路中心线的纵坡设计线平行,交替改变街沟底部或平石高程,在其低凹处设置雨水进水口,进水口处的1~3m 宽度范围路面横坡放大,在两进水口之间的分水点处的横坡减小,车行道两旁平石的纵坡度跟着进水口和分水点高程的变动而变动,如图8-16 所示。这样,街沟底路面边缘的纵断面就变成锯齿形,故称为锯齿形街沟。锯齿形街沟的设置能够比较好地解决"平坡路段"纵向排水不畅的问题。

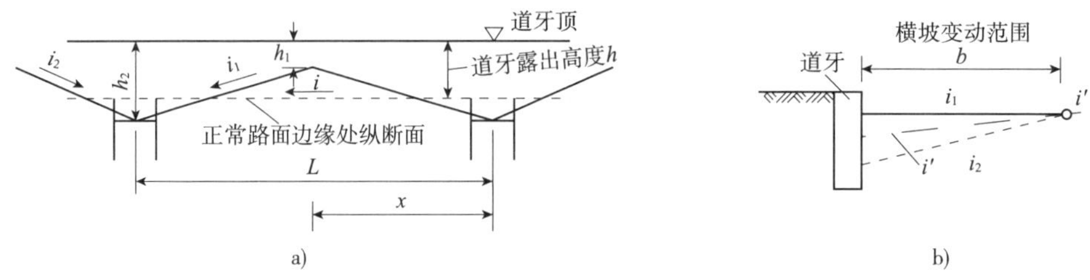

图8-16　锯齿形街沟

a)立面图;b)横断面图

在城市道路上,一般都是利用露出路面部分的立式缘石与路面边缘(或平式缘石),作为排除地面水的沟道,简称街沟。因此,立式缘石露出高度不宜过低,否则将不能容纳应排泄的最大地面水流量,以致溢过缘石而流到人行道上,影响行人交通;但立式缘石露出高度也不宜过高,过高不便于行人跨越,也会影响行人交通。一般情况下,在雨水口处立式缘石外露高度 $h_2=18\sim35\text{cm}$,在沟底纵向分水点处 $h_1=8\sim12\text{cm}$,参见图8-16。

锯齿形街沟宽 $b=1\sim3\text{m}$,应视道路宽而定,一般不超过一条车道的宽度。路面较宽、横坡度小时,b 采用较大值;路面较窄,横坡大时,b 采用较小值。如路面很窄时,则不宜设置。总之,锯齿形街沟设计是为了加强道路纵向排水,但是不应过多影响道路交通,否则不宜设置。

三、计算公式

锯齿形街沟的设计主要是确定分水点和雨水口的位置,即街沟纵坡变坡点之间的距离,以便布置雨水口,如图8-16a)所示。设相邻雨水口间距为 L,分水点距两边进水口的距离分别为 x 和 $L-x$;雨水口处缘石外露高度为 h_2,分水点处缘石外露高度为 h_1,正常路面边缘处纵坡(一般等于路中线纵坡)为 i,街沟沟底沿分水点向两边的纵坡度分别为 i_1 和 i_2,则:

$$x=\frac{h_2-h_1}{i_2+i} \tag{8-3}$$

$$L-x=\frac{h_2-h_1}{i_1-i} \tag{8-4}$$

设置锯齿形街沟,虽能解决纵向排水问题,但也带来不少弊端,如施工烦琐,路面改、扩建困难,雨水管埋置深度随长度增加而加深,在街沟宽度范围内对行车有一定影响。因此,设计时应尽量调整道路纵坡使其满足最小纵坡的要求,而不采用锯齿形街沟。我国城市道路设计执行道路最小纵坡规定已经多年,老城区"平坡路段"也基本改造完毕。因此,真正需要设置锯齿形街沟的路段已经很少,这也是现行的《城市道路工程设计规范》(CJJ 37—2012)没有专门条文规定设置锯齿形街沟的原因所在。

第四节　雨水流量计算

雨水流量的多少将直接关系到雨水排水干管的大小,直接与工程造价挂钩。降雨虽然是自然现象,但是雨水流量则与人们对承雨面的干预关系颇大。近几十年城市建设片面强调“地面硬化”带来的严重后果已经引起人们的高度重视,如地下水位降低得不到有效补充造成地表沉陷、瞬时雨水流量过大形成内涝、雨水管道建设规模越来越大等。通过反思和国内外城市建设经验的总结,“海绵城市”的理念被广泛认同,这一理念的贯彻实施将有助于大幅度降低雨水流量。因此,城市道路雨水暗管排水系统的设计,首先应考虑区域“海绵化”的可能性,然后在此基础上确定实施海绵化后的雨水流量。另外,为了减少内涝,应合理确定设计暴雨重现期。

要确定雨水管渠的断面尺寸和坡度,需先确定管渠的设计流量。城市道路雨水管渠的设计流量按式(8-5)计算:

$$Q=q\cdot\psi\cdot F \tag{8-5}$$

式中:Q——雨水设计流量,L/S;

q——设计暴雨强度,$L/(S\cdot10^4)m^2$,按城市所在地区的暴雨强度公式计算确定;

ψ——径流系数;

F——雨水管渠所排除街区雨水的汇水面积,10^4m^2。

采用式(8-5)计算时应当注意,在街区内当生产废水和生活污水排入雨水管道时,以及有上游的雨水管渠内的雨水流入设计管段时,都应将其水量计算在内。

式(8-5)中的三个计算参数ψ、F、q按以下方法确定。

一、径流系数ψ

降落到地面上的雨水,由地面和地下汇流到管渠至受纳水体的流量称为径流量,径流量与全部降雨量之比,称为径流系数ψ,其值常小于1。降雨量通过气象资料可以获得,倘若能够比较准确地知道径流系数,那么管道径流量就很容易地得到。显然,径流量指降雨超出一定区域内地面渗透、滞蓄能力后多余水量产生的地面径流量,它与汇水面积的地面覆盖情况、地面坡度、降雨历时及暴雨雨型等有关。《室外排水设计规范》(GB 50014)根据地面种类对径流系数作了规定,见表8-3。由不同种类地面组成的排水面积的径流系数ψ用加权平均法计算,其计算公式如下:

$$\psi=\frac{\psi_1F_1+\psi_2F_2+\cdots+\psi_nF_n}{F_1+F_2+\cdots+F_n} \tag{8-6}$$

式中:ψ——排水地区内的加权平均径流系数;

F_1、F_2、…、F_n——排水地区内各种地面面积,10^4m^2;

ψ_1、ψ_2、…、ψ_n——相应各种地面的径流系数,可按表8-3采用。

不同地面的径流系数 ψ 值　　表 8-3

地 面 种 类	ψ 值	地 面 种 类	ψ 值
各种屋面、混凝土和沥青路面	0.85~0.95	干砌砖石或碎石路面	0.35~0.40
大块石路面和沥青表处碎石路面	0.55~0.65	非铺砌的土地面	0.25~0.35
级配碎石路面	0.40~0.50	公园或草地	0.10~0.2

二、汇水面积 $F(10^4 m^2)$

每条管道都有它所服务的面积,此面积称为汇水面积或排水面积,以 F 表示,单位以 10^4m^2 计,也可表示为 hm^2。各设计管段的汇水面积的区界是根据地形、地物决定的。计算汇水面积时,除街坊面积外还包括街道面积(道路面积)。

当地势平坦、街坊四周的道路都有沟管时,可用各街角的分角线划分汇水面积,各汇水面积内的雨水分别流入相邻的雨水沟管(图 8-17)。

当地势向一边倾斜时,则街坊的雨水流入低侧街道下的管道内(图 8-18),这时一般不需要把街坊划分成几块区域,但若大街坊的两边都设有雨水管道时,也可考虑使雨水流入街坊两侧的管道。总之,某一排水系统的汇水面积大小既取决于自然地貌,也取决于人为区域竖向规划。

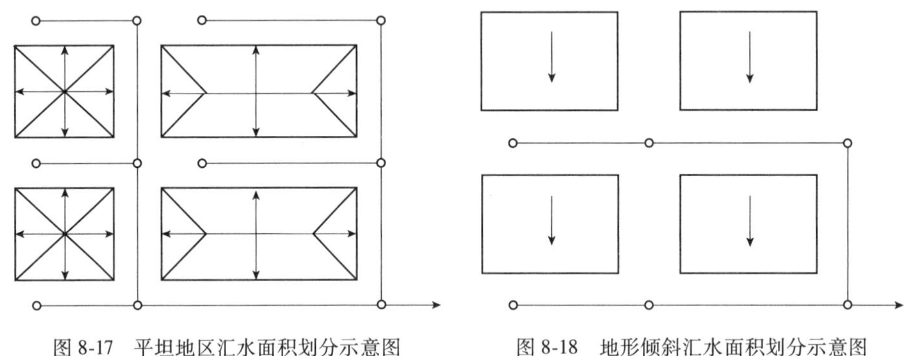

图 8-17　平坦地区汇水面积划分示意图　　图 8-18　地形倾斜汇水面积划分示意图

三、设计暴雨强度 $q[L/(s \cdot 10^4)m^2]$

自然现象显示,某一次降雨发生,降雨量不会是均匀分布在某一连续降雨的时段内,而是由大到小,即降雨强度由强变弱,直至降雨停止。

降雨量是降雨的绝对量,气象统计时采用积雨深度 h(mm)表示。降雨强度是指某一连续降雨时段内的平均降雨量,用 i 表示。即:

$$i=\frac{h}{t} \tag{8-7}$$

式中:i——降雨强度,mm/min;

t——降雨历时,即连续降雨的时段,min;

h——降雨历时内的降雨量,mm。

在排水工程上,常用单位时间内单位面积上的降雨体积 $q[L/(s \cdot 10^4)m^2]$ 表示降雨强度。q 与 i 之间的换算关系为:

$$q=\frac{1\times 1\ 000\times 10\ 000}{100\times 60}=167i \tag{8-8}$$

在设计雨水管渠时，假定降雨在汇水面积上均匀分布，并选择降雨强度最大的降雨作为设计根据，根据当地多年（至少10年以上）的雨量记录，可以推算出暴雨强度的公式。我国排水工程常用的暴雨强度公式为：

$$q=\frac{167A_1(1+c\lg T)}{(t+b)^n} \tag{8-9}$$

式中：q——暴雨强度，$L/(s\cdot 10^4m^2)$；

T——重现期，年；

t——降雨历时，min；

A_1、c、b、n——地方参数，根据统计方法计算确定。

我国幅员辽阔，各地气候条件不一，暴雨强度计算不一，现将部分城市早年的暴雨强度公式列出（见表8-4），仅供学习参考。具体设计时应以当地城市现有资料为准，例如武汉地区目前的暴雨强度公式为：

$$q=885[1+1.58\lg(T+0.66)]/(t+6.37)^{0.604}\quad [L/(s\cdot hm^2)]$$

我国若干城市暴雨强度公式 表8-4

城市名称	暴雨强度公式 q $[L/(s\cdot 10^4m^2)]$	q_{20} $[L/(s\cdot 10^4m^2)]$	资料年数（年）	城市名称	暴雨强度公式 q $[L/(s\cdot 10^4m^2)]$	q_{20} $[L/(s\cdot 10^4m^2)]$	资料年数（年）
北京	$q=\frac{2\ 111(1+0.85\lg T)}{(t+8)^{0.70}}$	206	20	南京	$q=\frac{167(46.17+41.66\lg T)}{t+33+9\lg T-0.4}$	156	20
上海	$q=\frac{167\times 33.2(T^{0.3}-0.42)}{(t+10+7\lg T)^{0.82+0.07\lg T}}$	198	41	济南	$q=\frac{4\ 700(1+0.753\lg T)}{(t+17.5)^{0.898}}$	180	5
天津	$q=\frac{2\ 334T^{0.52}}{(t+2+4.5T^{0.65})^{0.8}}$	170	14	杭州	$q=\frac{1\ 008(1+0.73\lg T)}{t^{0.541}}$	199.5	6
广州	$q=\frac{1\ 195(1+0.622\lg T)}{t^{0.523}}$	249	9	南昌	$q=\frac{1\ 215(1+0.854\lg T)}{t^{0.60}}$	201	5
汉口	$q=\frac{784(1+0.83\lg T)}{t^{0.0507}}$	172	6	长春	$q=\frac{883(1+0.68\lg T)}{t^{0.604}}$	145	9
长沙	$q=\frac{776(1+0.75\lg T)}{t^{0.527}}$	160	6	丹东	$q=\frac{3\ 950(1+0.78\lg T)}{(t+19)^{0.815}}$	200	8
太原	$q=\frac{817(1+0.755\lg T)}{t^{0.667}}$	110.5	7	大连	$q=\frac{617(1+0.81\lg T)}{t^{0.486}}$	144	8
南宁	$q=\frac{10\ 500(1+0.707\lg T)}{T+21.1T^{0.119}}$	249	21	哈尔滨	$q=\frac{6\ 500(1+0.34\lg T)}{(t+15)^{0.5}}$	155	10
贵阳	$q=\frac{167\times 11.3(1+0.707\lg T)}{(t+9.35T^{0.31})^{0.695}}$	173	17	齐齐哈尔	$q=\frac{684(1+1.13\lg T)}{t^{0.636}}$	102	10
昆明	$q=\frac{700(1+0.775\lg T)}{t^{0.498}}$	159	10	福州	$q=\frac{934(1+0.55\lg T)}{t^{0.542}}$	184	8
成都	$q=\frac{167\times 16.8(1+0.803\lg T)}{(t+12.8t^{0.231})^{0.768}}$	192	17	厦门	$q=\frac{850(1+0.745\lg T)}{t^{0.514}}$	182	7

续上表

城市名称	暴雨强度公式 q [L/(s·10^4m^2)]	q_{20}[L/(s·10^4m^2)]	资料年数(年)	城市名称	暴雨强度公式 q [L/(s·10^4m^2)]	q_{20}[L/(s·10^4m^2)]	资料年数(年)
重庆	$q=\frac{167\times16.9(1+0.775\lg T)}{(T+12.8T^{0.076})^{0.77}}$	190	8	郑州	$q=\frac{767(1+1.04\lg T)}{t^{0.522}}$	161	5
银川	$q=\frac{242(1+0.83\lg T)}{t^{0.477}}$	58	6	塔城	$q=\frac{750(1+1.1\lg T)}{t^{0.85}}$	59	5
宝鸡	$q=\frac{324(1+0.95\lg T)}{t^{0.46}}$	86.3	5	天水	$q=\frac{458(1+0.745\lg T)}{t^{0.552}}$	93	7

注:q_{20}-重现期为1年,降雨历时为20min的暴雨强度,L/(s·10^4m^2);T-设计重现期,年;t-设计降雨历时,min。

1.设计重现期(T)

暴雨强度的频率是指等于或大于该暴雨强度发生的机会,以N(%)表示;而暴雨强度的重现期则是指等于或大于该暴雨强度发生一次的平均时间间隔,以T表示,以年为单位。显然,暴雨强度年频率N与它的重现期T互为倒数。强度大的暴雨,其重现期长;强度小的暴雨,其重现期则短。

针对不同重要程度地区的雨水管渠,应采取不同的重现期来设计。因为若重现期取得过大,暴雨强度就会越大,则使得管渠断面尺寸也需要很大,工程造价会很高;若取得过小,一些重要地区(如中心区),干道可能会经常遭受暴雨积水造成的内涝危害。

设计重现期的选择,应根据汇水面积的地区建设性质、地形特点、汇水面积和气象特点等因素确定,一般选用2~10年。对于重要干道,立交道路的重要部分,重要地区或短期积水即能引起较严重损失的地区,宜采用较高的设计重现期,一般选用10~50年。而且在同一个排水系统可以采用同一个设计重现期也可以采用不同的设计重现期,需要具体情况具体论证确定。表8-5所列重现期为我国早些年的选用标准,表8-6所列则是现行的《室外排水设计规范》(GB 50014)的规定。

原来雨水管渠设计重现期年 表8-5

q_{20} [L/(s·10^4m^2)]	地区性		汇水面积(10^4m^2)		
			≤20	21~50	51~100
≤100	居民区	平坦地形	0.33	0.33	0.33
		沿溪谷线	0.33	0.33	0.5
	工厂、广场、干道		0.5	0.5	1.0
101~150	居民区	平坦地形	0.33	0.33	0.5
		沿溪谷线	0.33	0.5	1.0
	工厂、广场、干道		0.5	1	2
150~200	居民区	平坦地形	0.33	0.5	1
		沿溪谷线	0.5	1	2
	工厂、广场、干道		1	2	2~3

注:1.平坦地形指地面坡度小于0.3%的地区,当坡度大于0.3%时,设计重现期可提高一级选用。

2.在丘陵地区、盆地、主要干道和短期积水能引起严重损失的地区(如重要工厂区、主要仓库区等),宜根据实际情况适当提高设计重现期。

现在雨水管渠设计重现期(年) 表 8-6

城镇类型	地区类型			
	中心城区	非中心城区	中心城区的重要地区	中心城区地下通道和下沉式广场
特大城市	3~5	2~3	5~10	30~50
大城市	2~5	2~3	5~10	20~30
中、小城市	2~3	2~3	3~5	10~20

注:1.表中所列设计重现期,均为年最大值法。

2.雨水管区应按重力流、满管流计算。

3.特大城市指市区人口 500 万以上的城市;大城市指市区人口在 100 万~500 万的城市;中、小城市指市区人口在 100 万以下的城市。

近年来,从南到北我国不少城市都发生过比较大的内涝事件,多半是暴雨季节由于渍水量大、排水不畅导致的。内涝事件严重影响和干扰了城市居民的正常生活和城市运转,已经引起有关工程技术人员高度关注。究其深层次的原因有很多,其中一个原因是过去排水设计中暴雨重现期取值偏小,设计暴雨重现期取值偏小导致城市地下排水管网的排水能力偏低,故而导致城市暴雨时渍水或者渍水时间过长,形成内涝灾害,老百姓戏称"看海"。另一方面的原因与过分追求土地开发效益、片面扩大地表"硬化"面积不无关系。比较表 8-6 和表 8-5 可以看出,现在的暴雨重现期取值提高了许多,为从根本上解决我国城市"内涝"现象提供了技术基础。

2.降雨历时(t)

降雨过程中的任意连续时段称为降雨历时。雨水管渠的设计降雨历时,应采用管渠中形成最大径流量所需的时间。设计中通常用汇水面积最远点雨水流到设计断面时的集水时间作为设计降雨历时。

对管道的某一设计断面,降雨历时 t 由两部分组成:从汇水面积最远点流到第一个雨水口的地面集水时间 t_1 和从雨水口流到设计断面的管内雨水流行时间 t_2。降雨历时可用式(8-10)表示:

$$t=t_1+t_2 \tag{8-10}$$

式中:t_1——地面汇流时间,min,与流域面积大小、地面种类、坡度、覆盖情况等有关,一般t_1 = 5~15min(对应地面集水距离 50~150m);

t_2——雨水在管渠内流行时间,min,$t_2=L/60V$。L 为计算管段长度,m;V 为设计管渠内雨水的流速,m/s。

第五节 雨水管渠的水力计算

一、雨水管渠水力计算的设计数据

为使雨水管渠正常工作,避免发生淤积、冲刷等现象,雨水管渠需要进行水力计算。雨水管渠水力计算时,应注意以下事项:

1.设计充满度

雨水管道均按满流条件设计,明渠应在设计水位以上有不小于0.2m的安全值,街道边沟应有不小于0.03m的安全值。

2.设计流速

为避免雨水所挟带的泥砂等在管渠内沉淀下来而阻塞管道,《室外排水设计规范》(GB 50014)规定雨水管道的最小设计流速为0.75m/s。明渠和街道边沟内发生沉淀后容易清除,所以可采用较低的设计流速,明渠最小设计流速为0.4m/s。

为了防止管壁和渠壁的冲刷破坏,影响及时排水,非金属管道(混凝土或砖砌管)的最大允许流速一般采用5m/s;金属管的最大允许流速则采用10m/s。在明渠中,流速按不同的土质和铺砌材料而定,最大设计流速见表8-7。

明渠最大设计流速　　表8-7

明渠类别	最大设计流速(m/s)	明渠类别	最大设计流速(m/s)
粗砂及砂质黏土	0.80	草皮护面	1.60
砂质黏土	1.00	干砌块石	2.00
黏土	1.20	浆砌块石或浆砌砖	3.00
石灰岩及中砂岩	4.00	混凝土	4.00

注:1.上表适用于明渠水深$h=0.4\sim1.0$m。

2.如h在0.4~1.0m外时,表列流速应乘以下列系数:$h<0.4$m时乘以系数0.85;$h>1$m时乘以系数1.25;$h\geq2$m时乘以系数1.40。

管渠设计流速应限制在最小流速与最大流速之间。

从上游起,干管由于纵坡和管径的变化,使得管内雨水在管道内流速是沿程变化的。为了不对干管流速形成阻碍而降低干管的排水能力,通常要求在支、干管交汇处应使支管流速与干管流速接近,不宜使支管流速大于干管流速。

3.设计坡度

雨水管渠的最大纵坡,应使管渠内的流速小于允许最大流速。雨水管渠的最小坡度应按最小流速计算。《室外排水设计规范》(GB 50014)规定,雨水口连接管最小管径为200mm时,最小设计坡度为1%;在街道下的雨水管最小管径为300mm时,最小设计坡度塑料管为0.2%,其他管为0.3%;明渠的最小坡度为0.5%。

在一般情况下,管底坡度最好接近地面坡度。当地面坡度很大时,为避免计算流速超过允许最大流速并满足最小覆土深度的要求,可设置跌水井进行调节。

4.最小管径

为了保证管道养护上的便利,防止管道发生阻塞,《室外排水设计规范》(GB 50014)规定街道下雨水管道的最小管径为300mm,雨水口连接管的最小管径为200mm。

就一个管道排水系统而言,排水管管径自上游开始,向下游随着沿程流量的逐渐增大而增大。一般情况下,沟管下游不应采用较小口径的沟管。当下游管道由于地形坡度变陡而使管道坡度剧增时,根据水力计算用比上游小的管径可以排除设计流量时,管道可以采用较小的管径。

二、雨水管渠水力计算方法

雨水管渠的水力计算，主要是根据已求得的设计流量，计算确定雨水管的管径和明渠的断面尺寸或校核管渠坡度和流速。

雨水管渠水力计算的公式如下：

$$Q=\omega \cdot v \tag{8-11}$$

式中：Q——流量，10^3L/s；

ω——管渠过水断面面积，m^2；

v——水流流速，m/s。

$$v=C\sqrt{Ri} \tag{8-12}$$

式中：i——水力坡度或管（渠）底坡度，$i=h/L$，即管段的起点和终点的高差（h）与该段长度（L）之比：

R——水力半径，m；

$$R=\frac{\omega}{x} \quad (\text{m}) \tag{8-13}$$

x——湿周，m；

C——流速系数，$C=\frac{1}{n}R^{\frac{1}{6}}$，其中，$n$ 为管渠粗糙系数，n 值见表 8-8。

管渠粗糙系数 n　　表 8-8

管渠类别	粗糙系数 n	管渠类别	粗糙系数 n
UPVC 管、PE 管、玻璃钢管	0.009～0.011	浆砌砖渠道	0.015
石棉水泥管、钢管	0.012	浆砌块石渠道	0.017
陶土管、铸铁管	0.013	干砌片石渠道	0.020～0.025
混凝土管、钢筋混凝土管、水泥砂浆抹面渠道	0.013～0.014	土明渠（包括带草皮）	0.025～0.030

排水管道采用的材料一般为混凝土、钢筋混凝土和铸铁。$n=0.013\sim0.014$ 计算时通常取 $n=0.013$。

在进行水力计算时常用下列基本公式：

流量

$$Q=\frac{1}{n}\omega R^{\frac{2}{3}}i^{\frac{1}{2}} \quad (10^3\text{L/s}) \tag{8-14}$$

流速

$$V=\frac{1}{n}R^{\frac{2}{3}}i^{\frac{1}{2}} \quad (\text{m/s}) \tag{8-15}$$

管道直径（满管流）

$$D=\sqrt{\frac{4Q}{\pi v}} \quad (\text{m}) \tag{8-16}$$

在实际工作中，可把以上公式制成图表以简化计算。图 8-19 为满流圆形管道的水力计算图，供设计时查用。

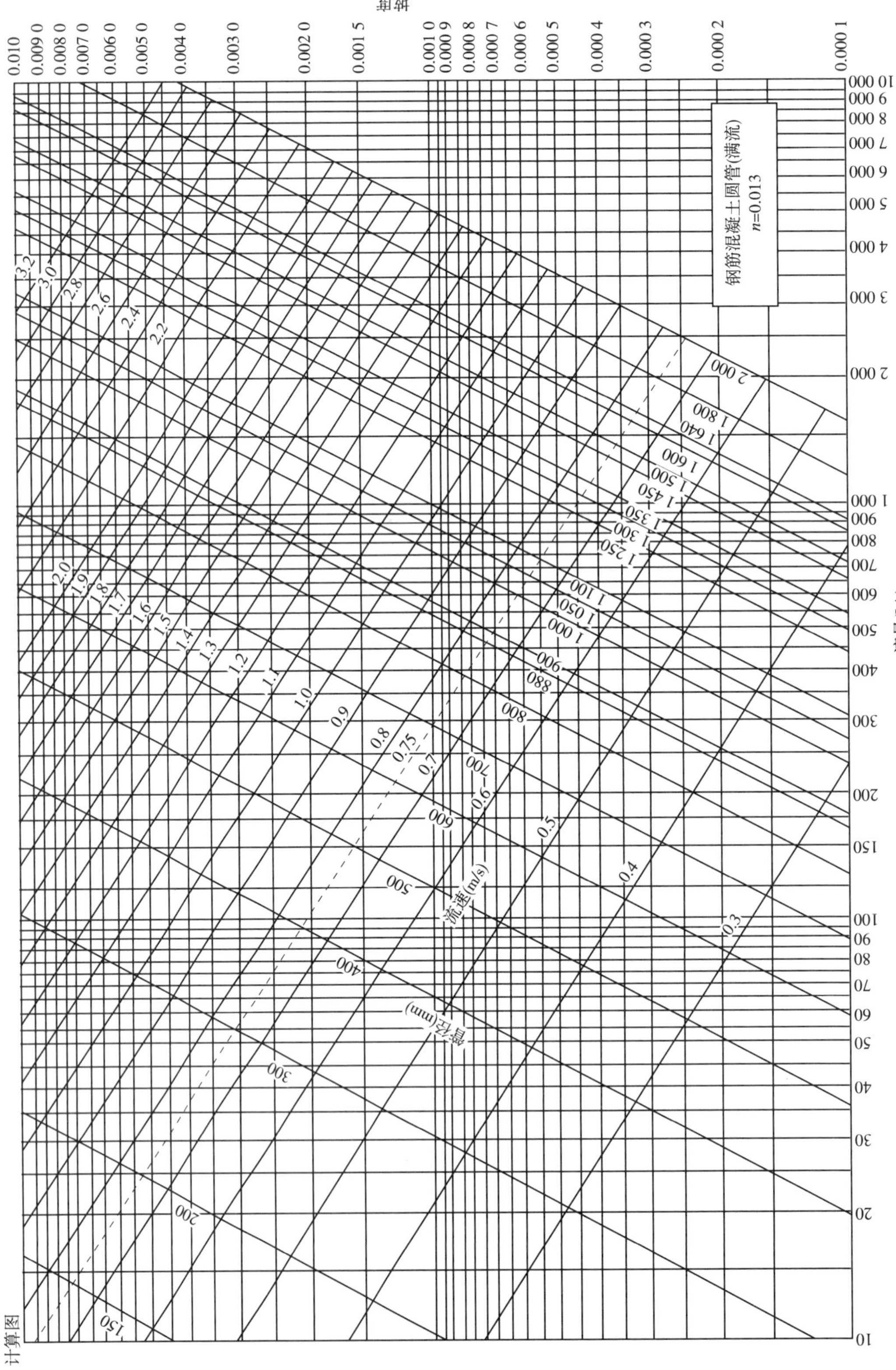

图8-19 满流圆形管道的水力计算图

管道满流时

$$\omega=\frac{\pi D^2}{4} \tag{8-17}$$

梯形断面

$$\omega=(b+mh_0)h_0 \tag{8-18}$$

式中：b——渠道底宽，m；

m——边坡坡比；

h_0——正常水深，m。

水力半径 R：管道满流时

$$R=\frac{D}{4} \tag{8-19}$$

梯形断面

$$R=\frac{(b+mh_0)h_0}{b+2h_0\sqrt{1+m^2}} \tag{8-20}$$

在工程设计中，通常在选定管材之后，n 即为已知数值。而设计流量 Q 也是经计算后求得的已知数，所以剩下的只有三个未知数 D、v 及 I。

这样，在实际应用中，就可以参照地面坡度 i_d 假定管底坡度 i，从水力计算图或表中求得 D 及 v 值，并使所求得 D、v、i 各值符合水力计算基本数据的技术规定。

下面举例说明。

【例 8-1】 已知 $n=0.013$，设计流量经计算为 $Q=200$L/s，该管段地面坡度为 $i=0.004$，试计算该管段的管径 D、管底坡度 i 及流速 v。

解 设计采用 $n=0.013$ 的水力计算图，如图 8-20 所示。

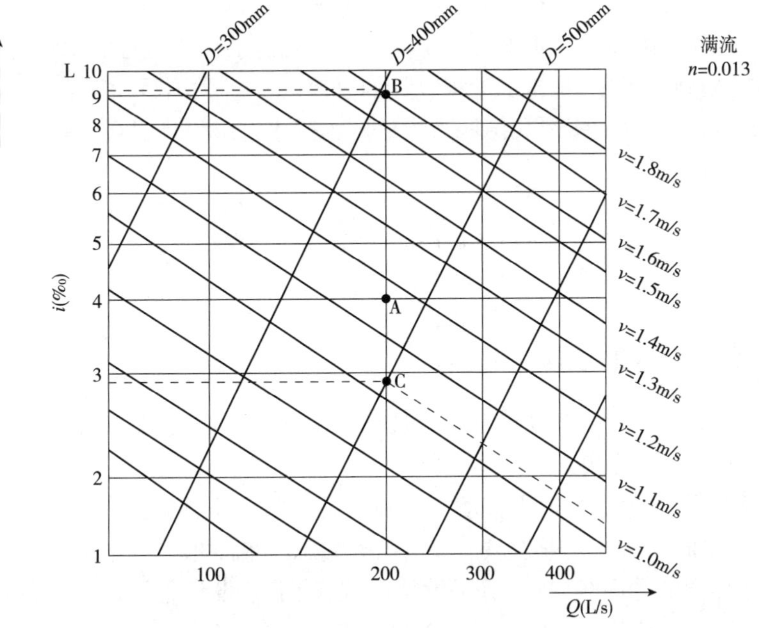

图 8-20 钢筋混凝土圆管水力计算

注：图中 D 以 mm 计。

先在横坐标轴上找到 $Q=200\text{L/s}$ 的值,作竖线;在纵坐标轴上找到 $i=0.004$ 值,作横线。将此两线相交于 A 点,找出该点所在的 v 及 D 值。得到 $V=1.17\text{m/s}$,符合水力计算设计数据的规定;而 D 值则界于 400mm 与 500mm 两斜线之间,显然不符合管材统一规格的规定,因此设计管径 D 需要进行调整。

当 $D=400\text{mm}$ 时,则将 $Q=200\text{L/s}$ 的竖线与 $D=400\text{mm}$ 的斜线相交于 B 点,从图中得出交点处的 $i=0.92\%$ 及 $v=1.60\text{m/s}$。此结果符合 v 要求,而 i 与原地面坡度相差很大,势必增大管道的埋深,也不宜采用。

若 $D=500\text{mm}$ 时,则将 $Q=200\text{L/s}$ 的竖线与 $D=500\text{mm}$ 的斜线相交于 C 点,从图中得出交点处的 $i=0.28\%$ 及 $v=1.02\text{m/s}$。

综上,$D=500\text{mm}$、$i=0.28\%$、$v=1.02\text{m/s}$,比较符合题意,故决定采用。

雨水管道中常用的断面形式大多为圆形,但当断面尺寸较大时,宜采用矩形、马蹄形或其他形式。

雨水明渠一般常用梯形断面,底宽不小于 0.3m,边坡因土壤与护面材料而异,一般采用 1∶0.75~1∶1 的边坡。

我国目前采用恒定均匀流(也称明渠均匀流)推理公式,即用式(8-5)计算雨水设计流量。需要说明的是该式建立基于以下假设:降雨在整个汇水面积上的分布是均匀的;降雨强度在选定的降雨时段内均匀不变;汇水面积随集流时间增长的速度为常数等。因此,该式不能适用于较大规模的排水系统,否则会产生较大误差。

随着技术的进步,发达国家已经采用数学模型模拟降雨过程,把排水管渠与汇水区域作为一个系统考虑,并用数学模型对管网进行管理。为此,我国现行《室外排水设计规范》(GB 50014)规定,当汇水面积超过 2km^2 时,宜采用非恒定流模拟进行城市雨水管网水力计算。

排水工程设计常用数学模型一般由降雨模型、产流模型、汇流模型、管网水动力模型等一系列模型组成,涵盖排水系统所有环节。数学模型考虑了同一降雨事件中降雨强度在不同时间和空间的分布情况,因而可以更加准确地反映地表径流的产生过程和径流流量,也便于与后续管网水动力学模型相衔接,是排水工程设计的发展趋势。我国目前正在探索和总结经验阶段,可以预见的是,在不远的将来我国城市道路雨水排水系统设计也会实现“模型化”。

第六节 案 例

一、雨水管道设计的步骤

(1)在 1∶2 000~1∶5 000 并绘有建设规划总图的地形图上,划分汇水总面积,布置排水区域管渠系统,确定水流方向。

(2)划分各段管道的汇水面积,并确定水流方向。将汇水面积及各段管道的长度,标注在图上。各支管汇水面积之和应等于该干管所服务的总汇水面积。

(3)依据地形图的等高线,或者道路设计高程,确定各设计管段起讫点的地面高程;确定干管沿线主要节点的控制高程,准备进行水力计算。

(4)按照各分区的地面覆盖性质求出各分区径流系数,然后可以计算总汇水区域的加权平均径流系数。

(5)依道路、广场、建筑街坊的面积大小，地面种类、坡度、覆盖情况，以及街坊内部的排水系统等因素，计算管道起点地面集水时间。

(6)根据区域性质、汇水面积、q_{20}值、地形，以及漫溢后的损失大小等因素，确定暴雨设计重现期。

(7)根据当地暴雨强度公式，绘制单位径流量与汇流时间关系图。

(8)计算管段设计流量，进行管段水力计算，确定管渠断面尺寸、水流速度、管内底坡度，完成“雨水自流管渠计算表”。

(9)绘制排水干线管道纵断面图，完善管线平面图。

二、设计计算示例

依据下列各项资料，进行管道设计。

已知项目：

(1)设图 8-21 为某中等城市主干道路雨水排水系统平面布置图，周边虚线所示范围为该排水系统的汇水区域，包括两侧街坊、广场、公园等，各个分区面积(公顷)见图中标注。

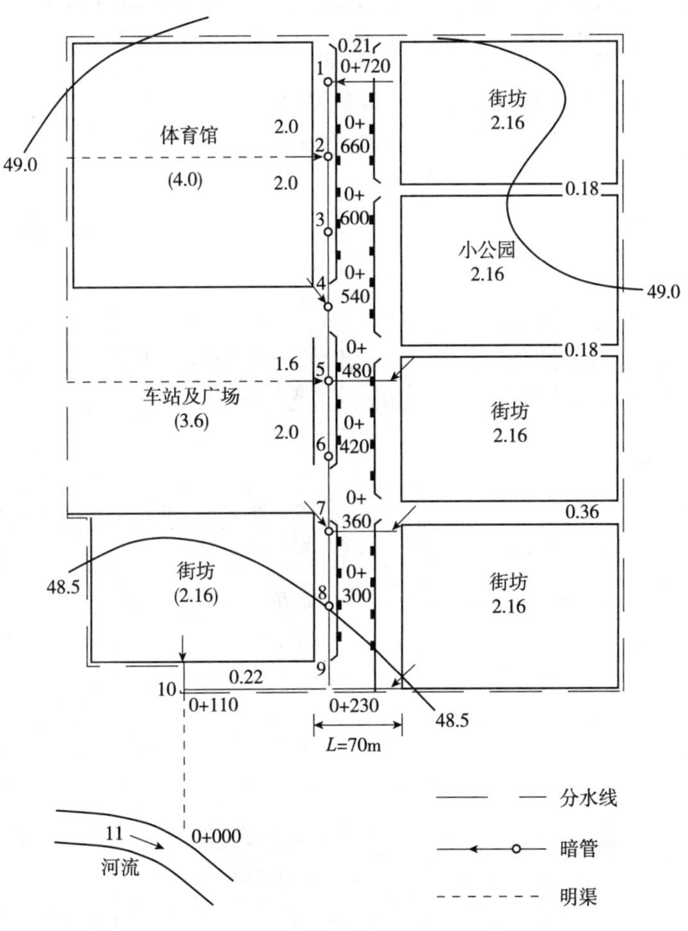

图 8-21　管道设计平面图

(2)管渠的糙率 n:暗管 $n=0.013$(满管),明渠 $n=0.025$。

(3)明渠设计边坡系数 $m=1.5$。

(4)管道起点埋深,大于 1.5m。

(5)河道正常水位高程 44.3m。

设计要求:出水口处排水系统管渠内高程高于河道正常水位 44.3m 即可,洪水期间的河水倒灌问题另行解决。

解 (1)根据受纳水体,先定出干管流向、管道布置、确定汇水面积等;

(2)管道开始汇流时间,由于街坊有内部排水系统,经估算,取 15min;

(3)根据《室外排水设计规范》(GB 50014)规定,按表 8-6 取重现期 $T=3$ 年;

(4)暴雨强度公式本地区为:

$$q=\frac{885[1+1.58\lg(T+0.66)]}{(t+6.37)^{0.604}} \qquad [\mathrm{L/(s\cdot hm^2)}]$$

(5)求该区平均径流系数 $\overline{\psi}$:

已知每个街坊区面积为 2.16hm^2,共 4 个区;体育馆 4hm^2,分两部分汇水,各 2.0hm^2;广场及车站 3.6hm^2;主干道路红线内 3.64hm^2;街坊外部道路为级配碎石路面,面积共为 0.94hm^2;小公园为 2.16hm^2。总汇水面积 22.98hm^2。

为简化计算,求各类径流系数及总平均径流系数 $\overline{\psi}$,见表 8-9。

各类径流系数 表 8-9

一个街坊区				体育馆			
地面种类	面积(ha)F_i	径流系数 ψ	ψF_i	地面种类	面积(ha)F_i	径流系数 ψ	ψF_i
屋顶	0.6	0.9	0.54	屋顶	1.60	0.9	1.44
沥青路面	1.00	0.9	0.90	沥青路面	0.80	0.9	0.72
草地	0.20	0.15	0.03	草地	0.60	0.15	0.09
非铺砌土地面	0.36	0.30	0.108	非铺砌土地面	1.0	0.3	0.30
合计	2.16		1.578	合计	4.0		2.55
广场及车站				公园			
地面种类	面积(ha)F_i	径流系数 ψ	ψF_i	地面种类	面积(ha)F_i	径流系数 ψ	ψF_i
大块石铺砌路面	1.0	0.6	0.6	草地、绿地	1.46	0.15	0.219
沥青广场及路面	2.4	0.9	2.16	沥青路面	0.6	0.9	0.54
屋面	0.2	0.9	0.18	屋面	0.1	0.9	0.09
合计	3.6		2.94	合计	2.16		0.849
主干道				街坊外部路面			
地面种类	面积(ha)F_i	径流系数 ψ	ψF_i	地面种类	面积(ha)F_i	径流系数 ψ	ψF_i
混凝土路面	1.56	0.9	1.404	级配碎石路面	0.94	0.45	0.423
干砌砖石步道	0.11	0.4	0.044				
沥青路面路口	0.05	0.9	0.045				
非铺砌土地面	1.92	0.3	0.576				
合计	3.64		2.069	合计	0.94		0.423

总平均径流系数 $\overline{\psi}=\dfrac{4\times1.578+2.55+2.94+0.849+2.069+0.423}{4\times2.16+4+3.6+2.16+3.64+0.94}=\dfrac{15.143}{22.98}=0.659\approx0.66$

(6)水力和流量计算详见表 8-10 及图 8-19。具体说明如下:

①1 号井以上的汇水面积 F_1 为街坊面积 2.16hm² 加上 1 号井以上的街道汇水面积 0.21hm²,即 $F_1=2.16+0.21=2.37\text{hm}^2$。

汇流时间:根据当地经验估计,街坊内部排水 $t=15\text{min}$。

设计重现期取 $T=3$ 年。

$$\text{计算暴雨强度}:q=\frac{885[1+1.58\lg(T+0.66)]}{(t+6.37)^{0.604}}=885\frac{[1+1.58\lg(3+0.66)]}{(15+6.37)^{0.604}}$$

$$=263.2\quad[\text{L}/(\text{s}\cdot\text{hm}^2)]$$

平均径流系数 $\overline{\psi}=0.66$。

设计流量 $Q=q\overline{\psi}F=263.2\times0.66\times2.37=411.7(\text{L/s})$。

由 1 号井至 2 号井管底设计纵坡 $i=2‰$,查图 8-19 得管径 700mm,设计流速 $V=1.076\text{m/s}$。管内底进口设计高程为 46.56m,出口设计高程为 46.44m。管内流行时间 $t_2=\dfrac{L}{60V}=\dfrac{60}{60\times1.076}=0.93(\text{min})$

②2 号井以上的汇水面积 $F_2=F_1+2.0+0.42=4.79(\text{hm}^2)$(增加体育馆面积的一半再加上街道汇水面积)。

汇流时间 $t=15+t_2=15.93(\text{min})$

$$\text{计算暴雨强度}:q=\frac{885[1+1.58\lg(T+0.66)]}{(t+6.37)^{0.604}}=\frac{885[1+1.58\lg(3+0.66)]}{(15.93+6.37)^{0.604}}$$

$$=256.5\quad[\text{L}/(\text{s}\cdot\text{hm}^2)]$$

平均径流系数 $\overline{\psi}=0.66$。

设计流量 $Q=q\overline{\psi}F=256.5\times0.66\times4.79=810.9(\text{L/s})$。

由 2 号井至 3 号井管底设计纵坡 $i=2‰$,查图 8-19 得设计管径 $\varphi=1\,000\text{mm}$,设计流速 $V=1.365\text{m/s}$。

管内底进口设计高程为 46.22m,出口设计高程为 46.10m。

其余各分段的计算方法同上,依此类推。

③如图 8-21 所示,由 10 号井到 11 号井,此段根据地形、地物情况,为节省工程造价改为明渠排水,其累积汇水面积 $F=22.98\text{hm}^2$,汇流时间 $t=21.55\text{s}$。

$$\text{降水强度}:q=\frac{885[1+1.58\lg(T+0.66)]}{(t+6.37)^{0.604}}=\frac{885[1+1.58\lg(3+0.66)]}{(21,55+6.37)^{0.604}}$$

$$=223.9\quad[\text{L}/(\text{s}\cdot\text{hm}^2)]$$

设计流量 $Q=q\overline{\psi}F=223.9\times0.66\times22.98=3\,396.5(\text{L/s})=3.40(\text{m}^3/\text{s})$。

设明渠底宽 $b=1\text{m}$,边坡系数 $m=1.5$,纵坡 $i=2‰$,糙率 $n=0.025$,按式(8-14)、式(8-15)、式(8-18)和式(8-20)试算得:水渠水位高 1.07m,流速 1.22m/s,渠底进口设计高程 44.56m;出口为 44.34m,高于河道正常水位为 44.30m 的设计要求。

整个干管系统设计计算成果详见表 8-10。

表 8-10

雨水自流管渠计算表

街道								排水面积		设计重现期（年）	设计降雨历时（min）		设计流量计算				管渠								附注
名称	检查井号 起	检查井号 讫	长度 L(m)	起点桩号	起点路面高程（m）	高程（m）	坡度（‰）	分段面积 F_i（hm^2）	累计面积 $F=\sum F_i$（hm^2）		汇流时间 t	管内流行时间（t_2）或渠内流行时间（t_2）	暴雨强度 q[L/(s·hm^2)]	径流系数 ψ	$q\psi$	流量 $Q=q\psi F$(L/s)	直径 D 或高 H、宽 B（mm）	坡度 i（‰）	流速 v（m/s）	流量（L/s）	管沟底高差（m）	管渠内底高程（m） 上端	管渠内底高程（m） 下端	起点覆土深度（m）	
1	2	3	4	5	6	7	8	9	10	11	12	13	14	15	16	17	18	19	20	21	22	23	24	25	26
干管	1	2	60	0+720	48.90	0.06	1	2.37	2.37	3	15.00	0.93	263.2	0.66	173.7	411.7	ϕ700	2	1.076	414.1	0.12	46.64	46.52	1.5	D700管壁厚6cm
	2	3	60	0+660	48.84	0.06	1	2.42	4.79		15.93	0.73	256.5		169.3	810.9	ϕ1 000	2	1.365	1 072.2	0.12	46.22	46.10		
	3	4	60	0+600	48.78	0.06	1	0.42	5.21		16.66	0.73	251.6		166.0	865.0	ϕ1 000	2	1.365	1 072.2	0.12	46.10	45.98		
	4	5	60	0+540	48.72	0.06	1	2.42	7.63		17.39	0.69	246.8		162.9	1 243.0	ϕ1 100	2	1.455	1 382.5	0.12	45.88	45.76		
	5	6	60	0+480	48.66	0.06	1	4.54	12.17		18.08	0.62	242.6		160.1	1 948.8	ϕ1 300	2	1.626	2 158.4	0.12	45.56	45.44		
	6	7	60	0+420	48.60	0.06	1	0.42	12.59		18.70	0.62	239.0		157.7	1 986.0	ϕ1 300	2	1.626	2 158.4	0.12	45.44	45.32		
	7	8	60	0+360	48.54	0.06	1	4.94	17.53		19.31	0.57	235.5		155.5	2 725.1	ϕ1 450	2	1.749	2 888.0	0.12	45.17	45.05		
	8	9	70	0+300	48.48	0.07	1	0.42	17.95		19.88	0.67	232.4		153.4	2 753.5	ϕ1 450	2	1.749	2 888.0	0.14	45.05	44.91		
	9	10	120	0+230	48.41			2.65	20.60		20.55	1.00	228.9		151.1	3 112.5	ϕ1 500	2.5	2.000	3 534.7	0.3	44.86	44.56		
	10	11	110	0+110				2.38	22.98		21.55		223.9		147.8	3 396.5	H=1 070	2	1.22	3 400.0	0.22	44.56	44.34		
																	B=1 000								

第九章
城市道路景观与绿化

第一节 概 述

道路不仅单纯地具有交通功能，而且在自然环境和社会环境中有其文化价值，这种价值很大程度上是依赖于良好的道路景观设计来实现的。

城市道路既是组织城市景观的骨架，又是城市景观的重要组成部分；道路景观设计既有对道路自身的美学要求，又要使道路与周围环境景观协调配合；对道路景观的评价既要从用路者的视觉出发，又要以路外的印象考虑；既有静态视觉又有动态感受。道路空间是一种带状线形环境，这种环境是由道路及道路两侧的建筑物和其他各种环境元素所组成，因此，城市道路应在满足交通功能的前提下，与城市自然景观（地形、山体、水面、绿地等）、历史文物（古建筑、传统街巷等）以及现代建筑有机地联系结合在一起，组成和谐的、富有韵律的、生动活泼和赏心悦目的城市景观。总之，城市道路景观设计是以城市道路美学的观点以及城市设计的概念和方法研究解决城市道路的规划与设计问题。道路景观的概要内容如表 9-1 所示。

城市道路景观的设计原则

(1)城市道路系统规划应与城市景观系统规划相结合，把城市道路空间纳入城市景观系统中。

(2)城市道路系统规划与详细规划设计应与城市历史文化环境保护规划相结合,成为继承和表现城市历史文化环境的重要公共空间。

(3)城市道路景观规划应与城市道路的功能性规划相结合,与城市道路的性质和功能相协调。

(4)城市道路景观规划应做到静态规划设计与动态规划设计相结合,创造即优美宜人又生动活泼,富于变化的城市街道景观环境。

(5)城市道路景观规划要充分考虑道路绿化在城市绿化中的作用,把道路绿化作为景观设计的一个重要组成部分。

道路景观的概要内容　　表 9-1

项　目	名　称	内　容
道路线形的协调	视觉上的协调	平面线形和纵断线形各自在视觉上的和谐性与连续性
	立体上的协调	平面线形和纵断线形互相配合,形成立体线形
道路沿线的协调	沿线与自然环境、社会环境的协调	路线与沿线的地形、地质、古迹、名胜、绿化、地区风景间的协调;路线与城市风光、格调等的协调
	行车道旁侧的整顿与和谐	中央分隔带的绿化;路肩、边坡的整洁;标志完整;广告招牌有管制;商贩集中,不占道路两侧
	构造物的艺术加工	对跨线桥,立体交叉,电线柱,护栏,隧道进出口,隔音墙等精心设计,且有一定的艺术风格
	美化环境	使旅客与驾驶员在路上感受到环境优美,如同游览园林

第二节　城市道路网美学

城市景观是各种景观元素构成的视觉艺术,各种景观元素都与路网有必然的联系,它们与路网的关系决定了它们的相对位置,在道路网中沿不同的交通路线运动,则构成一定的景观系统和序列,科学合理的道路网是形成城市美好景观的基础。

1.重视道路网结构对城市布局的影响

好的道路网结构应该使人们对城市布局有清晰、明了的认识,通过特征鲜明的道路网结构,人们很容易了解掌握城市的交通系统、功能分区、各用地布局及相互之间的关系,方便居民的出行,因而有利于活跃城市社会生活,促进城市社会发展。

2.注重道路网规划设计的美学要求

人们对一个城市的总体印象,往往都是与该城市的结构、布局等联系在一起,而城市的结构、布局又与其路网结构密切相关。进入城市首先映入眼帘的便是由路网(主要是干线路网)组成的城市道路景观,建设一个美的城市就应有一个好的城市道路网络,再结合良好的景观元素配合,以形成一个美好的视觉环境。

(1)道路的特征

道路网中的主要道路要有特征,有特征的道路有助于彼此区分,各具特征(特色)的主要交通道路就可能形成一个城市的形象特征,例如:北京的东、西长安街,它将象征国家和首都形象的若干建筑联结起来,形成很鲜明的形象特征,而北京王府井大街也成了商业的代名词。不同的横断面形式、路面结构形式、平纵面线形特点、交通组织形式等形成道路自身特征,同时沿街建筑的特征赋予道路各自不同的形象和个性。

(2)道路的方向性

路网中的主要道路要有明确的方向性,特别是明确的、引人注目的起终点。一般如将公园、大型广场、纪念性建筑、火车站、体育场馆等特有的城市景观作为道路起、终点,可以增加用路者对道路的识别,有助于将道路位置与城市格局联系起来,使用路者有明确的方位。

道路的方向性应是可以度量的。借助于道路的特征、建筑的变化等,人们可以判定自己所处的位置,获得方向和距离。

有方向性的道路不一定要是直线,有规律的曲线使线形产生可以预见的变化,不致迷失方向。但若线形变化过于频繁,则易使用路者失去道路的方向感。

(3)道路的连续性

道路的连续性是道路功能上重要的要求之一,这种连续性有助于用路者对道路的识别和使用。例如对前面所述的交通特征,应要求其具有良好的连续性,即注意交通形式不宜频繁变化,平、纵、横线形的频繁变化不仅让用路者难以适应,且易失去个性特征。除此之外,道路两旁的空间特征(用地性质)、建筑形式以及道路绿化形式等的连续性也是保持道路特色的重要方面。

道路的连续性还可表现在一条道路的运动感上。道路空间是动态环境,车辆在高速行驶时对道路及道路两侧空间环境产生动态的视觉效果,形成时空连续感。

道路的连续性会加强其整体感,一个好的道路网中所有交通干道各自都应具有良好的连续性,使其相互之间呈现清楚的关系。

此外,城市道路网中的交叉口与路线的关系、形式等应清晰、明确,不致使道路的连续性中断;路网中道路(街道)的名称、编排等也影响着道路的连续性、空间定位以及相互关系。

第三节　城市道路路线美学

一、道路路线对街道景观构成的作用

城市生活离不开在城市道路上,人们通常沿着道路去观赏城市,各具特色的城市建筑及环境中的景观元素,沿着道路两侧布置并与之相联系,从而构成千姿百态的街道景观。

影响道路景观构成的主要因素是道路性质与用路者的视觉特征。不同性质的道路其设计车速不一样,用路者的运动速度及对环境景观的观察方式不同,因而产生不同的视觉特点。因此,对路线自身的设计以及沿街建筑、街头小品、绿化等的规划设计都应根据道路的不同特性而有不同的要求。用路者在道路上有方向的、连续的活动形成对城市的印象,道路环境空间中的景观要素都依附于道路。只有正确处理这些景观要素与道路的关系,才能形成一个良好的道路视觉环境。

二、城市道路线形设计的美学

城市道路线形设计不仅要考虑道路的性质、作用,服务于不同功能的交通需要,而且还应满足城市美学要求,使用路者可能产生美好的城市景观感受,这样的设计才是一个良好的设计。一般说来,从美学角度考虑,线形设计应注意如下几点。

1.一般原则

(1)注意以设计速度来区分设计对象(即路线),根据道路性质,交通特点等因素决定路线设计的要求。如对于城市快速路或主干路等设计车速较高的道路,强调快速、安全舒适,则应将道路线形作为主要设计对象;而对于次干路、支路等较低设计车速的道路,主要强调与地形、地区相结合,满足大容量出行需求,则不以路线作为主要设计对象。根据这些不同性质道路上用路者的视觉特点,来考虑路线设计的美学问题。

(2)注意在线形设计中体现路线特征、方向性、连续性并注意其韵律和节奏的变化等。

道路的特征表现在地形、平纵面线形、周围用地性质、道路横断面形式等方面,这些都反映了不同道路在路线形式上的特殊性。道路线形的方向性通过环境特征得到反映。而道路的连续性则表现在线形上,平纵横面线形的技术标准运用对道路的连续性产生影响,道路的节奏和韵律是通过运动中心视觉变化来感受的,特别在设计快速交通的路线时应予以考虑。

2.路线要与地形相协调

这是确定路线的重要原则。城市地形直接影响着城市道路网的格局以及道路的平、纵、横面线形。道路在布设时应与地形有机结合,道路网结构形式、道路平、纵、横面线形等都应因地制宜,灵活处理,直曲有致,与地形充分协调,以形成生动活泼的城市道路空间。富有变化、与地形有机结合的道路,为用路者提供了多角度广视野的视觉因素,即可增加观赏城市的机会,也可丰富城市的景色,使人能对城市总体轮廓从多方位、多层次获得全景印象。

3.道路线形要与区域特点相适应

城市中不同性质的用地,不同特点的建筑等对道路线形有着不尽相同的要求,道路线形设计时应充分考虑与城市区域特点相适应。例如在市中心区及商业区,往往建筑高大密集、行人流量大,因此,道路成直线且相交道路构成直角交叉,横断面上应充分考虑行人交通要求。而在城市中心区以外区域由于地形变化或土地使用没有中心区的许多限制,道路线形变化则可以比较丰富。

4.线形要有良好的配合

从行车与视觉方向的要求出发,道路平、纵、横面线形应有良好的配合,这种配合不仅体现在某一投影面内(如平面或纵面),而且应体现在道路线形的空间组合上。如在平面线形设计中,应考虑合理使用直线与曲线以及二者的协调配合;在纵面线形设计时应考虑凸凹竖曲线的连接配合,竖曲线的半径大小及相邻竖曲线的合理衔接等;而从行车安全、舒适等方面考虑在平、纵线形配合方面同样不容忽视,例如平曲线和竖曲线之间的组合问题就往往是检验路线设计合理与否的一个重要内容。

第四节　城市道路横断面设计的美学问题

根据道路横断面设计的宽度和形式可能对视觉环境的影响,从美学角度考虑应注意以下几个方面。

(1)道路横断面宽度与沿街建筑物高度间的关系相协调(图 9-1)

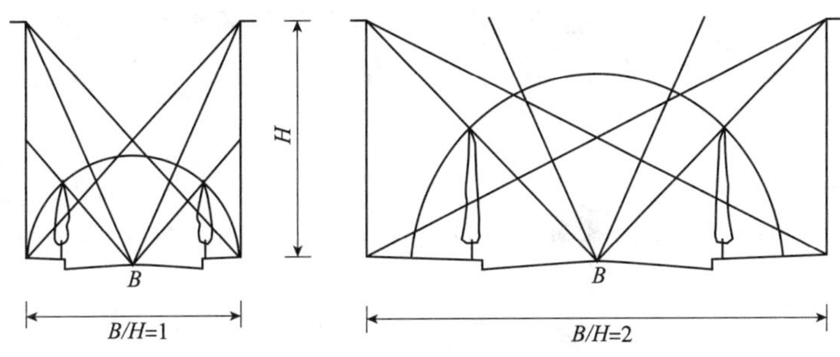

图 9-1 道路横断面空间尺度分析示意图

当 $B/H \leqslant 1$ 时,沿街建筑与街道有一种亲切感,街道空间具有较强的方向性和流动感,容易造成繁华热闹的气氛。但当 $B/H<0.7$ 时,则会形成空间压抑感。

当 B/H 在 1~2 之间时,空间较为开敞,绿化对空间的影响作用开始明显,由于绿化对界面的衬托作用,在步行空间仍可保持一定的建筑亲切感和较为热闹的气氛。道路越宽,绿化带的宽度和高度也应随之增大,以弥补较为开敞的空间造成的离散感,绿化带对于丰富街景、增加城市自然气氛的作用更为显著。

当 $B/H>2$ 时,空间更为开敞,此时往往布置多条较宽的绿化带,城市气氛逐渐被冲淡,大自然气氛逐渐加强,B/H 不是一个简单的概念,应根据不同区域不同要求的道路用路者对街道景观的视觉及心理感受考虑空间尺寸确定的比例关系。一般地,城市快速路或主干路等交通干道的 $B/H>2$,城内一般干路(如次干路)$B/H=1\sim2$,而在中心商业区则 B/H 往往 $\leqslant 1$,但一般应尽量可能使其大于 0.5~0.7。

(2)注意道路景观空间的完整性

由于交通组织的需要,横断面常常采用不同的分隔方式,这种分隔方式使得用路者处于道路上不同位置。分隔带过宽则空间涣散。分隔带中的高大乔木可能遮断视线,从而割断了街景元素的互相联系,难以形成优美的街道景观。分隔带中低矮的绿化对道路空间的整体性有较好的效果。因此,应该注意断面上所有景观要素具有配合良好的整体关系。避免因横断面的分隔形式造成道路景观的不连续。

(3)注意横断面要素对加强道路线形特征的作用

横断面要素(包括绿化)具有加强道路线形特征的作用,使用路者对环境能有较强烈的印象。这种特征对视线诱导以及形成良好街道景观都是必不可少的。

第五节 城市道路景观设计方法

一、城市道路景观要素

城市道路景观要素可分为主景要素和配景要素两类:

1.主景要素

主景要素是在城市道路景观中起中心作用、主体作用的视觉对象,包括有:

(1)山景:指可以构成“景”的山峰及山峰上的建筑物、构筑物(如塔、亭、楼阁等)。

(2)水景:具有特色的水面及水中岛屿、绿化、岛上或岸边的建筑物、构筑物等。

(3)古树名木:在街道上可以构成视觉中心、有观赏价值的高大乔木。

(4)主体建筑:从建筑高度、形式、造型及建筑位置等方面在城市形体上或街道局部建筑环境中具有突出主导作用的建筑物。

2.配景要素

在城市道路景观中对主景要素起烘托、背景作用,创造环境气氛的视觉对象,通常采用借景、呼应的手法表现,主要包括有:

(1)山峦地形:作为景观构图环境的空间背景轮廓线。

(2)水面:作为景观环境的借景对象。

(3)绿地花卉:成片的绿地、花卉可以用作景观环境的背景,烘托环境气氛。

(4)雕塑:可作为街道景观环境起呼应、点缀作用的因素,特殊情况下可以作为主景要素,成为一定视觉景观环境的中心视觉对象。

(5)建筑群:作为景观环境中的建筑背景。

实际上,道路沿线空间环境中的所有物体皆为"景",在不同环境条件下,主景和配景并非绝对,各景观要素也并非孤立地独自存在,它们之间的和谐组合也是很重要的。如城市广场中各种雕塑、绿地、喷泉(水面)等恰到好处的组合,形成良好的景观,可获得最佳视觉效果。

二、城市道路景观系统规划思路

1.确定道路景观要素

在进行城市道路景观系统规划时,首先应确定哪些景点(包括自然景点和人文景点)可以或应该成为城市道路的景观要素。比如,哪些山景、水景可以作为对景和借景;哪些山体和水面经过一些建筑处理可以作为对景和借景;哪些在城市形体结构中有重要作用的历史性建筑可作为借景;哪些与自然景观环境协调或具有时代感的标志性建筑可以作为道路景观的主景要素;哪些重要的古树名木可用于景观设计等。同时还应对这些景观要素的价值、环境、相互之间以及与道路之间的关系作进一步分析。

2.确定景观环境气氛

在进行景观系统规划设计之前,应根据景观系统规划和历史文化环境保护规划的要求,对城市道路的环境气氛要求进行分析;哪些道路应考虑作为城市整体景观的观赏空间;哪些道路可作为观赏自然景观的空间,哪些道路可作为体现城市历史文化环境的空间,哪些道路又应体现城市的现代化气息。一般地,城市入城干路可考虑对城市整体景观的观赏要求,城市生活性和客运道路可考虑作为城市主要景点、城市特色和历史文化景观的观赏性空间;城市交通干道应成为现代城市景观的观赏空间。

3.景观系统的组合

在分析确定了道路景观要素和道路景观环境气氛的基础上,做出道路景观系统的组合规划设计,达到使人们从不同的角度,不同的空间环境去体会从宏观到微观、从历史到现代、从自然到人文的丰富的多层次的城市景观,表现城市优美的自然环境,深厚的历史内涵以及富有现代感和蓬勃生命力的整体形象。

图9-2是北京市北海前道路空间环境示意图。

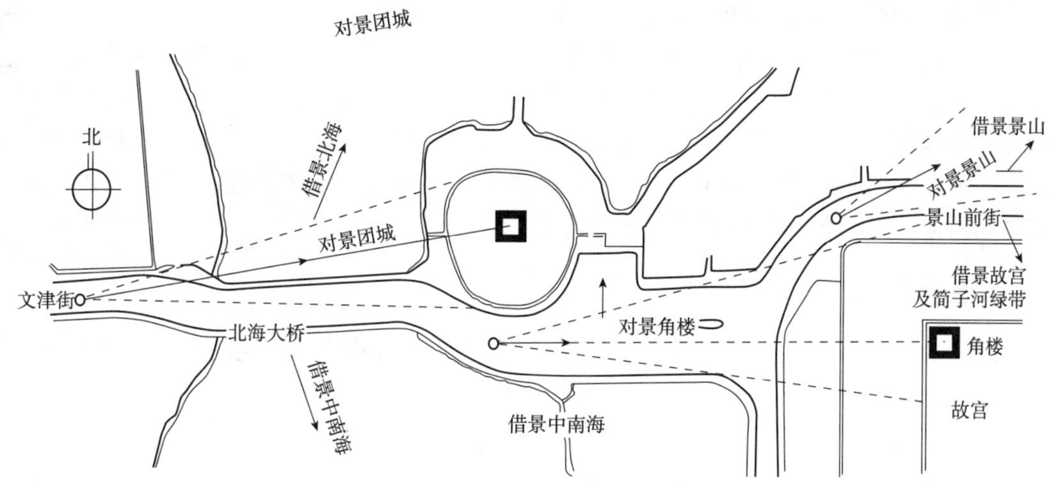

图 9-2 道路空间环境示意图

从文津街到景山前街一段充分运用了道路选线配合对景、借景的手法，由西向东道路曲折变化，在动态中创造了对景团城，借景北海、中南海，对景故宫景楼，对景景山，借景故宫景山等道路景观环境，各景观环境有机联系，有远有近，有高有低，有建筑有水面，过渡自然，富于乐趣，即创造动态变化而又连续的视觉环境，生动活泼，是道路选线与景观环境组合的较好范例。而图 9-3 则是一幅单调的城市道路景观。

图 9-3 单调的街景

一条笔直的无尽头的道路，缺少层次和变化的绿化与两侧近似封闭的建筑立面，建筑轮廓透视线都集中于地平线的灭点，极易形成单调呆板的景观形象。

第六节 道 路 绿 化

道路绿化是城市道路的重要组成部分，对保护和美化道路沿线环境有着重要的作用，同时道路绿化也是整个城市点、线、面整体绿化和城市景观的重要组成部分。此外，在道路绿化带下布置市政工程管线,可减少管线维修对路面破坏造成的损失。

道路绿化是指位于快速路、主干路、次干路、支路、广场及社会停车场的绿地绿化问题。这些绿地主要分布在路侧带、中央分隔带、两侧分隔带上,还有分布在立体交叉、广场、停车场以及道路用地范围内的边角空地等处。道路绿化是道路空间的景观元素之一。在道路空间环境中,建筑物均为建筑材料构成的硬质景观,而道路绿化植物是一种软材料,可以人为进行及时修整。这种景观是任何其他材料都无法替代的。

一、道路绿化的一般美学原则

好的道路绿化可以形成优美的道路空间环境。为充分发挥道路绿化的美学及绿化功能作用(如遮阴、消音、地面覆盖等),在进行道路绿化规划设计时,应注意以下几个方面。

1.利用绿化加强道路特性

采用不同的绿化方式有助于加强道路特征,避免雷同,在现代交通条件下,要求道路具有良好的连续性,而绿化则有利于这种连续性,同时还有利于加强道路方向性,并从纵向分割之间使行进者产生距离感(图 9-4)。

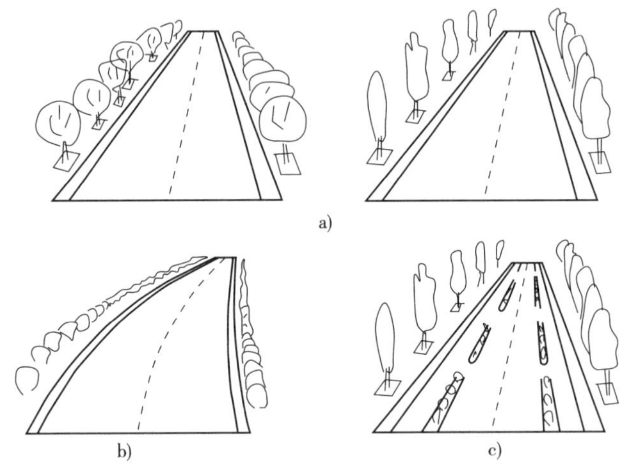

图 9-4 道路绿化的效果

a)不同的绿化方式使道路环境具有不同的特征;b)绿化加强了道路的连续性;c)分隔带的绿化使用路者产生距离感

2.绿化要注意地方特色

不同的城市可以有不同的道路绿化方式与花草树种。如各城市的市树、市花均是地方的象征。这种特色使本地人感到亲切,外地人也会产生较深刻印象并由此产生好感。

3.绿化应注意多品种的协调和多种栽植方式的配合

道路绿化应以乔木为主,乔木、灌木、地被植物相结合,不得裸露土壤。

各种绿化植物因树形、色彩、气味、季相等的不同,在景观上和功能上也有不同的效果。街道绿化直接影响到街景的四季变化,要使一年四季均有相宜的景色,就需要多品种树木花卉草皮的配合与多种种植方式的协调。同时应注意日照、通风等因素,根据不同用路者的视觉特性及观赏要求,处理好绿化的间距、树木的品种、树冠的形状以及树木成年后的高度及修剪等问题。绿化布置应乔木与灌木、落叶与常绿、树木与花卉、草皮相结合。

4.绿化要与其他街景元素相协调

街景是由多种景观元素所组成的。各种景观元素的作用、地位都应当恰如其分。道路绿化应与道路环境中的景观诸元素相协调,使用路者从各方面来看都能获得良好的感受。孤立地仅为绿化而种植树木往往并不能得到良好效果,如若道路两侧(或中央分隔带)绿化形成乔木灌木带将遮蔽一切,使用路者的视线有限,无法观赏两侧街景,从心理感受上看并不能使人愉悦。道路绿化,除有特殊功能方面的要求以外,应根据道路性质、街道建筑以及气候及地方特点等作为道路环境空间整体的一部分来考虑,这样才能收到好的效果。

5.重视绿化对道路空间的分隔作用

高大密集的栽植对道路空间有分隔作用,可将一元化的空间变为二元化空间。例如在较宽的中央分隔带(大于等于 1.5m)上种植乔木往往可将道路空间分隔开来。同样,道路边界视线涣散,也可用种植让用路者视线集中起来;但同时应注意与道路功能要求及景观要求协调一致,例如对于城市快速路上行驶的车辆而言,会产生晃眼的树影,也可能遮挡视线,影响安全,因此,宜种植低矮灌木;中央分隔带上若种植修剪很齐的较矮灌木丛,即美观又可观赏整个道路环境空间的景观,且在夜间行车时可遮挡对向车辆的头灯光;从城市防火角度考虑,快速路两侧也不宜种植乔木,使道路自然形成一道防火隔离带。对于人流、车流较多或两侧有大型建筑物时应采用既隔离又通透的开敞式种植。

6.应用绿地作为街道与建筑连接的缓冲带

在可能的情况下,道路与建筑之间可用绿地作缓冲带(过渡带),如种植草皮花卉以覆盖人行道和沿街建筑之间的裸露地面。这种绿地既是街道绿化,又是住宅或其他公共建筑前的绿地,这样处理的空间无论从街道美学角度考虑还是从实际需要出发,都是良好和必要的。

7.重视绿化对行车视线的诱导作用

对于设计车速较高的城市快速路和主干路,从行车安全和驾驶员的心理状态出发,均需要视线诱导。在道路弯道外侧及凸形竖曲线道路两侧种植高大乔木可以预示路线的变化,起到很好的视线诱导作用。这种视线诱导可以使用路者在视觉上产生线形的连续性从而提高行车安全性。如图 9-5a)、b)所示。

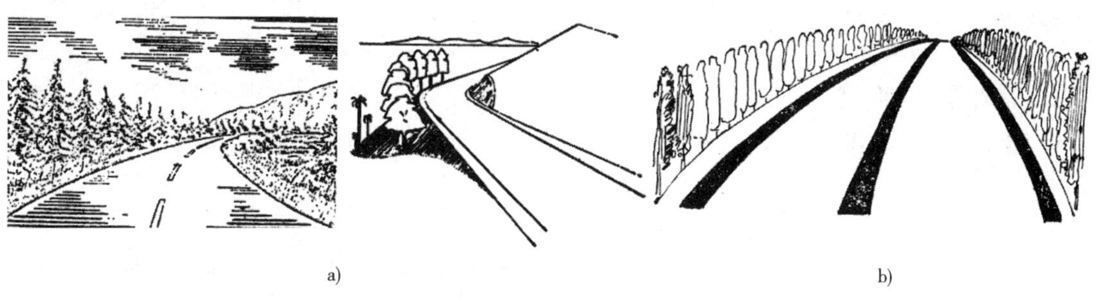

a)　　　　b)

图 9-5　绿化的视线诱导

a)在弯道外侧种植高大乔木;b)在凸形竖曲线两侧种植高大乔木

8.绿化要保证道路有足够的净空

道路的绿化树木要保证行车道侧向有足够的安全净空,以保障行车安全,如图 9-6 所示。

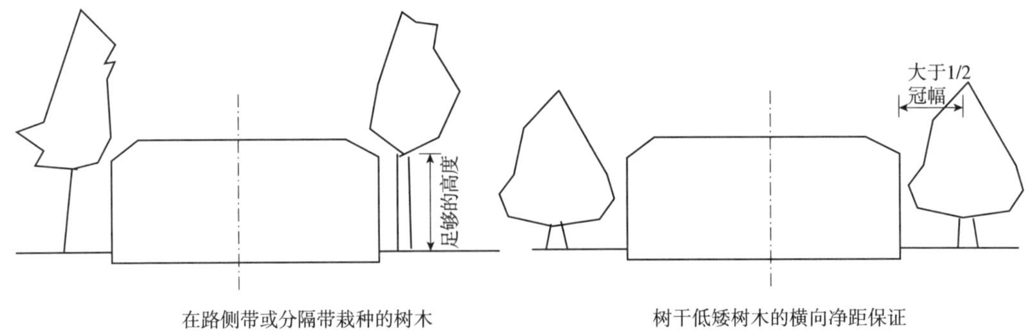

图 9-6　行车道侧向净空示意图

9.注意功能与美观的结合

不同性质的道路,应根据用路者的观赏特点,采用不同的绿化方式。道路绿化有遮阴、消音、防尘、装饰、遮蔽、视线诱导、地面覆盖等功能,是城市道路重要的组成部分,应根据城市性质、道路功能与等级、自然条件和城市环境等,并与街道景观有机地结合起来,进行全面合理的规划设计,才能充分发挥它在功能与景观方面的特殊作用。

二、道路绿化规划与设计

《城市道路绿化规划与设计规范》(CJJ 75—97)对于城市道路绿化规划与设计作了如下规定:

(1)园林景观路的绿地率不得小于40%;红线宽度大于50m的道路绿地率不得小于30%;红线宽度在40~50m的道路绿地率不得小于25%;红线宽度小于40m的道路绿地率不得小于20%。

(2)种植乔木的分车绿带宽度不得小于1.5m;主干路上的分车绿带宽度不宜小于2.5m;行道树绿带宽度不得小于1.5m。

(3)主、次干路中间分车绿带和交通岛绿地不得布置成开放式绿地。目的是避免因行人穿越而影响道路交通安全。

(4)在城市绿地系统规划中,应确定园林景观路与主干路的绿化景观特色。园林景观路应配置观赏价值高、有地方特色的植物,并与街景结合;主干路应体现城市景观风貌;同一条道路的绿化宜有统一的景观风格;不同路段的绿化形式可以有所变化。

(5)毗邻山、河、湖、海的道路,其绿化应结合自然环境,突出自然景观特色。同一路段上的各类绿带,在植物配置上应相互配合,并应协调空间层次、树形组合、色彩搭配和季节变化的关系。

(6)分车绿带的植物配置应形式简洁,树形整齐,排列一致。乔木树干中心至机动车道路缘石外侧距离不小于0.75m。中间分车绿带应阻挡相向行驶车辆的眩光,在距相邻机动车道路面高度0.6~1.5m内,配置植物的树冠应常年枝叶茂密,其株距不得大于冠幅的5倍。

两侧分车绿带宽度大于1.5m时,应以种植乔木为主,并宜乔木、灌木、地被植物相结合;宽度小于1.5m的应以灌木为主,并应灌木、地被植物相结合。

(7)行道树绿带种植应以行道树为主,并宜乔木、灌木、地被植物相结合,形成连续的绿带。在行人多的路段,行道树绿带不能连续种植时,行道树之间宜采用透气性地面铺装。

树池上宜覆盖池箅子。另外,在道路交叉口视距三角形范围内,行道树绿带应采用通透式配置。

(8)路侧绿带应根据相邻用地性质、防护和景观要求进行设计,并用以保持路段内的连续与景观效果。路侧绿带宽度大于8m时,可设计成开放式绿地,绿化用地面积不得小于该段绿带总面积的70%。

路侧绿带与毗邻的其他绿地一起辟为街旁游园时,其设计还应符合现行的《公园设计规范》(GB 51192—2016)的规定。

第七节 道路照明

城市道路、交叉口及广场上的人工照明是确保交通效率以及美化城市环境景观的重要措施。照明设施沿路线布设,是道路带状环境的组成部分,昼间照明设施成为街头装饰的小品,夜晚道路产生灯火辉煌的夜景,是道路空间环境中引人注目的景观。

一、道路照明的作用与要求

(1)夜间照明可为道路(车行道和人行道)提供必要的照度,使用路者在夜间交通中能迅速准确地识别判断道路交通状况并及时采取相应措施以保证交通安全。同时可使夜间行人增加安全感。

(2)道路照明对行车视线诱导有一定作用。一是与道路线形变化一致的灯光的诱导作用;二是照明为道路提供了必要的照度以看清道路轮廓与边缘,使司机从容驾驶,并预知前方路线线形。

(3)道路照明也为道路附近环境提供了一定的照度,使照明设施本身与周围一定空间共处于特定的夜间道路景观环境之中,是道路景观设计应考虑的夜间景观表现内容之一。

(4)道路照明应满足交通功能和景观功能的要求,照明设施的规划设计应做到美观、合理、安全可靠、技术先进。

二、城市道路照明标准

根据道路使用功能,城市道路照明分为机动车道照明、交汇区照明、人行及非机动车道道路照明三大类。机动车道照明对应快速路与主干路、次干路、支路分为三个等级。道路照明设计的主要技术指标如下:

(1)路面平均亮度(照度)

照度是指按照国际照明委员会(CIE)有关规定在路面上预先设定的点上测得的或计算得到的各点亮度(照度)的平均值。亮度单位是“坎德拉/平方米”(cd/m^2),即为每平方米表面上沿法线方面产生1坎德拉(国际新烛光)的光强度;照度单位是“勒克司”(lx),即每平方米照射面上分布1“流明”(lm)的光通量。照度可按式(9-1)计算:

$$E=\frac{F}{S} \qquad (\mathrm{lx}) \tag{9-1}$$

式中:E——照度,lx;

F——光通量,lm,它表示能引起视觉作用的投射光能强度;

S——照射面积,m^2。

亮度计算与式(9-1)类似,只是式中的 F 为被照面反射的光强度(光通量),单位不用 lm(流明),而采用 cd(坎德拉)。流明和坎德拉存在一定的换算关系。

(2)路面亮度(照度)均匀度

路面亮度(照度)均匀度是路面最低局部亮度与路面平均亮度之比。表 9-2 是我国行业标准《城市道路照明设计标准》(CJJ 45—2015)中确定的机动车道道路照明标准。

机动车道道路照明标准　　表 9-2

级别	道路类型	路面亮度			路面照度		眩光限制 阈值增量最大初始值(%)	环境比最小值
		平均亮度维持值(cd/m^2)	总均匀度最小值	纵向均匀度最小值	平均照度(lx)维持值	均匀度最小值		
Ⅰ	快速路、主干路	1.50/2.00	0.4	0.7	20/30	0.4	10	0.5
Ⅱ	次干路	1.00/1.50	0.4	0.5	15/20	0.4	10	0.5
Ⅲ	支路	0.50/0.75	0.4	—	8/10	0.3	15	—

注:1.表中所列的平均照度仅适用于沥青路面。若系水泥混凝土路面,其平均照度值应降低约 30%。

2.表中各项数值仅适用于干燥路面。

3.表中对每一级道路的平均亮度和平均照度给出了两档标准值,"/"的左侧为低档值,右侧为高档值。

4.迎宾路、通向大型公共建筑的主要道路、位于市中心和商业中心的道路,执行Ⅰ级照明。

交汇区是指道路的出入口、交叉口、人行横道等区域。由于这种区域,机动车之间、机动车与非机动车或行人之间、车辆与固定物体之间的碰撞有增加的可能,因此夜间照明也需要提高标准值,见表 9-3。

交汇区照明标准值　　表 9-3

交汇区类型	路面平均照度(lx)维持值	照度均匀度	眩光限制
主干路与主干路交会	30/50	0.4	在驾驶员观看灯具时的方向角上,灯具在 90°和 80°高度角方向上的光强度分别不得超过 10cd/1 000lm 和 30cd/1 000lm
主干路与次干路交会			
主干路与支路交会			
次干路与次干路交会	20/30		
次干路与支路交会			
支路与支路交会	15/20		

注:1.灯具的高度角是指在现场安装使用姿态下度量的角度。

2.表中对每一类道路交汇区的路面平均照度分别给出了两档标准值,"/"的左侧为低档照度值,右侧为高档照度值。

从照度实际测的情况来看,当道路上的照度不够大的时候,人的视觉感受能力很低,例如会将远处摇曳的行道树误认作走路的行人。当照度增大到 2~3lx 时,视觉感受能力开始显著增加,辨别的速度也加快。而当照度继续增大到 8~10lx 时,视觉感受速度却几乎没有变化。因此,照度过小或过大均不适宜,应以驾驶人员感到路面有舒适的照度为主要依据,并根据城市性质、道路等级和交通量等因素综合考虑车行道和人行道的适当亮度(照度)。

对于主要供人行和非机动车使用的道路的照明标准可以降低,应符合表 9-4 的规定。

人行及非机动车道路照明标准值　　表 9-4

级别	道路类型	路面平均照度(lx)维持值	路面最小照度(lx)维持值	最小垂直照度(lx)维持值	最小半柱面照度(lx)维持值
1	商业步行街;市中心或商业中心区行人流量高的道路;机动车与行人混合使用、与城市机动车道路连接的居住区道路	15	3	5	3
2	流量较高的道路	10	2	3	2
3	流量中等的道路	7.5	1.5	2.5	1.5
4	流量较低的道路	5	1	1.5	1

注:最小垂直照度和半柱面照度的计算点或测量点均位于道路中心线上距离路面 1.5m 高度处。最小垂直照度需要计算或测量通过该点垂直于路轴的平面上两方向的最小照度。

(3)眩光限制

眩光是因照明设施产生的强烈光线造成妨碍驾驶员视觉或产生不舒适感觉的现象,通常通过合理选择照明装置和安装方式,控制灯具高度等措施来限制眩光的产生。照明设施的布置以及道路防眩措施对高等级道路来说是必须予以考虑的。

机动车道和交会区照明眩光限制见表 9-2 和表 9-3,人行及非机动车道照明眩光限制值则见表 9-5。

人行及非机动车道路照明眩光限值　　表 9-5

级别	最大光强(cd/1 000lm)			
	≥70°	≥80°	≥90°	>95°
1	500	100	10	<1
2	—	100	20	—
3	—	150	30	—
4	—		50	—

注:表中给出的是灯具在安装就位后与其向下垂直轴形成的指定角度上任何方向上的发光强度。

三、照明系统的布置与选择

1.道路照明器的平面布置方式

道路照明的平面布置方式取决于道路的等级、横断面形式、交通量大小、路面宽度等因素,一般常用的布置形式有以下几种:

(1)单排一侧布置(如图 9-7a)

其特点是简单经济,适用于路面宽度在 15m 以下道路,缺点是照度不均匀。

(2)单排路中排列(图 9-7b)

利用道路两侧的竖杆将照明灯具悬挂在道路中央上方,其特点是简单经济、照度均匀,适用于道路两侧行道树分叉点较低造成遮光较严重的较低等级道路(路面宽度宜在 15m 以下)。缺点是对司机形成反光眩目,且悬挂灯具影响超高车辆通行以及于道路景观市容不利。

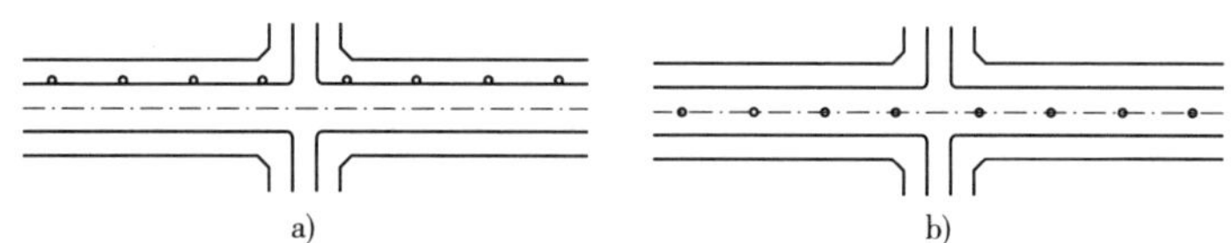

图 9-7 单侧照明的布置

a)布置在车行道一侧;b)布置在车行道中线

(3)双排对称布置(图 9-8a)

适用于路面宽度大于 15m 的城市主干道上,在宽度不超过 30m 的情况下,一般均可获得良好的路面亮度。

(4)双排交错布置(图 9-8b)。适用条件同(3),且路面亮度和均匀度都较理想。

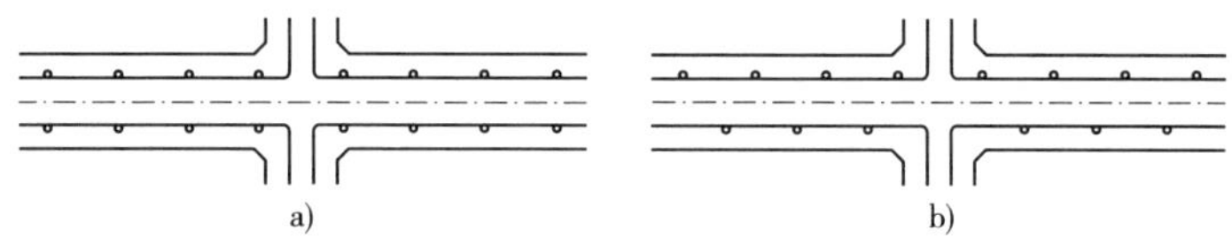

图 9-8 双排照明的布置

a)对称布置;b)错开布置

上面 4 种灯具布置主要采用灯杆悬挑设立方式,除此以外还有一种灯具设立方式是采用横向悬索布设方式,如图 9-9 所示。相比较灯杆悬挑设立的刚性而言,悬索布设的特点是"柔性"受力,能够比较好地适应风力比较大的地区,以保证灯杆的稳定性和安全。

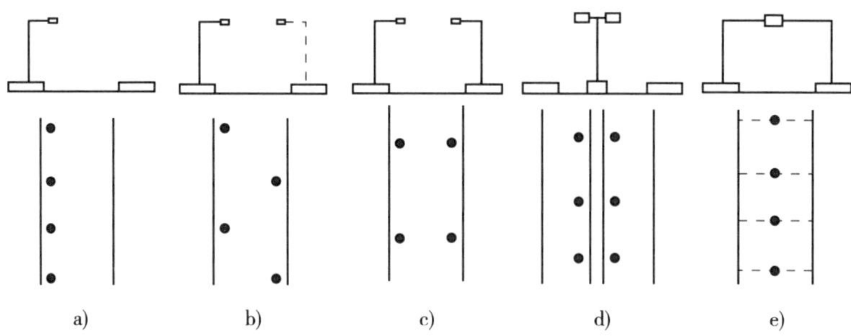

图 9-9 常规照明灯具布置的五种基本方式

a)单侧灯杆悬挑;b)双侧交错灯杆悬挑;c)双侧对称灯杆悬挑;d)中心对称灯杆悬挑;e)横向悬索布设置

交叉口、弯道、广场以及隧道的照明,应根据各自的特点和要求进行布置。

如图 9-10a)、图 9-10b)所示,对于 T 形交叉口的灯具布置应有利于驾驶人员判断道路尽头,并根据相交道路等级关系考虑灯具的布置数量和密度。

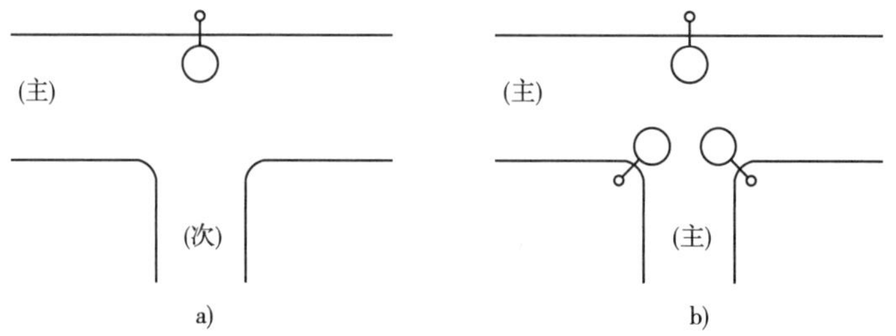

图 9-10 T 形交叉口照明器的布置

a)主要道路与次要道路相交;b)主要道路与主要道路相交

十字相交路口的照明灯具应布置在入口右侧(图 9-11),使驾驶人员从远处就能看清横穿交叉口的行人。

弯道上的照明灯具应布置在弯道外侧(图 9-12),使司机能辨清弯道形状,不同平曲线半径的弯道上照明器的布置间距见表 9-6,当半径大于 1 000m 时,弯道照明可按直线段处理。

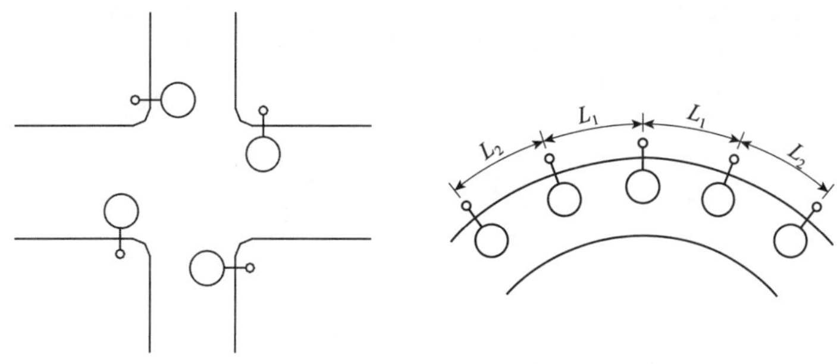

图 9-11　十字形交叉口照明器的布置　　　图 9-12　弯道上照明器的布置

不同弯道半径的路灯间距　　表 9-6

弯道半径 R(m)	<200	200~250	250~300	>300
路灯间距 L(m)	<20	<25	<30	<35

交通广场宜采用高杆照明,不仅经济合理,且照明效果良好。

隧道照明的布置应考虑到驾驶人员视觉能力的过渡,隧道入口区的亮度应比洞外区域的亮度略大(若在白天,入口处采用缓和照明方式),在入口区一定距离内保持恒定亮度,在入口区末端后则可将亮度逐渐降低至额定照度标准。

2.照明灯具的悬挂高度及间距

路灯的光源功率、悬挂高度和间距与道路所要求的亮度有关。为保证路面亮度、均匀度和将眩光限制在容许范围内,照明灯具的安装高度、间距等应满足的关系见表 9-7,关系示意图如图 9-13 所示。

安装高度、路面有效宽度、灯具间距之间的关系　　表 9-7

布灯方式	截光型		半截光型		非截光型	
	安装高度 h_i	灯具间距 s_1	安装高度 h_i	灯具间距 s_1	安装高度 h_i	灯具间距 s_1
单侧布置	$h_i \geqslant W_e$	$s_1 \leqslant 3h_i$	$h_i \geqslant 1.2W_e$	$s_1 \leqslant 3.5h_i$	$h_i \geqslant 1.4W_e$	$s_1 \leqslant 4h_i$
交错布置	$h_i \geqslant 0.7W_e$	$s_1 \leqslant 3h_i$	$h_i \geqslant 0.8W_e$	$s_1 \leqslant 3.5h_i$	$h_i \geqslant 0.9W_e$	$s_1 \leqslant 4h_i$
对称布置	$h_i \geqslant 0.5W_e$	$s_1 \leqslant 3h_i$	$h_i \geqslant 0.6W_e$	$s_1 \leqslant 3.5h_i$	$h_i \geqslant 0.7W_e$	$s_1 \leqslant 4h_i$

灯具的悬挑长度不宜超过安装高度的 1/4,灯具的仰角不宜超过 15°,安装高度和间距可按表 9-7 经计算后确定。

3.城市道路照明灯具的选择

用于城市道路照明的光源应满足发光效率高、使用寿命长以及具有适当显色指数的要求。灯具要求具有重量轻、美观、防水、防尘、耐高温、耐腐蚀等性质。光源可选用寿命长、光效高、可靠性和一致性好的高压钠灯、荧光高压钠灯和低压钠灯等。

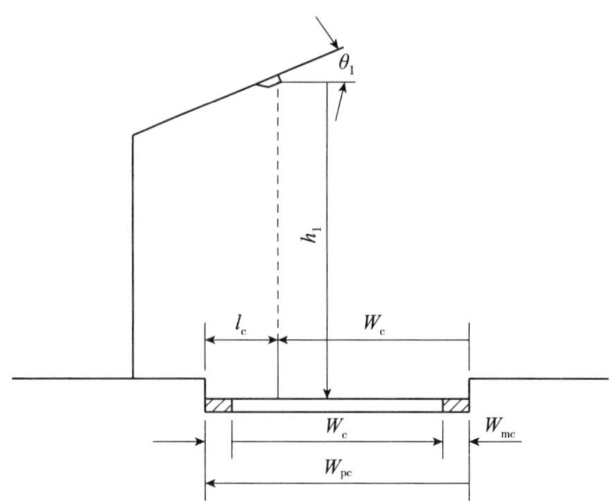

图 9-13　路面有效宽度 W_c、路面宽度 W_{pc} 和灯具悬挑高度 h_1 的关系

同时,城市道路照明是城市景观和照明艺术的一个组成部分,在夜间,城市道路空间环境的面貌在很大程度上是由道路照明来反映的,因此,既要从照明需要的角度来决定照明器的布置,也要从美学角度来选择灯具、杆柱、底座等的式样。做到道路照明设施实用性与观赏性的统一。

第十章
道路交通设施

第一节　交通控制与管理

一、简述

交通控制与管理是道路交通系统中的一个重要组成部分，交通控制与管理的目的就在于将科学的道路交通控制管理手段与道路交通建设很好地结合起来，充分发挥道路交通设施的功能，并获得良好的经济效益和社会效益。交通控制是运用与时刻变化的道路交通状况相适应的现代先进设施，如信号装置、通信设备、遥测遥控设施等，对道路交通实施合理的调度和指挥，使车辆和行人安全通畅地运行；而交通管理则是通过制订必须遵守的交通法规和规则，对交通实施合理的限制、引导和组织。以上二者结合起来构成道路交通控制与管理体系。

二、道路交通法规

1.交通法规的意义

道路交通法规是国家和地方立法部门及行政主管部门在道路交通管制方面所制订的文件、章程、条例、法律、规则、规定及技术标准等的总称，是国家和地方行政法规的一种。其目的在于协调人、车、路和环境之间的关系,维护道路交通秩序,保障交通畅通和车辆与行人的安全。一切参与道路交通活动的部门、单位、车辆和行人都必须切实遵守。违反交通法规、造成交通事故者应视情节轻重、损失大小依法予以处理,甚至追究刑事责任。由此可知,交通法规制订和实施的主要作用有:

(1)指导作用:作为一种社会规范,交通法规为人们的交通行为提供了某种准则或模式。

(2)评判作用:交通法规具有判断、衡量他人的交通行为的正确性及合法性的作用。

(3)预见作用:人们可以根据交通法规预见到自己或他人的交通行为的合法性及可能产生的法律后果。

(4)教育作用:通过交通法规实施,人们受到社会规范的教育。

(5)强制作用:通过对违反交通法规者的法律制裁,可对他人产生心理强制,迫使其按照法规行事,从而起到一种预防作用。

2.交通法规的内容

我国的道路交通法规(如国务院颁发的《中华人民共和国道路交通管理条例》及《道路交通事故处理办法》)主要包括以下几方面内容:

(1)对各种车辆和驾乘人员及行人的管理。

(2)对道路交通秩序的管理。

(3)对交通违章和肇事人员的处理。

(4)对交通设施的维护和管理。

三、道路交通标志与标线

1.道路交通标志

道路交通标志属于静态交通控制,它是利用图案、符号和文字传递特定信息,对道路交通进行指示、引导、警告、控制或限定的一种道路交通管理设施,一般设在路旁或悬挂在道路上方,给交通参与者以明确的道路交通情报。

交通标志是随着交通的发展而出现的。早在1949年,联合国交通运输委员会就提议交通标志的国际化,1968年联合国召开道路交通会议,通过“关于道路交通标志和交通信号的条约”,使交通标志逐步走向国际化。

(1)交通标志的分类

交通标志分为主标志和辅标志两大类。

主标志包括以下四种:

①警告标志:警告车辆、行人注意危险地点的标志;

②禁令标志:禁止或限制车辆、行人交通行为的标志;

③指示标志:指示车辆、行人行进的标志;

④指路标志:传递道路前进方向、地点和距离信息的标志。

(2)交通标志三要素

交通标志必须使驾驶员在一定距离内能迅速而准确地辨认,这就要求交通标志具有良好的视认性。决定其视认性好坏的主要因素有三个:标志的颜色、形状和符号,它们称作交通标志三要素。

①颜色：在选择交通标志的颜色时，考虑了人的心理效果，如红色有危险感，因此红色在交通上表示停止、约束之意，适用于禁令标志；黄色没有红色那么强烈，只产生警惕的心理活动，故用于表示警告、注意等含义；绿色有和平、安全之感，在交通上表示安全、通行，一般用于导向标志；蓝色有沉静、安静之意，一般用于导向、指示标志。

②形状：交通标志选用形状的原则也是要求视认性要强，一般选用最简单的形状，如三角形、圆形、长方形和正方形。不同功能的交通标志，其几何形状有明显的区别。我国《安全标志及其使用导则》（GB 2894—2008）规定见表 10-1。

安全标志的种类及其含义 表 10-1

图形	含义	图形	含义
圆加斜线⊗	禁止	圆形○	指令
三角形△	警告	方形和矩形□	提示

③符号：符号表示标志的具体意义，其含义要求简单明了并符合国际标准和惯例。

标志牌的大小应保证在距标志一定距离内能清楚地识别标志上的图案和符号文字，图案和符号文字的大小必须满足必要距离的要求，从而决定了标志牌的尺寸大小。我国有关规定见表 10-2～表 10-4 等。

警告标志尺寸与计算行车速度的关系 表 10-2

计算行车速度（km/h）	>100	90～70	60～40	<30
三角形边长（cm）	130	110	90	70

警告标志到危险地点的距离 表 10-3

计算行车速度（km/h）	>100	90～70	60～40	<30
标志到危险地点的距离（m）	200～250	100～200	50～100	20～50

禁令标志尺寸与计算行车速度的关系 表 10-4

计算行车速度（km/h）	>100	90～70	60～40	<30
圆形标志外径（cm）	120	100	80	60
三角形标志边长（cm）	—	—	90	70

2.道路交通标线

道路交通标线是由各种路面标线、箭头、文字、立面标记、突起路标和路边线轮廓标等所构成的交通安全设施，也是一种静态交通控制形式。它的作用是管制和引导交通，可以和标志配合使用，也可单独使用。城市快速路、主干路均应按国家标准设置交通标线，其他道路可按需要设置。

道路交通标线包括车行道中心线、车道分界线、车行道边缘线、停车线、减速让行线、人行横道线、出入口标线、导向箭头、左转弯导向线、路面文字标记、立面标记、突起路标和路边线轮廓标等。

道路交通标线通常为白色或黄色，可用路标漆、塑胶标带和其他材料（如突起路标用的黄铜、不锈钢、合金铝、合成树脂以及陶瓷、白石头、彩色水泥等）制作。

四、交通控制

交通控制是为控制和诱导交通，促进交通安全和通畅的一种管理手段。交通控制属于动态交通管理,交通控制措施(如交通信号、可变标志等)随变化的交通状况而实时变化。

1.平面交叉口的交通控制

在城市道路网中,有众多的平面交叉口,这些平交路口犹如瓶颈,影响和制约着道路功能的发挥。为了各向进入平交口车流的安全与畅通,可采取从时间上将产生冲突的交通流线分开的措施,给不同方向交通以不同时间的通行权。常用的平交口交通控制方式有以下几种。

(1)交通信号控制

按控制的范围分为三种基本类型,即:

①点控制:简称点控,各交叉口设置的信号装置独立存在,不与相邻平交口的交通控制发生任何联系。信号机的灯色变换有定周期控制和交通感应变周期控制两种。

②线控制:简称线控,即对某段主干道连续若干个相邻平交口实施相互关联的自动信号控制。线控的目的应使被控制的各交叉口根据设计参数依次开放绿灯,车辆沿该主干道保持一定速度行驶到达各交叉口时均为绿灯,不必停车等待而直接通过各平交口,线控制又称绿波带控制。

③面控制:简称面控,是对某一定区域内道路网中所有平交口利用计算机实行全面协调统一的自动控制。面控是自动化程度最高、最能充分发挥道路网功能和效益、最科学合理的控制方式,因此它也是我国城市交通控制的发展方向。

(2)停车控制

车流进入或通过交叉口前必须先停车,观察到达路口的车流情况,利用冲突车流中出现安全可通过的空隙通过交叉口。一般停车控制又分为:

①多路停车:在交叉口的所有进口引道右侧设立停车标志,各进口方向车辆到达交叉口时必须先停车而后等待冲突车流中出现安全可通过的间隙再通过。

②二路停车(也称单向停车):若为主次道路相交的平交口,在次要道路进口引道右侧设立停车标志,使次要道路上的来车必须停车,等待主要道路车流中出现安全可通过的空隙再通过。

(3)让路法

在次要道路或交通量明显较少的道路进口引道右侧设立让车标志,该道路上的来车应减速缓行,视冲突车流中出现安全可通过的间隙再加速通过。

(4)自行调节法

设立具有一定直径的交叉口中心环岛,使各路来车进入交叉口后入环按逆时针顺序绕中心环岛行驶至驶出路口出环,即通常所说的环行平面交叉口。

(5)不设管制

若交叉口交通量很小,可不设交通管制,各路来车驾驶员应谨慎驾驶通过交叉口,如两条支路相交或居住区内部道路的交叉口等。

2.高等级道路的现代化管理系统

高等级道路的现代化管理系统即采用先进的设备和技术,对道路交通的运行、收费、路况等进行全面监控管理的总称。它涉及系统工程、交通工程、电子通信、计算机技术等专业领域,是一个多学科、技术密集的系统。该系统组成如图 10-1 所示。

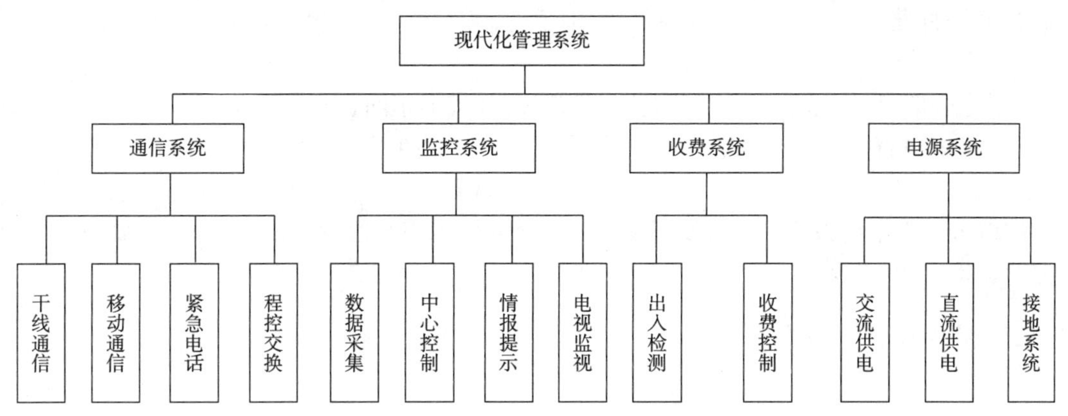

图 10-1 高速公路现代化管理系统功能框图

自 20 世纪末以来,日、美及一些欧洲发达国家开始研究建立智能运输系统,简称 ITS (Intelligent Transportation Systems)。智能运输系统是将先进的信息技术、计算机技术、通信技术、传感器技术、电子控制技术、人工智能技术等有效地综合运用于道路交通运输,使各自独立存在的车辆、道路设施及使用者能有机地结合成一个整体,以发挥道路交通运输系统的最大效益。

智能运输系统是今后城市道路交通发展的必然趋势。自 20 世纪 90 年代以来,我国 ITS 的研究也开始起步,并在近年来取得了较快的进步和发展。在我国许多城市中,对 ITS 的研究与应用都得到很大的关注和投入,并已在交通监控、收费系统、交通信息处理等方面取得了可喜的成果。有关智能运输系统的具体内容可参阅有关书籍。

第二节　城市公共停车设施

一、简述

城市公共停车设施是城市道路系统的组成部分之一,属静态交通设施,常见的停车设施有停车场、停车楼或地下停车库等,其用地计入城市道路用地总面积之中。但城市公共交通、出租汽车和货运交通场站设施的用地面积不含在内(其面积属于交通设施用地);各类公共建筑的配套停车场用地也不含在内(其面积属于公共建筑用地)。我国的《城市道路交通规划设计规范》(GB 50220—1995)要求公共停车设施用地面积宜按规划城市人口 0.8~1.0m^2/人计算,其中,机动车停车设施的用地宜为 80%~90%,自行车停车设施的用地宜为 10%~20%。长期以来,我国城市建设中对公共停车设施的重视不足,其设置和规模远远达不到规范要求和实际需要,因而造成大量的路边停车,占用机动车道或非机动车道,影响道路系统的正常使用。做好停车设施的规划和设计,不仅是解决静态交通的问题,而且对提高道路交通的效益也是有帮助的,它是一条以静制动的重要措施。

根据城市交通和城市用地性质的停车要求,城市公共停车设施一般可分为外来机动车公共停车设施、市内机动车公共停车设施和自行车停车设施三类。

外来机动车停车设施应设置在城市的外围(如城市外环路)和城市主要出入干道口附近,

可起到截流外来或过境机动车辆的作用,有利于城市安全、环境卫生和减少对市内交通的影响。

市内公共停车设施应靠近主要服务对象设置,如交通枢纽(如火车站、长途汽车站)、大型集散场所(如体育场馆、影剧院、大型广场和公园)和大型服务性公共设施(如大型商场、饭店)等。

城市公共停车设施的布局和规模要与城市交通的组织与管理相配合,并且要做好与城市道路的连接设计,既满足静态交通(停车)要求,又不妨碍动态交通的畅通。

二、机动车停车设施设计

(1)停车场(库、楼)的停车位数

停车场的停车车位数 N 可按式(10-1)计算:

$$N = \mathrm{AADT} \cdot \alpha \cdot \gamma \cdot \frac{1}{\beta} \qquad (辆/h) \tag{10-1}$$

式中:AADT——道路设计年限的年平均日交通量,辆/d;

α——停车率,即停放车辆占设计交通量百分数,α 与停车场性质、车辆种类等有关;

γ——高峰率,即高峰小时停放车辆数占全日停放车辆数的百分数,γ = 高峰小时停放车辆数(辆/h)/全日停放车辆数(辆/d),一般 γ 可取 0.1;

β——周转率,即每小时一个车位可以周转使用停放多少个车次,β = 1(h)/平均停放时间(h)。

另若计算市中心公共停车场的停车位数时,按式(10-1)计算之值还应再乘以 1.1~1.3 的高峰系数。

(2)停车场面积计算

机动车公共停车场用地面积宜按当量小汽车停车位数计算。地面停车场用地面积,每个停车位宜为 20~30m^2;停车楼和地下停车库的建筑面积,每个停车位宜为 30~35m^2。

(3)停车车位的布置

汽车进出停车车位的停发方式(图 10-2)有以下三种:前进停车、前进出车;前进停车、后退出车;后退停车、前进出车。其中,以第一种方式为最佳(因停车、出车均无须倒车)。

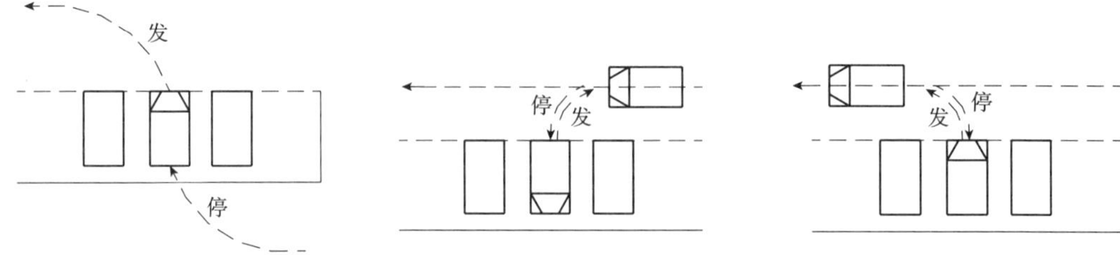

图 10-2 车辆停发方式

停车车位的布置方式按汽车纵轴线与通道的夹角关系有以下三种基本类型(图 10-3):

①平行停放:车辆停放时车身方向与通道平行,相邻车辆头尾相接,顺序停放,是路边停车带或狭长场地停车的常用形式,见图 10-3a)。

②垂直停放：车辆停放时车身方向与通道垂直，驶入驶出车位一般需倒车一次，用地较紧凑，通道所需宽度最大，见图 10-3b）。

③斜向停车：车辆停放时车身方向与通道呈 30°、45°或 60°的斜放方式，见图 10-3c)，此方式车辆停放较灵活，驶入驶出较方便，但单位停车面积较大。

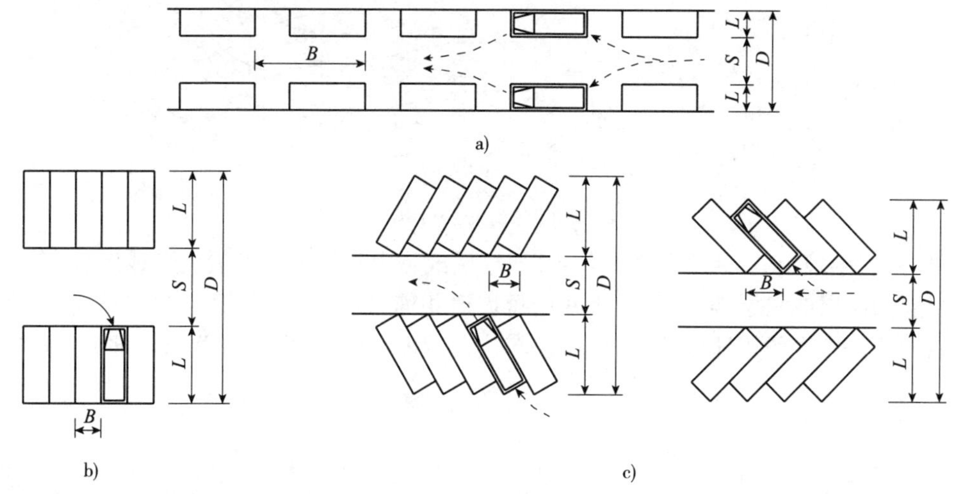

图 10-3 停车示意图

L-垂直通道方向停车位宽；*S*-通道宽；*B*-平行通道方向停车位宽；*D*-停车场宽

(4)停车楼(库)设计

随着我国城市机动车保有量，特别是小轿车数量的迅猛增长，使得城市公共停车设施的需求越来越大，而在城市用地规划，特别是城市中心区的用地规划中却难以提供足够的用地来设置地面露天停车场，因此建成多层停车楼或地下停车库就成为解决这一矛盾的重要措施。

停车库可分为坡道式停车库和机械化停车库两大类，本书仅介绍常用的坡道式停车库。

①直坡道式停车库(图 10-4)。停车楼面水平布置，每层楼面间以直坡道相连，坡道可设在库内，也可设在库外，可单行布置，也可双行布置。直坡道式停车库布局简单整齐、交通路线清晰，但单位停车位占用面积较多，用地不够经济。

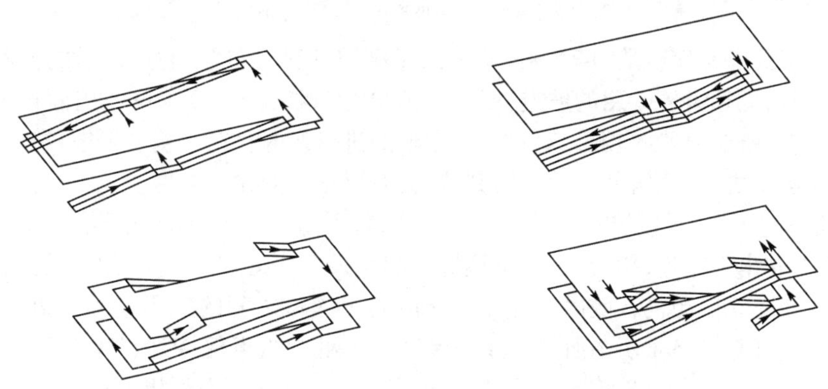

图 10-4 直坡道式停车库

②螺旋坡道式停车库(图 10-5)。停车楼面采用水平布置，基本行车部分的布置方式与直坡道式相同，只是每层楼面之间用圆形螺旋式坡道相连，坡道可分单向行驶(上下分设)或双

向行驶(上下合一、上行在外、下行在内)的方式。螺旋坡道式停车库布局简单整齐,交通路线清晰明了,行驶速度较快,用地稍比直坡道式节省,但造价较高。

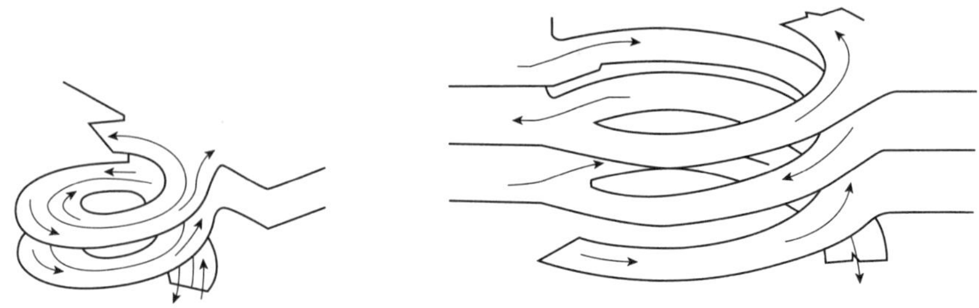

图 10-5 螺旋坡道式停车库

③错层式(半坡道式)停车库(图 10-6)。错层式是由直坡道式发展而形成的,停车楼面分为错开半层的两层或三层楼面,楼面之间用短坡道相连,因而大大缩短了坡道长度,坡度适当加大。该形式停车库的用地较节省,单位停车位占用面积较少,但交通路线对部分停车车位的进出有干扰。

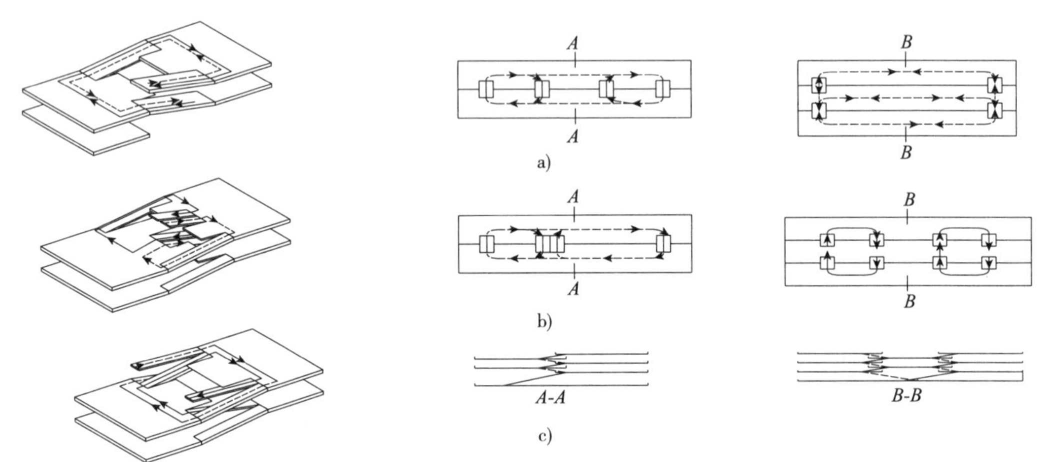

图 10-6 错层式停车库

a)双坡道错层;b)单坡道错层;c)同心坡道

④斜坡楼板式停车库(图 10-7)。停车楼板呈缓坡倾斜状布置,利用通道的倾斜作为楼层转换的坡道,因而无须设置专用的坡道,所以用地最为节省,单位停车位占用面积最少。但由于坡道和通道合一,交通路线较长,对停车位车辆的进出普遍存在干扰。斜坡楼板式停车楼是常用的停车库类型之一,建筑外立面呈倾斜状,具有停车库的建筑个性。

大中型停车场(库)车辆出入口不应少于两个,特大型停车场(库)车辆出入口不应少于三个;出入口应右转出入车道,距交叉口、桥隧坡道起止线 50m 以外;车辆出入口的宽度,当为双向行驶时不应小于 7m,单向行驶时不应小于 5m;各出入口之间的净距应大于 20m,出入口距离道路红线不应小于 7. 5m,并在距出入口边线内 2m 处为视点保持到红线 120°的视距范围,同时设立交通标志,如图 10-8 所示。同时,停车库还应设置人行专用出入口。

停车库一般需安装自动控制进出设备、电视监控设备、消防设备、通风设备、采暖和变电设备,同时需配备一定数量的管理、修理、服务、休息用房、人行楼梯、电梯等,通常在底层还有小规模的加油设施和内部使用的停车位。

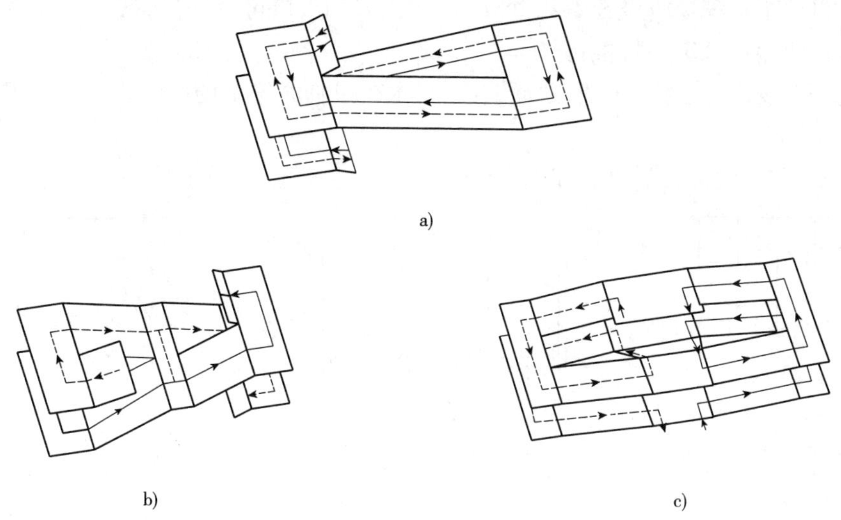

图 10-7 斜坡楼板式停车库

a) 双行斜楼板;b) 中间有单行水平通道的斜楼板;c) 中间有双行水平通道的斜楼板

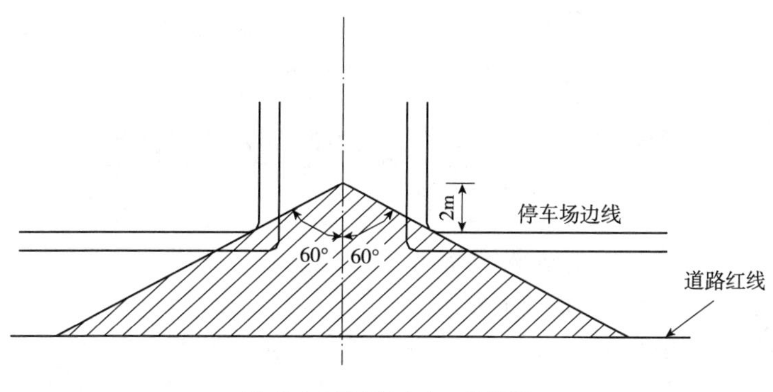

图 10-8 停车场出入口的视距

停车库对室内温度、有害气体浓度、照明以及消防等都有一定要求,设计时可参照有关规范和标准执行。

三、自行车停车设施设计

自行车是我国城市居民广泛拥有的交通工具,目前城市居民的自行车拥有量已接近饱和。根据我国的国情,自行车交通(也称慢行交通)在今后相当长的一段时期内仍将在城市交通中占有重要位置,并且随着“低碳经济”“循环经济”“环境保护”“可持续发展”等现代社会发展理念的深入人心,慢行交通必将重新被纳入城市交通规划和城市管理规划的重要内容中。因此,在城市停车规划中应予以重视。

(1) 自行车停车场地规划原则

①就近布置在大型公共建筑附近,尽可能利用人流较少的旁街支路、附近空地或建筑物内(地面或地下);

②应避免停放出入口对着交通干道;

③停车场内交通组织应明确,尽可能单向行驶;

④每个自行车停车场应设置1~2个出入口,出口和入口可分开设置,也可合并设置,出入口宽度应满足两辆自行车并排推行;

⑤固定停车场应有车棚、车架、地面铺砌,半永久或临时停车场也应树立标志或画线。

(2)停放方式

常采用垂直式和斜列式停放,如图10-9所示。

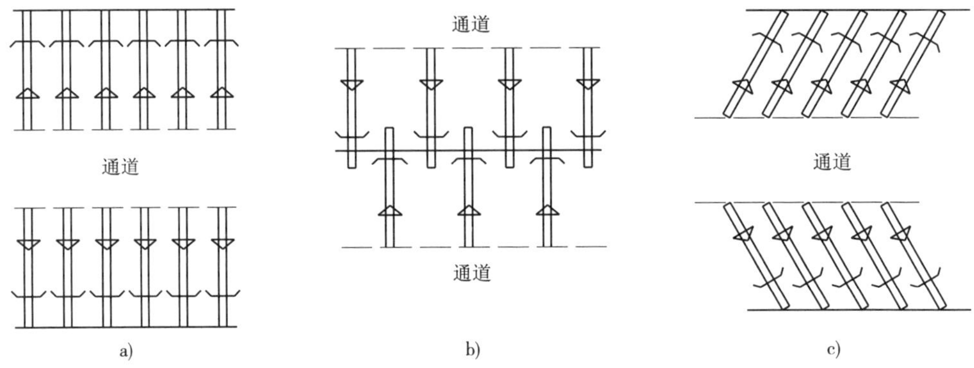

图10-9 自行车停放方式

a)垂直并排停放;b)垂直错位停放;c)呈60°斜向停放

第三节 公共交通站点的布置

城市公共交通站点分为首末站、枢纽站和中间停靠站三种类型。合理规划布置站点应在对客流的流向、流量调查分析的基础上做出。

首末站的布置要考虑车辆掉头回车的场地、部分车辆停歇及加水、清洁、保养和小修工作的用地。

枢纽站一般设有若干条公交线路,上、下车及换乘的乘客较多,在布置上应注意保护乘客、行人和车辆的安全,尽量避免换车乘客穿越车行道,同时使换乘步行距离最短。

中间停靠站是提供给沿线公交乘客定点上、下车的道路交通设施,在具体安排时应考虑的主要问题一是停靠站的间距,二是停靠站台的布置形式。

一、停靠站的间距

根据对公交乘客的乘车心理分析可知,在公交车上的乘客总是希望车辆尽快到达目的地,中途最好不停或少停车;而对于路线中途要上、下车的乘客则希望车站离出发点或目的地很近,以使步行时间最短,即要求站距短一点(多设站)好。可见,车上和车下的出行者对站点布设的距离要求是不一样的,但他们的目的都一样——希望出行的途中所用时间最少,即:

$$2t_{步}+t_{车}=最小 \tag{10-2}$$

式中:$t_{步}$——乘客从出发点步行到车站或从车站步行到目的地的平均用时,且

$$t_{步}=\left(\frac{1}{3\delta}+\frac{s}{4}\right)\cdot\frac{60}{v_{步}} \quad (\text{min}) \tag{10-3}$$

$v_{步}$——乘客平均步行速度,km/h;

δ——公交路线网密度；

$t_{车}$——乘客在车上平均乘距为 $L_{乘}$ 时所用的时间，min。

$$t_{车}=\frac{60L_{乘}}{v_{运}}=\frac{60L_{乘}}{v_{行}}+\left(\frac{L_{乘}}{s}-1\right)\cdot t_{上下} \tag{10-4}$$

式中：$v_{运}$——公交车（包括停车上下乘客在内）的平均运送速度，km/h；

$v_{行}$——公交车（不包括停车上下乘客在内）的平均行驶速度，km/h；

$L_{乘}$——乘客平均乘距，km；

s——公交线路平均站距，km；

$t_{上下}$——公交车在停靠站上下乘客平均用时，min。

若要得到公交出行用时最短的最佳站距，则可根据式（10-2），并应用高等数学中求极值方法，由下式计算：

$$\phi'(2t_{步}+t_{车})=0$$

将前面给出的 $t_{步}$ 和 $t_{车}$ 表达式代入上式，对 s 求导，经计算得到最佳站距 $s_{佳}$ 表达式如下：

$$s_{佳}=\sqrt{\frac{v_{步}\cdot L_{乘}\cdot t_{上下}}{30}}\quad (\text{km}) \tag{10-5}$$

实际上，在市区道路上布设公交车站时，其站距还要受到道路系统结构、交叉口间距、沿线用地性质等的影响，因此在整条线路上，站距是不相等的。市中心区客流密集，线路两侧客流集散点较多，乘客上下车频繁，站距宜小些；城市边远地区，站距可大些；而郊区，站距可更大些。通常站距设置，在市区以 500～800m 为宜；在郊区，为 1 000m 左右。在交叉口附近设站时，为了不影响交叉口的交通组织和通行能力，一般应离开交叉口 50m 左右。交通量较小的道路，站位距交叉口不得小于 30m。

二、停靠站台的布置形式

停靠站台在道路平面上的布置形式主要有沿路侧带边设置和沿两侧分隔带边设置两种。

（1）沿路侧带边设置

这种方式布置简单，一般只需在路侧带上辟出一段用地作为站台，供乘客上下车即可，如图 10-10 所示。站台宜高出路面 30cm，并避免有杆柱障碍，以方便乘客上下车。此方式对乘客上、下车最安全，但停靠的车辆对非机动车交通影响较大。这种布置方式适用于单幅路和双幅路。

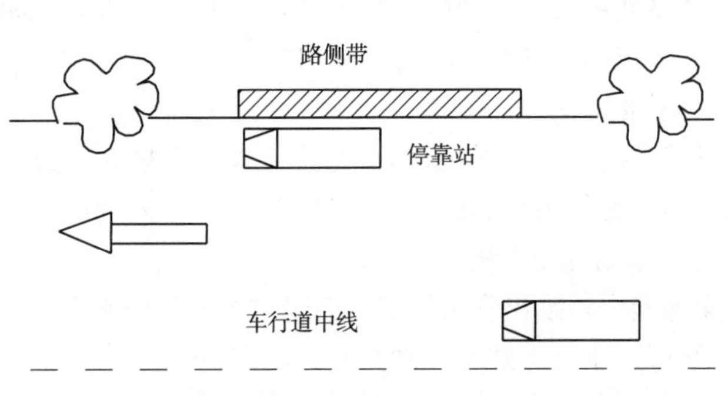

图 10-10　沿路侧带边设置停靠站

(2)沿两侧分隔带边设置

对于这种布置方式,停靠的公交车与非机动车道上的车辆无相互影响,但上、下车的乘客需横穿非机动车道,给二者带来不便。此形式适用于三幅路和四幅路,如图 10-11a)所示。采用这种方式布置站台的分隔带宽度应不小于 2m。

当分隔带较宽(≥4m)时,可压缩分隔带宽度辟作路面,设置港湾式停靠站,以减少停靠车辆所占的机动车道宽度,保证正线上的交通畅通,如图 10-11b)所示。港湾式停靠站的长度应至少有两个停车位。

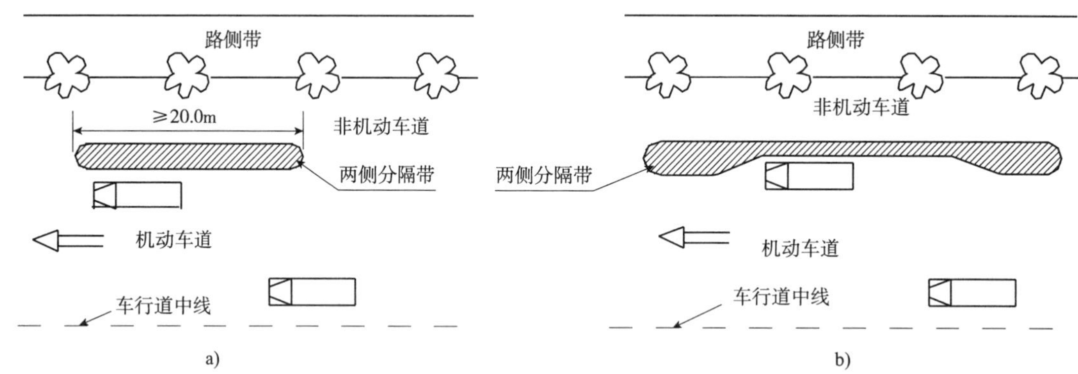

图 10-11 沿分隔带边设置停靠站

第四节 道路交通安全防护设施

1.行人安全设施

(1)人行过街地道

地道净空小,建筑高度低,行人过街时比较方便。此设施对地面景观影响较小,若注意对地道内的地面、墙面及灯光的装饰,可给行人以新奇的感受,但在城市建成区或旧城区,往往因密集的地下管线导致采用此方式困难。地下通道的宽度应能满足人流高峰时的过街需求。

(2)人行天桥

人行天桥又称高架人行道,多修建在过街繁忙路段和行人较多的交叉口。其平面布置主要有两种方式:一种为分散布置,即在交叉口各路口人行过街横道处分别布置过街天桥;另一种为集中布置,即在交叉口处用多桥互通的三角形、矩形、X 形、环形等形式连通。这种方式桥梁构造相对集中,便于行人流动,较适于小型的平交口。

(3)交叉口护栏与人行道护栏

交叉口护栏与人行道护栏是为了保护行人,防止行人任意横穿马路,排除对机动车、非机动车的横向干扰而设置的。这种护栏的设置应与过街设施(如人行横道、过街天桥和地道等)结合起来,做到既保障人车安全,又方便行人过街。

有些城市道路从交通安全角度出发,在车行道设置中央隔离栅栏,既可对双向机动车交通起到一定的安全作用,又可防止行人及非机动车横穿马路,在道路横断面布置较紧张或不宜设置中央分隔带时,可考虑采用此方式。

(4)人行横道

在交叉口各路口处,利用地面标线明确行人过街的位置与范围,同时设置行人过街的信号控制系统,使过街行人与欲驶过人行横道路面进入交叉口的车辆在不同的时段内通行。在有些人流量不太大的路段,人行横道处没有设置交通信号控制,行人过街须注意车辆,车辆在通过没有信号控制的人行横道时,须注意避让过往行人。

2.车辆安全措施

车辆安全措施包括交通岛、视线诱导设施、分隔设施以及防眩装置等。

交通岛是设置在平交路口或路段上,用以引导车流沿规定方向或路线通行的岛状物体。按其作用不同可分为导向岛、分隔岛、中心岛和安全岛。对保证交通安全、提高通过能力有一定作用。也有的通过在路面上画斑马线作为交通岛的标记。

视线诱导设施如反光道牙、猫眼等,夜间在灯光照射下可以指示分车线、分隔带等以诱导视线。

分隔设施包括分隔带和隔离栅栏(或隔离墩),用以分隔不同方向的机动车及非机动车,消除相互之间的干扰和影响。分隔带是具有规定宽度(1.2~1.5m)的带状构造物,它除起到分隔车流的作用外,还可用作绿化及为交通设施或市政工程管线提供布置空间。当道路宽度不足时,可用隔离栅栏或隔离墩予以分隔,弯道或平交口处的隔离墩除分隔作用外,其视线诱导与导流作用也十分明显。

防眩装置即是在道路的中央分隔带上设置防眩网或种植灌木丛以消除或减弱夜间行车时对向车辆灯光对驾驶员造成的眩光影响,防眩网或灌木丛一般以略高于驾驶员的视线高度布置,多用于保证快速交通的高等级道路上。

其他保证人车安全的交通设施还有交通标志(警告、禁令、指示等)、标线、信号等。同时,加强日常的交通组织与管理,宣传交通法规,提高交通行为者的交通安全意识,创造一个良好的交通环境,对于保障人车交通安全也是必不可少的。

第十一章

设计计算案例

第一节　场地整平

场地整平(也称场地平整,简称场平)是将建筑范围内的自然地面,通过人工或机械挖填整平改造成工程设计所需要的建设工作面,以利于工程设施现场平面布置和文明施工。区域性的城市道路建设,往往与城市用地开发建设同步进行,也就是说道路设计通常是在场地整平的基础上开展的,尤其是我国目前各种形式的城市"开发区"更是如此。因此,场地整平是一项重要的设计、施工工作。

场地平整设计应满足总体规划、生产施工工艺、交通运输和场地排水等要求,并尽可能使土方的挖填平衡,减少运土、借土和重复挖运作业。

场地平整作为施工中的一个重要项目,在场平设计的基础上,一般施工工艺程序安排是:现场勘察→清除地面障碍物→标定整平范围→设置水准基点→设置方格网→测量角点高程→计算土方挖填工程量→平整土方→场地碾压→验收。下面主要介绍场地整平设计的有关计算。

一、场地整平的一般要求

(1)场地整平应做好地面排水。场地整平首先应该根据工程设施建设要求,进行场平设计，场地整平的设计高程及表面坡度应符合设计要求。如设计无要求时，一般应向排水沟方向做成不小于0.2%的表面坡度。

（2）整平后的场地表面应逐点检查，检查点为每100～400m^{2}取1点，但不少于10点；长度、宽度和边坡均为每20m取1点，每边不少于1点，其质量检验标准应符合有关施工规范的要求。

（3）场地整平应经常测量和校核其平面位置、水平高程和边坡坡度，使其符合设计要求。平面控制桩和水准控制点应采取可靠措施加以保护，定期复测和检查；多余土方不应堆弃在场地边坡边缘。

二、场地整平的土（石）方量计算

场地整平施工前，首先要进行场平设计，确定整平面形态及高程。然后，根据设计面高程与自然地面高程之差，计算场地整平需要的挖填土（石）方数量。最后，根据挖填土（石）方挖填平衡原则，确定土（石）方施工场内调配及场外借（弃）土（石）方案。

对较大面积的场地整平，合理地选择场地整平高度（设计高程），对节约工程投资、加快建设速度均具有重要意义。一般选择原则是：在符合生产工艺和运输的条件下，尽量利用现状地形，以减少挖填土（石）方数量；场地内的挖方与填方量应尽可能达到互相平衡，以降低场外土（石）方借（弃）方量及其运输费用；同时还应考虑设计洪水位对设计高程的影响等。

如图11-1a）所示，将地形图划分方格网（或利用地形图的方格网），每个方格的角点高程，一般可根据地形图上相邻两等高线的高程，用线形插入法求得。当无地形图时，亦可在现场打设木桩定好方格网，然后用仪器直接测出。

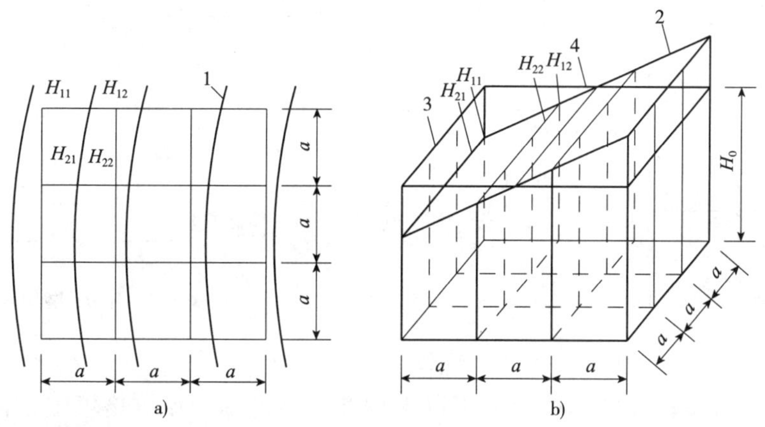

图11-1　场地设计高程计算简图

a）地形图上划分方格；b）设计高程示意图

1-等高线；2-自然地坪；3-设计高程平面；4-自然地面与设计高程平面的交线（零线）

进行场地整平设计、场地整平工程施工组织设计、进行土（石）方的平衡调配以及检查验收土方工程时，常需要进行土（石）方工程量的计算。主要计算方法有方格网法和横断面法两种，横断面法与道路路基土（石）方计算的横断面方法相似，本书主要介绍方格网法。方格网法计算精度较高，多用于地形较平缓或台阶宽度较大的地段，是目前最常用的土（石）方量计算方法。但是，对于场内陡坎分布密集的情况，其计算精度会有所降低。

方格网法计算步骤和方法：

（1）确定场地范围。依据总体规划，确定场地计算范围，对有分期、分阶段实施的工程项目应根据实际情况确定分期施工场地的边界,分别计算。

(2)划分方格网。首先,将场地划分成若干个方格网,尽量与测量的纵、横坐标网对应。依据场地面积大小,方格一般采用 10m×10m、20m×20m 或 40m×40m,视场地地形复杂程度而定,地形越复杂方格网划得越小,反之越大,以保证土(石)方计算的精度;然后,将相应设计地面高程和自然地面高程分别标注在方格点的右上角和右下角,设计地面高程-自然地面高程=施工高度,将其填在方格网的左上角处,填方为(+),挖方为(-)。

(3)计算“零点位置”,画出零线。在一个方格网内同时有填方和挖方时,应先算出方格网边上的零点的位置,并标注于方格网上,连接零点即得填方区与挖方区的分界线(即零挖线)。

对于单个方格网,可粗略采用线性内插法。零点的位置按式(11-1)计算(图 11-2):

$$x_1=\frac{h_1}{h_1+h_2}\times a \quad x_2=\frac{h_2}{h_1+h_2}\times a \tag{11-1}$$

式中:x_1、x_2——角点至零点的距离,m;

h_1、h_2——相邻两角点的施工高度,m(均用绝对值);

a——方格网的边长,m。

为省略计算,亦可采用图解法直接求出零点位置,如图 11-3 所示。具体方法是用尺在各角上标出相应比例,用尺相接,与方格相交点即为零点位置。这种方法可避免计算(或查表)出现的错误。

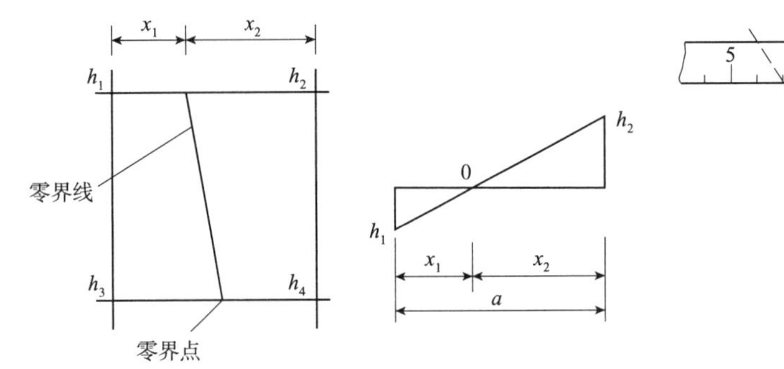

图 11-2　零点位置计算示意图

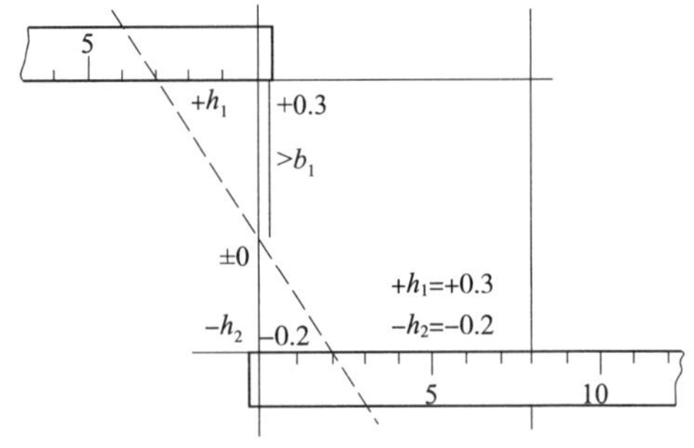

图 11-3　零点位置图解法

(4)计算各个“方格”的土(石)方工程量

方格网中各方格计算图形的面积乘以平均施工高度即为该方格填挖方体积。需要注意的是,有“零线”穿过的方格,其挖方体积和填方体积应分别计算。常用方格体积计算公式见表 11-1。

常用方格网计算公式　　　表 11-1

项　目	图　示	计 算 公 式
一点填方或挖方(三角形)	h_1 h_2 c h_3 h_4 b	$V=\frac{1}{2}bc\frac{\sum h}{3}=\frac{bch_3}{6}$ 当 $b=c=a$ 时,$V=\frac{a^2h_3}{6}$

续上表

项 目	图 示	计算公式
二点填方或挖方（梯形）		$V_+=\frac{b+c}{2}a\frac{\sum h}{4}=\frac{a}{8}(b+c)(h_1+h_3)$ $V_-=\frac{d+e}{2}a\frac{\sum h}{4}=\frac{a}{8}(d+e)(h_2+h_4)$
三点填方或挖方（五角形）		$V=\left(a^2-\frac{bc}{2}\right)\frac{\sum h}{5}=\left(a^2-\frac{bc}{2}\right)\frac{h_1+h_2+h_4}{5}$
四点填方或挖方（正方形）		$V=\frac{a^2}{4}\sum h=\frac{a^2}{4}(h_1+h_2+h_3+h_4)$

注：a-方格网的边长，m；b、c-零点到一角的边长，m；h_1、h_2、h_3、h_4-方格网四角点的施工高度，m（用绝对值代入）；$\sum h$-填方或挖方施工高程的总和，m（用绝对值代入）；V-挖方或填方体积，m^3。

（5）计算土石方总量

将挖方区（或填方区）所有方格计算土方量汇总，即得该场地挖方和填方的总土石方总量。

【例 11-1】 场地整平，部分方格网如图 11-4 所示，方格边长为 20m×20m，计算方格网的挖填总土方工程量。已知自然地面等高线网和设计等高线网。

解 （1）划分方格网、标注高程。

根据规划方案，划分方格网，对方格网进行编号，本题横向网格线采用大写字母，竖向网格线采用阿拉伯数字。

方格网各角点自然地面高程由地面等高线网内插而得（也可直接进行外业测量获得），地面高程值标注在角点右下位置；设计高程则由设计等高线网内插求得，设计高程标注在角点右上位置；施工高度为设计高程-地面高程，标注在角点左上位置。

（2）计算零点位置。

从图 11-4 中可看出网格角点的填挖高度符号不同，表明此方格边上有零点存在，由表 11-1 第 2 项公式：

M 横线 5~6 竖线 $x_1=\frac{2.186\times20}{2.186+0.714}=15.076(m)$

N 横线 5~6 竖线 $x_1=\frac{1.007\times20}{1.007+1.501}=8.030(m)$

P 横线 5~6 竖线 $x_1=\frac{0.165\times20}{0.165+1.364}=2.158(m)$

5 竖线 $P\sim Q$ 横线　$y_1=\dfrac{0.165\times20}{0.165+0.129}=11.224(\mathrm{m})$

Q 横线 4～5 竖线　$x_1=\dfrac{1.717\times20}{1.717+0.129}=18.602(\mathrm{m})$

将各零点标注于图中,并将零点线连接起来,如图 11-4 中虚线所示。

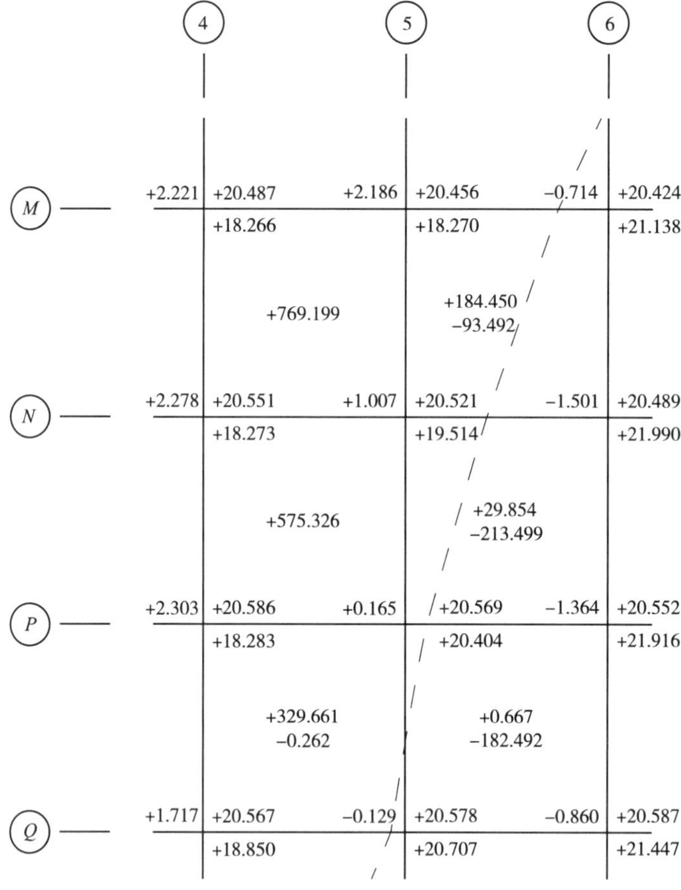

图 11-4　方格网法计算土方量

(3)计算土方工程量

方格 PQ56 底面为三角形和五角形,由表 11-1 第 1、3 项公式:

三角形土方量:$V_+=\dfrac{0.165\times2.158\times11.224}{6}=0.667(\mathrm{m}^3)$

五角形土方量:$V_-=-\left(20^2-\dfrac{2.158\times11.224}{2}\right)\times\left(\dfrac{1.364+0.860+0.129}{5}\right)=-182.492(\mathrm{m}^3)$

方格 NP56 底面为两个梯形,由表 11-1 第 2 项公式:

梯形 1 土方量:$V_+=\dfrac{20}{8}\cdot(8.030+2.158)\times(1.007+0.165)=29.854(\mathrm{m}^3)$

梯形 2 土方量:$V_-=-\dfrac{20}{8}\cdot(20-8.030+20-2.158)\times(1.501+1.364)=-213.499(\mathrm{m}^3)$

方格 MN45 底面为正方形,由表 11-1 第 4 项公式:

正方形土方量：$V_+=\frac{20^2}{4}\cdot(2.221+2.186+1.007+2.278)=769.199(\mathrm{m}^3)$

其余网格可根据表中公式分别计算。

(4)汇总全部土方工程量

全部挖方量：$\sum V_-=-93.492-213.499-182.492-0.262=-489.745(\mathrm{m}^3)$

全部填方量：$\sum V_+=769.199+184.45+575.326+29.854+329.661+0.667=1\ 889.157(\mathrm{m}^3)$

边坡土方量计算，用于平整场地、修筑路基、路堑的边坡挖、填土方量计算，常用图算法。

图算法系根据地形图和边坡竖向布置图或现场测绘，将要计算的边坡划分为两种近似的几何形体（图 11-5），一种为三角棱体（如体积①～③、⑤～⑪）；另一种为三角棱柱体（如体积④），然后应用表 11-2 计算公式分别进行土方计算，最后将各块汇总即得场地总挖土（-）、填土（+）的量。

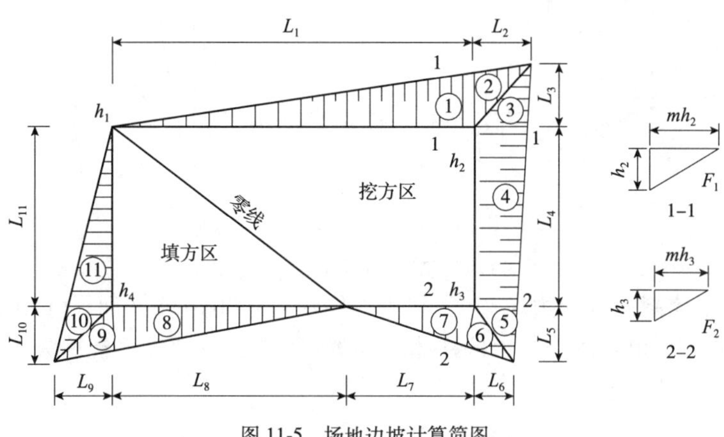

图 11-5 场地边坡计算简图

常用边坡三角棱体、棱柱体计算公式 表 11-2

项目	计算公式	符号意义
边坡三角棱体体积	边坡三角棱体体积 V 可按下式计算（例如图 11-5 中的①） $V_1=\frac{1}{3}F_1l_1$ 其中 $F_1=\frac{h_2(mh_2)}{2}=\frac{mh_2^2}{2}$ V_2、V_3、$V_5\sim V_{11}$ 计算方法同上	V_2、V_3、$V_5\sim V_{11}$——边坡①、②、③、⑤～三角棱体体积（m^3）； l_1——边坡①的边长（m）； F_1——边坡①的断面积（m^2）； h_2——角点的挖土高度（m）； m——边坡的坡度系数； V_4——边坡④三角棱柱体体积（m^3）； l_4——边坡④的长度（m）； F_1、F_2、F_0——边坡④两端及中部横断面面积
边坡三角棱柱体体积	边坡三角棱柱体体积 V_4 可按下式计算（例如图 11-5 中的④） $V_4=\frac{(F_1+F_2)}{2}l_4$ 当两端横断面面积相差很大时，则 $V_4=\frac{l_4}{6}(F_1+4F_0+F_2)$ F_1、F_2、F_0 计算方法同上	

【例 11-2】 场地整平工程，长 80m、宽 60m，土质为粉质黏土，取挖方区边坡坡度为 1∶1.25，填方边坡坡度为 1∶1.5，已知平面图挖填分界线尺寸及角点高程如图 11-6 所示，试求边坡挖、填土方量。

解 先求边坡角点 1～4 的挖、填方宽度：

角点 1 填方宽度 0. 85×1. 50＝1. 28(m)

角点 2 挖方宽度 1. 54×1. 25＝1. 93(m)

角点 3 挖方宽度 0. 40×1. 25＝0. 50(m)

角点 4 填方宽度 1. 40×1. 50＝2. 10(m)

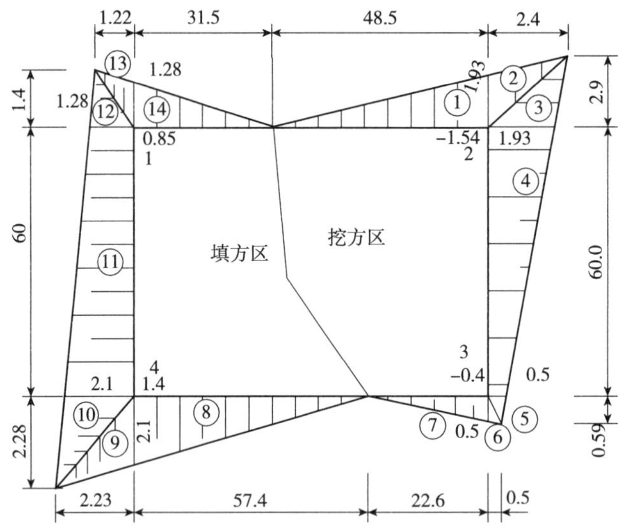

图 11-6　场地边坡平面轮廓尺寸图

按照场地四个控制角点的边坡宽度,利用作图法可得出边坡平面尺寸(图 11-6),边坡土方工程量,可划分为三角棱体和三角棱柱体两种类型,按表 11-2 公式计算如下。

(1)挖方区边坡土方量

$$V_1=-\frac{1}{3}\times\frac{1.93\times1.54}{2}\times48.5=-24.03(\mathrm{m}^3)$$

$$V_2=-\frac{1}{3}\times\frac{1.93\times1.54}{2}\times2.4=-1.19(\mathrm{m}^3)$$

$$V_3=-\frac{1}{3}\times\frac{1.93\times1.54}{2}\times2.9=-1.44(\mathrm{m}^3)$$

$$V_4=-\frac{1}{2}\times\left(\frac{1.93\times1.54}{2}+\frac{0.4\times0.5}{2}\right)\times60=-47.58(\mathrm{m}^3)$$

$$V_5=-\frac{1}{3}\times\frac{0.5\times0.4}{2}\times0.59=-0.02(\mathrm{m}^3)$$

$$V_6=-\frac{1}{3}\times\frac{0.5\times0.4}{2}\times0.50\approx-0.02(\mathrm{m}^3)$$

$$V_7=-\frac{1}{3}\times\frac{0.5\times0.4}{2}\times22.6=-0.75(\mathrm{m}^3)$$

挖方区边坡的土方量合计:

$$V_{挖}=-(24.03+1.19+1.44+47.58+0.02+0.02+0.75)=-75.03(\mathrm{m}^3)$$

(2)填方区边坡的土方量

$$V_8=\frac{1}{3}\times\frac{2.1\times1.4}{2}\times57.4=28.13(\mathrm{m}^3)$$

$$V_9=\frac{1}{3}\times\frac{2.1\times1.4}{2}\times2.23=1.09(\mathrm{m}^3)$$

$$V_{10}=\frac{1}{3}\times\frac{2.1\times1.4}{2}\times2.28=1.12(\mathrm{m}^3)$$

$$V_{11}=\frac{1}{2}\times\left(\frac{2.1\times1.4}{2}+\frac{1.28\times0.85}{2}\right)\times60=60.42(\mathrm{m}^3)$$

$$V_{12}=\frac{1}{3}\times\frac{1.28\times0.85}{2}\times1.4=0.25(\mathrm{m}^3)$$

$$V_{13}=\frac{1}{3}\times\frac{1.28\times0.85}{2}\times1.22=0.22(\mathrm{m}^3)$$

$$V_{14}=\frac{1}{3}\times\frac{1.28\times0.85}{2}\times31.5=5.71(\mathrm{m}^3)$$

填方区边坡的土方量合计：

$$V_{填}=28.13+1.09+1.12+60.42+0.25+0.22+5.71=+96.94(\mathrm{m}^3)$$

图 11-7 为场地整平成果示意图。

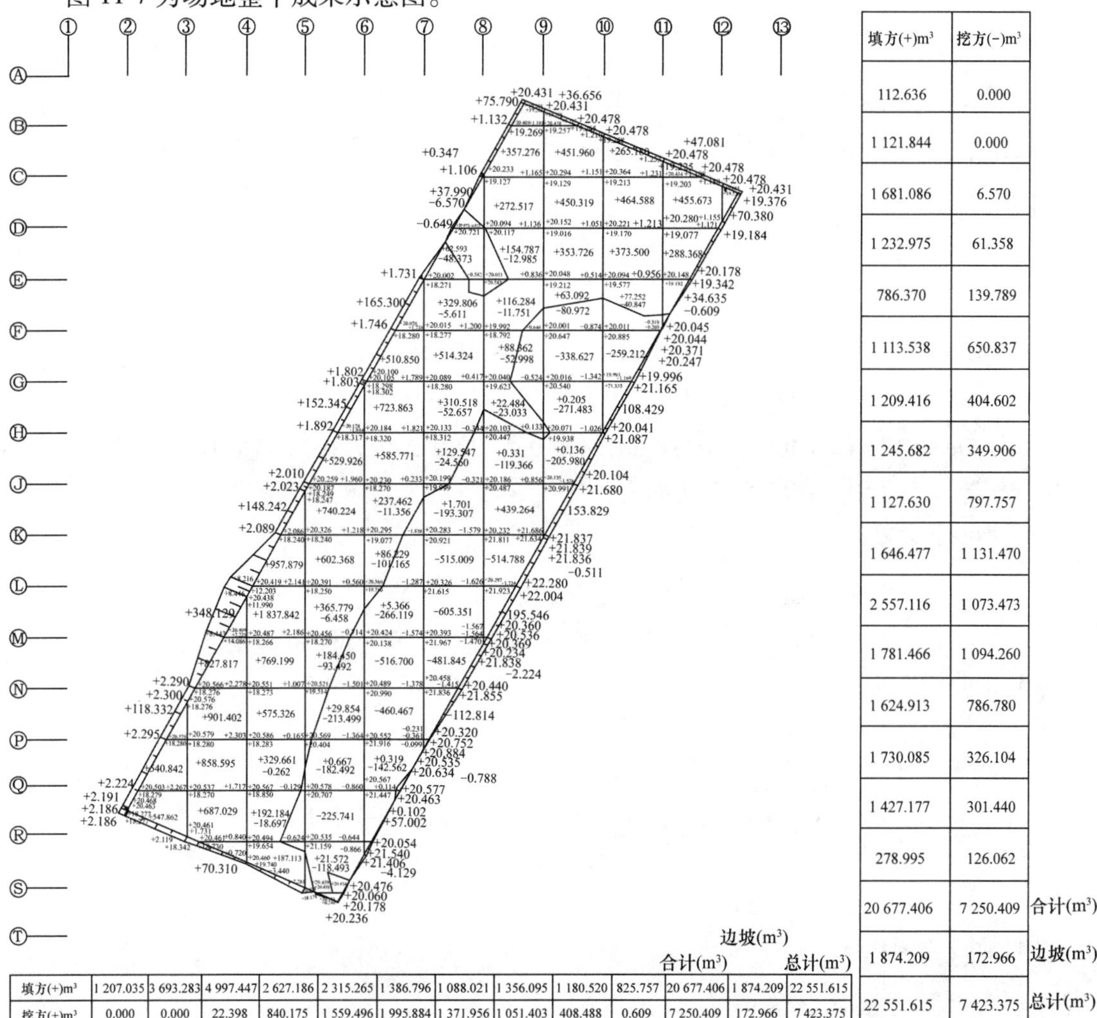

填方(+)m³	挖方(−)m³	
112.636	0.000	
1 121.844	0.000	
1 681.086	6.570	
1 232.975	61.358	
786.370	139.789	
1 113.538	650.837	
1 209.416	404.602	
1 245.682	349.906	
1 127.630	797.757	
1 646.477	1 131.470	
2 557.116	1 073.473	
1 781.466	1 094.260	
1 624.913	786.780	
1 730.085	326.104	
1 427.177	301.440	
278.995	126.062	
20 677.406	7 250.409	合计(m³)
1 874.209	172.966	边坡(m³)
22 551.615	7 423.375	总计(m³)

											合计(m³)	边坡(m³)	总计(m³)
填方(+)m³	1 207.035	3 693.283	4 997.447	2 627.186	2 315.265	1 386.796	1 088.021	1 356.095	1 180.520	825.757	20 677.406	1 874.209	22 551.615
挖方(+)m³	0.000	0.000	22.398	840.175	1 559.496	1 995.884	1 371.956	1 051.403	408.488	0.609	7 250.409	172.966	7 423.375

图 11-7　场地整平成果示意

第二节　道路平面

城市道路平面设计涉及的计算问题主要是曲线定位计算,包括曲线要素、曲线要素桩号以及逐桩坐标计算。

【例 11-3】 某城市快速路,设计时速 80km/h,JD_{10}桩号 K1+125.123,JD_{10}坐标(8 721.319 9,20 316.769 3),JD_{11}坐标(8 801.490 9,21 316.478 4),JD_{12}坐标(8 409.336 2,22 022.917 8)。JD_{11}处平曲线半径 $R=400$m,缓和曲线长度 $L_s=100$m,如图 11-8 所示。另外,JD_{10}处的超距(校正值)$J_{10}=5.123$m。试求:

(1)平曲线要素;

(2)平曲线要素点桩号。

[交点桩号推算通式:$JD_n=JD_{n-1}+L_{n-(n-1)}-J_{n-1}$]

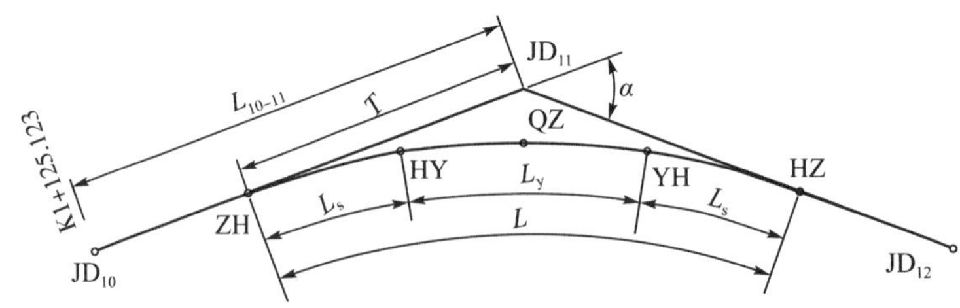

图 11-8　平曲线计算示意图

解　(1)导线向量:

$$\overline{JD_{11}-JD_{10}}=[(8\ 801.490\ 9-8\ 721.319\ 9),(21\ 316.478\ 4-20\ 316.769\ 3)]=[80.171\ 0,999.709\ 1]$$

$$\overline{JD_{12}-JD_{11}}=[(8\ 409.336\ 2-8\ 801.490\ 9),(22\ 022.917\ 8-21\ 316.478\ 4)]=[-392.154\ 7,706.439\ 4]$$

(2)导线长度:

$$L_{JD_{11}\sim JD_{10}}=\sqrt{80.171\ 0^2+999.709\ 1^2}=1\ 002.918\ 6(\text{m})$$

$$L_{JD_{12}\sim JD_{11}}=\sqrt{392.154\ 7^2+706.439\ 4^2}=807.986\ 3(\text{m})$$

(3)平曲线转角:

$$\arccos(a)=\frac{\overline{JD_{11}-JD_{10}}\cdot\overline{JD_{12}-JD_{11}}}{L_{JD_{11}\sim JD_{10}}\cdot L_{JD_{12}\sim JD_{11}}}$$

$$=\frac{[80.171\ 0\times(-392.154\ 7)]+(999.709\ 1\times706.439\ 4)}{1\ 002.918\ 6\times807.986\ 3}=0.832\ 7$$

$$\Rightarrow a=33.620\ 3°$$

(4)曲线要素:

$$q=\frac{Ls}{2}-\frac{Ls^3}{240R^2}=49.974(\text{m})$$

$p=\frac{Ls^2}{24R}-\frac{Ls^4}{2\ 688R^3}=1.041(\text{m})$

$\beta=\frac{Ls}{2R}\cdot\frac{180}{\pi}=7.161\ 97°$

$T=(R+p)\cdot\tan\frac{a}{2}+q=(400+1.041)\cdot\tan\frac{33.620\ 3°}{2}+49.974=171.133(\text{m})$

$L=(a-2\beta)\cdot\frac{\pi}{180}\cdot R+2Ls=(33.620\ 3-2\times7.161\ 97)\cdot\frac{\pi}{180}\cdot400+2\times100=334.714(\text{m})$

$E=(R+p)\cdot\sec\frac{\alpha}{2}-R=(400+1.041)\cdot\sec\frac{33.620\ 3°}{2}-400=18.943(\text{m})$

$J=2T-L=2\times171.133-334.714=7.552(\text{m})$

(5)曲线要素点桩号计算见表 11-3。

曲线要素点桩号 表 11-3

特 征 点	桩 号	特 征 点	桩 号
JD_{10}	K1+125.123	$+L/2-L_s$	+67.357
$+L_{JD_{11}\sim JD_{10}}$	+1 002.919	QZ	K2+119.143
$-J_{10}$	−5.123	$+L/2-L_s$	+67.357
JD11	K2+122.919	YH	K2+186.500
$-T$	−171.133	$+L_s$	+100
ZH	K1+951.786	HZ	K2+286.500
$+L_s$	+100	$-T+J$	−171.133+7.552
HY	K2+051.786	JD_{11}	K2+122.919

第三节 纵 断 面

【例 11-4】 某城市快速路，设计时速 80km/h，某段道路变坡点桩号、高程分别为：K1+120.000，$H_1=99.060$m；K2+100.000，$H_2=102.000$m；K2+920.000，$H_3=130.700$m；竖曲线半径 $R=7\ 000$m。

试求：K1+980.000、K2+000.00、K2+100.000、K2+200.000、K2+220.00 以及竖曲线起终点的设计高程。

解 (1)纵坡 i_1,i_2

$$i_1=\frac{H_2-H_1}{2\ 100-1\ 120}=0.3\%$$

$$i_2=\frac{H_3-H_2}{2\ 920-2\ 100}=3.5\%$$

(2)竖曲线参数

$\omega=i_2-i_1=3.2\%$判断为凹型竖曲线。

$$L=R\cdot\omega=7\ 000\times3.2\%=224(\text{m})$$

$$T=\frac{L}{2}=112(\text{m})$$

$$E=\frac{T^2}{2R}=\frac{112^2}{2\times7\ 000}=0.896(\text{m})$$

(3)竖曲线起终点桩号(图 11-9)

竖曲线起点桩号:K2+100.000−T=K1+988.000

竖曲线终点桩号:K2+100.000+T=K2+212.000

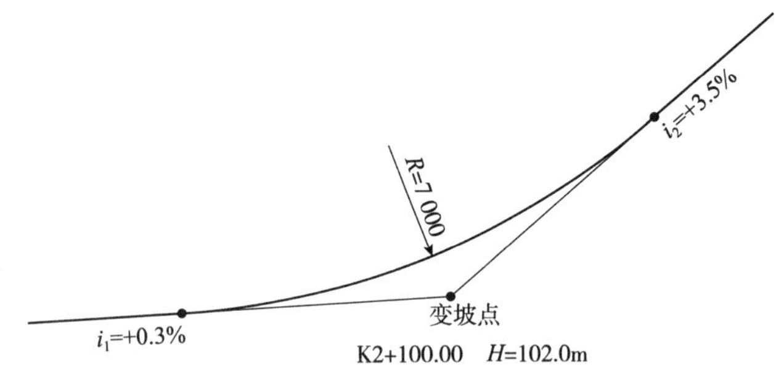

图 11-9 竖曲线计算示意图

(4)判断所求桩号是否位于竖曲线范围内

其中 K2+000.00、K2+100.000、K2+200.000 位于竖曲线范围;K1+980.000、K2+220.00 分别位于前后两个直线坡段上。

(5)求桩号对应高程(表 11-4)

桩号对应高程 表 11-4

桩　　号	位置说明	计 算 式	设计高程(m)
K1+980.000	前直线坡段	$H_2-(2\ 100-1\ 980)\times i_1$	101.640
K1+988.000	竖曲线起点	$H_2-T\times i_1$	101.664
K2+000.00	竖曲线(左段)	$H_2-(2\ 100-2\ 000)\times i_1+\frac{(2\ 000-1\ 988)^2}{2R}$	101.710
K2+100.000	竖曲线中点	H_2+E	102.896
K2+200.000	竖曲线(左段)	$H_2+(2\ 200-2\ 100)\times i_2+\frac{(2\ 212-2\ 200)^2}{2R}$	105.510
K2+212.000	竖曲线终点	$H_2+T\times i_2$	105.920
K2+220.00	后直线坡段	$H_2+(2\ 220-2\ 100)\times i_2$	106.200

第四节　横　断　面

【例 11-5】 某城市快速路,设计时速 80km/h,其中 K1+900.000~K2+300 设计为高架桥,桥梁标准横断面组成:0.50m 防撞墩+15m 机动车道+0.50m 防撞墩=16.00m,双向四车道,路拱横坡 1.5%,横断面中点为设计高程点,道路平面线形见平面章节例题,纵断面见纵断面章节例题，曲线最大超高 6%，绕中线旋转，曲线内侧最大加宽 2m，超高加宽均按直线型过渡。

绘制桩号 K1+900. 00、K1+980. 00、K2+000. 00、K2+100. 00 处的道路横断面以及特征点高程，要求示意出道路宽度、横坡、特征点高差（设计高程点处为零点）。

解 (1) 平面、纵断面，参见【例题 11-3】、【例题 11-4】的结果，为表述和读者查阅方便，主要数据如图 11-10 所示。

R-7 000 T-112 E-0.896

SZY K1+988

K2+212 SYZ

坡度(%)坡长(m)	0.300 980.0	+100 102.0	3.500 820.0
设计高程(m)	101.555 101.640 101.664 101.710 102.146 102.896 103.286 105.074 105.510 105.920 106.200 108.528		
直线及平曲线	R-∞	JD1 1-33° 37′ 13(Y) R-400 L_s-100	R-∞
里程桩号	K1+900 +951.786 +980 +988 K2+000 +051.786 1 +119.143 +186.500 2 +212 +220 +286.500 3		

图 11-10　道路平纵成果图

(2) 由图 11-10 知，K1+900. 00 桩号点位的平面位于直线段，纵面位于直线坡段。

设计高程：$H_s = 102.0-(2\ 100-1\ 900)\times 0.3\% = 101.40$(m)，设计横断面图见图 11-11。

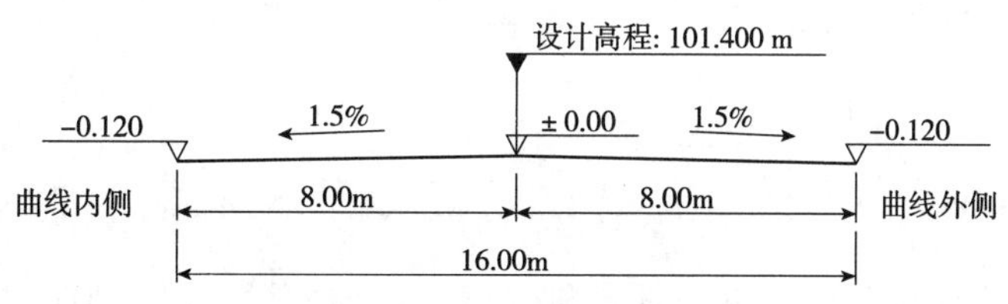

图 11-11　K1+900. 00 横断面

(3) 由图 11-10 知，K1+980. 00 桩号点位对比平纵特征点桩号，即可判断其平面位于第一段缓和曲线，纵面位于直线坡段。

计算分析：

①超高缓和段、加宽缓和段均在缓和曲线全长范围内进行，即在缓和曲线范围内断面宽度每米加宽 2/100m，曲线外侧横坡每米变化 $(6\%+1.5\%)/100=(7.5\%)/100$，在缓和曲线范围内曲线内侧横坡变化分为两段，第一段保持路拱横坡 1. 5%不变，当外侧横坡转至形成单向 1. 5%断面时才发生变化，第一段长度为 $(1.5\%+1.5\%)/(7.5\%/100)=40$(m)，第二段为 $100-40=60$m。

据以上分析可以判断出，(K1+980. 00)-(K1+951. 786) = 28. 214m<40m，则该断面内侧横坡为 1. 5%，外侧横坡为 $-1.5\%+28.214\times 7.5\%/100=0.006\ 16=0.616\%$。

设计高程：$H_s = 101.640$(m)

断面宽度：$w=16+28.214\times2/100=16.564(\text{m})$

左侧高差：$d_z=-16.564\times1.5\%/2=-0.124(\text{m})$

右侧高差：$d_y=16.564\times0.616\%/2=+0.051(\text{m})$

计算结果绘图如图 11-12 所示。

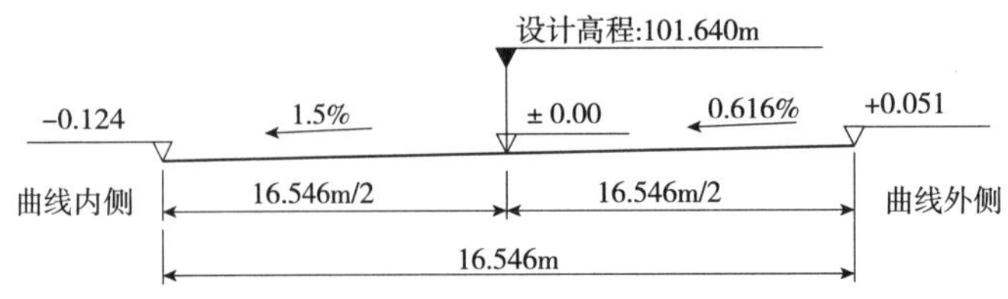

图 11-12　K1+900.00 横断面

②K2+000.00 该桩号对比平纵特征点桩号，即可判断平面位于第一段缓和曲线，纵面位于竖曲线范围内。

(K2+000.00)-(K1+951.786)=48.214m>40m，则该断面内侧横坡与外侧横坡一致，为 $-1.5\%+48.214\times7.5\%/100=2.116\%$。

设计高程：$H_s=101.710\text{m}$

断面宽度：$w=16+48.214\times2/100=16.964(\text{m})$

左侧高差：$d_z=-16.964\times2.116\%/2=-0.179(\text{m})$

右侧高差：$d_y=+0.179(\text{m})$

计算结果绘图如图 11-13 所示。

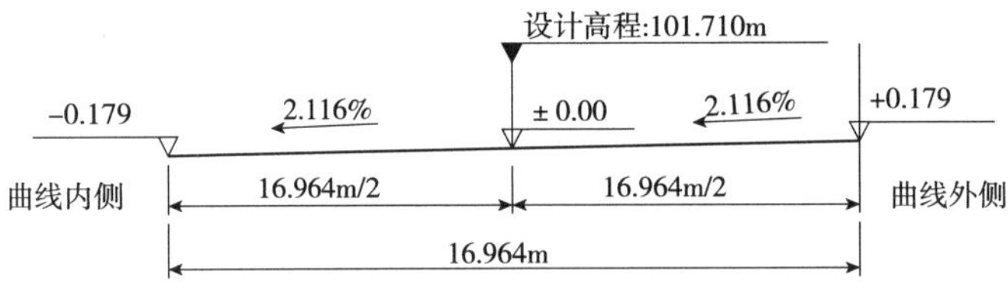

图 11-13　K2+000.00 横断面

③K2+100.00 该桩号对比平纵特征点桩号，即可判断平面位于圆曲线，纵面位于竖曲线范围内。

设计高程：$H_s=102.896\text{m}$

断面宽度：$w=16+2=18(\text{m})$

左侧高差：$d_z=-18\times6\%/2=-0.540(\text{m})$

右侧高差：$d_y=+0.540\text{m}$

计算结果绘图如图 11-14 所示。

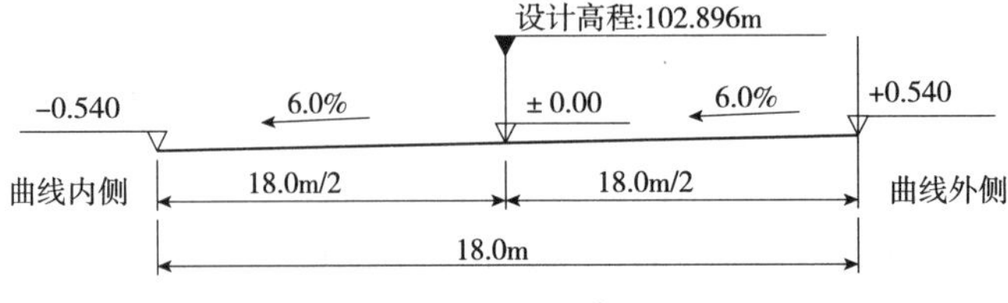

图 11-14　K2+100.00 横断面

第五节 交叉口竖向设计

【例 11-6】 神墩三路与规划一路相交成十字交叉口，交角 94°08′47″，神墩三路标准断面组成（7m 人行道+5m 绿化带+16m 机动车道+5m 绿化带+7m 人行道）= 40m，路拱横坡 1.5%，交叉口设计范围 K0+880～K0+960；规划一路标准断面组成（4m 人行道+12m 机动车道+4m 人行道）= 20m，路拱横坡 1.5%，与神墩三路相交于 K0+921.62，其余已知参数如图 11-15 所示。

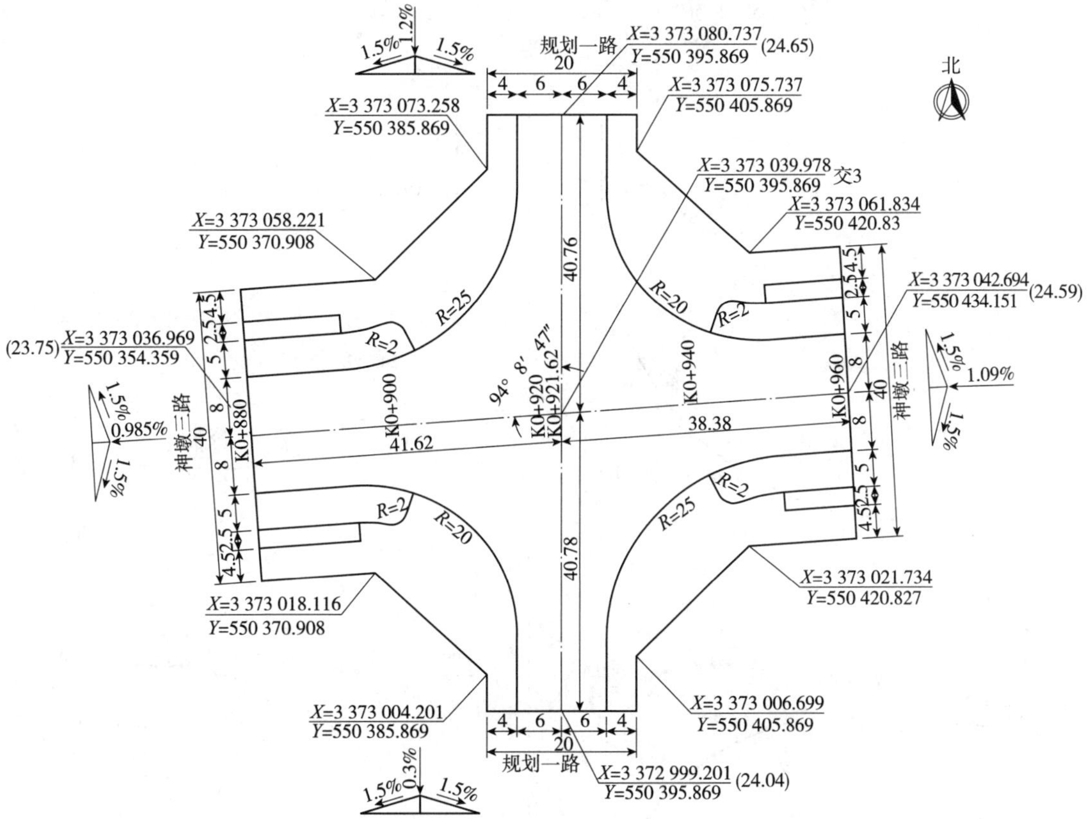

图 11-15 交叉口示意图（尺寸单位：m）

图 11-16 为机动车道路拱大样示意图。

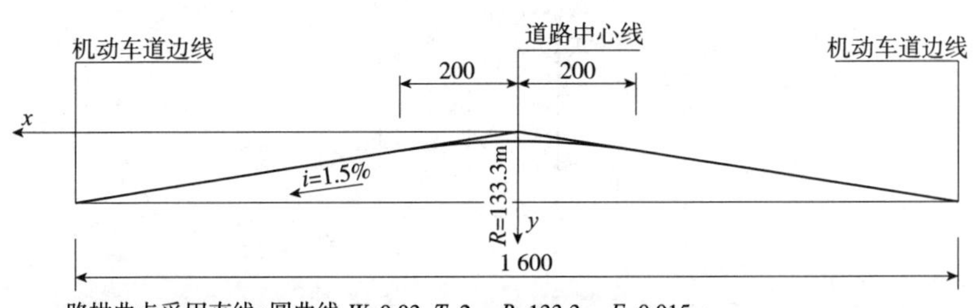

路拱曲点采用直线+圆曲线，W=0.03，T=2m，R=133.3m，E=0.015m

B–车行道路面宽度，取15(16)m

H–路拱中心高出路面边缘的高度

图 11-16 机动车道路拱大样示意图

交叉口竖向设计一般在道路平、纵、横设计完成后进行。此时可由道路纵断面设计图查得道路中线设计高程及纵坡信息。本算例由纵断面设计图查得神墩三路 K0+880 处设计高程 23. 76m,K0+960 处设计高程 24. 59m,K0+921. 62 处设计高程 24. 17m。为保证道路纵断面的连续性,此三点高程应为交叉口竖向设计控制高程。根据业主提供的规划资料可查出规划一路的纵坡为:北路口向内 1. 2%,南路口向外 0. 3%。两道路均为沥青混凝土路面,试绘制交叉口的竖向设计图。

解 (1)求控制点高程。根据道路平纵横信息,求得交叉口各控制点高程如图 11-17 所示。

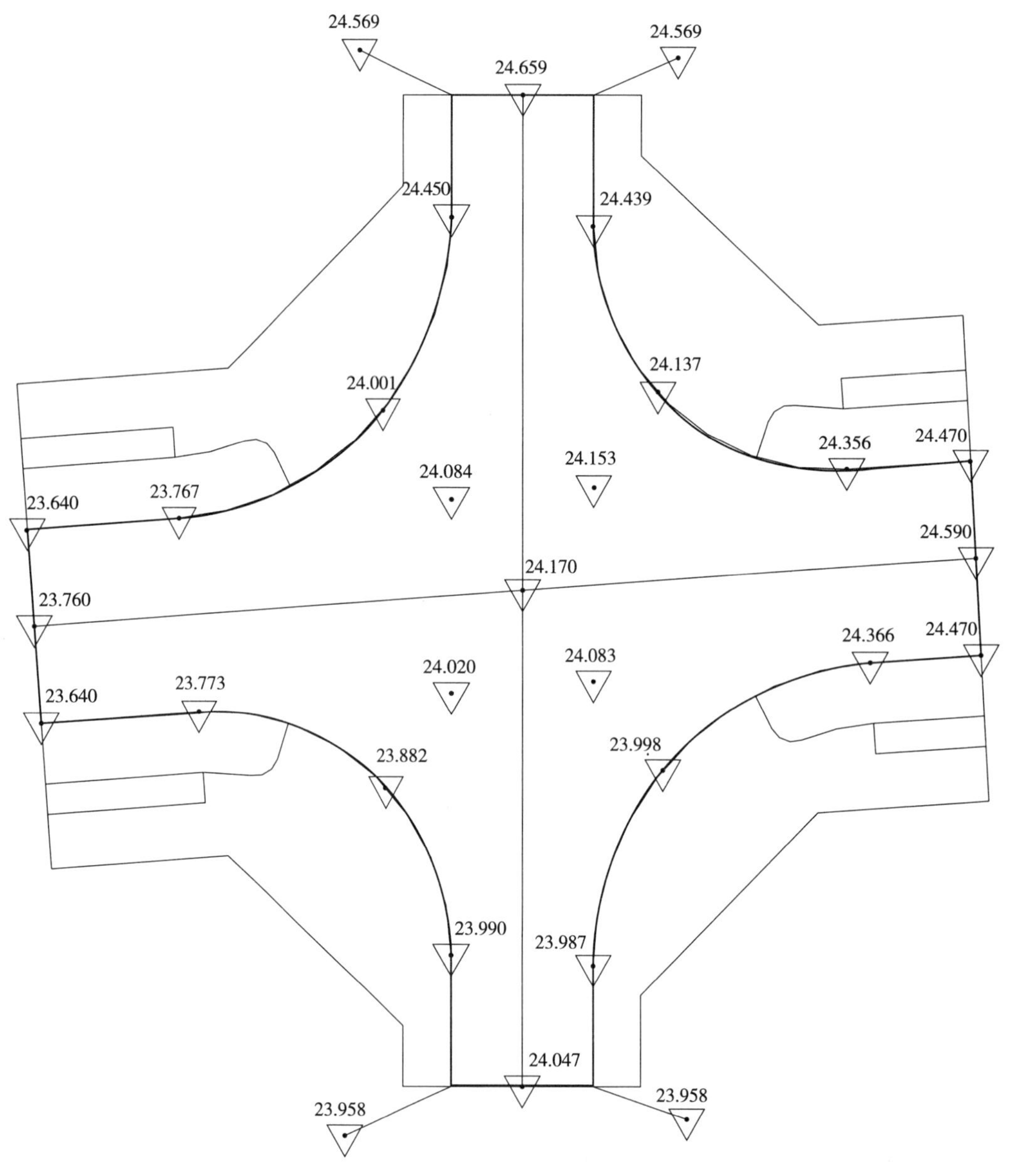

图 11-17 交叉口控制点高程

图 11-17 中两条道路中线的起终点及交叉点高程已知，道路横坡信息已知，由此可按照“方格网法”求得其他各条道路控制点高程。

(2)初拟绘等高线。本交叉口为沥青混凝土路面结构，由图 11-16 可知，本交叉口范围内等高线应为平滑的曲线，与水泥混凝土路面交叉口为折线组成的等高线不同。为保证计算结果清晰明了，等高线的平面间距一般在 2~5m 范围较为合适，大交口取大值，小型交叉口取小值；同理，可根据相交道路的纵坡初步拟定等高距 h，一般 $h=0.02\sim0.10$m，纵坡较大时取大值，纵坡较小时取小值。

本交叉口相交道路纵坡在 0.3%~1.2%之间，当平均纵坡为 1%时，平面间距取 4m，此时 $h=1\%\times4=0.04$m，本题按 $h=0.05$m 绘制。

依据前面求得的交叉口控制点高程，同时考虑交叉口排水设计，从各道路纵坡分析，排水趋势应为由西北向东南排放路面水，由此可大致勾勒出交叉口的初拟等高线，如图 11-18 所示。

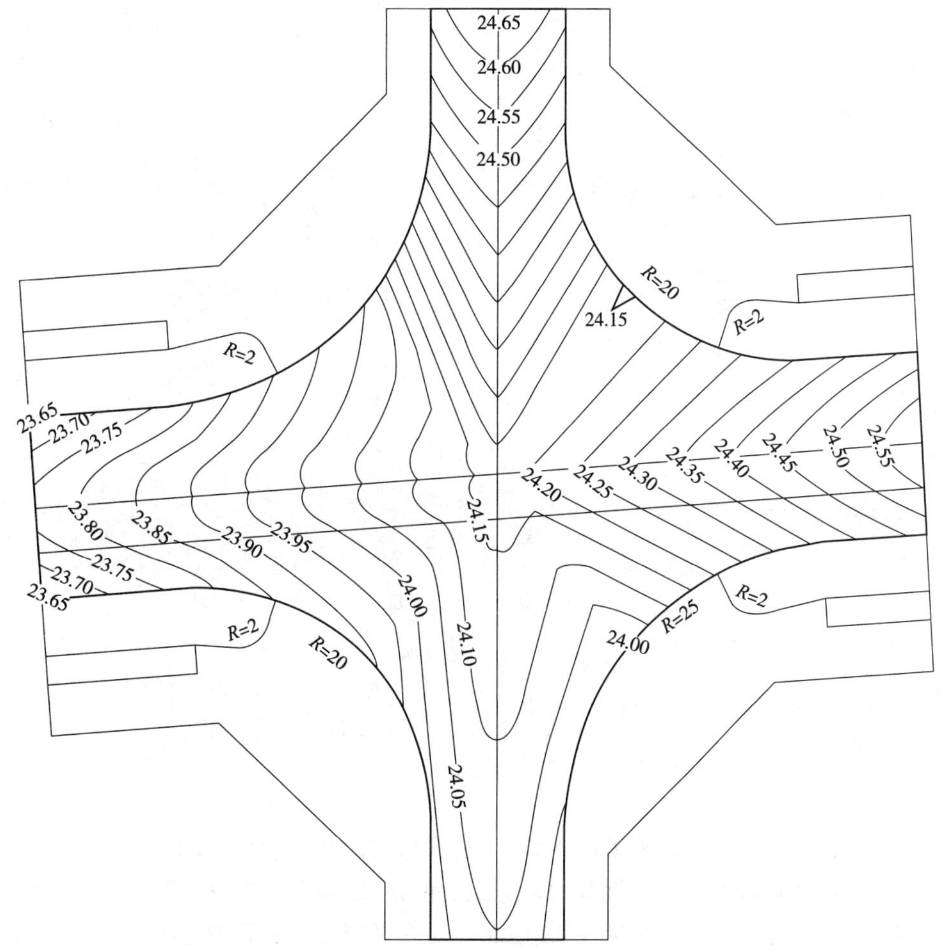

图 11-18　交叉口初拟等高线

(3)调整确定等高线。调整修改原则如下：

①设计时至少应有一条道路的纵坡方向背离交叉口，以利于排水；

②交叉口范围内横坡要平缓些，一般不大于路段横坡，以利于行车；

③等高线布置协调,过渡均匀;

④检查各方向坡度是否满足行车和排水要求,否则再进行调整,直到设计等高线图满足行车平顺和路面排水通畅的要求。最后合理地布置雨水口的位置和高程。

交叉口竖向设计图应有一定独立性,图中除高程信息外,应表示出必要的施工所需的信息,如指北针、道路宽度、缘石转角半径,特征点坐标、说明等。

等高线调整后,其他信息标识完整的交叉口竖向设计如图 11-19 所示。

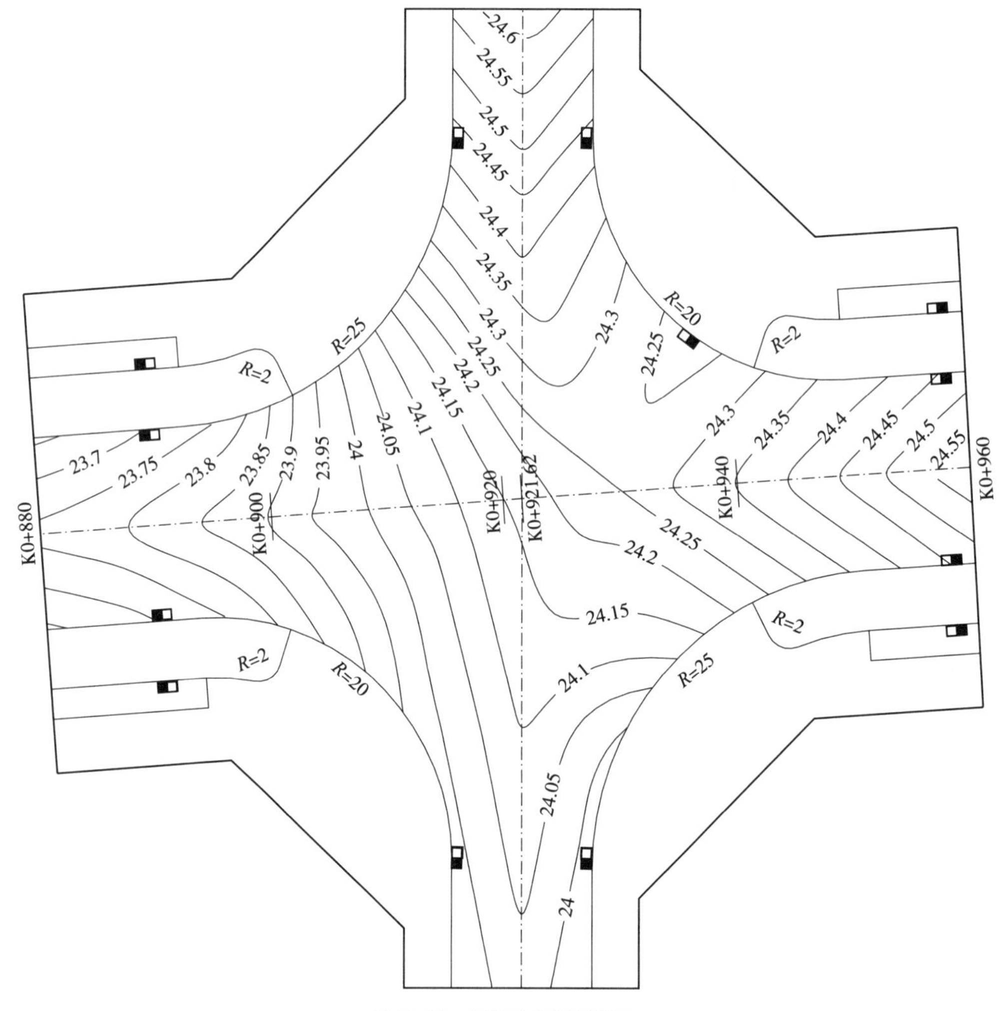

图 11-19　调整后的等高线图

(4)施工辅助网格高程点

众所周知,沥青混凝土路面为柔性路面,无须进行板块切割,故交叉口竖向设计图中也不用进行板块分割,只需提供等高线就可指导施工。但是,仅凭交叉口设计等高线还不便于施工控制。因此,为方便施工操作和质量控制,还需要对交叉口公共面区域进行施工网格划分,然后依据等高线,采用线性内插方法确定施工网格角点高程,从而作为现场控制整个交叉口范围内路面高程的依据。网格大小可根据相交道路机动车道宽度来定,本题取 8m×6m 左右的网格,局部可根据需要进行调整。

交叉口竖向设计成果如图 11-20 所示。

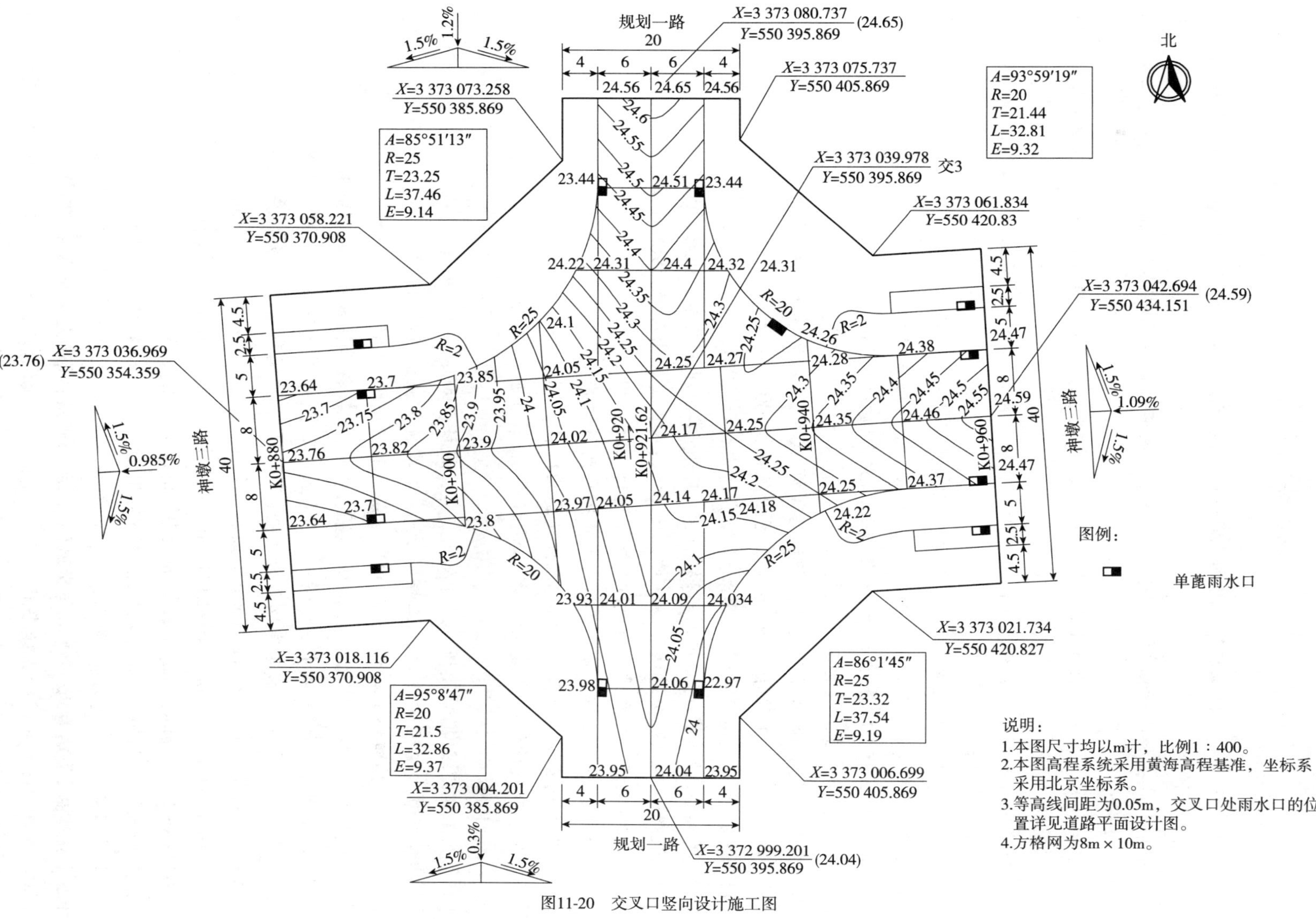

图11-20 交叉口竖向设计施工图

参 考 文 献

[1] 中华人民共和国国家标准.GB 50220—95 城市道路交通规划设计规范.北京:中国计划出版社,1995.

[2] 中华人民共和国行业标准.CJJ 37—1990 城市道路设计规范.北京:中国建筑工业出版社,1990.

[3] 中华人民共和国行业标准.CJJ 75—97 城市道路绿化规划设计规范.北京:中国建筑工业出版社,1997.

[4] 中华人民共和国行业标准.CJJ 69—95 城市人行天桥与人行地道技术规范.北京:中国建筑工业出版社,1995.

[5] 陆化普.交通规划理论与方法.北京:清华大学出版社,1998.

[6] 赵恩棠,刘晞柏.道路交通安全.北京:人民交通出版社,1990.

[7] 熊广忠.城市道路美学.北京:中国建筑工业出版社,1990.

[8] 文国玮.城市交通与道路系统规划.北京:清华大学出版社,2001.

[9] 沈建武,吴瑞麟.城市交通分析与道路设计.武汉:武汉大学出版社,2001.

[10] 李作敏.交通工程学.北京:人民交通出版社,2000.

[11] 沈志云.交通运输工程学.北京:人民交通出版社,2001.

[12] 吴瑞麟,沈建武.道路规划与勘测设计.广州:华南理工大学出版社,2002.

[13] 汉斯·洛伦茨.公路线形与环境设计.北京:人民交通出版社,1988.

[14] 陈洪仁.道路交叉设计.北京:人民交通出版社,1991.

[15] 徐吉谦.交通工程总论.北京:人民交通出版社,1991.

[16] 周荣沾.城市道路设计.北京:人民交通出版社,1988.

[17] 北京市政设计院主编.给水排水设计手册.第5册.城市排水.北京:中国建筑工业出版社,1986.

[18] 张雨化.道路勘测设计.北京:人民交通出版社,1997.

[19] 重庆建筑工程学院.排水工程.北京:中国建筑工业出版社,1987.

[20] 姚雨霖.城市给水排水.北京:中国建筑工业出版社,1985.

[21] 戴慎志,陈践.城市给水排水工程规划.合肥:安徽科学技术出版社,1999.

[22] 北京市政设计院.城市道路设计手册(上).北京:中国建筑工业出版社,1985.

[23] 北京市政设计院.城市道路设计手册(下).北京:中国建筑工业出版社,1986.

[24] AASHTO.A Policy on Geometric Design of Highways and Streets.Washington.D.C: AASHTO,1994.

[25] AASHTO.A Policy on Geometric Design of Highways and Streets.Washington.D.C: AASHTO,2004.

[26] AASHTO.Highway capacity manual.Washington.D.C: AASHTO,1994.

[27] AASHTO.Highway capacity manual.Washington.D.C: AASHTO,2004.

[28] 美国交通研究委员会.道路通行能力手册.北京:人民交通出版社,2007.

[29] 沈建武,吴瑞麟.城市道路与交通(第三版).武汉:武汉大学出版社,2011.

[30] 中华人民共和国行业标准.CJJ 129—2009 城市快速路设计规程.北京:中国建筑工业出版社,2009.

[31] 中华人民共和国行业标准.CJJ 152—2010 城市道路交叉口设计规程.北京:中国建筑工业出版社,2011.
[32] 中华人民共和国行业标准.GB 50647—2011 城市道路交叉口规划规范.北京:中国建筑工业出版社,2011.
[33] 吴瑞麟,李亚梅,张先勇.公路勘测设计.武汉:华中科技大学出版社,2010.
[34] 中华人民共和国国家标准.GB 50763—2012 无障碍设计规范.北京:中国建筑工业出版社,2012.
[35] 中华人民共和国行业标准.CJJ 037—2012 城市道路工程设计规范.北京:中国建筑工业出版社.2012.
[36] 中华人民共和国行业标准.CJJ 136—2010 快速公共汽车交通系统设计规范.北京:中国建筑工业出版社,2010.
[37] 中华人民共和国行业标准.CJJ 193—2012 城市道路路线设计规范.北京:中国建筑工业出版社,2013.
[38] 黄兴安.公路与城市道路设计手册.北京:中国建筑工业出版社,2005.
[39] 吴瑞麟,沈建武.城市道路设计.北京:人民交通出版社,2003.
[40] 吴瑞麟,沈建武.城市道路设计(第二版).北京:人民交通出版社,2011.
[41] 汪双杰,周荣贵,孙小端,等.公路运行速度设计理论与方法.北京:人民交通出版社,2010.
[42] 交通部公路司.新理念公路设计指南.北京:人民交通出版社,2005.
[43] 交通部公路司.降低造价公路设计指南.北京:交通出版社,2005.
[44] 中华人民共和国国家标准.GB 50014—2006 室外排水设计规范.2014 年版.北京:计划出版社,2014.
[45] 中华人民共和国行业标准.CJJ 45—2015 城市道路照明设计标准.北京:中国建筑工业出版社,2015.

人民交通出版社股份有限公司 公路教育出版中心
土木工程/道路桥梁与渡河工程类本科及以上教材

5. 高速公路设计(赵一飞) ………………………… 38 元
6. 城市道路设计(第三版)(吴瑞麟) …………… 38 元
7. 公路施工技术与管理(第二版)(魏建明) …… 40 元
8. ◆公路养护与管理(第二版)(侯相琛) ……… 45 元
9. 路基支挡工程(陈忠达) ………………………… 42 元
10. 路面养护管理与维修技术(刘朝晖) ………… 42 元
11. 路面养护管理系统(武建民) ………………… 22 元
12. 公路计算机辅助设计(符锌砂) ……………… 30 元
13. 测绘工程基础(李芹芳) ……………………… 36 元
14. 现代道路交通检测原理及应用(孙朝云) …… 38 元
15. 道路与桥梁检测技术(第二版)(胡昌斌) …… 40 元
16. 软土环境工程地质学(唐益群) ……………… 35 元
17. 地质灾害及其防治(简文彬) ………………… 28 元
18. ◆环境经济学(第二版)(董小林) …………… 40 元
19. 桥梁钢—混凝土组合结构设计原理(第二版)
(黄 侨) ………………………………………… 49 元
20. ◆桥梁建筑美学(第二版)(盛洪飞) ………… 24 元
21. 桥梁抗震(第三版)(叶爱君) ………………… 26 元
22. 钢管混凝土(胡曙光) ………………………… 38 元
23. ◆浮桥工程(王建平) ………………………… 36 元
24. 隧道结构力学计算(第二版)(夏永旭) ……… 34 元
25. 公路隧道运营管理(吕康成) ………………… 28 元
26. 隧道与地下工程灾害防护(张庆贺) ………… 45 元
27. 公路隧道机电工程(赵忠杰) ………………… 40 元
28. 公路隧道设计 CAD(王亚琼) ………………… 40 元
29. 地下空间利用概论(叶 飞) ………………… 30 元
30. 建设工程监理概论(张 爽) ………………… 35 元
31. 建筑设备工程(刘丽娜) ……………………… 39 元
32. 机场规划与设计(谈至明) …………………… 35 元
33. 公路工程定额原理与估价(第二版)
(石勇民) …………………………………… 39.5 元
34. Theory and Method for Finite Element Analysis of Bridge Structures(刘 扬) ………… 28 元
35. 公路机械化养护技术(丛卓红) ……………… 30 元
36. 舟艇原理与强度(程建生) …………………… 34 元

四、实践环节教材及教参教辅

1. 土木工程试验(张建仁) ……………………… 38 元
2. 土工试验指导书(袁聚云) …………………… 16 元
3. 桥梁结构试验(第二版)(章关永) …………… 30 元
4. 桥梁计算示例丛书—桥梁地基与基础(第二版)
(赵明华) ……………………………………… 18 元
5. 桥梁计算示例丛书—混凝土简支梁(板)桥
(第三版)(易建国) …………………………… 26 元
6. 桥梁计算示例丛书—连续梁桥(邹毅松) …… 20 元
7. 桥梁计算示例丛书—钢管混凝土拱桥
(孙 潮) ……………………………………… 32 元
8. 结构设计原理计算示例(叶见曙) …………… 40 元
9. 土力学复习与习题(钱建固) ………………… 35 元
10. 土力学与基础工程习题集(张 宏) ………… 20 元
11. 道路工程毕业设计指南(应荣华) …………… 34 元
12. 桥梁工程毕业设计指南(向中富) …………… 35 元
13. 道路勘测设计实习指导手册(谢晓莉) ……… 15 元
14. 桥梁工程综合习题精解(汪莲) ……………… 30 元

五、研究生教材

1. 路面设计原理与方法(第三版)(黄晓明) …… 68 元
2. 道面设计原理(翁兴中) ……………………… 45 元
3. 沥青与沥青混合料(郝培文) ………………… 35 元
4. 水泥与水泥混凝土(申爱琴) ………………… 30 元
5. 现代无机道路工程材料(梁乃兴) …………… 42 元
6. 现代加筋土理论与技术(雷胜友) …………… 24 元
7. 高等桥梁结构理论(第二版)(项海帆) ……… 70 元
8. 桥梁概念设计(项海帆) ……………………… 68 元
9. 桥梁结构体系(肖汝诚) ……………………… 78 元
10. 工程结构数值分析方法(夏永旭) …………… 27 元
11. 结构动力学讲义(第二版)(周智辉) ………… 38 元

六、应用型本科教材

1. 结构力学(第二版)(万德臣) ………………… 30 元
2. 结构力学学习指导(于克萍) ………………… 22 元
3. 结构设计原理(黄平明) ……………………… 47 元
4. 结构设计原理学习指导(安静波) …………… 35 元
5. 结构设计原理计算示例(赵志蒙) …………… 40 元
6. 工程力学(喻小明) …………………………… 55 元
7. 土质学与土力学(赵明阶) …………………… 30 元
8. 水力学与桥涵水文(王丽荣) ………………… 27 元
9. 道路工程制图(谭海洋) ……………………… 28 元
10. 道路工程制图习题集(谭海洋) ……………… 24 元
11. 土木工程材料(张爱勤) ……………………… 39 元
12. 道路建筑材料(伍必庆) ……………………… 37 元
13. 路桥工程专业英语(赵永平) ………………… 44 元
14. 工程测量(朱爱民) …………………………… 30 元
15. 道路工程(资建民) …………………………… 30 元
16. 路基路面工程(陈忠达) ……………………… 46 元
17. 道路勘测设计(张维全) ……………………… 32 元
18. 基础工程(刘 辉) …………………………… 26 元
19. 桥梁工程(第二版)(刘龄嘉) ………………… 49 元
20. 工程招投标与合同管理(第二版)
(刘 燕) ……………………………………… 39 元
21. 道路工程 CAD(第二版)(杨宏志) …………… 35 元
22. 工程项目管理(李佳升) ……………………… 32 元
23. 公路施工技术(杨渡军) ……………………… 64 元
24. 公路工程试验检测(第二版)(乔志琴) ……… 55 元
25. 工程结构检测技术(刘培文) ………………… 52 元
26. 公路工程经济(周福田) ……………………… 22 元
27. 公路工程监理(朱爱民) ……………………… 33 元
28. 公路工程机械化施工技术(第二版)
(徐永杰) ……………………………………… 32 元
29. 城市道路工程(徐 亮) ……………………… 29 元
30. 公路养护技术与管理(武 鹤) ……………… 58 元
31. 公路工程预算与工程量清单计价(第二版)
(雷书华) ……………………………………… 40 元
32. 基础工程(第二版)(赵 晖) ………………… 32 元
33. 测量学(张 龙) ……………………………… 39 元